Hellmich/Teigeler
Montessori-, Freinet-, Waldorfpädagogik

„Ei was, du Rotkopf",
sagte der Esel,
„zieh lieber mit uns fort,
wir gehen zu den Reform-Pädagogen,
etwas Besseres als den herkömmlichen Unterricht
findest Du dort auf jeden Fall."

Frei nach den Bremer Stadtmusikanten

Montessori-, Freinet-, Waldorfpädagogik

Konzeption und aktuelle Praxis

Herausgegeben von Achim Hellmich
und Peter Teigeler †

4. Auflage

Beltz Verlag · Weinheim und Basel

Über die Herausgeber:

Achim Hellmich, lehrt Grundschulpädagogik mit dem Schwerpunkt Waldorf-pädagogik am Fachbereich Erziehungs- und Unterrichtswissenschaften der Technischen Universität Berlin.

Peter Teigeler, † 1992, lehrte Psychologie am Fachbereich Erziehungs- und Unterrichtswissenschaften der Technischen Universität Berlin.

Besuchen Sie uns im Internet
http://www.beltz.de

Lektorat: Peter E. Kalb

4., neu ausgestattete Auflage 1999

© 1992 Beltz Verlag · Weinheim und Basel
Satz: Satz- und Reprotechnik GmbH, Hemsbach
Druck: Druckhaus Beltz, Hemsbach
Umschlaggestalltung: Federico Luci, Köln
Umschlagabbildung: Bavaria Bildagentur, Gauting
Printed in Germany

ISBN 3-407-25218-8

Inhalt

Vorwort

Achim Hellmich hatte die Idee: Die Grenzen sind offen, besonders die neuen Bundesländer und insgesamt die osteuropäischen Länder in rasanter Veränderung begriffen. Überall werden Fragen neu gestellt, Fragen nach Neuem und Fragen nach Altem. Auch Fragen an die Pädagogik: Wie sollen wir nun unsere Kinder in der Schule unterrichten und erziehen, wo doch der real-sozialistische Weg auch in der Pädagogik gescheitert ist?

Wir müßten eine Ringvorlesung veranstalten, noch im Winter 1990/91. Und wir müßten alle diejenigen Ansätze der klassischen Reformpädagogik vorstellen, die als praktizierte Wirklichkeit die Zeiten überdauert haben. Das sind die Montessori-Pädagogik, die Freinet-Pädagogik und die Waldorf-Pädagogik. Diese drei pädagogischen Reformansätze leben heute in vielfältiger Weise weiter: Montessori in vielen Grundschul- und Sonderschul-Klassen, in Köln und München sogar im Schulverband, Freinet in vielen Schulklassen der staatlichen Schulen in Frankreich; in der Bundesrepublik Deutschland in der häufig etwas abgewandelten Form des „offenen" Unterrichts ebenfalls in vielen Klassen der staatlichen Regelschule und die Waldorf-Pädagogik schließlich in den begehrten Waldorf-Schulen als öffentliche Schulen in freier Trägerschaft.

Diese drei Richtungen der klassischen Reformpädagogik schienen uns insbesondere für unsere nach Information und Orientierung suchenden Kolleginnen und Kollegen aus den neuen Bundesländern und Osteuropa deswegen als Orientierungshilfe und zugleich als Alternativangebot zur herkömmlichen Pädagogik besonders geeignet, weil sie eben die Praxisprobe bereits bestanden haben: Montessori-Pädagogik, Freinet-Pädagogik und Waldorf-Pädagogik werden täglich praktiziert, lassen sich demnach verwirklichen und schütteln damit den Vorwurf der Praxisferne ab wie ein Regenmantel das Wasser.

Mitarbeiter für das Projekt einer Ringvorlesung zur Reformpädagogik an der Technischen Universität Berlin waren schnell gefunden: Christel Schacher übernahm die Koordinierung der Montessori-Beiträge, Peter Teigeler besorgte unter Mithilfe von Hartmut Glänzel und Marie-Claude Flügge die Gestaltung des Freinet-Teils der Ringvorlesung, und Achim Hellmich betreute die Beiträge zur Waldorfpädagogik.

Die Ringvorlesung war durchgehend gut besucht. Sie endete mit einer Resolution der TeilnehmerInnen, in der „innerhalb der Lehrerausbildung an der Technischen Universität Berlin die Vermittlung reformpädagogischer Unterrichtsformen vermißt" wird und der Fachbereich Erziehungs- und Unterrichtswissenschaften aufgefordert wird, „umgehend ein Programm über reformpädagogische Unterrichtsformen innerhalb des Lehramtsstudienganges aufzubauen".

Es dauerte eine Zeit, bis wir von allen Vortragenden die schriftlichen Fassungen ihrer Beiträge beisammen hatten. Manche Beiträge lassen noch die Lebendigkeit des mündlichen Vortrags in der Ringvorlesung erkennen, andere sind für die schriftliche Fassung stärker überarbeitet worden. Wir haben diese Unterschiede bewußt bestehen lassen.

Die einzelnen Beiträge charakterisieren die hier behandelten Pädagogiken in je spezifischer Weise und beleuchten so ein breites Spektrum reformpädagogischer Arbeitsschwerpunkte bzw. Sichtweisen. Vorab, gleichsam als *Auftakt*, stellt B. Schonig die drei pädagogischen Reformansätze in ihren jeweiligen historischen und gesellschaftlichen Kontext. Daran schließen sich kurze biographische Skizzierungen zu Leben und Werk der einzelnen behandelten ReformpädagogInnen an: G. Schulz-Benesch behandelt Leben und Werk von Maria Montessori, P. Teigeler skizziert Pädagogik und Lebensweg von Célestin Freinet sowie seine eigene Entwicklung zur Freinet-Pädagogik hin, und A. Hellmich beschreibt Leben und Werk von R. Steiner, dem Begründer der Waldorf-Schule.

Im ersten Beitrag zur *Montessori-Pädagogik* beschreibt sodann G. Schulz-Benesch die geschichtliche Entwicklung dieser Pädagogik, die oftmals verfälscht wurde oder zumindest häufig unklar blieb. Der Beitrag von H. Elsner stellt insbesondere die Montessori-Methode der „Stille" und der „Polarisation der Aufmerksamkeit" im pädagogischen Zusammenhang vertieft dar. Und H. Voß-Rauter hebt dankenswerterweise die besondere Kraft der Montessori-Pädagogik auch zur Integration schwerstbehinderter Kinder im Unterricht heraus.

Die *Freinet-Pädagogik* wird umfassend von H. Jörg dargestellt. P. Teigeler versucht einen Brückenschlag zwischen der Freinet-Pädagogik einerseits und der Psychologie, insbesondere der Psychologie der Lernmotivation sowie der sinn-betonenden Psychologie von V. E. Frankl andererseits. Le Bohec arbeitet – auch dies psychologisch sehr bedeutsam – die therapeutische Kraft der Freinet-Pädagogik heraus, und B. Brocke, M.-Cl. Flügge-Dutilly, A. Glänzel-Zlabinger, H. Glänzel und E. Wasmuth zeigen in szenischer Darstellung die Lebendigkeit und den Reichtum freinet-pädagogischer Praxis an Schulen im großstädtischen Berlin.

Zur *Waldorfpädagogik* fragt zunächst H.-G. Wyneken nach dem Kind und der Entwicklung seiner körperlich-seelisch-geistigen Gegebenheiten. Denn hierauf gründet sich die Erziehungs- und Unterrichtsmethode der Waldorfpädagogik. An den Unterrichtsbeispielen der Mathematik (Beitrag von E. Schuberth) und der Umwelterziehung (Beitrag von A. Suchandtke) wird dieser entwicklungspsychologische Ansatz konkretisiert: Wie können die abstrakte Mathematik, die erkenntnishafte Biologie seelisch-geistig erlebt und angewendet werden?

Die Prinzipien der Lehrplangestaltung, ein vernachlässigtes Thema nicht nur der Reformpädagogik, werden im abschließenden Beitrag von Chr. Gögelein aufgearbeitet.

Wir wünschen Ihnen viel Spaß und Anregung beim Lesen dieser reformpädagogischen Texte. Uns selber wünschen wir, daß dieses Buch viele Pädagoginnen und Pädagogen dazu verlockt, in ihrer praktischen Arbeit in der Schule den reformpädagogischen Weg einzuschlagen oder gar vertieft zu gehen.

Zu guter Letzt danken wir insbesondere Frau Christa Marek, Frau Petra Seibert und Frau Erika Somasundaram aus dem Fachbereich Erziehungs- und Unterrichtswissenschaften der Technischen Universität Berlin für ihre Mitarbeit bei der Herstellung des Manuskripts.

Winter 1991/92   Achim Hellmich
                                                      Peter Teigeler

Vorwort zur 2. Auflage

Seit dem 11. 8. 1992 lebt der Mitherausgeber und Mitautor dieses Bandes, Peter Teigeler, nicht mehr. Es ist schmerzhaft, ohne diesen guten Freund, Kollegen und Mitstreiter zu leben. Alle, die ihn näher kannten, werden ihn sehr vermissen. Seine dunklen Augen, die einen fordernd-fragend ansahen, seine heitere Unbeschwertheit, wenn es um pädagogische Probleme ging, seine aufmunternde und freilassende Art bei der Projektarbeit mit den Studenten und seine unbeirrbare Entschiedenheit, wenn er für die Humanisierung der Schule eintrat.

Bei der Bearbeitung des Manuskriptes zu diesem Buch, erschien mir sein Beitrag über C. Freinet (S. 38 ff) zu „subjektiv", und als ich ihn zu einer „objektiveren" Abfassung bewegen wollte, sagte er freundschaftlich, aber sehr bestimmt: „Lieber Achim, daß ist mein persönlicher Weg zu Freinet, da wird kein Wort geändert!" Heute bin ich gerade über die „Subjektivität" dieses Beitrages froh, zeigt sie doch in ganz besonderer Weise die Entwicklung und die Veränderung eines Wissenschaftlers durch den jahrzehntelangen Umgang mit Psychologie und Pädagogik. Schließlich trennt er sich – durch die Erfahrung mit Schülern und Studenten belehrt – von festgefügten traditionellen Positionen (klassische Psychologie/Berliner Didaktik) und gewinnt durch die Aufarbeitung von Freinet und Frankl seinen – jetzt wirklich eigenen – Standpunkt.

Peter Teigeler hat bis zur Drucklegung an dem Buch mitgearbeitet, in den Händen hat er es nicht mehr gehalten.

Das Erscheinen der unveränderten 2. Auflage zeigt ein nachhaltiges Interesse an diesen drei Pädagogiken, und so bleibt nicht zuletzt dadurch das Erinnern an den Pädagogen Peter Teigeler wach.

                                                      Achim Hellmich

Vorwort zur 4. Auflage

Die positive Aufnahme durch Leser und Kritiker haben Verlag und Herausgeber zur 4. Auflage ermutigt. Bemängelt wurde bei dem Buch, daß ein wertender Vergleich der drei Pädagogiken fehlt. Das war eine bewußte Entscheidung, denn es ging uns um eine Darstellung aus der Sicht der jeweiligen Pädagogik, die vergleichende Urteilsbildung liegt allein beim Leser.

Seit der Erstveröffentlichung dieses Buches ist die Zeit nicht stehen geblieben. Auch in der Montessori-, Freinet- und Waldorfpädagogik hat es viel Bewegung und Weiterentwicklung gegeben. Die Aktualisierung der Literaturliste am Schluß des Buches trägt dem Rechnung. Die einzelnen Beiträge haben wir dagegen unverändert gelassen, denn ihre Aussagen repräsentieren und charakterisieren die drei Pädagogiken immer noch sehr pointiert. Ein wichtiger Hinweis zu den Artikeln über die Freinet-Pädagogik: Dort kommt noch sehr deutlich die Distanz der beiden deutschen Freinet-Gruppierungen „AK Schuldruckerei" (Graulheck 24 a, 66578 Schiffweiler) und die „Pädagogik-Kooperative" (Goebenst. 8, 28209 Bremen) zum Ausdruck. Dies hat sich inzwischen gewandelt, eine Zusammenarbeit hat begonnen. Den Leserinnen und Lesern eine anregende Lektüre ... für neue Ideen in der Pädagogik!

Winter 1998/99   Achim Hellmich

Einleitung

A. Hellmich

„Mit Radau, Agressivität und Clownerien machen Schüler den Unterricht zur Farce, gestört wird ohne System, Sinn und Verstand. Den Kindern des Fernsehzeitalters, klagen die Lehrer, fehle es an ‚innerer Disziplin‘. Pädagogen sprechen von einer ‚epochalen Wende in der Schulgeschichte‘." „Tollhaus Schule" so überschrieb DER SPIEGEL im April 1988 eine Artikelserie über die bundesdeutsche Schullandschaft. Selbst wenn diese Charakterisierung einseitig erscheint, denn Schule ließe sich auch aus anderen Blickwinkeln kennzeichnen, so trifft sie doch in wesentlichen Aspekten zu: Lernunwille, Konzentrationsschwäche, Intoleranz bis zur offenen Aggression und Zerstörungswut; der Lehrerberuf, den einstmals in Preußen die ausgedienten Soldaten des Alten Fritz versahen, fordert heute nicht nur den ganzen Mann und die ganze Frau, sondern auch eine neue Pädagogik.

Auffällig ist hierzu folgender Widerspruch: Unsere Erziehungswissenschaften sind theoretisch hochentwickelt und stellen ein differenziertes wissenschaftliches Forschungs- und Lehrgebiet dar. Nie zuvor gab es so viele Untersuchungen und Theorien über die Erziehung und das Lernverhalten. Nie zuvor gab es eine derartige Fülle von Lehrbüchern und technologischen Medien für die Schule; dennoch, die Umsetzung der erziehungswissenschaftlichen Theorien und das Medienangebot vom Lehrbuch bis zum computergestützten Lernen scheinen auf die Erziehungs- und Lernerfolge eher contraproduktiv zu wirken.

Es ist, als ginge ein Riß durch unser Bewußtsein: Universitärem Wissen (Theorie) über die Lernprozesse des Kindes folgt eine Handlungsschwäche, eine unsichere Wissensanwendung (Praxis) im Lernprozeß mit dem Kind.

Nun ließe sich sagen, Erziehung und Schule sind Wiederspiegelungen gesellschaftlicher Strukturen, zumindest aber ihr deutlicher Ausdruck. Dies ist insofern richtig, weil diese beiden Bereiche in einem engen Verhältnis zueinander stehen und gesellschaftlich bestimmt werden. Dennoch, Schule ist nicht ein Appendix, ein Anhängsel, ein „Blinddarm" der Gesellschaft. Alle monokausalen Erklärungsmodelle gesellschaftlicher Entwicklung – das beweist nicht zuletzt die derzeitige geschichtliche Dynamik – sind blutleere Gedankenkonstruktionen. Die Erziehung des Kindes ist ein aktiver Interaktionsprozeß: Schüler sind sich entwickelnde Individualitäten und nicht ausschließlich Lernprobanden oder „unwritten papers" (J. Locke) zum Einprägen und Konservieren von Wissen und Verhaltensmustern.

Deshalb wird es eine Aufgabe als Erzieher und Lehrer sein müssen, die kindliche Entwicklung nicht aus einer vorgefaßten Theorie abzuleiten.

Das Studium u. a. der Pädagogik und der Psychologie können Erkenntnisse liefern und Zusammenhänge erhellen. Pädagogisches Handeln, und dieses findet in allen Lernprozessen statt, ist jedoch ein lebendiger Prozeß der Entwicklung, der Veränderung und der Formung von Individualitäten. Sie ist weder durch Planung festzulegen, noch in der Durchführung programmierbar. Es bedarf neben Fachwissen und Didaktik der intensiven und permanenten Schulung der Wahrnehmungs- und Beobachtungsfähigkeit, der Sensibilität und der Intuition des Erziehers.

Ich werde im Schulalltag phänomenologisch vorgehen müssen, d. h. ich muß die Fähigkeiten erlernen und die Geduld erwerben, die Kinder selbst vorbehaltlos anzuschauen, sie „verständnisvoll" zu studieren. Dadurch wird mein pädagogisches Handeln inspiriert und begründet. Pädagogisches, theoriegeleitetes Wissen wird erst durch die Kinder selbst lebendig, und hierauf fußt letztlich unterrichtlich-pädagogisches Handeln.

Dieses Vorgehen ist nicht nur wissenschaftlicher Natur, sondern es geht tiefer: Es verläßt die dogmatische Festlegung einer theoretischen Erkenntnis, da es die Freiheit des Menschen, die Individualität des Kindes und seine Entwicklung voraussetzt und sie zum Ausgangs- und Zielpunkt zugleich macht. Damit wird nicht nur das Wissen, sondern in besonderem Maße die Verantwortung des Erziehers angesprochen.

Auffällig bei den Pädagogiken von Montessori, Freinet und Steiner ist es, daß sie mit der damaligen traditionellen Pädagogik radikal brachen und sich auch heute in ihrer charakteristischen Form von der allgemeinen Schulpädagogik substantiell unterscheiden. Radikale Reformer lassen sich schwerlich integrieren, ohne daß das gesamte (Schul)system zerbricht oder aber die Radikalität verloren geht. Der dritte Weg ist folgerichtig; das modellhafte Schaffen eigener Realitäten, in diesem Fall: Schulen. Sie blieben bei diesen Pädagogiken kein Einzelfall, wie es z. B. die Odenwald-Schule, die Salem-Schule oder, um ein heutiges Beispiel zu nennen, die Labor-Schule Bielefeld sind.

Die Italienerin, der Franzose, der Österreicher: alle drei Pädagogen waren von Beginn an international eingestellt, und ihre Schulbewegung wurde bereits in den ersten Jahren europäisch und ist heute weltweit verbreitet. Alle drei Pädagogen gehen, wenn auch in unterschiedlicher Akzentuierung und Methode, „vom Kinde und seiner Erziehung zur Freiheit" aus.

In den Beiträgen des Bandes wird dies näher ausgeführt. Betont Montessori die „Leitlinie der freien Entscheidung", die über eine Bestimmung des Menschen nach den Begriffen „Anlage und Umwelt" hinausgehen, so sieht Steiner die Aufgabe des Erziehers, aus Menschenerkenntnis heraus das Kind zur Freiheit zu erziehen. Diese Freiheitserziehung, die im Künstlerischen ihren besonderen Ausdruck findet und die Erziehung selbst als Erziehungskunst versteht, hat bei Freinet stärker den Charakter der werkhaften Tätigkeit. Der Mensch wird bei Steiner als geistiges Wesen verstanden, das seine besondere unverwechselbare Individualität in der Kindesentwicklung herausbildet. Hier will Waldorfpädagogik Lebenshilfe geben: geisteswissenschaftliche Menschenkunde als Erkenntnismethode und Erziehungskunst bis in die künstlerische Unterrichtsgestaltung als Unterrichtsmethode.

Die Freinet-Pädagogik betont insbesondere die Tätigkeit im gemeinsamen Lernen. Hierbei kommt dem Wort und dem Text – Grundlage aller geistigen Tätigkeit – eine besondere Bedeutung zu. Freinet bindet die Freiheit des Kindes an die Prinzipien des Lebensbezuges und der Sinnerfüllung, der Erziehung zur Selbsttätigkeit und zur Verantwortung.

Fördern die differenzierten und vielfältigen Materialien bei Montessori die Selbständigkeit des Kindes, so ist es bei Freinet die schöpferische Gestaltungstätigkeit der Arbeitsvorgänge, denen die Materialien untergeordnet sind. In der Waldorfpädagogik ließen sich u. a. die Unterrichtsepochen im Handwerk (z. B. Hausbau), in der Feldbestellung (Urtätigkeit des Bauers), im Gartenbau (Aussaat, Pflege, Ernte) oder im Feldmessen (Vermessen der Erde) damit vergleichen.

Unterschiedliche anthropologische Sichtweisen des Kindes, unterschiedliche Lernprinzipien und -methoden: sie zeigen in diesen Schulen erfolgreich eine jahrelang erprobte pädagogische Praxis konkret auf. Diese Schulen kennen weder die anfangs zitierte Verrohung der Schüler noch sind sie Inseln der Seligen, sondern stellen in jeweils spezifischer Weise eine Herausforderung für das gegenwärtige Schulsystem dar und weisen seit langem auf eine konkrete Alternative hin, die einen Weg aufzeigt, der aus der „Sackgasse Schule" herausführen könnte.

Aus dieser Sackgasse herauszufinden heißt aber auch, die Schullandschaft selbst zu verändern. Lehren in Schulvielfalt sollte mehr denn je möglich werden. Der Anteil an Schulversuchen, -modellen und an Freien Schulen muß sich deutlich erhöhen. Wir brauchen eine „freiheitliche, also pluralistische und bildungsfreundliche Schulsystemverfassung", eine, um ein Bild aus der Ökologie zu verwenden, „Umorientierung von einer Schulmonokultur auf einen Schulmischwald"[1].

Die rechtlichen Grundlagen lassen Freie Schulen ausdrücklich zu: Die Erklärung der Menschenrechte der UNO vom 10. 2. 1948, Artikel 26,3[2] und die Forderungen der EG in der „Entschließung zur Freiheit der Erziehung in der Europäischen Gemeinschaft" vom 14. 3. 1984, Grundsatz 3 und 7[3] bilden den internationalen Rechtsrahmen. Die Gesetzgebung der einzelnen europäischen Länder sieht in den Schulgesetzen entsprechende Regelungen vor. Dennoch zeigt sich schnell, die reale Umsetzung der Gesetze, d. h. die Gründung freier Schulen, ist durchgängig schwierig.

Die Gründungsinitiativen werden durch langfristige, teils bürokratisch-willkürliche Genehmigungsverfahren geschwächt, und selbst nach Überwindung sämtlicher Hürden bedeutet die mangelnde Schulfinanzierung eine Dauerbelastung und kommt einer Bestrafung näher als einer Bestätigung, obwohl das entsprechende Schulgeld aus den Steuern zur Verfügung steht. Dänemark und die Niederlande bilden in der üblichen schulmonopolistischen Praxis eine positive Ausnahme.[4]

---

1 H. Chr. Berg: Lehrkunst in Schulvielfalt. Zwischenbericht über ein Schulentwicklungsprojekt, in: Pädag. Führung 1/1991. Vgl. auch. H. Chr. Berg/U. Steffens (Hg.): Schulqualität und Schulvielfalt, Wiesbaden 1991.

2 „Die Eltern haben ein vorrangiges Recht, die Art und Bildung zu wählen, die ihren Kindern zuteil werden soll".

3 – „Die Freiheit der Erziehung u. des Unterrichts beinhaltet das Recht, eine Schule zu eröffnen und Unterricht zu erteilen; – Diese Freiheit beinhaltet ferner das Recht der Eltern, für ihre Kinder unter den vergleichbaren Schulen eine Schule zu wählen, in der diese den gewünschten Unterricht erhalten. Dabei muß einem Kind auch eine Schule offen stehen, die in Erziehung und Unterricht keiner Religion oder Weltanschauung Vorrang gibt; ..."

4 Vgl. Flensburger Hefte, Heft 29, 6/90, Freie Schule.
H. Chr. Berg: Nun sag, wie hast Du's mit der Bildung?, in: F. Bohnsack, E.-M. Kranich (Hrsg.): Erziehungswissenschaft u. Waldorfpädagogik, Weinheim 1990

Die Alternative, die sich zu Freien Schulen anbieten könnte, die Reform der Regelschulen, ist nach dem verheißungsvollen Beginn der 70er Jahre ins Stokken geraten. Sie wird insbesondere durch die strukturelle Widersprüchlichkeit des verwalteten Schulsystems gelähmt. Die grundsätzliche und permanente Schulreform, von Lehrern, Eltern und Gewerkschaften gefordert, liegt in der Hoheit – und somit auch in der Willkür – der Schulbürokratie. Sie hat Weisungs-, Entscheidungs- und Verordnungskompetenz über Art, Umfang und Durchführung von Reformen. Der Initiativkraft der Lehrerschaft und des einzelnen Lehrers wird dadurch der Schwung genommen: Reformmündigkeit wird oft zur Reformmüdigkeit.

In der Umbruchzeit der sich auflösenden DDR bis hin zur Neugestaltung der Schullandschaft in den neuen Bundesländern hat eine intensive und kontinuierliche Nachfrage nach einer anderen Pädagogik und veränderten Schulreformen – als Alternative zum Staatsschulwesen – eingesetzt. Eltern und Lehrer, aus der Vormundschaft des Staates[5] entlassen, besuchten in großer Zahl westdeutsche Schulen, insbesondere Waldorfschulen und andere Schulmodelle und erlebten so die Gestaltungskraft, die Pädagogik haben kann.

Nur aus der gemeinsamen Initiative von Eltern und Lehrern kann Schule erneuert und der Freiraum im Schulwesen erweitert werden. Auch hierzu wollen die nachfolgenden Beiträge Impulse und Ermutigungen geben.

---

5 Vergl. R. Henrich: Der vormundschaftliche Staat, Hamburg 1989

Auftakt

Pädagogik und Politik „vom Kinde aus"? –
Zum historischen Kontext der Pädagogik
bei Freinet, Montessori und Steiner

B. Schonig

> „Unsere Seele geht nur am Gängelband, gebunden und den Regungen fremden Willens unterworfen, hörig und geknebelt unter der Fuchtel ihrer Unterweisung. Man hat uns so sehr an die Leine genommen, daß wir des freien Ganges entwöhnt sind. Unsere Kraft und Freiheit sind dahin" (1572/73).
>
> (Michel de Montaigne: Über die Kindererziehung. In: Essais. Zürich 1985. S. 187)

Schulerfahrungen und Schulentwürfe
bei Freinet, Montessori und Steiner

Mein Schwanken zwischen dem Bedürfnis nach einer erzählenden und einer erklärenden Redeweise auf der Suche nach dem Kontext – ich sollte besser sagen: nach dem Gemeinsamen und dem Besonderen – der pädagogischen Sicht- und Argumentationsweise bei so unterschiedlichen Menschen wie Célestin Freinet, Maria Montessori und Rudolf Steiner führte mich zur Lektüre ihrer Berichte und Aussagen über

– das Kind in der Schule, wie sie es kritisch sehen
  und sich positiv vorstellen
  und
– zu den Erinnerungen an ihre eigene Schul-Kindheit.

Bei dieser schwankenden Lektüre ging ich nicht chronologisch oder sonstwie historisch-systematisch vor, wie es sich eigentlich gehört, sondern ließ mich von der Anziehungskraft der Texte leiten.

Über die Schulzeit Freinets ist mir wenig bekanntgeworden; ich stütze mich auf die Informationen von Hans Jörg in seinem umfangreichen Nachwort zu Freinets „L'école moderne":

„Eine der wenigen trüben Erinnerungen an die Kindheit Freinets scheint an seine Schulzeit gebunden zu sein. Die Schule, die er treffend als ‚école-caserne' bezeichnet, war mit ihrem engen, finsteren und schmucklosen Raum, der überaus strengen Autorität des Lehrers und den vielfach recht unsinnig erscheinenden Schularbeiten – Abschreiben, Memorieren und Deklamieren oft unverstandener Texte – nicht dazu angetan, einen frohen, an Licht, Luft und Sonne gewöhnten Jungen zu begeistern, der viel lieber dem Vater bei der Feldarbeit geholfen hätte, als in der dumpfen Schule zu hocken" (Jörg, 1919, 15).

Mit dem Wort von der „Schulkaserne" klingt eine Schulerfahrung an, die auch bei den deutschen Reformpädagogen – wie zum Beispiel bei Ludwig Gurlitt – eine wichtige Rolle bei der Kritik an den Zuständen in der wilhelminischen Schule spielt:

„Allen unseren Schulen gemeinsam war die Uniformierung des Denkens und Glaubens durch ein starres Autoritätsprinzip. Lehrplan, Methoden und Pensenverteilung zwängte die Lehrer in fest vorgeschriebene Bahnen. Eine strenge Kontrolle überwachte ihren Dienst. Das Prinzip der Über- und Unterordnung war fest durchgebildet" (Hierdeis, 1971, 28).

Auf dem Hintergrund solcher Schulerfahrungen scheint mir die pädagogische Bestimmung der Schule als „kindgemäßer Schule", wie sie Célestin Freinet (geb. 1896) vornimmt, bezeichnend und verständlich zu sein:

„Die Schule von morgen wird das Kind als Glied der Gemeinschaft in den Mittelpunkt ihres erziehlichen Bemühens stellen. Von seinen wesentlichen Bedürfnissen, hingeordnet auf die Belange der Gesellschaft, der es angehört, sind die von ihm zu erwerbenden manuellen und geistigen Fertigkeiten, das Bildungsgut, die Art der Vermittlung des Bildungsgutes und die Art und Weise seiner Erziehung abzuleiten. Es handelt sich bei diesem Vorgehen darum, die Schule wahrhaft wieder in eine vernünftige, wirksame und menschliche Form zu bringen, die es dem Kinde erlaubt, zu einer möglichst vollkommenen Entfaltung seiner Menschlichkeit zu kommen" (Freinet, 1979, 15).

Der „école-caserne" wird eine kindzentrierte, „menschliche" Schule gegenübergestellt, allerdings nicht im Sinne eines vom kindlichen Egozentrismus geleiteten, nicht-gesellschaftsbezogenen Verständnisses des Kindes: das Kind ist „Glied der Gemeinschaft", von daher sind auch seine Bedürfnisse „hingeordnet auf die Belange der Gesellschaft"; aber das Kind soll zur „Entfaltung seiner Menschlichkeit" in der Schule kommen. Um das zu erreichen, ist es für Freinet notwendig, die „konstruktive Aktivität" (Freinet, 1979, 17) des Kindes zu erkennen und anzuerkennen. Das geschieht durch eine mit den Kindern entwickelte Form von Arbeit: „Die Arbeit wird das Prinzip, der Motor und die Philosophie der volkstümlichen Pädagogik sein" (Freinet, 1979, 16).

In ihrer Biographie Maria Montessoris zeichnet Rita Kramer ein düsteres Bild der italienischen Grundschule zur Schulzeit Montessoris:

„Die typische italienische Grundschule der damaligen Zeit war überfüllt und schmutzig; sie wurde von einem Schulmeister oder einer Schulmeisterin geführt, die etwa den Gegenwert von 500 DM im Jahr verdienten – Frauen bekamen weniger als Männer. Die meisten Lehrer bemühten sich, aus dem Bauernstand herauszukommen und in der unteren Mittelschicht Fuß zu fassen. Sie wurden nicht nur elend bezahlt, sondern genossen auch in der Gemeinde wenig Achtung, die den Mangel an materieller Entschädigung hätte ausgleichen können. Oft mußten sie drei Jahrgänge von Mädchen und Jungen unterrichten, aber ihre eigenen Kenntnisse gingen selten weit über die Beherrschung von Lesen, Schreiben und Rechnen hinaus. Die am meisten angewandte Methode des Lernens war der Drill. Lehrer hatten vor allem dafür zu sorgen, daß die

Schüler die erforderlichen Übungen machten; sie brachten ihnen weder Kenntnisse über die Ideen und Vorstellungen früherer Zeiten noch der zeitgenössischen Welt bei" (Kramer, 1976, 25).

Die Zustände in den deutschen, französischen und italienischen Primarschulen zu Beginn unseres Jahrhunderts scheinen sich also, glauben wir diesen knappen Schilderungen, wenig zu unterscheiden. Neben der Skizzierung der Schulverhältnisse erzählt Rita Kramer aber auch eine Schulerinnerung Maria Montessoris, in der eine selbstbewußte Schülerin deutlich wird:

„Bei einem Rückblick auf ihre Schulzeit erinnerte sich Maria Montessori an eine Lehrerin, die ihre Schülerinnen die Lebensgeschichte bedeutender Frauen der Vergangenheit auswendig lernen ließ und sie aufforderte, ihren Spuren zu folgen und selber eines Tages berühmt zu werden. Die kleine Maria hatte auf die Ermahnung geantwortet, ihr täten die zukünftigen Kinder zu leid, als daß sie der Reihe der Biographien noch eine hinzufügen möchte" (Kramer, 1976, 26).

Sie hat es, wie wir heute wissen, dennoch getan – mit dem Unterschied vielleicht, daß die Lehrerinnen heute die Lebensgeschichte berühmter Frauen nicht mehr auswendig lernen lassen. Das Mitleid mit den zukünftigen Schulkindern aber, das in dieser Anekdote als eine Haltung Maria Montessoris deutlich wird, bleibt in ihren späteren pädagogischen Schriften ein erkennbarer Impetus: In einem ihrer späten, nämlich zwei Jahre vor ihrem Tod, 1950, erschienenen Texte mit einem auf Christus anspielenden Titel „Ecce Homo!" charakterisiert sie die Autoritätsverhältnisse in der Schule als Leidensverhältnisse des Kindes:

„Die Schule war für das Kind die Stätte größter Trostlosigkeit. Jene ungeheuren Gebäude scheinen für eine Menge von Erwachsenen errichtet. Alles ist hier auf Erwachsene zugeschnitten: die Fenster, die Türen, die langen Gänge, die kahlen einförmigen Klassenzimmer. Und drinnen trug der Schüler seit vielen Generationen stets die schwarze Uniform, das Trauerkleid, eine ganze Kindheit hindurch. Die Familie ließ das Kind allein, verließ es an der Schwelle jenes Gebäudes: jenes Tor war wirklich eine Sperre, eine klare Trennungslinie zwischen zwei Lagern und zwei Verantwortlichkeiten. Und das Kind schien weinend, hoffnungslos und von Furcht bedrückt, über jenem Tor Dantes Hölleninschrift zu lesen: ‚Durch mich gelangt man in die Stadt der Schmerzen', in die Stadt, wo das verlorene Volk wohnt, das Volk, von dem die Gnade sich abgewandt hat.
   Eine strenge, drohende Stimme forderte das Kind samt vielen unbekannten Gefährten auf, hereinzukommen, wobei man alle zusammen als böse Geschöpfe betrachtete, die Strafe verdient hatten: ‚Wehe euch, ihr bösen Seelen'..." (Montessori, In: Dietrich, 1973, 76f.)

Wie ärgerlich diese metaphorisch überhöhte Darstellung der Schulverhältnisse und des kindlichen Leidens für einen modernen Kritiker des reformpädagogischen Kind-Verständnisses ist, verdeutlicht Jürgen Oelkers:

„Das Kind erlebt eine danteske Hölle und das paßt genau zur Semantik der Reformpädagogen, die von ‚Seelenmorden' in den Schulen sprechen, von schablonenhafter, öder Uniformierung im Unterricht oder von der ‚Kommando'gewalt des Lehrplans, ganz so, als sei die öffentliche Schule identisch mit einer geschlossenen Anstalt, die von Militaristen betrieben wird" (Oelkers, 1989, 76).

Lassen wir die Motive, aus denen heraus Oelkers die wilhelminische oder italienische Schule um die Jahrhundertwende retten will, dahingestellt sein; er verkennt mit dieser Kritik, daß die Vorstellung des Kindes, die Montessori pädagogisch entwickelt, sich eben nicht auf den Mythos des christusgleich leidenden Kindes reduzieren läßt. Sie geht ja nicht vom leidenden, sondern vom frei handelnden Kind aus:

„Die auf Beobachtung sich gründende pädagogische Methode muß die Freiheit des Kindes zur Voraussetzung haben, und Freiheit ist Tätigkeit. Die Zucht muß aus der Freiheit hervorgehen. Dies ist ein bedeutsamer Grundsatz, aber die Anhänger der alten Schule werden Mühe haben, ihn zu verstehen. Wie soll eine Schulzucht möglich sein in einer Klasse von freien Kindern?
Zweifellos haben wir in unserem System einen Begriff von Zucht, der von dem allgemein verbreiteten sehr verschieden ist. Wenn die Zucht auf Freiheit gegründet ist, so muß sie selbst notwendigerweise *tätig* sein. Wir sehen ein Kind nicht für gezogen an, wenn ihm eine solch künstliche Ruhe beigebracht worden ist, als wäre es ein Stummer, oder eine Unbeweglichkeit, als wäre es ein Lahmer. Dies ist nicht ein *gezogenes*, sondern ein *vernichtetes* Kind.
Wir nennen jemand gezogen, wenn er Herr seiner selbst ist und daher sein eigenes Verhalten nötigenfalls nach irgendeinem Zwang des Lebens ordnen kann" (Montessori, In: Dietrich, 1973, 59).

Montessori spricht von einer eingeschränkten „Freiheit des Kindes"; wie Freinet geht sie nicht von der Vorstellung gesellschaftlicher Ungebundenheit des Kindes aus, sondern vom „Zwang des Lebens", nach dem – „nötigenfalls" –, aber selbstbestimmt, das eigene Verhalten geordnet werden muß. Aber diese Ordnung ist kein vorgegebenes, äußerliches System: sie entspringt einer „tätigen Zucht", einer aktiven Selbsterziehung des Kindes. Diese Selbst-Erziehung ist bei Montessori auf Selbst-Bewegung, nicht auf körperliche Immobilität wie in der Schule, angewiesen: „Da das Kind nun eher lernt, sich zu bewegen, als stillzusitzen, so bereitet es sich nicht für die Schule, sondern für das Leben vor" (Montessori, In: Dietrich, 1973, 59).
Für einen Nicht-Anthroposophen wie mich ist die Lektüre der Texte Rudolf Steiners (geb. 1861) leicht mit Mißverständnissen verbunden; ich lasse mich daher lieber von einem anthroposophischen Interpreten, Christoph Lindenberg, leiten und wähle einen Auszug aus einem frühen Vortrag Rudolf Steiners aus dem Jahr 1919, in dem er seine pädagogischen Prinzipien darlegt:

„Wir müssen dabei im Auge haben, daß, wer wirklich mit der aufsteigenden Kulturentwicklung zu denken und zu streben vermag, heute gar nichts anderes kann, als für die Grundsätze, welche Geltung haben müssen für Schulerziehung und Schulunterricht, anzuerkennen das, was in der menschlichen Natur selbst liegt. Erkenntnis der menschlichen Natur vom Zahnwechsel bis zur Geschlechtsreife, das muß allen Prinzipien der sogenannten Volksschulbildung zugrunde liegen. Aus diesem und vielem Ähnlichen werden Sie erkennen können, daß sich ja, wenn man von dieser Unterlage ausgeht, nichts anderes ergeben kann als eine Einheitsschule für alle Menschen; denn selbstverständlich: diese Gesetze, die in der menschlichen Entwicklung zwischen dem ungefähr siebenten und ungefähr vierzehnten bis fünfzehnten Jahr wirksam sind, diese Gesetze sind für alle Menschen die gleichen" (Steiner, in: Lindenberg, 1975, 167).

Steiner hält sich (wenigstens in diesem Vortrag) nicht lange mit seiner Kritik der „alten" Schule auf; er wendet sich gegen die „Schablonen", nach denen sich die Schule richtet, und fordert, „sich nach dem Wesen des Menschen" bei der Entwicklung von Erziehungsleitlinien zu richten. Dazu ist die Kenntnis dieses „Wesens" – die „Menschenerkenntnis" – Voraussetzung; und der Lehrer, der sich als „Bildner der werdenden Menschen" (Steiner) im Umgang mit ihnen diese Erkenntnisse aneignen kann.

Wie die Kritik an der vorgefundenen Schule bei Steiner hier hinter die Entwicklung einer positiven Alternative zurücktritt, so spielte sie auch in seinen Lebenserinnerungen eine geringe Rolle neben der, die dabei die Persönlichkeit seines Vaters einnimmt:

„Ich konnte auch bei ihm kein rechtes Interesse zu dem fassen, was durch den Unterricht an mich herankommen sollte. Für das, was mein Vater schrieb, interessierte ich mich. Ich wollte nachmachen, was er tat. Dabei lernte ich so manches. Zu dem, was von ihm zugerichtet wurde, daß ich es zu meiner Ausbildung tun sollte, konnte ich kein Verhältnis finden. Dagegen wuchs ich auf kindliche Art in alles hinein, was praktische Lebensbetätigung war. Wie der Eisenbahndienst verläuft, was alles mit ihm verbunden war, erregte meine Aufmerksamkeit. Besonders aber war es das Naturgesetzliche, das mich gerade in seinen kleinen Ausläufern anzog" (Steiner, in: Lindenberg, 1975, 42).

Auch in der Schule wird Steiner, glauben wir seinen Erinnerungen, zunächst von den mathematisch- naturwissenschaftlichen Inhalten, denen er dort begegnet, angezogen und weniger von den Verhältnissen, die in der Schule herrschen, abgestoßen. Als er bei seinem Hilfslehrer ein Geometriebuch entdeckt, ist er völlig fasziniert:

„Mit Enthusiasmus machte ich mich darüber her. Wochenlang war meine Seele ganz erfüllt von der Kongruenz, der Ähnlichkeit von Dreiecken, Vierecken, Vielecken; ich zergrübelte mein Denken mit der Frage, wo sich eigentlich die Parallelen schneiden; der pythagoreische Lehrsatz bezauberte mich ... Rein im Geiste etwas erfassen zu können, das brachte mir inneres Glück. *Ich weiß, daß ich an der Geometrie das Glück zuerst kennengelernt habe*" (Steiner, in: Hemleben, 1988, 15).

Steiner interessiert das „Naturgesetzliche", das, was auch in der „menschlichen Natur selbst liegt." Ausgangspunkt seiner Vorstellung von Schule ist die Einrichtung der Schule „nach der Entwicklung des werdenden Menschen" (Steiner).

Wenn ich am Ende dieser kleinen Übersicht über die Schulerfahrungen und Schulentwürfe bei Freinet, Montessori und Steiner ein Zwischenergebnis formulieren soll, dann läßt sich das mit drei Begriffen tun, die jeder für sich einen besonderen Aspekt kindlicher Aktivität meinen: die Arbeit des Kindes bei Freinet, seine Bewegung bei Montessori und seine Entwicklung bei Steiner.

Das Gemeinsame und das Besondere der reformpädagogischen Konzepte „vom Kinde aus"

Hinter diesen auf die kindliche Aktivität zentrierten pädagogischen Begriffen, die eine gewisse Differenz in der reformpädagogischen Konzeptionsbildung bei Freinet, Montessori und Steiner andeuten – oder wenigstens Verschiedenheiten in der Akzentuierung kindlicher Aktivität –, stehen eine Reihe pädagogischer Annahmen oder Überzeugungen, die die Gemeinsamkeiten dieser Konzepte beschreiben lassen:

1. Die Verhältnisse in der vorgegebenen „alten" Schule werden als autoritär, nicht kindbezogen und – bei Steiner – als „schablonenhaft" kritisiert. Die traditionelle Schule ist – wie Freinet es bündig formuliert – auf die „Vermittlung von Wissensstoff und auf die Erfüllung der Stoffpläne" hin orientiert. Ihre Zielsetzungen werden von außen, von den staatlich verordneten Lehrplänen und von bürokratisch-regulierten Vermittlungsformen bestimmt.

2. Den fremdbestimmten Beziehungs- und Arbeitsverhältnissen in der Schule werden die „Freiheit" (Montessori) des Kindes, seine „Bedürfnisse" (Freinet) und seine menschlichen „Entwicklungsgesetze" (Steiner) als Maßstäbe für eine „menschliche" Schule entgegengesetzt. Diese Zentrierung der Schule auf das Kind bedeutet aber nicht, daß die Schule aus ihrer gesellschaftlichen Funktion entlassen wird: Freinet versteht das Kind als „Glied der Gemeinschaft"; für Montessori ist die „Freiheit des Kindes" Voraussetzung von „Zucht" im Sinne von „Selbstbeherrschung" und Unterordnung unter den „Zwang des Lebens", Voraussetzungen, mit denen die „einfachen Tätigkeiten des sozialen Lebens" ausgeführt werden sollen. Und Steiner geht es bei der Unterordnung der Schule unter die „Erkenntnis der menschlichen Natur" um den Beitrag der Schulerziehung zur „Kulturentwicklung". Ich betone diese Bezugnahmen auf gesellschaftliche Erfordernisse im weiten Sinn auch deshalb, weil für viele Interpreten der „Pädagogik vom Kinde aus" diese reformpädagogische Konzeption die gesellschaftliche Bedingtheit des Kindes aus den Augen verloren hat, um das Kind zum „Mythos" (Oelkers) zu stilisieren.

3. Voraussetzung für die Zentrierung der Schule und des Unterrichts auf das Kind hin ist aber für alle drei hier vorgestellten reformpädagogischen Entwürfe die Erkenntnis der kindlichen Entwicklungsprozesse; erst aus ihrer Erkenntnis heraus offenbaren sich die kindlichen Bedürfnisse und Fähigkeiten. Diese Erkenntnisse aber können – auch in den frühen Überlegungen Steiners – nicht vorausgesetzt, d. h. *vor* der kindlichen Aktivität erforscht, gesammelt und dann in der Schularbeit zur Anwendung gebracht werden. Die Reformpädagogen denken nicht in diesen „Wenn-dann-Kategorien". Die Kenntnisse über die Entwicklung des Kindes sind eben, trotz der sich am Ende des 19. Jahrhunderts entwickelnden Kinderpsychologie, nicht schon bekannt, sondern das Kind selbst entwickelt und offenbart sie in seinem Handeln.

4. Um diese Selbst-Tätigkeit des Kindes zu ermöglichen, ist aber eine „neue" Schule notwendig: eine Schule, die es – wie Freinet formuliert – in ihrer „vernünftigen, wirksamen und menschlichen Form" dem „Kinde erlaubt, zu einer möglichst vollkommenen Entfaltung seiner Menschlichkeit zu kommen" (Freinet, 1979, 15). Diese Schule soll zur *Lebenswelt* der Kinder werden.

Mit diesen vier Postulaten lassen sich die reformpädagogischen Vorstellungen von Freinet, Montessori und Steiner im Kontext des deutschen und europäischen reformpädagogischen Diskurses verstehen, wie er sich in der Zeit um 1900 entwickelt. Oelkers formuliert seine Argumentationsstränge:

„Zwischen 1890 und 1914, so läßt sich die Diskussion zusammenfassen, bildete sich allmählich ein öffentlicher Konsens über die Notwendigkeit von Schulreformen heraus, der an traditionelle Forderungen der Pädagogik anschloß, jedoch drei neue Argumentationsformen entwickelte: Die Reform wurde individualisiert, also auf das *einzelne* Kind bezogen und *psychologisch* gedeutet. Die kinderpsychologische Sicht erlaubte Radikalisierungen, die so weit gingen, daß die institutionelle Form der Schule nur noch als Einengung der ‚Seele' des Kindes wahrgenommen wurde. Gleichzeitig wurden schulpolitische Forderungen fortgesetzt, die nicht die psychologische Differenz, sondern die organisatorische Einheit in den Mittelpunkt stellten" (Oelkers, 1989, 70).

Was Oelkers in seiner Charakterisierung des reformpädagogischen Diskurses vergißt, ist die – außerhalb oder parallel zu diesem Diskurs stattfindende – auf die Entwicklung einer kindgemäßen *Praxis* bezogene Schul- und Unterrichtsarbeit der – meist bis heute unbekannten – Lehrerinnen und Lehrer. Parallel zur pädagogischen Prinzipiendiskussion in der städtischen bildungsbürgerlichen Öffentlichkeit entstand eine schulpädagogische Alltagsforschung im Vollzug des von der Selbst-Tätigkeit der Kinder bestimmten Unterrichts. Die Ergebnisse dieser Lehrerforschung aber wurden nicht in der bürgerlichen Kulturpublizistik veröffentlicht, sondern in reformpädagogischen Zirkeln, Vereinigungen und Treffen, die sich – in unserem Fall um Freinet, Montessori und Steiner herum – in der reformpädagogik-praktizierenden Lehrerschaft entwickelten.

Das Besondere an dieser pädagogischen Diskussion ist ihre Nicht-Abgeschlossenheit; trotz aller Versuche, sie zu erklären, einzuordnen und zu schematisieren – wie sie in den verschiedenen historisch-pädagogischen und ideologiekritischen Ansätzen bis in die Gegenwart hinein versucht werden (vgl. Schonig, 1983) – ist der reformpädagogische Funke nicht auszutreten. Die verschiedenen Ideologiekritiker der reformpädagogischen Forderung, die gesellschaftliche Bildung der Kinder in der Schule nicht nach den Erfordernissen der Gesellschaft, sondern nach den Bedürfnissen der Kinder auszurichten, haben – wie vielleicht am eindrucksvollsten Heinz-Joachim Heydorn – diesem Denken Irrationalismus und Zivilisationsangst attestiert:

„Mit der Befreiung der schöpferischen Natur des Kindes sollte der Mensch befreit werden. Der Angriff richtete sich gegen … alle Bewußtmachung überhaupt, alles Licht; eine magische Welt des Kindes wird der Welt des produktiven Bewußtseins gegenübergestellt, eine vorbewußte Welt, die den Menschen vor Eintritt in die Geschichte zeigt und ihn dort festhalten will" (Heydorn, 1970, S. 221).

Diese Kritik hat Heydorn in den Jahren des aufgeklärten sozialistischen Rationalismus, 1970, formuliert; der Glaube daran, daß aus einem „neuen Verhältnis von Ratio und gegenwärtiger, nunmehr nach den Gesetzen industrieller Rationalität geordneter Wirklichkeit" (Heydorn, 1967, 22 f.) pädagogischer Sinn gewonnen werden könnte, ist mir in den vergangenen zehn Jahren zunehmend verlorengegangen. Die von Heydorn in Mißkredit gebrachte Zivilisationsangst scheint mir – angesichts der industriellen und politischen Entwicklung zum Atomstaat, – bestimmt von Ozonloch, Treibhauseffekt, Überfütterung mit Antibiotika, Zerstörung dessen, was man Immunsystem nennt, genetische Verarmung und Verstädterung (vgl. Illich, 1990) – eine angemessene und realistische menschliche Reaktion zu sein. Wir werden in dieser Situation, in der es um unser Überleben als Gattung geht, auch den reformpädagogischen Diskurs – ohne Überheblichkeit, was nicht mit Kritiklosigkeit gleichzusetzen ist – wiederaufnehmen müssen. Die 1920 von dem Hamburger Lehrer Johannes Gläser formulierten Fixpunkte reformpädagogischer Praxis könnten auch heute für unser Überleben als Eltern, Lehrerinnen und Lehrer, Kinder und Jugendliche von Bedeutung sein:

– Schüler werden als produktive Kinder erkannt: „Kinder haben Ideen; sie müssen sie haben; denn sie sind Schaffende" (Gläser, 1920, 20).
– Lehrer werden als schöpferische Persönlichkeiten verstanden: „Mensch und Künstler zu sein, soll der Lehrer sich bestreben" (Gläser 1920, 28).
– Lernen wird als vielgestaltiger, lebendiger und selbsttätiger Prozeß verstanden, dessen Ziel die erforschende Auseinandersetzung mit der Umwelt und dem kindlichen Selbst ist.
– Die Schule soll ein Lebens-Ort, keine Kaserne und kein Dienstraum sein: eine „Arbeitsgemeinschaft", in der verborgen die „Lebensgemeinschaft" liegt, „die sich von selber gestaltet, und die zu verhindern uns keine Augenblickszwecke das Recht geben" (Gläser, 1920, 23).
– Arbeit ist in dieser Schule eine komplexe Handlung, die alle Kräfte und Fähigkeiten von SchülerInnen und LehrerInnen mobilisiert: „Arbeit ist Aktivität, Gestaltung der Außenwelt, die aus der lebendigen freien Aufnahme der Umwelt entspringt" (Gläser, 1920, 171).
– LehrerInnen und SchülerInnen gehen bei diesen Prozessen des Lernens, Forschens und Arbeitens einen umfassenden Lebenszusammenhang ein: „Der Lehrer, der sich heute nicht mehr als der Beauftragte irgendeiner Zweckgemeinschaft ... fühlt, tritt dem Kinde rein als Mensch dem Menschen gegenüber" (Gläser, 1920, 27).

Konrad Wünsche hat diese Leitsätze – die uns heute mit ihrem pädagogischen Pathos naiv erscheinen mögen – sechzig Jahre später, im Jahr 1979, unter der Fragestellung „Was sollen unsere Kinder lernen?" in gewisser Weise noch einmal aufgegriffen und als menschenbezogene Lernziele für heutige Kinder neu formuliert:

„Was sollen unsere Kinder lernen?
Sie sollen arbeiten können, lernen können, lieben können und so das eigene Leben als wertvoll erfahren.
Lernen, was notwendig ist und in der Reichweite eines Lebens liegt: was ein einzelner für sich als nützlich und befriedigend erleben kann. Kinder wollen nicht nur spielen und lernen. Zur Kindheit gehören auch die lange aus unserem Bild vom Kind ausgesperrten Lebensbereiche Arbeit und Liebe. Es sind Grundwerte, weil es wohl jeder als wichtig und befriedigend (das wäre das Kriterium für Wert) empfindet,
– einmal etwas gemacht zu haben, worauf er stolz sein kann,
    was sich zeigen läßt (Arbeit);
– einmal einen Mangel an sich ausgeglichen zu haben, sich verbessert zu haben,
    Unbekanntes sich zugänglich gemacht zu haben (Lernen);
– selbst für wert gehalten zu werden, sich einem anderen zugewandt zu haben
    und angenommen worden zu sein (Liebe)" (Wünsche, 1979, 343).

Wie können wir reformpädagogische Texte von Freinet, Montessori und Steiner heute lesen?

Wenn ich mich mit historischen und ideologiekritischen Erklärungen und Ein-Ordnungen, also: Entleerungen, reformpädagogischen Denkens nicht zufrieden-geben und sie mit Erklärungen wie der von Tenorth, der in der Reform-pädagogik „eine erwartbare Reaktion" auf den „Modernisierungsprozeß" um 1890 in Deutschland (Tenorth, 1988, 205), womöglich auch zu Recht, zu er-kennen glaubt, nicht zu den sogenannten Akten legen möchte, muß ich mich nach dem Sinn fragen lassen, den die Beschäftigung mit Texten von Freinet, Montessori oder Steiner heute noch haben könnte (und wie kompliziert das ist, wird an diesem Satzungetüm schon deutlich). Bernhard Gleim hat sich dieser Frage auf eine Weise gestellt, die

„nach den Möglichkeiten, nach den Ambivalenzen der reformpädagogischen Konzepte nicht in einer historisch-bildungspolitischen Untersuchung fragen (will), sondern sie in der Spannung, in der widersprüchlichen Sprechweise der Ideen, Erzählungen und me-thodischen Vorschläge selbst aufsuchen" möchte (Gleim, 1985, 35).

Mit Bernhard Gleim bin ich der Meinung, „daß wir nur von den Reformpäd-agogen lernen können, wenn wir ihre Position nicht einfach als ideologische Versteinerungen rückwärtsgewandten Protests lesen, sondern als spannungs-volle Gegenentwürfe zum Vergesellschaftungsprozeß der Erziehung im allge-meinen Schulwesen – spannungsvoll, weil sich im ‚Freiraum‘ der Pädagogi-schen Reform Flucht- und Rückzugsphantasien mit Gegenbildern einer neuen, nach vorn hin offenen, nicht regressiv abgekapselten Alternativschule mi-schen" (Gleim, 1985, 35). Darum interessiert sich Gleim für die „Praxisbilder"; er versteht darunter „die metaphorische, die bildliche Konzeptualisierung von Praxis" (Gleim, 1985, 44).

Auf der Suche nach solchen bildhaften Entwürfen pädagogischer Seh-, Denk- und Handlungsweisen bin ich in den Schriften von Freinet, Montessori und Steiner auf Passagen gestoßen, in denen die Offenheit ihrer pädagogischen Wünsche und Phantasien auch heute noch zu spüren ist. Es geht dabei um Bilder von Lebendigkeit, um die Körperhaftigkeit und um die Seelenhaftigkeit der Kinder, die alle drei – insbesondere in ihren frühen Schriften – empfinden und so zum Ausdruck bringen, daß sie in der Ausarbeitung ihrer besonderen pädagogischen Umgangsweise mit den Kindern diese Lebendigkeit nicht – oder doch nicht nur – anwandten und damit kanalisierten, sondern respektierten und – wenn ich mich metaphorisch ausdrücken darf – zum Leuchten brach-ten.

Freinets Pferd, das keinen Durst hat

In seinem Geschichtenbuch „Les dits de Mathieu" (1953–1958) läßt Freinet den Bauern Mathieu seine pädagogischen Einsichten aussprechen:

„Vom Pferd, das keinen Durst hat.

Der junge Städter wollte sich auf dem Bauernhof, der ihn beherbergte, nützlich machen.

‚Bevor ich das Pferd aufs Feld führe‘, so sagte er sich, ‚werde ich es trinken lassen. Das ist gewonnene Zeit. Den Tag über werden wir Ruhe haben.‘

Aber, was denn ... Bestimmt jetzt etwa das Pferd? Wie bitte? Es weigert sich, in die Nähe der Tränke zu gehen und hat nur Augen für das nahe Kleefeld!

‚Seit wann bestimmen denn hier die Tiere! – Du kommst jetzt trinken, sag' ich dir!‘
...

Und das frischgebackene Landkind zieht am Zügel, geht nach hinten und gibt dem Pferd ein paar kurze Schläge. Endlich! ... Das Tier bewegt sich ... es ist schon an der Tränke ... vielleicht hat es Angst ... ‚Ob ich es streicheln soll? ... Du siehst doch, das Wasser ist frisch. Bitte! Mach mal deine Nüstern naß ... Wie! ... Du trinkst nicht? ... na dann!‘

Und der Mann stößt mit Gewalt die Nüstern des Pferdes ins Wasser der Tränke.

‚Jetzt trinkst du aber!‘

Das Tier schnaubt und atmet, aber es trinkt nicht.

Der erfahrene Bauer kommt dazu. Ironisch sagt er: ‚Ach, du glaubst, daß man so ein Pferd führen kann? Weißt du, es ist nicht so dumm wie ein Mensch ... Es hat keinen Durst! ... Du könntest es umbringen, aber trinken wird es nicht. Es wird vielleicht so tun als ob, aber das Wasser, das es schluckt, wird es dir wieder ausspucken ... Verlorene Liebesmüh', mein Lieber!‘

‚Was kann man da machen?‘

‚Man merkt, daß du kein Bauer bist! Du hast nicht verstanden, daß das Pferd zu dieser frühen Morgenstunde keinen Durst, aber große Lust auf guten frischen Klee hat. Danach hat es Durst, und du wirst sehen, wie es zur Tränke galoppiert. Es wartet nicht, bis du ihm die Erlaubnis gibst. Ich rate dir sogar, dich nicht zu sehr mit ihm anzulegen ... Und wenn es trinkt, kannst du wie du willst am Zügel ziehen!‘

So täuscht man sich immer, wenn man sich anmaßt, die Ordnung der Dinge zu ändern und jemanden zum Trinken zwingen zu wollen, der keinen Durst hat ... Erzieher, ihr seid am Scheideweg. Verrennt euch nicht in den Irrtum einer ‚Pädagogik-des-Pferdes-das-nicht-trinken-will‘, sondern geht kühn und weise auf eine Pädagogik zu, die man die ‚Pädagogik-des-Pferdes-das-in-das-Kleefeld-und-zur-Tränke-läuft‘ nennen könnte“ (Freinet, 1980, 32 f.).

Das Bild des Pferdes – das hier für das Kind steht – bezeichnet die Eigen-Art des Lebendigen, die Kraft, die in den Kindern steckt, die inneren Wünsche, die die Lebensstärke des Kindes sind. Lebendigsein hat, wie der englische Psychoanalytiker Donald Winnicott sagt, mit Kreativität zu tun:

„Wir müssen zweierlei festhalten. Kreativität hat etwas mit Lebendigsein zu tun – das heißt, das Individuum streckt, wenn es nicht gerade schläft, auf die eine oder andere Art seine Hand aus, so daß eine Beziehung entstehen kann, wenn ein Objekt vorhanden ist. Aber dies ist nur die eine Hälfte. Die andere Hälfte hat etwas damit zu tun, daß es nur unter bestimmten Bedingungen eine Bedeutung haben kann, sich im physischen oder im seelisch-geistigen Sinne nach außen zu strecken, nämlich nur bei einem Wesen, das da ist, um zu sein“ (Winnicott, 1990, 46).

Mit seiner Geschichte vom übereifrigen, aber ignoranten Städter und vom tierverständigen Bauern spielt Freinet auf diesen Sinn des Lebendigseins an, nämlich zuerst einmal da zu sein, um zu sein – und nicht, um die Angelegenheit noch einmal ins Pädagogische zu wenden, sich einem fremden Willen unterzuordnen.

Montessoris Möblierung des Schulzimmers

Bei der Eröffnung ihres „Kinderheims" in Rom (1913) hat Maria Montessori sich auch ausführlich über dessen Einrichtung geäußert; es geht ihr dabei darum, den Kindern Einrichtungsgegenstände, vor allem Tische und Stühle, zur Verfügung zu stellen, die die Kinder selbst bewegen, verschieben und umwerfen können, damit sie ihre körperlichen Ausdrucks- und Bewegungsmöglichkeiten kennenlernen:

„Die wichtigste Neuerung in Hinsicht auf die Möblierung der Schule ist die Abschaffung der Bänke. Ich habe Tische anfertigen lassen mit weiten, festen, achteckigen Beinen, die dem Tisch zu gleicher Zeit einen sehr sicheren Stand und leichte Beweglichkeit geben, so leicht, daß zwei vierjährige Kinder ihn mühelos umhertragen können. Diese Tische sind rechteckig und breit genug, daß an der Langseite zwei Kinder gesetzt werden können; es ist sogar Platz für drei, wenn sie näher zusammenrücken. Außerdem haben wir kleinere Tische, an denen ein Kind für sich arbeiten kann. Ferner ließ ich Sesselchen anfertigen, zuerst mit Strohgeflecht, da diese sich aber zu rasch abnützten, später nur noch ganz aus Holz. Sie sind sehr leicht und außerordentlich zierlich. Überdies habe ich in jedem Schulzimmer eine Anzahl von bequemen Armstühlchen, die einen aus Holz, andere aus Geflecht. Neuerdings werden auch kleine quadratische Tischchen mit einem Fuß und Tische von anderer Gestalt und verschiedener Größe hergestellt; man deckt sie mit kleinen weißen Decken aus Waschleinen und schmückt sie mit Grün und Blumen in Vasen" (Montessori, in: Dietrich, 1973, 57).

Das mag uns heute alles wie selbstverständlich erscheinen, aber ein Besuch im nächsten Kindergarten und der nächsten Grundschule wird Sie davon überzeugen, daß es – trotz Kindermöbel und Grundschultischchen – die Bewegungsmöglichkeiten für die Kinder, die ja mit diesen beweglichen Möbeln erreicht werden soll, noch immer nicht gibt. Denn Montessori geht es nicht vorrangig um eine ästhetische, moderne oder schulhygienisch begründete Einrichtung der Schulzimmer, sondern um eine der kindlichen Bewegung – und dem kindlichen Bedürfnis nach Pausen – angemessene Möblierung:

„Unsere Tischchen und verschiedenen Arten von Stühlen sind alle leicht und lassen sich leicht fortbewegen, und wir gestatten dem Kind, sich die Haltung zu *wählen*, die ihm am bequemsten erscheint. Es kann es sich *bequem machen*, gerade so gut, als es seinen eigenen Platz einnehmen kann. Und diese Freiheit ist nicht nur ein äußeres Zeichen, daß nicht Zwang herrscht, sondern ein Erziehungsmittel. Wirft ein Kind durch eine ungeschickte Bewegung einen Stuhl um, der mit Geräusch zu Boden fällt, so erhält es hiermit einen eindringlichen Beweis seiner eigenen Ungeschicklichkeit; wäre dieselbe Bewegung in festen Bänken ausgeführt worden, so wäre sie unbemerkt hingegangen. So hat das Kind einen Anhaltspunkt, sich selbst zu verbessern; tut es das, hat es wieder den Beweis vor sich, daß es eine Fähigkeit erworben hat: die Tische und Stühle bleiben alle ruhig an ihrem Platz. Daraus ergibt sich nun deutlich, daß das Kind *gelernt* hat, *seine Bewegungen zu beherrschen*. Nach der alten Methode wurde die Probe auf die Disziplin in einer geradezu entgegengesetzten Tatsache gesehen, nämlich in der Unbeweglichkeit und Stille des Kindes selbst" (Montessori, in: Dietrich, 1973, 58).

Die „Geschicklichkeit in den Bewegungen", die Maria Montessori den Kindern ermöglichen will, basiert auf einer körperlichen Erkenntnis der Kinder; im körperlichen Umgang mit den Möbeln lernen sie ihre Möglichkeiten und

Wünsche kennen. Der Körper der Kinder wird nicht stillgestellt oder stillgesetzt, in Möbel eingezwängt und unterdrückt, sondern die Dinge, mit denen das Kind umgeht, strukturieren die Bewegungsabläufe der Kinder und damit – wie es Montessori bezeichnet – „die Freiheit des Kindes in seinen spontanen Selbstäußerungen".

Der „Seelenblick" Rudolf Steiners

In den Texten von Freinet und Montessori geht es um die Begründung und um das Verständnis für die Lebendigkeit der Kinder, um ihre schöpferischen Kräfte: „Wenn wir schöpferisch leben", sagt Winnicott, „ist es so, daß alles, was wir tun, das Gefühl bestärkt, daß wir lebendig sind, daß wir wir selbst sind" (Winnicott, 1990, 48). In den frühen Reden Rudolf Steiners werden schöpferische Kräfte als Grundlage für die Beziehung zwischen Erwachsenen und Kindern – als ein „intuitives Element" (Lindenberg, 1975, 176) dieser Beziehung – erkannt:

„Nun, so wie wir im Leben Erwachsener dem Erwachsenen gegenüberstehen und eigentlich die Menschenerkenntnis in solch unbewußter Weise üben, daß wir sie nicht bemerken, sondern nach ihr handeln, so müssen sich gegenüberstehen in einer viel bewußteren Weise Menschenseele des Lehrers der Menschenseele des Kindes, um dieses heranzubilden, aber auch, um in unserer eigenen Lehrerseele das erleben zu können, was erlebt werden muß, damit wir die rechte Stimmung, das rechte pädagogische Künstlertum, das richtige Mitfühlen mit der Seele des Kindes haben können, die notwendig sind, um Erziehung und Unterricht in entsprechender Weise zu leisten. Wir werden unmittelbar darauf gewiesen, daß eigentlich das Wichtigste sich abspielt im Erziehen und Unterrichten zwischen der Lehrerseele und der Kinderseele" (Steiner, in: Lindenberg, 1975, 177).

Die Körperlichkeit, die Freinet und Montessori als zentrales Element der kindlichen Ausdruckskraft und Selbst-Tätigkeit verstehen, wird bei Steiner sozusagen in Seelenhaftigkeit aufgelöst:

„Und von dieser Menschenerkenntnis", sagt Steiner weiter, „lassen Sie uns zunächst ausgehen, meine sehr verehrten Anwesenden, von jener Menschenerkenntnis, die nicht scharf konturiert ist, weil sie eigentlich nicht bezogen wird auf den einen Menschen, sondern weil sie schwebt, gewissermaßen sich vielfach hin und her webt zwischen demjenigen, was im Unterrichte und in der Erziehung in der Lehrerseele vor sich geht, und demjenigen, was in der Kindesseele vor sich geht. Es ist unter Umständen schwierig zu fassen, was sich da in wirklich imponderabler Weise hinzieht von Lehrerseele zu Kindesseele und umgekehrt. Denn dasjenige, was da strömt, es verändert sich im Grunde genommen in jedem Augenblick, während wir unterrichten und erziehen. Man muß einen Blick sich dafür aneignen, einen Seelenblick, der das Flüchtige, Feine, das von Seele zu Seele spielt, erfaßt. Vielleicht kann man erst dann, wenn man so dasjenige, was so zwischen den Menschen intim geistig spielt, zu erfassen in der Lage ist, den einzelnen Menschen für sich erfassen" (Steiner, in: Lindenberg, 1975, 178).

Vielleicht erscheinen Ihnen diese Andeutungen der Beziehungsprozesse zwischen Lehrern und Schülern angesichts der modernen psychologischen Terminologie – die ja ganz im Gegensatz zu Steiner von bestimmbaren und erklärbaren Kommunikationsabläufen ausgeht – allzu unbestimmt, unwissenschaftlich und versponnen; aber wir werden uns die Fähigkeiten zum gegenseitigen intuitiven Verständnis, von denen Steiner hier spricht, den „Seelenblick", für den Umgang unter uns und mit unseren Kindern wieder aneignen müssen, wenn wir – und das unterscheidet mich vom pädagogischen Optimismus der Reformpädagogen – in unserer zerstörten Welt unsere Ohnmacht aushalten wollen. Und darüber müssen wir uns verständigen, dazu brauchen wir einander – und unsere Freundschaft und die Freundschaft der Kinder. Freundschaft ist kritisch und schöpferisch in einem: „Irgendwo im Plan der Welt kann jeder von uns eine Möglichkeit finden, schöpferisch zu leben. Das bedeutet, daß wir uns etwas Persönliches, vielleicht etwas Geheimnisvolles vorbehalten, etwas, das unfehlbar zu uns gehört. Wenn sie keine andere Möglichkeit sehen, versuchen Sie es mit Atmen, etwas, das niemand *für* Sie tun kann" (Winnicott, 1990, 47).

Literatur:

Dietrich, Theo (Hrsg.): Die Pädagogische Bewegung „Vom Kinde aus". 3. Aufl. Bad Heilbrunn 1973 (darin: Texte von Maria Montessori).
Freinet, Célestin: Die moderne französische Schule. 2. Aufl. Paderborn 1979.
Freinet, Célestin: Pädagogische Texte. Hrsg. v. H. Boehncke u. Ch. Hennig. Reinbek b. Hamburg 1980.
Gläser, Johannes (Hrsg.): Vom Kinde aus. Hamburg u. Braunschweig 1920.
Gleim, Bernhard: Der Lehrer als Künstler. Zur praktischen Schulkritik der Bremer und Hamburger Reformpädagogen. Weinheim u. Basel 1985.
Hemleben, J.: Rudolf Steiner. Hamburg 1988.
Heydorn, Heinz-Joachim: Zum Bildungsproblem in der gegenwärtigen Situation. In: Heydorn, H.-J., Herz, I. u. Staff, I. (Hrsg.): Zum Bildungsbegriff der Gegenwart. Frankfurt/M 1967.
Hierdeis, H.: Kritik und Erneuerung: Reformpädagogik 1900–1933. Starnberg 1971.
Illich, I.: Interview in der tageszeitung von 23. 10. 1990.
Jörg, Hans: Célestin Freinet, die Bewegung „Moderne Schule" und das französische Schulwesen heute. In: Freinet, C.: Die moderne französische Schule. 2. Aufl. Paderborn 1979. S. 143–257.
Kramer, Rita: Maria Montessori. Leben und Werk einer großen Frau. München 1976.
Lindenberg, Christoph: Waldorf-Schulen. Angstfrei lernen, selbstbewußt handeln. Reinbek b. Hbg. 1975 (darin: Texte von Rudolf Steiner).
Montaigne, Michel de: Über die Kindererziehung. In: Essais. Zürich 1985. S. 181–214.
Oelkers, Jürgen: Reformpädagogik. Eine kritische Dogmengeschichte. Weinheim/München 1989.
Schonig, Bruno: Reformpädagogik. In: Enzyklopädie Erziehungswissenschaft. Bd. 8. Stuttgart 1983. S. 531–536.
Tenorth, Heinz-Elmar: Geschichte der Erziehung. Einführung in die Grundzüge ihrer neuzeitlichen Entwicklung. Weinheim u. München 1988.
Winnicott, D. W.: Der Anfang ist unsere Heimat. Zur gesellschaftlichen Entwicklung des Individuums. Stuttgart 1990.
Wünsche, Konrad: Zur künftigen Gegenwart in den Schulen. In: Neue Sammlung, 19. Jg. (1979), H. 4. S. 340–350.

Annäherung an Montessori, Freinet und Steiner – biographische Skizzen

Maria Montessori

G. Schulz-Benesch

Maria Montessori wurde 1870 in der Nähe von Ancona geboren. Sie studierte Medizin und promovierte als erste italienische Frau in diesem Fach. Bald hatte sie in der psychiatrischen Universitätsklinik zu Rom geistig behinderte Kinder ärztlich zu betreuen. Dabei stieß sie auf das Werk des französischen Arztes Séguin. Dieser hatte um die Mitte des 19. Jahrhunderts ein Erziehungssystem entwickelt, das geistig behinderten Kindern durch didaktisches Material vornehmlich auf dem Wege der Sinnesübungen zur Entwicklung helfen sollte. An diese Vorarbeiten knüpfte Montessori bei dem Bemühen an, die ihr anvertrauten Kinder zu fördern. Sie baute das Material Séguins weiter aus. Ihre Erfolge erregten Aufsehen. In einer öffentlichen Prüfung zeigten sich unterrichtlich von ihr geförderte Kinder in Orthographie und Schrift normalen Elementarschülern ebenbürtig. Montessori aber schrieb: „Während alle die Fortschritte meiner Idioten bewunderten, machte ich mir Gedanken über die Gründe, aus denen glückliche und gesunde Kinder in den gewöhnlichen Schulen auf so niedrigem Niveau gehalten wurden ...".[1] Ihre Erfahrungen für die Bildung und Erziehung normaler Kinder auszuwerten, gelang ihr zunächst für das vorschulpflichtige Alter in ihrer ersten „Casa dei Bambini", die sie 1907 im römischen Arbeiterviertel San Lorenzo eröffnete. In diesem „Kinderhaus" des Elendsviertels entwickelte Montessori ihre Methode der Vorschulerziehung. Bald baute sie ihre pädagogische Praxis auch für das Grundschulalter aus, so daß etwa mit dem Beginn des Ersten Weltkrieges das System in den Grundzügen vorlag, das man seither als „Montessori-Erziehung" bezeichnete. Es breitete sich ebenso wie die Literatur Montessoris rasch in vielen Ländern aus.[2]

Die persönlich-private Biographie der jungen Montessori ist bestimmt durch ein bürgerlich-christliches Elternhaus, durch die positivistisch-naturwissenschaftliche Studienatmosphäre und Kontakte zu den Emanzipationsbewegungen der Zeit, durch leidvolle persönliche Erlebnisse, vor allem im Zusammenhang mit ihrer unehelichen Mutterschaft, und schließlich durch eine Wende zu religiöser Verinnerlichung, auf deren Untergrund sie dann das persönliche Leid *und* die sie geradezu umstürzenden Erlebnisse in San Lorenzo bewältigt. „The first beginnings of my work" nennt sie noch in hohem Alter diese Erfahrungen im ersten Kinderhaus.[3]

Maria Montessoris Leben ist seitdem bestimmt durch die völlige Hingabe an ihre pädagogischen Arbeiten und vollzieht sich außerhalb jeder nationalen

---

1 M. Montessori: Die Entdeckung des Kindes, Freiburg (8)1987, S. 32 f.
2 Vgl. G. Schulz-Benesch: Der Streit um Montessori, Freiburg (2)1962, S. 10 ff.
3 6th Indian Montessori Course, Lectures by Dr. Montessori, 1944/45, S. 251, 306.

Begrenzung. Die Jahre der beiden Weltkriege nicht ausgenommen, findet man sie rastlos bemüht, in vielen Ländern Europas, in Nordamerika, Südamerika, in Indien, Pakistan und Ceylon durch Ausbildungskurse, Einrichtung von Kinderhäusern, Schulen und Ausbildungsanstalten für Erzieher und Lehrer den Kindern zu helfen. In manchen Ländern sieht sie ihr Werk und das ihrer Schüler zugrunde gehen, so auch in Italien und Deutschland. Ohne je zu resignieren, arbeitet sie unermüdlich weiter und verschafft während des Zweiten Weltkrieges noch in hohem Alter in Indien und seinen Nachbarländern ihrer Pädagogik Geltung. Nach dem letzten Kriege kehrt sie nach Europa zurück und kann noch das Wiedererwachen des Interesses an ihrem Werk erleben, ehe sie am 6. Mai 1952 in Holland, das ihre Pädagogik und seit 1936 auch sie selbst so freundlich aufgenommen hatte, ihr arbeitsreiches Leben beschließt.

Der wichtigste Anstoß zu Montessoris Werk liegt nach ihrer eigenen, immer wiederholten Aussage in dem Erlebnis der Polarisation der Aufmerksamkeit. Sie benutzt hier ein Wort aus der Physik zur Kennzeichnung eines Erlebnisses, einer Phänomenentdeckung, die sie im ersten Kinderhaus in San Lorenzo gemacht hatte. Sie sah dort ein etwa dreijähriges Mädchen ganz vertieft in die Beschäftigung mit den sogenannten Einsatzzylindern, einer Sinnesübung. Die Älteren von Ihnen erinnern sich vielleicht noch an die Gewichtseinsatzkästen und daran, daß Sie gerne die verschieden großen Gewichte herausnahmen und wieder in die passenden Vertiefungen einordneten. Nun, dieses kleine Mädchen, das Montessori beobachtete, ließ von seiner konzentrierten Tätigkeit weder ab, als Montessori es mitsamt seinem Stühlchen auf einen Tisch hob, noch als sie die übrigen Kinder singen ließ. Das Mädchen hielt sein Tablett auf den Lehnen des kleinen Korbstühlchens fest und machte oben seine Übung weiter. Montessori ließ dann sogar noch die anderen Kinder singen – es wurde auf dem Klavier gespielt – und sie zählte 44 Wiederholungen der Übung, ehe das Kind mit seiner Tätigkeit aufhörte. Dabei beobachtete Montessori, daß es das ganz unabhängig von den Ablenkungen ringsum tat und vor allem nicht ermüdet schien, sondern „es schaute zufrieden um sich, als erwachte es aus einem erholsamen Schlaf."[4]

Diese Erscheinung widersprach ganz ihrer bisherigen „Überzeugung von der charakteristischen Unstetigkeit der Aufmerksamkeit des kleinen Kindes", eine Überzeugung, die sie aus ihrem positivistischen Studium mitgebracht hatte. Doch sie beobachtete von nun an bei den Kindern immer wieder diese Konzentration, diese Polarisation der Aufmerksamkeit und ihre überraschende Wirkung, die zu einer, wie sie dann später sagte, „Normalisierung" des Kindes führte. Ich zitiere: Es „schien sich ... alles Unorganisierte und Unbeständige im Bewußtsein des Kindes zu einer inneren Schöpfung zu organisieren, deren überraschende Merkmale sich bei jedem Kinde wiederholten."[5] Der von zahllosen Zeugen bestätigte, aufsehenerregende Erfolg der geistigen und leiblichen Entwicklung durch die Pflege des beschriebenen Phänomens leitete von nun an Montessoris Arbeit. Auf diese Erscheinung, die man später auch kurz als das „Montessori-Phänomen" bezeichnete, und welche Montessori geradezu die „Entdeckung des Kindes" nennt, gründet sich ihr ganzes Werk: „... von nun an war es mein Streben, Übungsgegenstände zu suchen, die die Konzentration

4 M. Montessori: Schule des Kindes, Freiburg (3)1989, S. 70.
5 ebd.

ermöglichten; und ferner studierte ich gewissenhaft, welche Umgebung die günstigsten äußeren Bedingungen für diese Konzentration bietet."[6] Voraussetzung dieses Studiums war ihr die Beobachtung des sich frei fühlenden, normalen Kindes.

Es ist sehr wichtig, im Sinne zu behalten, daß das, was ihre Pädagogik über die Grenzen ihrer vorherigen Arbeit mit den behinderten Kindern hinausgebracht hat, eine Pädagogik des *normalen* Kindes war, unbeschadet der möglichen Rückwendung zu diesen Behinderten.

Aufgrund solcher unermüdlichen Versuche beginnt jetzt Montessori die Gestaltung des Kinderhauses, der „vorbereiteten Umgebung": eines Raumes der steten Aufforderung zum hingegebenen Tun, einer Welt verpflichtender Situationen. Die gesamte Einrichtung ist auf das Kind abgestimmt, was damals nicht so ganz selbstverständlich war; daß die Kinder einen entsprechend tief angebrachten Wasserkran hatten und benutzen durften usw. Daß dies heute in den Kindergärten und Schulen selbstverständlich ist, ist nicht vorstellbar ohne die Pionierarbeit der bedeutenden Schulreformer des Anfangs dieses Jahrhunderts. So wie es beispielsweise Schulküchen und dergleichen gibt, Werkräume in den Schulen, ohne daß an den Schulen überall „Kerschensteiner" steht, so hat sich in den Kindergärten im Laufe der Zeit nach Montessoris Impulsen vieles geändert, ohne daß da überall „Montessori" steht. Sie führte zahlreiche „Übungen des praktischen Lebens" ein: vom Händewaschen bis zur Pflanzen- und Tierpflege, vom Vorbereiten von Mahlzeiten bis zu Übungen des Umgangs, der Handgeschicklichkeit, zu rhythmischen Übungen und anderem gemeinsamen Tun. Die andere große Gruppe von Aktivitätsmöglichkeiten ist in dem sogenannten „Sinnesmaterial" gegeben. Gleichzeitig mit dem phasengemäßen Ansprechen aller Sinne ist hier die Förderung der kognitiven Entwicklung mit angezielt, die Erschließung eines „mundus intellectualis", wie Buytendijk sagt, und seiner Qualitäten. So ist das Material nicht Ersatz der Welt, Montessori bezeichnet es vielmehr als „Schlüssel zur Welt".

Für die „Übungen des praktischen Lebens" wie für die Beschäftigung mit dem sogenannten „Sinnesmaterial" gilt das Prinzip der *Wahlfreiheit*. Alle Übungen werden durch die Erzieherin eingeführt und bieten die Möglichkeit einer Selbstkontrolle.

Die Beobachtung des wahlfreien Tuns der Kinder führte Montessori zum Begriff der „sensiblen Perioden", Perioden besonderer Sensitivität für bestimmte, für die Entwicklung bedeutsame Eindrücke, wie z. B. während des starken Drängens zum Sprechenlernen beim Kleinkind; das ist, wie das Laufenlernen, eine „sensible Periode", die jeder kennt.

Solche Perioden stellt Montessori nun in vielen Richtungen fest, sogar in bestimmter Weise für Tätigkeiten bei der Aneignung von Kulturtechniken und anderer Gegenstände der Schule. Bei einem Montessori-Kurs wird in der Regel immer angegeben, wann ein Material, eine Übung normalerweise eingeführt wird, etwa „sensitive Periode $3\frac{1}{2}$ bis $4\frac{1}{2}$ Jahre". Nach diesen Beobachtungen ergeben sich ganz andere Zeiten für eine fruchtbare Erstbegegnung, als man oft meint.

Entsprechend fordert nun Montessori auch für das Schulalter Beachtung und

---

6 M. Montessori: Das Kind in der Familie u. a. Vorträge, Stuttgart 1954, S. 58f.

Auswertung der als stufentypisch, jedoch individuell variierend angesehenen sensiblen Phasen für Erziehung und Unterricht. Und damit lag ein Grund mehr vor, ihre Arbeit in das Schulalter hinein fortzusetzen. Mit dem Älterwerden der Kinder der ersten Kinderhäuser entstand schon vor dem Ersten Weltkrieg die Montessori-Grundschule bis zu zwölf Jahren. Dies entspricht den italienischen Verhältnissen, aber auch den Schulordnungen in vielen anderen Ländern, z. B. Holland und England, während ja bei uns der „Schnitt" zwischen Grundschule und Sekundarschule vorwiegend bei zehn Jahren lag.

Montessori knüpft mit dem umfassenden Material für die Grundschule von sechs bis zwölf Jahren an die dem Kind mehr oder minder unbewußte Vorbereitung durch das sogenannte Sinnesmaterial an. Konsequent wünscht Montessori Kinderhaus und Schule in einem Gebäude, mit offenen Türen zwischen Kinderhaus und Schule und zwischen den einzelnen Gruppen bzw. Klassen. Ich habe dies gelegentlich eine „andere Gesamtschule" genannt, eine Gesamtschule in dem Sinne, daß es *eine* Schule für das gesamte Kindesalter sei. Diese Klassen oder Gruppen, die nicht über etwa 40 und nicht unter etwa 12–15 Kinder zählen sollen, umfassen nach ihren Anweisungen jeweils etwa drei Jahrgänge. Darüber später noch Näheres.

In einigen Ländern entwickelte sich die Montessori-Schule bald bis zum Grund- bzw. Volksschulabschluß, zuerst in Holland bis zur Hochschulreife, dann auch in einigen anderen Ländern, und auch in der Bundesrepublik gibt es Montessori-Sekundarschulen bzw. Sekundarschulzweige. In der Arbeit mit dem älteren Kind und dem Jugendlichen treten neben die individuelle Tätigkeit stärker als bisher freies Arbeiten in Gruppen und Unternehmungen in der Gesamtheit der Kinder bzw. Jugendlichen, und zwar ausgehend von den spontanen Neigungen dieses Alters. In allen Phasen entspricht die von Montessori intendierte Praxis der relativen Wahlfreiheit (ich füge gleich „relativ" dazu, absolute Freiheit gibt es nicht) in bezug auf den Gegenstand des Interesses, aber auch in bezug auf die Unterrichts- bzw. Bildungsform. Für die Jugendlichen hat Montessori zeitweiligen Aufenthalt in einer Art Landerziehungsheim gefordert. Diese „Erfahrungsschule des sozialen Lebens", wie sie sie nennt, sollte gewissermaßen die Möglichkeit der Probe für den Ernstfall des selbständigen Lebens in der Gesellschaft der Erwachsenen bieten. Montessori hat Vorschläge, eine Grundskizze gemacht für die Sekundarschulbildung. Sie hat dies nicht selbst in dem gleichen Verfahren getan, mit dem sie das Kinderhaus und die Grundschule konkret durch Versuche und lange Beobachtungen entwickelt hat, nicht also nach diesem Verfahren der beiden vorangehenden Stufen, sondern sie hat nur einen Entwurf vorgelegt, so daß die im Sinne Montessoris Weiterarbeitenden, diese Weiterarbeit Versuchenden, sozusagen in einer offenen Konkurrenz zueinander stehen und sich so *indirekt* messen lassen müssen an den *Grundsätzen* Montessoris, nicht an den einzelnen konkreten Details.

Zu den Begriffen der Polarisation der Aufmerksamkeit und der sensiblen Perioden ist der in Montessoris späteren Äußerungen immer stärker hervortretende Begriff des „absorbierenden Geistes" zu nennen. (Auch hier denkt man natürlich gleich an die physikalische Sprache.) Mit diesem Begriff meint sie die frühkindliche Fähigkeit einer intuitiven ganzheitlichen Auffassung von Umwelteindrücken. Der „absorbierende Geist" ist nach Montessori die Geistesform des jungen Kindes, des „psychischen" oder „geistigen Embryo", des

Kindes also von 0 bis etwa 3 Jahren, wenngleich sich diese Geistesform noch etwas weiter auswirkt, wie sie sagt.

Montessori beschäftigt sich im hohen Alter nun noch intensiv mit der Zeit von der Geburt bis zum Ende des zweiten Lebensjahres und veranlaßt noch nach dem Zweiten Weltkrieg die Gründung eines Instituts zu Rom, in welchem Frauen ausgebildet werden, die jungen Müttern vor der Geburt ihrer Kinder und vor allem bei der richtigen Behandlung der Neugeborenen beratend beistehen. Der heutige Name dieses Instituts ist „Scuola Montessori per assistenti all'infanzia". Dr. Silvana Montanaro, die diese Schule seit den 50er Jahren leitet, hat sie 1991 auf der Jahrestagung der Montessori-Vereinigung vorgestellt. Wir hoffen, über diese Arbeit auch einmal etwas veröffentlichen zu können. Es besteht eigentlich noch eine Lücke in der Darstellung der Montessori-Pädagogik in der Hinsicht, daß man die Praxisvorschläge für diese Frühzeit nicht so kennt, obwohl ja einiges an Anregungen dazu durchaus nachlesbar ist, in Montessoris Buch „Das kreative Kind. Der absorbierende Geist" z. B.

Durch die Zeit des Nationalsozialismus und des Zweiten Weltkrieges ist lange in Deutschland, aber auch in vielen anderen Ländern, Montessoris leidenschaftlicher Einsatz für den Frieden nicht recht bekannt geworden, ein Einsatz, für den sie mehrfach von England und Italien aus als Kandidatin für den Friedensnobelpreis vorgeschlagen worden war. Und ebenso wurde erst mit langer Verspätung das Bemühen der letzten 1½ Jahrzehnte ihres Lebens um eine „kosmische Erziehung" bekannt, mit der sie die Jugend, besonders schon die Sechs- bis Zwölfjährigen auf ihre Aufgabe als Verwalter und Mitschöpfer der Welt vorbereiten will. Die Menschheit ist für sie *ein* Volk, „La Nazione Unica". Verachtung des Menschen und der Schöpfung ist für sie ein „Sakrileg". Wenn wir uns gegen das menschliche Leben vergehen, so sagt sie in ihrer programmatischen Rede über „Kosmische Erziehung", „wird uns der Zorn Gottes immer wieder in der Gestalt vernichtender Kriege heimsuchen, weil wir den Menschen ... mißachtet haben."[7]

Ich möchte noch einen kleinen Hinweis zu diesem Thema geben: Sie hat als Material für die Entwicklung dieser Gedanken über die kosmische Erziehung weithin die Werke ihres Onkels, eines fortschrittlichen Priesters und Naturwissenschaftlers, des Geologen Antonio Stoppani, verwertet. Sein bekanntestes und von ihr am meisten beachtetes Buch hat den Titel „Acqua ed aria": „Wasser und Luft", und hebt die Bedeutung der „Reinheit des Meeres und der Atmosphäre" für die belebte Welt hervor.[8] Es ist also eine höchst moderne Thematik, über die sie seit der Mitte der 30er Jahre arbeitet und berichtet. – Heute, etwas später, haben wir ja auch eine ökologische Pädagogik.

---

7 M. Montessori: „Kosmische Erziehung", Freiburg 1988, S. 30.
8 Antonio Stoppani, Acqua ed Aria (ossia la purezza del mare e dell'atmosfera fin dai primordi del mondo animato), Nuova edizione per cura di Alessandro Malladra, Torino (o. J.) Die 1. Aufl. dieses Buches erschien unter der jetzt als Untertitel gebrauchten Überschrift (1875).

Célestin Freinet

P. Teigeler

Mein Beitrag gliedert sich in drei Teile: zuerst möchte ich Ihnen ein wenig vom Reichtum der Freinet-Pädagogik erzählen, dann möchte ich Ihnen meinen persönlichen Weg zur Freinet-Pädagogik schildern und am Ende noch einige biographische Fixpunkte aus dem Leben des Célestin Freinet nennen.

Vom Reichtum der Freinet-Pädagogik

Das Wort Freinet ist klein und unscheinbar. Es besteht nur aus sieben Buchstaben. Und es bezeichnet auch nur eine Schublade in der Welt der Pädagogik, in der es so viele Schubladen gibt: große und kleine, volle und leere, verfaulte, verätzte, morsche, welche aus Stahl und Eisen, zerfallene, darüber hinaus viele, die klemmen. Die Schublade, die Freinet-Pädagogik heißt, ist nun aber eine aus purem Gold, gefüllt mit Edelsteinen. Denn sie führt, wenn man sie öffnet, ein in zwei weitere Welten, einmal in die Welt der Prinzipien und der Mittel/„Techniken" der Freinet-Pädagogik selbst, und dann in die Welt des Lebens und des Erlebens der Kinder und Jugendlichen in der Schule in all seiner Vielfalt, Einzigartigkeit und Sinnfülle.

1. Zur Welt der Prinzipien und der Mittel/„Techniken" der Freinet-Pädagogik

In Tabelle 1[1] stehen die von mir, aber auch in ähnlicher Weise von anderen Freinet-AutorInnen, herausgefundenen sechs Prinzipien der Freinet-Pädagogik: Bezug zum Leben, Arbeit/Selbsttätigkeit, Sinn, Freiheit, Kooperation und Verantwortung. Daneben stehen die wesentlichen Mittel/„Techniken" der Freinet-Pädagogik. Hier kann man sehen, wie reichhaltig die Freinet-Pädagogik schon in ihren Prinzipien ist, und daß es z.B. völlig falsch ist, Freinet-Pädagogik nur mit Freiheit gleichzusetzen. Die Freiheit, die in der Freinet-Pädagogik angestrebt wird, ist ja in vielfältiger Hinsicht wieder gebunden. Sie ist eingebunden, wie Sie sehen, in den Bezug zum Leben. Sie ist weiterhin

---

1 nach Teigeler, Peter: Gestalt-Pädagogik und Freinet-Pädagogik: Ergänzung oder Gegensatz? In: Die Deutsche Schule 81, 1989, S. 509. – Die Zusammenstellungen anderer Autoren (z.B. von Laun 1983, S. 38 und S. 47; aber auch von Baillet 1983, S. 16–27, Koitka 1977, S. 5–15; Hennig in Vasquez u.a. 1976, S. 11f.) weichen in Teilen von der hier vorgelegten ab. Die Abweichungen betreffen insbesondere die Frage, was als Prinzipien der Freinet-Pädagogik und was als Mittel/„Techniken" ihrer Verwirklichung angesehen wird, und ob das Prinzip des sinnvollen Lernens überhaupt als solches hervorgehoben wird.

Tabelle 1: Der Reichtum der Freinet-Pädagogik

Bezug zum Leben	Berichte Untersuchungen Unterrichtsgänge Arbeitsateliers

Arbeit/Selbsttätigkeit	Feldarbeit und Tierpflege
	Schmiede und Schreinerei
	Spinnen, Weben, Schneidern, Kochen, Hauswirtschaft
	Konstruktion, Mechanik, Handel
	Nachschlagekiste für Unterrichtsvorhaben,
	    Wissensstoffe, Dokumentensammlung
	Experimentieren in Naturkunde, Physik, Chemie,
	    Meteorologie, Schulmuseum
	Schöpferische Betätigung, graphische Gestaltung
	    und Korrespondenz
	künstlerisches Schaffen, Ausdruck und Mitteilung

Sinn	freier Ausdruck/freier Text Schul-Druckerei Schülerzeitung Korrespondenz
Freiheit	freier Ausdruck/freier Text freie Wahl der Arbeitsschwerpunkte freie Untersuchungen freies Experimentieren

Kooperation	Gemeinschaftsarbeiten, z. B.
	    Auswertung der Unterrichtsgänge
	    Auswahl der freien Texte
	    Korrespondenz
	Gruppenarbeit, z. B.
	    Druckerei
	    Experimentieren

Verantwortung	Verantwortlichkeiten („Ämter") Arbeitspläne Disziplin Klassenversammlung

eingebunden in das Prinzip des sinnvollen Lernens, in die Erfüllung von Sinn, wie es da in der Mitte heißt, und sie ist eingebunden in das Prinzip der Verantwortung.

Die Freinet-Pädagogik wird oft mißverstanden als lasch und als „du kannst machen, was du willst". Roger Ueberschlag, den wir leider nicht hören können, weil er krank ist und eine längere Zeit der Genesung braucht, ein französischer Freinet-Pädagoge, sagte einmal: "Es ist zur Mode geworden zu sagen: ‚Ich unterrichte à la Freinet', so wie man bei einer unbeholfenen Zeichnung sagt:

‚Der malt wie Picasso' ".[2] D. h.: man muß schon genau hingucken, ob einer wirklich nach Freinet unterrichtet, oder ob er es nur so sagt.

Auf der rechten Seite der Tabelle 1 stehen die, wie es in der Nachkriegs-Pädagogik hieß, „Operationalisierungen" der Prinzipien der Freinet-Pädagogik, d. h. die Konkretisierungen, wie diese Prinzipien nun konkret im Unterricht umzusetzen seien. Diese Konkretisierungen sind beeindruckend reichhaltig. Nehmen wir z. B. den Bezug zum Leben: Da *berichten* die Kinder in der Schule aus dem Leben, da machen sie *Untersuchungen* im Leben, sie machen *Unterrichtsgänge* in das Leben hinein, z. B. auf einen Bauernhof. Auch in der Stadt könnte man, sogar jetzt wieder in Berlin, auf einen Bauernhof gehen, aber man kann auch zum Gaswerk gehen oder zur Müllabfuhr oder zu Drospa, eben überall dahin, wo das Leben ist. In *Arbeitsateliers* wiederum wird das Leben in die Schule hineingeholt usw. Ich will diese Mittel/„Techniken" nicht weiter im einzelnen beschreiben. Ich versuche nur, Ihnen den Reichtum der Freinet-Pädagogik ein wenig deutlich zu machen.

Die Prinzipien der Freinet-Pädagogik sind wahrscheinlich wenig veränderbar, viel weniger jedenfalls als die Mittel/„Techniken" der Freinet-Pädagogik. Sicher muß man die Mittel/„Techniken" anpassen an die heutige Zeit. Man würde heute auch mit dem Computer arbeiten, man kann die Mittel/„Techniken" generell erweitern.

All diese Prinzipien und Mittel/„Techniken" sind von Freinet zusammengestellt worden, nur zusammengestellt, nicht erfunden; nicht einmal die Druckerei ist von Freinet erfunden. Freinet hat nur all diese Vorschläge der Reform-Pädagogen seiner Zeit aufgegriffen und in seiner Pädagogik vereint.

Und ich frage Sie, welche Pädagogik ist reichhaltiger, wenn all diese Prinzipien und all diese Unterrichts-Mittel/-„Techniken" erfüllt sind? Welche Pädagogik macht mehr und konkretere Vorschläge, so und so könntest/solltest Du Unterricht geben? Und welche Pädagogik kann man so wie diese in der Regelschule um die Ecke verwirklichen, – also hier in der Cauerstraße oder in Kreuzberg oder in Spandau? Diese Pädagogik können Sie, falls Sie schon LehrerIn sind, morgen beginnen, Sie können sich morgen auf den Weg machen, Sie brauchen keine Genehmigung für einen Schulversuch, Sie brauchen keinerlei institutionelle Einrichtungen dafür, Sie können morgen anfangen. Und Sie schaffen ein Paradies auf Erden, ein pädagogisches Paradies auf Erden.

2. Zur Welt des Lebens und Erlebens der Kinder und Jugendlichen

Sie eröffnen nämlich, und das ist der 2. Punkt, die Welt des Lebens der Ihnen anvertrauten Kinder und Jugendlichen in seiner ganzen Vielfältigkeit, Ernsthaftigkeit, Fröhlichkeit und Sinnfülle. Jedes Kind, jede(r) Jugendliche wird sich bei dieser Pädagogik als unverwechselbare Person, als vollwertiger Mensch, als Denk- und Lebenspartner auch für Sie selbst erweisen, als ein Mensch, der fröhlich pfeifend in die Schule geht, die Pausenklingel überhört und erst aufhört zu arbeiten, wenn er selber fertig ist mit dem, womit er sich

---

2 nach Jörg 1981, S. 146.

beschäftigt. Auch im Dunkeln würde man in der Freinet-Pädagogik erst einmal weiterarbeiten.

Vor 20 Jahren hätte man gesagt, und Ihr Lachen deutet an, daß man auch heute noch so denken könnte: der spinnt, der baut Luftschlösser, und: Wer das versucht, fällt auf die Nase und erleidet den in der Literatur vielfach beschriebenen Praxis-Schock! Aber heute ist das anders. Heute kann man ja schon hinzeigen! Ich kann Ihnen kleine pädagogische Paradiese zeigen. Es sind nicht viele, aber ich kenne z. B. in Spandau ein kleines pädagogisches Paradies. Wenn Sie es ansehen wollen, dann gehen Sie doch in die Földerich-Schule. Dort unterrichten vier Lehrerinnen in offenem Unterricht, dort besteht so ein kleines pädagogisches Paradies.

Oder gehen Sie in die Königin-Luise-Stiftung, da fängt jetzt gerade so ein kleines Paradies an zu entstehen in einer 7. Klasse, wo das Leben nicht vor der Schultür endet, sondern im Unterricht weitergeht. Gehen Sie nach Kreuzberg, und Sie finden auch dort schon an vielen Schulen einzelne Klassen, wo Kinder mit blanken Augen ernsthaft und zugleich fröhlich lernen. Paradiese in Kreuzberg? In der Heinrich-Zille-Schule z. B., in der Lenau-Schule; in Tempelhof in der Paul-Klee-Schule. Das sind, wie gesagt, nicht die Schulen, es sind immer nur einzelne Klassen in den Schulen, weil einzelne Lehrerinnen oder Lehrer sich auf den Weg machen, aber immerhin. Und das, was die Literatur beschreibt, Freinet selber, aber auch Hans Jörg, den wir hier noch hören werden, und was auch die Freinet-Filme zeigen, das können Sie, wie ich schon gesagt habe, hier und da und dort in Berlin in der staatlichen Regelschule mit eigenen Augen sehen und mit dem Herzen erleben.

Wobei man einschränken muß, alle sind nur „auf dem Wege", kaum eine(r) gibt Unterricht völlig nach Freinet, in Berlin macht es wahrscheinlich keine(r), daß er/sie völlig nach Freinet unterrichtet. Obwohl der Freinet-Film „Den Kindern das Wort geben"[3] oder der Film „Wir machen einen Wochenplan"[4] von Sepp Kasper und Wolfgang Wagner, einem Lehrer in Jülich, Nordrhein-Westfalen, Grundschule 4. Klasse, schon die Erfüllung wesentlicher Prinzipien und Mittel/„Techniken" der Freinet-Pädagogik zeigen. Aber für Berlin gilt wohl, was Henry Landroit sogar für alle Freinet-LehrerInnen meint: „Die ideale Freinet-Klasse gibt es nicht und es ist nicht unser Ziel zu definieren, was eine solche Klasse sein könnte. Es gibt nur Klassen *auf dem Weg* zur Freinet-Pädagogik ..."[5]

Ich stelle Ihnen anheim, sich auf den Weg zu machen, so wie auch ich einmal angefangen habe, mich auf den Weg zur Freinet-Pädagogik zu machen. Und damit beginne ich nun meinen 2. Teil, wie ich zur Freinet-Pädagogik gekommen bin.

3 Jung, Wolfgang und Lindemann, Barbara: Den Kindern das Wort geben. Berlin: Deutsche Film- und Fernsehakademie 1976/1977 (Dokumentar-Film zur Freinet-Pädagogik).

4 Wagner, Rolf und Kasper, Sepp: Wir machen einen Wochenplan. Pädagogik-Kooperative e. V.: Bremen (Dokumentar-Film zur Freinet-Pädagogik).

5 Landroit, Henry: Woran erkennt man eine Freinet-Klasse? In: Fragen und Versuche Heft 53, Juli 1990, S. 44.

Mein Weg zur Freinet-Pädagogik

Ich bin seit 1965 in der LehrerInnen-Ausbildung. Damals war ich Assistent an der PH Berlin, bin jeden Donnerstag mit dem Kollegen Niederschuh in das Didaktikum gegangen und habe mir mit ihm Unterricht nach Heimann/Otto/Schulz[6] angesehen. Und schon damals spürte ich einen gewissen Widerwillen gegen den Unterricht nach Heimann/Otto/Schulz, weil im Unterricht nach Heimann/Otto/Schulz die Kinder nur betrachtet werden unter dem Gesichtspunkt, wie die Kinder für die Vermittlung des jeweiligen Unterrichts-Stoffes geeignet seien. Da gucke ich mir nicht die Kinder für sich an, sondern ich gucke mir die Kinder nur in bezug auf die optimale Vermittlung des Unterrichtsstoffes an. Dann haben die StudentInnen oft noch bei Piaget nachgeguckt, wie die Kinder denn nun eigentlich seien, statt daß sie sich die Kinder selber angeguckt hätten. Entsprechend waren die Unterrichtsstunden. Ich werden nie eine Unterrichtsstunde vergessen – nach Jahrzehnten denke ich noch daran, wie wir uns damals versündigt haben –, wo eine Studentin uns flehentlich bat, doch irgendetwas Gutes über ihren Unterricht zu sagen. Aber wir sagten nichts. Wenn man nach Heimann/Otto/Schulz Unterricht plant, und die Kinder führen dann ihr eigenes Leben und stören bei dieser Art von Unterricht: Dann kann es einfach nicht gut werden!

Dann habe ich den Film gesehen „Den Kindern das Wort geben", und dieser Film faszinierte mich. Dort hatten die Kinder blanke Augen, und ein ernsthaftes, fröhliches Lernen fand in der Klasse statt, im Elsaß, bei 10jährigen. Den Film habe ich 6 Jahre lang gezeigt, von 1978 bis 1983, und ich habe immer gesagt, das ist guter Unterricht. Aber meine Lehrmethode an der Hochschule habe ich nicht verändert, 6 Jahre lang nicht.

Nach 6 Jahren nahmen die Widersprüche zu zwischen dem, was ich immer im Film zeigte, und wie ich selber unterrichtete, und daß ich selber nichts änderte. Z. B. haben einmal zwei hochschulpolitisch und allgemein politisch sehr engagierte Frauen ein Referat über Freinet gehalten und mit ihrem Referat die Freinet-Pädagogik totgeschlagen. Du kannst ja auch mit einem Referat jedes Leben totschlagen. Da war im Referat nichts von dem blühenden Leben in Freinet-Klassen herübergekommen. Es war tödlich! Das war einer dieser Widersprüche.

1983 habe ich dann angefangen, in meinem Seminar den Studierenden die freie Wahl der Themen zu überlassen. Früher hatte ich immer eine Liste: 12 Referate oder so ähnlich. Und das Referat Nr. 9, wenn das keiner nimmt, dann geht das Seminar nicht weiter, also nehmt bitte noch das Referat 9, sonst geht es nicht weiter, sonst kann das Seminar nicht anfangen. Damit habe ich 1983 aufgehört. Und ich habe gleich gemerkt: Wenn die Studierenden sich ihre Themen selber wählen, dann hören sie einander auch viel intensiver und länger zu, wenn sie sich am Ende des Semesters gegenseitig ihre Arbeits-Ergebnisse präsentieren. Sie hören einander länger zu. Und sie bleiben auch länger, weil ja das, was die Studierenden einander berichten, die Bearbeitung ihrer jeweils eigenen Fragestellungen ist. Und das ist viel interessanter, als wenn sie etwas gemacht hätten, was ihnen der Teigeler aufgegeben hätte.

---

6 Heimann, Paul; Otto, Gunter, und Schulz, Wolfgang: Unterricht – Analyse und Planung. Hannover: Schroedel 1965.

Das Seminar im Sommer dehnte sich bis in die Ferien hinein aus. Ich hatte das noch nie erlebt, daß meine Studierenden sich in die Sommerferien hinein noch dreimal trafen, wo ich schon auf Korsika war. Da trafen sie sich noch.

Dann habe ich weitere Aspekte der Freinet-Pädagogik studiert, mich auch ein wenig fortgebildet.[7] Jetzt verwende ich schon ein kleines Arsenal an Freinet-Methoden in meinen Seminaren hier an der Hochschule[8]:

Meine Studierenden wählen sich ihre *eigenen Themen oder ihre eigenen Fragestellungen*; bei vorgegebenen Themen wählen sie sich ihren eigenen Weg der Bearbeitung des Themas. Sie haben auch freie Wahl bei der Art, wie sie die Ergebnisse ihrer Arbeit am Ende des Semesters im Seminar präsentieren. Ich habe weiter ein gewisses *Material-Angebot* im Seminar. D. h. ich sage nicht, so nun geht mal in die Bibliothek und holt euch die Bücher. Ich lege vielmehr bei vorgegebenen Seminar-Themen ca. 30 Artikel kopiert in einem Regal im Seminar-Raum aus, so daß man sich zu bestimmten, zu der Thematik des Seminars passenden Themen im Seminar-Raum selber hinsetzen und lesen kann. Jeder Artikel ist fünfmal da, so daß 5 Studierende gleichzeitig den gleichen Artikel lesen können, und das für ca. 30 Artikel. Du brauchst also nicht hier rauszugehen, du kannst gleich hier wesentliche Literatur zur Kenntnis nehmen. Wir haben ein paar Nachschlagewerke im Schrank, wir können ein paar Bücher besorgen. Wir machen einen *Seminar-Plan*. Solch einen Seminar-Plan habe ich hier einmal hingehängt. Es ist der Seminar-Plan aus dem letzten Sommer-Semester. Da ist jede Sitzung vorgegeben. Am Anfang war alles leer, dann haben wir das langsam gefüllt, immer zusammen im Seminar, und am 8. 6., da, wo Plenum steht, wo das Fragezeichen in der Mitte ist, da war die erste Sitzung, wo nicht genau besprochen war, was wir machen. Und in dieser Sitzung haben wir dann die letzten 5 Sitzungen verplant, dann war alles voll. Das entspricht dem Wochenplan in der Freinet-Pädagogik: Mit den Studierenden gemeinsam die Planung des Ablaufs des Seminars machen. Keiner rüttelt daran, keiner sagt später, kann ich nicht noch woanders hin? Weil ja jeder weiß, wenn er daran rüttelt, dann muß das ganze Plenum noch einmal zusammenkommen und darüber neu verhandeln. Jeder hält sich daran, keiner weicht davon ab. Das ist ein Stückchen, wie Sie es in der Tabelle 1 sehen, „Klassenversammlung", ein Stückchen „Arbeitsplan", ein Stückchen Verantwortung in der Freiheit, ein Stückchen Bindung in der Freiheit.

Die Auswirkungen, die ich wahrnehme: Die Studierenden werden untereinander konzilianter, verträglicher, kooperativer als in meinen herkömmlichen Seminaren. Sie werden Experten und Expertinnen, sie gucken nicht immer dauernd zum Dozenten, sie sind mutiger und selbständiger in der Aussage, weil der nunmehr echte Dialog zwischen ihnen – die einen präsentieren die Arbeits-Ergebnisse, die anderen hören zu –, der echte Dialog zwischen den beiden Gruppen Frage und Antwort, Rede und Gegenrede einfach fordert und die herkömmliche Seminar-Angst viel weniger aufkommen läßt: Wenn dich einer

---

7 seit 1986 auf den jährlich stattfindenden Fortbildungs-Treffen „Freinet-Pädagogik in der Sekundarstufe II" in Prinzhöfte bzw. Kleve sowie auch auf anderen Freinet-Fortbildungs-Treffen.

8 siehe hierzu ausführlicher Teigeler, Peter: Den Studierenden das Wort geben. Psychologie-Seminare für LehramtsstudendInnen nach der Freinet-Pädagogik: Reduzierung einer Wissenschaft. In: päd extra & demokratische Erziehung/Februar 1991, S. 43–48.

wirklich etwas fragt, dann mußt du ihm ja antworten, da kannst du gar nicht mehr an Angst denken, die ist dann gar nicht mehr so da.

Sie hören einander länger und intensiver zu. Sie bleiben oft länger, als das Seminar dauert. Wir wissen eigentlich bei unserem Seminar gar nicht so genau, wie lange es eigentlich dauert; es geht von 9 bis 12 Uhr. Die Studierenden gehen dann so gegen 12 oder manchmal 10 nach 12 oder viertel vor 12.

Sie werden auch sympathischer, auch schwierige Studierende. Es gibt ja manchmal auch etwas schwierige Studierende, die sehr viel reden oder ab und zu auch etwas Abwegiges reden. Auch diese Studierenden werden sympathischer, weil sie sich bei dieser Art von Unterricht auch in dem Vielleicht-etwas-schwierig-Sein als eigenständige Menschen entpuppen.

Diesen meinen Beobachtungen entsprechen in etwa auch die Erlebnis-Berichte der Studierenden. Das klingt nun sehr positiv, aber wir stellen Ihnen hier ja auch Pädagogiken vor, an denen wir hängen, und da dürfen Sie mir nicht übelnehmen, wenn ich Positives berichte. Ich berichte nicht falsch, wenn ich mitteile, daß z. B. eine Studentin sagte, dieses mein Seminar im Sommer sei ihr schönstes Seminar gewesen. Eine andere sagte, es sei doch ein Beweis, daß Seminare in offenen Lernformen gelingen könnten, eine andere berichtete sehr verwundert, sie hätte viel getan, obwohl sie gar nicht dazu gezwungen gewesen sei, ich hätte ja gar nichts aufgegeben. Eine weitere lobte den wie selbstverständlichen Kontakt zu den anderen. Einer sagte, er hätte nur einen Schein erwerben wollen, und nun sei er wieder neugierig geworden aufs Studieren. Das zu hören, ist auch schön.

Diese „Wirkungen", von denen ich gerade berichtet habe, entsprechen dem Stand der Literatur. Das ist ja das Schöne, daß, wenn man nun sagt, der Teigeler spinnt, daß man dann in die Literatur gehen kann: Was sagt Freinet? Freinet sagt: „Wir müssen sorgfältig das Schulleben ordnen, damit als Folge dieser Ordnung ganz natürlich Ausgeglichenheit und Harmonie entstehen, die alle Disziplinschwierigkeiten auf wohltuende Weise lösen."[9]

Ähnlich äußert sich Jörg (der noch zu uns kommen wird). Jörg (nicht ich!): „Durch die ... Mitverantwortung der Schüler im ganzen schulischen Bereich erreicht Freinet, daß es bei ihm keinerlei Disziplinschwierigkeiten gibt."[10] Das behaupte ich gar nicht, ich zitiere nur Herrn Jörg, den Altmeister der Freinet-Bewegung in Deutschland. Und weiter Hans Jörg, an einer anderen Stelle: In den Klassen der „Schuldrucker", das sind insbesondere die Freinet-Pädagogen im südwestdeutschen Raum, „gab und gibt es keine Legastheniker, ... auch keine schulmüden, schulgestreßten Kinder ..."[11] Ich würde mich gar nicht trauen, das so apodiktisch zu sagen, daß es überhaupt keine gäbe. Jörg sagt es. Sie können ihn fragen, ob er dabei bleibt. Er kommt ja her.

Und auch über die LehrerInnen sagt Freinet: Die Lehrer und Lehrerinnen „werden mit einem Schlag Sensibilität, Ausgeglichenheit, Selbstbeherrschung und Autorität ... wiederfinden."[12] Seine Frau: „Es verbleiben dem Erzieher fast nur noch edle und leidenschaftliche Beschäftigungen: Er leitet die Gemeinschaftsarbeit, überwacht, entscheidet als Schiedsrichter, gibt Anregun-

---

9 Freinet 1979, S. 81.
10 Jörg in Freinet 1979, S. 218.
11 ebenda, S. 255.
12 Freinet in Jörg 1981, S. 16f.

gen, mißbilligt manchmal. Das erzieherische Wirken erhält die Ruhe und Vertraulichkeit, die dafür unbedingt erforderlich sind."[13]

Paul Le Bohec, den wir auch noch hören werden, ein Franzose, und Michèle Le Guillou schrieben ein Buch über die *therapeutische Wirkung* des freien Ausdrucks[14]; – der freie Ausdruck, neben der Druckerei ein weiteres Kernstück der Freinet-Pädagogik. Und auch in den Filmen gibt es immer wieder Hinweise auf schwierige Kinder, die durch die Freinet-Pädagogik ihre Schwierigkeiten verlieren oder aufgeben.

Wie soll man sich das psychologisch erklären? Ich bin nun Psychologe, ich bin ja gar nicht verpflichtet, Freinet-Anhänger zu sein, Ihr seid ja die Pädagogen. Wie soll ich das nun aber psychologisch erklären? Mit welcher Lernmotivations-Theorie soll ich das erklären, mit der von Heckhausen oder der von Berlyne oder der von Rosenfeld? Willst du das mit dem Behaviorismus erklären oder mit der Psychoanalyse? Alle diese psychologischen Richtungen bieten doch gar keine Kategorien, keine Denk-Kategorien, um das fröhliche und zugleich ernsthafte und sinnerfüllte Lernen in Freinet-Klassen zu erklären oder zu beschreiben.

Dann habe ich mich der Existenz-Psychologie von Viktor E. Frankl zugewandt, einer sinnbezogenen Psychologie. Und ein Prinzip der Freinet-Pädagogik ist ja das sinnvolle Tun. Und dann fiel es mir wie Schuppen von den Augen: Die Psychologie von Viktor E. Frankl zeichnet ja in noch weiteren Begriffen und Konzepten das sinn-erfüllte Leben und Lernen der Kinder in Freinet-Klassen psychologisch nach[15]. Doch darüber möchte ich ausführlich im Dezember reden, wenn ich richtig dran bin.

Aus dem Leben von Célestin Freinet

Wer war nun Freinet? Wir haben seine Person schon fast aus den Augen verloren. Aber er lebt ja auch in seiner Pädagogik weiter! Trotzdem ist es interessant zu fragen, wer war eigentlich Freinet?

Freinet hat von 1896 bis 1966 gelebt. Es gibt viele Daten über ihn zu berichten. Ich möchte nur einige Fixpunkte nennen, die seine Biographie im Trend etwas erhellen:

1. Freinet war 100% kriegsbeschädigt und hat trotz oder gegen oder vielleicht sogar wegen dieser 100%igen Kriegsbeschädigung seine blühende, lebensvolle Pädagogik ins Leben gerufen.

2. Freinet war Kommunist und hat sich doch immer mit den Kommunisten in den Haaren gelegen.

Denn 3. war er im Grunde immer ein Anarchist, und die Anarchisten sind ja bekanntlich ein rotes Tuch für jeden, der auf Herrschaft aus ist.

---

13 Elise Freinet 1985, S. 65.
14 Le Bohec, Paul et Le Guillon, Michèle: Les dessins de Patrick. Effets thérapeutiques de l'expression libre. Casterman: 1980.
15 siehe hierzu Teigeler, Peter: Viktor Frankls „Wille zum Sinn" in der Freinet-Pädagogik. In: Bulletin der Gesellschaft für Logotherapie und Existenzanalyse, 6. Jahrgang, Nr. 3, 1989, S. 4–7 und Teigeler, Peter: Zur Diskussion über die Freinet-Pädagogik. In: Bulletin der Gesellschaft für Logotherapie und Existenzanalyse, 6. Jahrgang, Nr. 4, 1989, S. 5–6.

Und 4. loderte in diesem Anarchisten Freinet immer die Flamme der Pädagogik. Für die Pädagogik stellte er die Politik hintenan; aber umgekehrt unterstellte er seine Pädagogik niemals der Politik.

Das sind vier Grundtendenzen im Leben von Célestin Freinet.

1916, mit 20 Jahren, einen Lungensteckschuß erlitten, 4 Jahre in Lazaretten und Sanatorien, *100% kriegsbeschädigt*. Aus den Bedingungen dieser Schwäche heraus hat Freinet seine Pädagogik entwickelt. Hier sehen Sie – interessant – den Zusammenhang zwischen der Biographie und der Entwicklung einer Lehre. Dieser Zusammenhang zwischen der körperlichen Schwäche von Freinet und der Entwicklung seiner Pädagogik ist auch ein Beweis dafür, daß die Freinet-Pädagogik oder ein offener Unterricht in der Art der Freinet-Pädagogik überhaupt *ent*lastet und nicht belastet. Ich zitiere Freinet: „Warum und wie bin ich eigentlich zum Begründer dieser Bewegung geworden? ... Als ich 1920 aus dem 1. Weltkrieg zurückkam, war ich nur ein „verwundeter Held" mit Lungenschuß, geschwächt, außer Atem und nicht in der Lage, mehr als ein paar Minuten in der Klasse zu sprechen. ... Wie ein Ertrinkender, der nicht untergehen will, mußte ich ein Mittel finden, um mich über Wasser zu halten. Es war für mich eine Frage von Leben und Tod."[16] An einer anderen Stelle sagt Freinet einmal, daß die Druckerei ihn so schön entlastet habe, weil die Kinder da so selbständig tätig waren.

Freinet war *Kommunist* und damit Sozialist. 1925 ist er eingetreten in die Kommunistische Partei Frankreichs, relativ spät, wahrscheinlich sehr bedacht. Er organisierte Ein- und Verkaufs-Kooperativen für die Landbevölkerung, er war Schriftführer der Lehrergewerkschaft von Grasse, er gründete seine eigene Pädagogische Gewerkschaft. Die Kommunisten wollten immer die Eingliederung dieser seiner Pädagogischen Gewerkschaft in die Kommunistische Gewerkschaft. Er hat das nicht zugelassen. 1948 ist Freinet aus der Kommunistischen Partei ausgetreten. Ich zitiere R. Faure, einen der ersten Mitstreiter Freinets in der Bewegung seiner Modernen Schule:[17] „Sein Kommunismus war ein Kommunismus, der die Freiheit suchte; er glaubte nicht, daß die kommunistische Partei gegenüber seiner Bewegung ‚École Moderne' oder seiner Arbeit als Lehrer, die nur auf die Praxis ausgerichtet war und dem Kind völlige Freiheit zu kreativem Gestalten ließ, argwöhnisch werden könnte. Er bemerkte dies jedoch an dem Tag, als ... der Sekretär der ‚Internationalen Vereinigung der Arbeit im Erziehungswesen' in der kommunistischen Lehrerzeitung ‚L'École et la Nation' scharfe Angriffe gegen ihn und seine Lehrergewerkschaft, die École Moderne, schrieb. Die gleichen Attacken führte [noch ein anderer kommunistischer Lehrer, d. V.] gegen Freinet ... Dieser Kampf, aus dem er zwar erstarkt hervorging, war im Endeffekt jedoch die Ursache für sein Dahinscheiden und seinen Tod." Das sagt R. Faure, ein alter Mitstreiter von Freinet.

Freinet war *Anarchist*: „Freinet ... war in der Partei [der kommunistischen, d. V.], er war mutig und konsequent in seinen Anschauungen – aber er ist immer Anarchist gewesen." So zitiert Marie Claire Lepape einen Kommuni-

---

16 Freinet in Jörg 1981, S. 19.
17 nach Jörg 1989, S. 15f.

sten, der ihn 1927 kennengelernt habe.[18] Dafür spreche für Eingeweihte auch, daß Freinet seine Pädagogik „École moderne française" nennt. Diese Bezeichnung erinnere nämlich an eine Schule, die 1901 von dem „Märtyrer des Anarchismus" Ferrer in Barcelona gegründet worden war, wo dieser 1909 nach den „Roten Tagen" von Barcelona zum Tode verurteilt und erschossen worden ist.[19]

Einen anarchistischen Hang hatten damals anscheinend viele Volksschul-Lehrer in Frankreich. Sie waren von den orthodoxen Kommunisten nicht unter einen Hut zu bringen: „Der Beruf bleibt das vorrangige Anliegen dieser Erzieher."[20] G. Cogniot, ein linientreuer Kommunist, schreibt einmal, ‚daß man kaum damit rechnen könne, die eigensinnigen Volksschullehrer [da in Frankreich auf dem Lande, d. V.] einheitlich auf die Parteilinie zu bringen: „Damals lebten die Volksschullehrer noch isoliert auf dem Land, weitab von der Arbeiterbewegung; das erklärt den Erfolg des Reformismus bei ihnen, sei es in der banalen Form des sozialdemokratischen Opportunismus, sei es in der ultralinken Verkleidung des Anarchosyndikalismus"[21], also des anarchistischen Gewerkschaftslebens.

Dabei muß man sich klar machen: Ein Anarchist ist kein Bombenleger. Es gibt zwar ein paar Anarchisten, die Bomben gelegt haben. Die meisten sind aber, wie gesagt, keine Bombenleger. Anarchie heißt ja etwas anderes. Anarchie heißt nicht einmal Unordnung. Anarchie heißt: „ohne Herrschaft". Insofern ist auch die Redewendung völlig falsch, etwa zu sagen: „Hier herrscht Anarchie!" Anarchie *kann* gar nicht herrschen, weil Anarchie ja gerade heißt, es gibt keinerlei Herrschaft. Anarchie ist ein schwieriges Wort. Hier spielt das Problem der Fremdwörter hinein. Man sollte sowieso die meisten Fremdwörter in den Wissenschaften abschaffen. Anarchie ist ein Fremdwort und ein Negativwort: ‚ohne Herrschaft'. Viel besser wäre die positive Formulierung ‚Selbst-Verwaltung'. ‚Anarchie' positiv formuliert heißt ‚selber verwalten, durch und durch alles selber verwalten', d.h. demokratisch, freiheitlich, von den Menschen an der Basis organisiert, sich selbst verwalten. Das ist Anarchie. Ein Anarchist ist einer, der gegen jede Herrschaft ist.

Und wenn man sich jetzt Freinets Pädagogik ansieht, was ist das denn für eine Pädagogik? Die Kinder verwalten ihr Leben in der Schule, ihr Lernen selber: Verantwortlichkeit, Arbeitspläne, Disziplin, Klassenversammlung, Gemeinschaftsarbeit, Gruppenarbeiten, freier Ausdruck, freie Wahl der Arbeits-Schwerpunkte, freie Untersuchungen, freie Experimente. Die Kinder verwalten ihr Leben selber. Sie stellen selber Regeln des Zusammenlebens auf. Sie schaffen die Schulbücher ab und nehmen stattdessen alle Bücher, die es gibt. Sie unterwerfen sich nicht den Schulbüchern und haben den Lehrer als Begleiter. Keiner hat das Sagen, außer den Kindern selbst. Der zu Anfang erwähnte Film heißt „Den Kindern das Wort geben." Und in der Charta der École Moderne trägt Freinet 1950 vor (später wurde das auch verabschiedet): „Wir sind gegen jede Indoktrination. Wir maßen uns nicht an, im voraus bestimmen zu können, was aus dem Kind werden soll, das wir erziehen. ... Wir

18 Lepape 1979, S. 104f.
19 ebenda, S. 102.
20 ebenda, S. 105.
21 ebenda, S. 105.

lehnen es ab, seinem Geist irgendeine unfehlbare und vorher festgelegte Lehre aufzuoktroyieren."[22] – Aber was machen wir denn hier an der Hochschule immer wieder, auch unsere Linken? Oft sagen wir, wir müssen die Kinder dahin erziehen und dorthin erziehen, daß sie Einsicht haben in dies und das, daß sie Einstellungen bilden zu diesem und jenem; das würde Freinet so nie formulieren.

Und der letzte Punkt: Freinet war in diesem Anarchist-Sein immer *Pädagoge*. Er sagte einmal: „Ich werde mich nicht einseitig einer politischen Gruppe anschließen. Wenn die Politik sich der Schule bemächtigt, zieht die Pädagogik aus. Uns geht es um das Kind und nur um das Kind." Das sagte er 1963, als die Kommunisten ihn wieder einfangen wollten, er solle doch bei ihnen wieder mitmachen.[23] Und 1933 hatte er schon etwas Ähnliches geschrieben: „Wir sind Pädagogen und keine Politiker. Bei all unseren Forschungen sind wir nie von politischen Gesichtspunkten ausgegangen. Nach unserer Meinung wäre ein solches Vorgehen eine Häresie."[24] Und Marie Claire Lepape sagt: „Es ist eine Eigentümlichkeit der Freinet-Pädagogik – wie übrigens auch Freinets selber –, daß sie von Anfang an zwischen zwei Stühlen sitzt"[25]: Der eine Stuhl ist die Politik, die Schule für das Proletariat, der andere Stuhl ist die Förderung der Kinder. An anderer Stelle sagt Lepape: „Freinet führt ... mit seiner ganzen Lebensgeschichte vor Augen, daß die Pädagogik, selbst wenn sie ihre Grundlage im revolutionären Kampf hat, allem Anschein nach mit Notwendigkeit dazu führt, daß die Raster der politischen Analyse gesprengt werden, so als ob es ihr darum gehe, die Revolution auch auf einem anderen Feld [nämlich dem Feld der Erziehung, d. V.] voranzutreiben."[26] Freinet ist äußerst aktiv. Er veranstaltet Kongresse, gründet Zeitschriften, gründet eine eigene Kooperative, konstruiert pädagogisches Material, und vieles mehr. 1933 aus dem Schuldienst entlassen, gründet er 1935 ein eigenes Landerziehungsheim in Vence bei Cannes, verwandelt Ostern 1939, wie Marie-Claire Lepape schreibt[27], das Grenobler Volkshaus in der Schweiz durch die Ausstellung von Schülerarbeiten in ein Farbenmeer, beeindruckt die Öffentlichkeit. 1950 ist die Freinet-Bewegung auf ihrem Höhepunkt.

Bei uns herrscht so ein gewisser Streit, und damit komme ich zum Schluß, zwischen den eher linken Freinet-Anhängern, die in den Pädagogik-Kooperativen zusammengefaßt sind, so um die 1975 entstanden, und den vielleicht nicht ganz so linken Freinet-Pädagogen, wie z. B. dem Hans Jörg, den Sie noch hören werden, wer eigentlich von ihnen die Freinet-Pädagogik erfüllt, wer von ihnen wirklich Freinet lehre. Ich finde, der Streit ist müßig. Freinet hat immer die Pädagogik über die Politik gesetzt. Und ich bin der Meinung, Freinet-Pädagogik ist keine „linke" Pädagogik, sondern ist eine *selbstbestimmende* Pädagogik, eine Pädagogik, die *das Lernen in die Hände der Kinder gibt*. Und wenn das den Linken gefällt, dann gut, wenn es ihnen nicht gefällt, dann sollen sie sich zum Teufel scheren. Ich glaube, das ist Freinet.

---

22 nach Jörg 1989, S. 13.
23 ebenda, S. 16.
24 ebenda, S. 13.
25 Lepape 1979, S. 101.
26 ebenda, S. 101.
27 ebenda, S. 107.

Baillet, Dietlinde: Freinet – praktisch. Weinheim: Beltz 1983.

Freinet, Célestin: Die moderne französische Schule. Paderborn: Schöningh 1979[2].

Freinet, Elise: Erziehung ohne Zwang. München: dtv 1985.

Jörg, Hans (Hg.): Praxis der Freinet-Pädagogik. Paderborn: Schöningh 1981.

Jörg, Hans: SO macht Schule Freude. Wolfsburg 1989[2].

Koitka, Christine (Hg.): Freinet-Pädagogik. Berlin: Basis Verlag 1977.

Laun, Roland: Freinet – 50 Jahre danach. Heidelberg: bvb-edition schmidt-herb und mehlig 1983[2].

Lepape, Marie-Claire: Die Anfänge der Freinet-Bewegung. In: Beck, Johannes und Boehncke, Heiner (Hg.): Jahrbuch für Lehrer 4. Reinbek bei Hamburg 1979, S. 101–117.

Vasquez, Aida u. a.: Vorschläge für die Arbeit im Klassenzimmer. Reinbek bei Hamburg: Rowohlt 1976 (6957).

Rudolf Steiner

A. Hellmich

Die Schulgründung

Wir schreiben das Jahr 1919. In Deutschland herrscht Revolution. Das Kaiserreich mit seinen autoritären Strukturen ist zusammengebrochen: Deutschland ist Republik, vorerst jedoch ist die Republik Proklamation, denn wohin der Weg führt, wie diese Republik gestaltet werden soll, ist politisch heftig umstritten. Die soziale Not hat große Bevölkerungsschichten entwurzelt, die zurückgekehrten Soldaten des Krieges, meist arbeitslos, verstärken die Unzufriedenheit. Arbeiter- und Soldatenräte verwalten und regieren besonders in Süddeutschland Städte und Gemeinden.

Die alte Ständeschule, in der für Gott, Kaisertreue und Vaterland die Jungen und Mädchen getrennt und für jeweils spezifische „Tugenden" gedrillt und gezüchtigt wurden, hat „ausgedient". Stehen gesellschaftlich die Zeichen auf Sturm, so beginnt auch hier der Wind zu wehen.

H. Nohl schreibt seine „Pädagogischen und Politischen Aufsätze". Th. Litt gibt seine „Neugestaltung der Pädagogik" heraus, Eduard Spranger schreibt: „Gedanken über Lehrerbildung".

1920 wird sich die Reichsschulkonferenz mit einer neuen Struktur und neuen Inhalten beschäftigen, insbesondere mit der Frage der Einheitsschule. An jeder Schule sollen Kinder aller Klassen gemeinsam unterrichtet werden: von der ersten Klasse bis zu den zu erreichenden Bildungsabschlüssen. Doch die Vertreter der Parteien und der gesellschaftlichen Gruppen können sich nicht einigen: die Einheitsschule scheitert. Am 23. April 1919, der Kapp-Putsch in München ist gerade niedergeschlagen worden, hält Rudolf Steiner einen Vortrag zur sozialen Dreigliederung vor den Arbeitern der Waldorf-Astoria-Zigarettenfabrik in Stuttgart. Er spricht vom Bildungsnotstand des Proletariats. Herbert Hahn, einer der späteren Waldorflehrer, der damals in der Arbeiterbildung tätig war, schreibt darüber

„Und ich höre noch heute in mir die atemlose Stille, die aus dem tiefen Lauschen der Anwesenden entstand. Der Tabak-Auslesesaal, in dem der Vortrag stattfand, konnte so viele Menschen eigentlich nicht gut fassen. So hatten sich die Arbeiter in bunter Gruppierung gelagert. Man saß nicht nur auf Stühlen oder Bänken, man kauerte wie es sich gerade ergab und einige, wohl jüngere, waren auf die gefüllten Tabaksäcke hinaufgeklettert, die an der hintersten Wand aufgestapelt waren. Dieses Durcheinandergewürfeltsein, zugleich mit der Geschlossenheit, mit dem warmen Gedränge, gab der ganzen Versammlung eine unvergeßliche Intimität" (Molt, S. 256).

Steiner sagte u. a. folgendes:

„Man kann z. B. sagen ‚Wir haben uns nun glücklich dazu durchgerungen, die Einheitsschule anzustreben; wenn nun das Geistesleben befreit wird und nicht Staatszwang die Kinder in die Schule führen soll, sondern jeder aus freiem Willen heraus seine Kinder in die Schule schicken kann, die er wählt, da werden doch wieder die Höhergestellten ihre eigenen Schulen begründen. Die alte Ständeschule wird wieder auftauchen … Die Einwände, die gegen diese Dinge gemacht werden, sind nur konservative Vorurteile. Darüber muß man hinauskommen. Wir müssen sehen lernen, daß das Geistesleben emanzipiert werden muß, daß es freigestellt werden muß auf sich selbst, damit es nicht mehr ein Diener der Staats- und Wirtschaftsordnung ist, sondern ein Diener dessen, was das allgemeine menschliche Bewußtsein an Geistesleben hervorbringen kann, damit das Geistesleben nicht für eine Klasse da ist, sondern für alle Menschen gleich" (Lindenberg S. 171).

Bei der Frage der sozialen Dreigliederung bezieht sich Steiner auf die Forderungen der Französischen Revolution „Freiheit, Gleichheit, Brüderlichkeit." Er wendet diese Forderung als konkrete Aufgabenstellung für das gesellschaftlich-soziale Zusammenleben der Menschen des 20. Jahrhunderts an. Die *Freiheit* soll herrschen im Kultur- und Geistesleben (Wissenschaft, Kunst, Religion). Diese Freiheit bedeutet keinerlei Lenkung oder Aufsicht des Staates, sondern Verantwortung und Selbstverwaltung der betroffenen Bürger (dies gilt auch für den Schulbereich, daher die generelle Forderung nach „Freien Schulen"), *Gleichheit* aller Bürger vor dem Gesetz, dies hat der Staat zu gewährleisten und *Brüderlichkeit* (= Schwesterlichkeit/Menschlichkeit) im Wirtschaftsleben, auch hier hat der Staat keine Machtbefugnis. Das soziale Zusammenleben im Wirtschaftsleben führt Steiner in dem „Sozialen Hauptgesetz" aus: „Das Heil einer Gesellschaft von zusammenarbeitenden Menschen ist um so größer, je weniger der Einzelne die Erträge seiner Leistungen für sich beansprucht, d. h., je mehr er von diesen Erträgen an seine Mitarbeiter abgibt, und je mehr seine eigenen Bedürfnisse nicht aus seinen Leistungen, sondern aus den Leistungen der anderen befriedigt werden."

„Alle Einrichtungen innerhalb einer Gemeinschaft von Menschen, welche diesem Gesetz widersprechen, müssen bei längerer Dauer irgendwo Elend und Not erzeugen" (Steiner, 1960, S. 213).

Nach dem Vortrag kommen einige der Arbeiter zu Herbert Hahn, der ihnen in der Fabrik Bildungskurse gab und fragen, ob diese Schule nicht für ihre Kinder eingerichtet werden könnte.

Am 25. 4. führt Steiner mit E. Molt u. a. ein erstes Planungsgespräch zur Schulgründung. Am 13. 5., nur knapp drei Wochen später, erteilt der sozialdemokratische Kultusminister Heymann eine vorläufige Genehmigung zur Errichtung einer Einheitsschule. Am 21. 8. beginnt der Lehrerkurs mit 20 Menschen, von denen 12 die zukünftigen Waldorflehrer stellen. Am 7. 9. wird die Schule feierlich eröffnet. 256 Kinder werden auf 8 Klassen verteilt. Die Hälfte sind Arbeiterkinder der Waldorf-Astoria-Zigarettenfabrik, die anderen aus dem Umkreis der Schule.

„Der darauffolgende Sonntag, der 7. September, ein strahlend schöner Tag, war für mich und alle Beteiligten ein wahrer Festtag. Es fand da im Großen Saal des Stadtgartens die feierliche Eröffnung der Waldorfschule statt. Dr. Steiner hätte eigentlich gern gesehen, daß Lehrer, Eltern und Kinder im langen Zug zum Stadtgartensaal gezogen wären, um die Einwohnerschaft Stuttgarts auf die Bedeutung dieses Tages aufmerksam zu machen. Es ging aber leider nicht an. Im Stadtgarten war der ganze Saal gesteckt voll mit Menschen. Über 1000 Teilnehmer wurden gezählt. Ich begrüßte die Versammelten, Rudolf Steiner hielt die Festrede. Er nannte drei Kernpunkte als Ziel der neuen Pädagogik: Lebendig werdende Wissenschaft – Lebendig werdende Religion – Lebendig werdende Kunst. Danach spricht ein Lehrer für die zukünftige Schule und ein Vertreter des Betriebsrates der Fabrik, dann folgt ein künstlerisches Programm …".

„Auf den Nachmittag hatte ich sämtliche Schuleltern und Kinder mit den Lehrern in den Schulgarten zum Kaffee eingeladen, es gab ein fröhliches Treiben. Die einzelnen Lehrer holten sich ihre Kinder zusammen und machten mit ihnen Spiele. Ein neuer Geist war damit auf der ‚Uhlandshöhe‘ eingezogen: Ein Geist des Vertrauens und der Liebe; und die beteiligten Eltern und Kinder bekamen schon an diesem Tag einen Vorgeschmack davon" (E. Molt, S. 256).

Waldorfschulen weisen seit ihrer Gründerzeit bis heute Merkmale auf, die in den üblichen Regelschulen nicht vorhanden sind. Sie werden aus der Initiative von Eltern und Lehrern gegründet. Es sind Einheitsschulen von der 1. bis zur 13. Klasse. Sie sind von Eltern und Lehrern selbstverwaltet und haben keinen Direktor. Sie gliedern ihren Lehrstoff in Epochen, integrieren das künstlerische Element der Erziehung in die einzelnen Unterrichtsstunden. Sitzenbleiben kennen sie nicht, Zensuren werden nicht erteilt. Die Zeugnisse enthalten keine Noten, sondern eine ausführliche Beschreibung des Entwicklungsprofils des Kindes, dieses schließt eine Darstellung seiner Fähigkeiten, seines Sozialverhaltens und seines Leistungsverhaltens mit ein. In den Waldorfschulen werden keine Schulbücher benutzt. Der Unterricht in zwei Fremdsprachen beginnt in der 1. Klasse. Der Unterrichtsstoff wird in eigenen Heften (u. a. in Epochenheften) festgehalten bzw. vertieft. Das gesamte Unterrichtsgeschehen wird sowohl methodisch als auch inhaltlich aus der Entwicklung des Kindes heraus aufgebaut. Dem entspricht es, daß neben den „normalen" Unterrichtsfächern (zu ihrer Methodik s. die Beiträge von A. Suchantke und E. Schuberth in diesem Buch) handwerklich-künstlerische Fächer erteilt werden (z.B. Handarbeit, Kochen, Schnitzen, Kupfertreiben u. a.). Mit der Arbeit im Schulgarten (1.–8. Klasse) wird vielfältige sinnlich-praktische Erfahrung im Umgang mit den Pflanzen, der Erde und den Naturkräften gesammelt: es wird angebaut, ausgesät, gepflegt und geerntet; im Landwirtschaftspraktikum (9. Klasse) wird diese Tätigkeit in einem Betrieb vertieft und in einen größeren Zusammenhang gestellt; auf der Feldmeßfahrt wird ein anderer Zugang zur Erde gefunden: sie wird mit dem Teodoliten vermessen und berechnet.

Wer war Rudolf Steiner, der diese Waldorfschulbewegung gegründet hat?

Kindheit und Schulzeit

Rudolf Steiner wurde am 27. Februar 1861 in *Kraljevic* geboren, einem Ort, der auf der Grenzlinie zwischen Mittel- und Osteuropa liegt. Damals zu Österreich/Ungarn gehörig, gehört er heute zu Kroatien. Sein Vater, ursprünglich Jäger, wechselte den Beruf und wurde Telegraphist an der österreichischen Bahn, und als Rudolf Steiner zwei Jahre alt war, trat sein Vater den Dienst bei der Bahnstation an der Semmeringbahn an. An diese Zeit erinnert sich Steiner später:

„Eine wundervolle Landschaft umschloß meine Kindheit, der Ausblick ging auf die Berge, die Niederösterreich mit der Steiermark verbinden. Der Schneeberg, Wechsel, die Raxalpe, der Semmering. Der Schneeberg fing mit seinem nach oben hin kahlen Gestein die Sonnenstrahlen auf, und was diese verkündeten, wenn sie vom Berge nach dem kleinen Bahnhof strahlten, das war an schönen Sommertagen der erste Morgengruß. Der graue Rücken des ‚Wechsel‘ bildete dazu einen ernststimmenden Kontrast. Das Grün, das von überall her in dieser Landschaft freundlich lächelte, ließ die Berge gleichsam aus sich hervorsteigen. Man hatte in der Ferne des Umkreises die Majestät der Gipfel und in der unmittelbaren Umgebung die Anmut der Natur" (Hemleben S. 10).

Im 8. Lebensjahr Steiners siedelte die Familie nach Neudörfel, in der Nähe von Wien, über. Mit 9 Jahren bekommt Steiner ein Geometriebuch in die Hand und schreibt später darüber:

„Mit Enthusiasmus machte ich mich darüber her. Wochenlang war meine ganze Seele erfüllt von der Kongruenz, der Ähnlichkeit von Dreiecken, Vierecken, Vielecken. Ich zergrübelte mein Denken mit der Frage, wo sich eigentlich die Parallelen schneiden. Der pythagoräische Lehrsatz bezauberte mich. Rein im Geiste etwas erfassen zu können, das brachte mir ein inneres Glück. Ich weiß, daß ich in der Geometrie das Glück zuerst kennengelernt habe." ... „Das sagte mir natürlich als Kind nicht deutlich, aber ich fühlte, so wie Geometrie muß man das Wissen von der geistigen Welt in sich tragen. Denn die Wirklichkeit der geistigen Welt war mir so gewiß, wie die der sinnlichen. Ich hatte aber eine Art Rechtfertigung für diese Annahme nötig. Ich wollte mir sagen können, das Erlebnis von der geistigen Welt ist ebenso wenig eine Täuschung, wie das von der Sinnenwelt. Bei der Geometrie sagte ich mir: Hier darf man etwas wissen, was nur die Seele selbst durch ihre eigene Kraft erlebt; in diesem Gefüge fand ich die Rechtfertigung von der geistigen Welt, die ich erlebte, ebenso zu sprechen wie von der sinnlichen und ich sprach so davon. Ich hatte zwei Vorstellungen, die zwar unbestimmt waren, die aber schon vor meinem 8. Lebensjahr in meinem Seelenleben eine große Rolle spielten. Ich unterschied Dinge und Wesenheiten, ‚die man sieht‘ und solche, ‚die man nicht sieht‘ " (Hemleben, S. 15f.).

Nachdem er das Abitur „mit Auszeichnung" besteht, beginnt er an der Technischen Hochschule in Wien zu studieren.

Studium in Wien und Goetheforschung

Als Rudolf Steiner, achtzehnjährig, in Wien an der Technischen Hochschule immatrikuliert wird, belegt er die naturwissenschaftlichen Fächer, wendet sich aber verstärkt den Philosophen des deutschen Idealismus zu: Fichte, Hegel, Schelling. Fichtes „ICH"-Philosophie ist das große Thema des 19. und 20. Jahrhunderts; Kierkegaard, Stirner und Nietzsche haben es aufgenommen und wie Fichte die Frage nach der Autonomie und Abhängigkeit des Menschen gestellt. Das ICH als geistiger Wesenskern des Menschen gibt ihm eine Sonderstellung im Naturreich. Welche Aufgabe hat der Mensch den Naturreichen gegenüber?

„Meine Bemühungen um naturwissenschaftliche Begriffe hatten mich schließlich dazu gebracht, in der Tätigkeit des menschlichen ‚Ich‘ den einzig möglichen Ausgangspunkt für eine wahre Erkenntnis zu sehen. Wenn das Ich tätig ist und diese Tätigkeit selbst anschaut, so hat man ein Geistiges in aller Unmittelbarkeit im Bewußtsein, so sagte ich mir" (Hemleben S. 22).

In der Studentenzeit unterrichtete Steiner als Hauslehrer in der Familie Specht und kümmerte sich intensiv um einen 10jährigen Knaben, der an Hydrocephalie (Wasserkopf) litt und kaum bildungsfähig war. Durch methodisch sehr geregeltes übendes Lernen konnte der Junge später wieder die Schule besuchen, Abitur machen und schließlich Arzt werden. Steiner sagt darüber.

„Ich muß dem Schicksal dafür dankbar sein, daß es mich in ein solches Lebensverhältnis gebracht hat. Denn ich erwarte mir dadurch auf lebendige Art eine Erkenntnis der Menschenweisheit, von der ich glaubte, daß sie so lebendig auf einem andern Wege von mir nicht hätte erworben werden können …" (Hemleben S. 38).

Entscheidend für Steiners weiteren Lebensweg war seine Begegnung mit Karl-Julius Schröer, der Vorlesungen über Deutsche Literatur hielt und an der Herausgabe von Goethes Faust arbeitete. Schröer empfiehlt Steiner an Josef Kirschner, der Goethes Werk in der Reihe der Deutschen Nationalliteratur herausgab. Er beauftragt den erst 21jährigen Steiner, Goethes naturwissenschaftliche Schriften herauszugeben. Während dieser Zeit erkennt Steiner Goethes eigentliche Leistung, die ihn nicht nur als Dichter, sondern insbesondere als überragenden Naturforscher ausweist.

Die Vorgehensweise der traditionellen Naturwissenschaften untersucht ausschließlich die monokausalen Gesetzmäßigkeiten der Phänomene und reduziert ihre Wirkungsweise auf den mechanischen Aspekt. Diese Methode ist für die Erkenntnis des Lebendigen, etwa der Biologie, unzureichend und verhängnisvoll.

„Man glaubt, man müsse in einer bestimmten Weise über die Objekte denken, und zwar über alle – über das ganze Universum – in gleicher Weise.

Die Methode der Physik ist einfach ein besonderer Fall einer allgemeinen wissenschaftlichen Forschungsweise, wobei auf die Natur der in Betracht kommenden Gegenstände, auf das Gebiet, dem diese Wissenschaft dient, Rücksicht genommen ist. Wird diese Methode auf das Organische ausgedehnt, dann löscht man die spezifische Natur des letzteren aus. Statt das Organische seiner Natur gemäß zu erforschen, drängt man ihm eine fremde Gesetzmäßigkeit auf. So aber, indem man das Organische leugnet, wird man es nie erkennen. Ein solches wissenschaftliches Gebaren wiederholt einfach das, was es auf einer niederen Stufe gewonnen, auf einer höheren …" (Hemleben, S. 45).

In der Auseinandersetzung Goethes mit Newton, die in Goethes Werk über die Farbenlehre umfangreich dargestellt wird, zeigt sich Goethes ganzheitlicher Forschungsansatz. Er isoliert, atomisiert nicht die Phänomene (wie Newton), um sie einzeln nach theoretischer Vorannahme zu erforschen, sondern befragt sie aus ihrem Sinnzusammenhang heraus, untersucht ihre Beziehungen untereinander, die sie in der Beobachtung eingehen und kann somit gleichfalls Aussagen über „die Eigenart" treffen (vergl. Huschke-Rhein a. a. O.).

Dieser Methode folgt auch der anthroposophische Forschungsansatz, reflektiert aber insbesondere – wie Goethe in seiner Auseinandersetzung mit Newton auch – den forschenden Menschen selbst, fließt doch letztlich in das Forschungsergebnis die Fragestellung, Versuchsanordnung, Begriffsbildung, Bewertung u. a. des Forschers mit hinein. Der Anteil des Menschen am Erkenntnisprozeß soll deutlich werden; die Erkenntnisfähigkeit des Menschen soll durch bewußte Schulung wahrnehmbar erhöht werden. In der *Denkschulung* wird erübt, den Gedankenstrom bewußt durch Konzentrationsübung von innen willentlich zu steuern. „Zieht der Mensch sich von der Außensteuerung zurück, denkt er einmal konzentriert nur an das, was er will und tut er das regelmäßig täglich über längere Zeit hin, so kräftigt sich sein Denken." (Lindenberg a. a. O. S. 162). In der *Gefühlsschulung* wird darauf geachtet, welche Gefühlseindrücke in welcher Weise wirken, was sie mir sagen wollen. Dazu gehört die zu schulende Fähigkeit, Urteils- und Begriffsbildung zurückzuhalten, um den Gefühlseindruck, der zum Wahrnehmungsinstrument werden soll, Entfaltungsraum zu geben.

„Ist man zu dieser Wahrnehmung gelangt, dann muß man wieder versuchen, diese Wahrnehmung zu verstehen und zu beurteilen und sich nicht einfach von ihr leiten zu lassen: Denn nicht nur die Welt, auch wir selber in unserem Verhältnis zur Welt sprechen sich in diesem Gefühlseindruck aus" (Lindenberg a. a. O. S. 163).

Ein dritter Bereich ist die *Willensschulung*, die zum Beobachtungs- und Übungsfeld wird. Steiner gibt hierzu vielfältige Anregungen, Erklärungen und Übungen und verdeutlicht ihre Bedeutung für die Lehrerbildung.

1889 wird Steiner nach Weimar, dem Zentrum der Goetheforschung, berufen, um dort die gesamten naturwissenschaftlichen Schriften Goethes in der sogenannten „Sophienausgabe" herauszugeben und weist sich hiermit als exzellenter Goetheforscher aus. 1891 Promotion über Fichte in Rostock, 1894 gibt Steiner sein grundlegendes Werk, die „Philosophie der Freiheit" heraus.

Der Untertitel des Buches „Seelische Beobachtungsresultate nach naturwissenschaftlicher Methode" gibt die Erkenntnisrichtung an. Eine Geisteswissenschaft soll praktiziert werden, die sich der Methode der goetheanistischen Naturwissenschaften bedient und zum Gegenstand der Erkenntnis die sinnliche und die übersinnliche Welt hat. Die sinnliche Welt bleibt solange mechanisch-materielle Welt, wie sie nur aus der Sinneswahrnehmung erkannt wird; in der geistigen Tätigkeit des sinnlichkeitsfreien Denkens kann sie umfassend ganzheitlich erkannt werden.

„Das Reden von Erkenntnisgrenzen hatte für mich keinen Sinn. Erkennen war mir das Wiederfinden der durch die Seele erlebten Geistesinhalte in der wahrgenommenen Welt. Wenn jemand von Erkenntnisgrenzen sprach, so sah ich darinnen das Zugeständnis, daß er die wahre Wirklichkeit nicht geistig in sich erleben und sie deshalb auch in der wahrgenommenen Welt nicht wiederfinden könne. Auf die Widerlegung der Anschauung von Erkenntnisgrenzen kam es mir beim Vorbringen meiner eigenen Einsichten in erster Linie an" (Hemleben S. 66).

Die Berliner Jahre

36jährig kommt Steiner 1897 nach Berlin. Mehr als zuvor wendet sich Steiner der Berliner Welt mit ihren geistigen Strömungen, Spannungen und Persönlichkeiten zu. Er gibt mit Otto-Erich Hartleben das „Magazin für Literatur" heraus und verkehrt weniger mit der angesehenen Professorenschaft als vielmehr mit Berliner Künstlern.

Steiner hält Vorträge an der von W. Liebknecht gegründeten Arbeiterbildungsschule. Rosa Luxemburg wird später seine Nachfolgerin.

„Als ich von der Arbeiter-Bildungsschule hörte, ging ich nach dem Engel-Ufer und meldete mich als Mitglied an. Ich wollte Natinalökonomie hören, aber die Sache kam mir so langweilig vor, daß ich von einem Vortrag genug hatte. Und er muß wohl auch sehr ermüdend gewesen sein, denn vor und hinter mir saßen ein paar Arbeiter, die einschliefen und so laut zu schnarchen anfingen, daß der Vortragende jedes Mal vor Schreck zusammenzuckte und in seiner Rede beinahe steckenblieb. Mehr Begeisterung erweckte Dr. Rudolf Steiner in mir, der die Arbeiter und Arbeiterinnen in die Redekunst einweihte. Jedes Mitglied durfte auf das Podium steigen und über irgendeinen Gegenstand sprechen, und Dr. Steiner verbesserte dann den Redner, wenn es etwas zu verbessern gab. Ich mußte oft staunen, wie gewandt und korrekt diese einfachen Leute sprachen" (Hemleben S. 80).

Am 8. 10. 1902 hält Steiner einen Vortrag im Giordano-Bruno-Bund unter dem Titel „Monismus und Theosophie" und löst Ablehnung aus, als er einen Monismus fordert, der die materielle und geistige Welt gleichermaßen anerkennt. Er wendet sich der Theosophie zu. In den nächsten Jahren geht er auf Vortragsreise durch ganz Europa und schreibt seine grundlegenden Bücher (Theosophie 1904, Geheimwissenschaft im Umriss 1910).

1913 wird die Anthroposophische Gesellschaft gegründet. In der Schweiz in Dornach wird mit einer internationalen Baugruppe das Goetheanum nach Steiners Plänen als Dreikuppelbau gebaut und die Freie Hochschule für Geisteswissenschaft gegründet. Steiner entwarf bis ins Detail die Architektur dieses Baues, modellierte und schnitzte, skizzierte die Deckengemälde und Fenstergravierungen und leitete die Bauleute an, die den Bau auch während des 1. Weltkrieges weiterführten. Zugleich arbeitete er in dem Buch „Von Seelenrätseln" die Grundlage seiner pädagogischen Menschenkunde weiter aus.

Die letzten 12 Jahre sind von einer großen Arbeitsintensität geprägt. In unermüdlicher Vortragsarbeit reist Steiner durch Europa. Er ist als Architekt, Künstler und Wissenschaftler tätig. Die Schulbewegung entsteht, die ganzheitliche Medizin, die biologisch-dynamische Landwirtschaft. Steiner schreibt Mysteriendramen, inszeniert sie in Dornach, schafft eine neue Bewegungskunst und eine Sprachtherapie; er impulsiert die Gründung der Christengemeinschaft.

Rudolf Steiner stirbt am 30. März 1925. Inzwischen sind seine Ideen in einer Vielzahl von Büchern und Vortragsmitschriften nachlesbar, doch wichtiger ist das Wirken dieser geistigen Impulse in der Gesellschaft. Bekämpft und verboten in der Zeit des Nationalsozialismus haben sie in den letzten Jahrzehnten erheblich an Bedeutung gewonnen: auf wissenschaftlichem Gebiet, auf dem Gebiet der Medizin, der biologisch-dynamischen Landwirtschaft, der Kunst, der Architektur und nicht zuletzt der Pädagogik.

Von Beginn an waren die anthroposophische Bewegung und ihre Einrichtungen international orientiert. So finden wir weltweit, neben anthroposophischen Krankenhäusern und biologisch-dynamischer Landwirtschaft, anthroposophische Heime, Camphill Dörfer, in denen Behinderte und Nichtbehinderte zusammen leben und arbeiten, Kindergärten und Schulen. Rund 150 Waldorfschulen gibt es in Deutschland, in Osteuropa besteht inzwischen ein großes Interesse an Alternativen zur Staatsschule, zahlreiche Gründungsinitiativen sind entstanden, 11 neue Schulen arbeiten bereits: Ungarn, Rumänien, CSFR, Lettland, Litauen, Georgien, Moskau je eine Schule, Estland vier Schulen. Durch die Initiative von Eltern und Lehrern gibt es inzwischen weltweit ca. 500 Waldorfschulen.

Literatur

Heisenberg, W.: Die Goethesche und die Newtonsche Farbenlehre im Lichte der modernen Physik. In: ders.: Ges. Werke, hrsg. v. W. Blum, H. P. Dürr, H. Rechenberg, München 1984, S. 146–160.

Hemleben, J.: Rudolf Steiner (rowohlts monographien) Bd. 79, HH 1988.

Huschke-Rhein, R.: Systematische Pädagogik, Köln 1988.

Lindenberg, Chr.: Waldorfschulen: angstfrei lernen, selbstbewußt handeln, Hamburg 1975.

Molt, E.: Von der Gründung der Waldorfschule. In: E. Beltle u. K. Vierl (Hrsg.): Erinnerungen an Rudolf Steiner, Stuttgart 1979.

Steiner, R.: Mein Lebensweg, Dornach 1983.

Steiner, R.: Geisteswissenschaft und soziale Frage, Dornach 1987[3].

Steiner, R.: Luzifer-Gnosis, 1903–1908. Grundlegende Aufsätze zur Anthroposophie und Berichte. Dornach 1960.

Zur Pädagogik
von Maria Montessori

„Unsere pädagogischen Methoden
hingegen sind so ausgewählt, daß sie eine
sich steigernde Serie psychischer Stimuli darstellen,
die den Bedürfnissen eines Kindes
vollkommen angepaßt sind.
Die Umgebung stimuliert jeden Schüler
zu der ihm individuell gemäßen
und seinen subjektiven Möglichkeiten entsprechenden
psychischen Entwicklung.
Die Kinder
haben in all ihren Äußerungen Freiheit
und werden mit viel Herzlichkeit behandelt."

M. Montessori

Umseitiges Zitat aus: Grundgedanken der Montessori-Pädagogik. Aus Maria Montessoris Schrifttum und Wirkkreis zusammengestellt von P. Oswald und G. Schulz-Benesch, Freiburg 1990[10], S. 47

Zu Geschichte und Aktualität der Montessori-Pädagogik

G. Schulz-Benesch

Als Montessori im Mai 1952 starb, da gab es „manchen Pädagogen, der erstaunt fragte: „Ja, ist denn diese Frau erst jetzt gestorben? ... Ich dachte, sie sei längst tot ...!"[1]

Das hängt natürlich zusammen mit einer bestimmten Zeitlücke, in der man sich nicht für sie interessiert bzw. nichts mehr von ihr gehört hatte. Diese Zeitlücke ist bemerkenswert; das war nämlich nicht nur in Deutschland so, wo man sagen könnte: „Naja, mit den Nazis ging das natürlich nicht." Aber Umfragebögen, die ich Ende der 50er Jahre in fast alle Staaten der Welt geschickt hatte, ergaben u. a., daß sich in vielen Ländern nur noch die Fachleute der Montessori-Pädagogik und ihres Einflusses auf das Erziehungswesen erinnerten.[2] Selbst in den USA, dem Land, aus dem vielleicht der größte Montessori-Boom der letzten Jahrzehnte zu vermelden ist (jedenfalls im Bereich der Vorschulerziehung), erschienen Bücher, in denen die Schilderung der Geschichte der Montessori-Pädagogik mit dem Ende der 50er Jahre erst anfängt.[3] Man hatte also ganz vergessen, daß es schon in den 10er Jahren einmal einen Montessori-Boom – wenn man das mal so lässig sagen darf – in Amerika gegeben hat. D. h., die Erinnerung daran war weithin erloschen.

Womit hängt das zusammen? Rita Kramer hat in ihrer Montessori-Biographie[4] den Ausspruch Mario Montessoris zitiert, seine Mutter würde wohl zumindest als die am meisten mißverstandene Autorin in die Geschichte der Pädagogik eingehen. Abgesehen davon, daß Kramer die Richtigkeit dieser Vermutung durch die Verkehrtheit mancher ihrer Urteile, z. B. ihrer „Erstarrungstheorie", glänzend bestätigt, gibt die „unendliche Geschichte" des „Streits um Montessori"[5] in der Tat Anlaß genug zu der Betrachtung einiger Aspekte dieser Schwierigkeiten und Lücken der Montessori-Rezeption.

Gehen wir einmal aus von den internationalen Schwierigkeiten der Montessori-Pädagogik.

„Bei der Erziehung beschäftigt uns ... heute weniger die Wissenschaft als das Interesse an der Menschheit und der Kultur, für die es nur ein einziges Vaterland gibt: die Welt."[6] So hatte Montessori schon in ihrem ersten großen Buch 1909 geschrieben, und ihre Pädagogik hat sich von Anfang an international

---

1 H. Wilden: Erinnerungen an Maria Montessori, in: Die neue Volksschule, Bonn, Jg. 1952/53, S. 328–332, hier zit. S. 328.
2 G. Schulz-Benesch: Der Streit um Montessori, Freiburg 1961, Anhang IV/2, S. 188ff.
3 Vgl. z. B. Orem, R. C.: Montessori Today, New York 1971.
4 R. Kramer: Maria Montessori, Leben und Werk einer großen Frau, München 1976.
5 Vgl. G. Schulz-Benesch: Montessori: Schwierigkeiten, in: Montessori-Werkbrief, 28. Jg., S. 14ff.
6 Die Entdeckung des Kindes, Freiburg (8) 1987, S. 6.

ausgewirkt, ihre Praxis international verbreitet, woran wieder international existierende Gruppierungen besonders beteiligt waren: Liberale, undogmatische Sozialisten und Katholiken; in allen drei Gruppen übrigens viele Juden.

Die authentische Praxis veränderte sich seitdem in der *Grundskizze* wenig. Dieses Faktum wurde durch einige Autoren mit „Erstarrung" Montessoris bzw. ihrer Lehre verwechselt. Es handelte sich bei den zum Teil erheblichen Veränderungen jedoch im wesentlichen um Klärungen, Erläuterungen dieser Grundskizze, und um den ständigen Ausbau, die Fortführung der Gedanken und praktischen Vorschläge. D. h. aber immerhin: Man kann von einem relativ formfesten Einsprengsel im internationalen Feld der Pädagogik durch all die Jahrzehnte seit den römischen Anfängen sprechen. Ich habe schon mehrfach darauf hingewiesen, daß die im ganzen ungebrochene Existenz der Montessori-Pädagogik in der Formkonstanz dieses Einsprengsels zu einer Art Versuchssituation weltweiten Ausmaßes geführt hat: die Variationen der achtzigjährigen internationalen Reaktion auf diesen unveränderten Reiz bieten sich als Gegenstand einer höchst interessanten historisch-vergleichenden Untersuchung an. In den Stellungnahmen zu jenem Einsprengsel spiegeln sich die internationalen Zustände: es sind die Reflexe der Bewegungen in Ländern, Regionen, Ideologien und wissenschaftlichen Positionen, die so sichtbar werden – und die umgekehrt natürlich auch die Gestalt dieses Einsprengsels so beleuchten, daß Wesentliches und Unwesentliches, Stärken und Schwächen aus verschiedenen Blickwinkeln deutlich werden. Hier besteht eine noch ungelöste Aufgabe, freilich immensen Umfangs, die mich immer fasziniert hat. Ich habe jahrzehntelang Material dazu gesammelt und geordnet, etwa 5000 katalogisierte Bücher, Aufsätze, Dokumente; und viele Stücke harren noch der Registrierung.

Nun möchte ich aber zunächst einige Beispiele der Reaktion auf die Montessori-Pädagogik im internationalen Feld geben, denen Montessori begegnete.

Die Nationalsozialisten hatten diese Erziehung als Werkzeug der „zersetzenden Macht des Individualismus" diffamiert, „der die Menschen vereinsamt und für eine lebendige Volksgemeinschaft unfähig macht."

„Haben die Montessori-Kindergärten heute noch eine Zukunft?" war der hier zitierte Artikel des „Westdeutschen Beobachters" im Januar 1936 überschrieben: und die Antwort war unter Bezug auf den angeblichen „Individualismus" und „Intellektualismus" Montessoris: „Wer diese Erziehung fordert und tätigt, empfindet nicht deutsch und – nicht natürlich...".[7]

Leicht wird dabei vergessen, daß solche Verurteilung sich auch vorangegangener Urteile bediente. Sprangers frühe einseitige Stellungnahme wurde vielfach unkritisch übernommen. Und in der „Zeitschrift für Pädagogische Psychologie" lesen wir 1925, das Kind müsse „Führertum und Unterordnung erleben ... sehen, daß es nur ein kleines Glied, ein Rädchen im großen Ganzen ist – nichts weiter – aber daß darin gerade seine einzigartige Bedeutung liegt."[8] Montessori hingegen sagte: „Wir müssen das Kind achten, und es muß spüren,

---

7 L. Strang: Haben die Montessori-Kindergärten heute noch eine Daseinsberechtigung? In: Westdeutscher Beobachter, 23. Jan 1936, abgedr. in: Montessori-Werkbrief, Heft 1/1984, S. 16ff.
8 Fr. Buchholz: Versuch einer kritischen Betrachtung des Montessori-Systems, in: Zeitschrift für pädagogische Psychologie, 26. Jg. 1925, S. 447.

daß es geachtet wird . . . Es darf nicht das Gefühl haben, einen absoluten Herrn zu haben." Und: „Die Demokratie beginnt bei der Geburt."[9]

Nach anfänglichem guten Gedeihen der Montessori-Pädagogik in Rußland – u. a. war eine Tochter Tolstois Anhängerin Montessoris – versiegen die Nachrichten von dort gegen 1930 (ganz entsprechend dem neuen stalinistischen Kurs auch im Feld der Pädagogik) und folgen augenscheinlich der allgemeinen Entwicklung: „Montessori im Dienst des angloamerikanischen Imperialismus" heißt es in der „Doscolnoe vospitanie" 1952.[10]

Auch in Italien war 1936 die Montessori-Pädagogik untergegangen, und Montessori hatte dem Land den Rücken gekehrt. Wie ich aus privater Quelle weiß, fragte Stalin in der kurzen Zeit des Pakts mit Hitler einen Vertreter des damaligen italienischen Staates nach dem Schicksal der Montessori-Pädagogik. Auf die Antwort, sie existiere jetzt nicht mehr in Italien, bemerkte er, das habe er sich doch gleich gedacht.

Wir verstehen daher, was eine Pädagogik zwangsläufig in Gegensatz zu totalitären Strukturen führt, deren Urheberin gesagt hatte: „Seit den ersten Anfängen meiner Erzieherlaufbahn habe ich Bedingungen der Freiheit für die Kinder empfohlen und eingerichtet. Die freie Wahl war das erste der Vorrechte in meinem Erziehungskonzept."[11] So in ihrem letzten, in der Schweiz im Todesmonat veröffentlichten Aufsatz, Mai 1952. Nachdem sie dort die positive Reaktion der Kinder auf diese Installation von Freiheit geschildert hat, fährt sie fort: „Während der vierzig Jahre meiner Erziehertätigkeit sah ich dieses Phänomen sich in allen Teilen der Welt wiederholen. Kinder gleich welcher Rasse . . . reagierten auf die gleiche Weise. Die Freiheit der Wahl führt zur Würde des Menschen." Und sie betont die Notwendigkeit, in der Freiheit zu *leben*: „Man sollte nicht warten, bis es (das Kind) das Vernunftalter erreicht hat, um ihm die Bedeutung und die Würde der Freiheit zu *erklären*!"[12]

Uns hat in den letzten Jahren immer wieder einmal die Nachricht ungebrochenen Interesses an der Montessori-Pädagogik aus Polen, Ungarn und Rumänien erreicht, wo die Montessori-Pädagogik offiziell seit 1945 unmöglich war.[13] Es ist eine Zeit neuer Hoffnung.

Aber nicht nur im Kollektivismus totalitärer Staaten ging die Montessori-Pädagogik zeitweise unter, auch im amerikanischen Konformismus erlitt sie für lange Zeit dieses Schicksal. Mancher Hinweis läßt daran denken, dies auch mit dem in der amerikanischen Pädagogik so lange vorherrschenden Pragmatismus Deweys und dem circulus vitiosus seiner „Schule als Modell der Gesellschaft" in Verbindung zu bringen. Die Revision alter Urteile aus der Schule Deweys über die Montessori-Pädagogik und die Renaissance ihrer Praxis erfolgten bezeichnenderweise zeitgleich mit der Wirkung des „Sputnik-Schocks", mit dem Ende der amerikanischen Version der internationalen Reformpädagogik, die zum Schluß weithin in einen „Laissez-faire-Stil" eingemündet war. Diese

9 Lectures, Int. Montessori Course, London 1946, 17, S. 9.

10 Moskau 1952, S. 34 (–39).

11 M. Montessori: Die Freiheit muß aufgebaut werden, in: Montessori-Werkbrief, 23. Jg. 1985, S. 121–123.

12 Ebd.

13 Vgl. auch: Fr. Tomášek, Činná Škola – Die aktive Schule und die religiöse Unterweisung unter Berücksichtigung der Methode Maria Montessoris, Montessori-Vereinigung/Ackermanngemeinde, Eschweiler 1991.

Aufeinanderfolge legt die Vermutung nahe, die Konzeption Montessoris sei nicht so einfach dem „Aktivitäts"-Hauptstrom der Reformpädagogik zu subsumieren und entsprechend im Regal der Geschichte der Pädagogik einzuordnen. Bei Reble z. B. erscheint die Montessori-Pädagogik gelegentlich auch unter der Rubrik „Arbeitsschulbewegung".[14] Man erinnere sich der frühen Kritik Buytendijks, der Montessoris pädagogische Zweckfreiheit von Deweys und Kerschensteiners pragmatischen Tendenzen abhebt.[15] Oder man bedenke Ferrières kritische Bemerkungen zu den Soziologismen der Reformpädagogik in den deutschsprachigen Ländern. Bezeichnenderweise ließ Petersen bei der Herausgabe des bekannten Buches Ferrières gerade dieses Kapitel aus.[16] – Jedenfalls ist bemerkenswert, daß der alte Friedrich Wilhelm Foerster in einem Interview Ende der 50er Jahre in seinem amerikanischen Exil Montessoris Bedeutung für die Pädagogik des 20. Jahrhunderts höher einschätzte als die Deweys.[17]

Doch zurück zum Schicksal der Montessori-Pädagogik in den autoritären Regimes. Es waren letztlich anthropologische Defizite der totalitären Ideologien, die in ihren Geltungsräumen die Montessori-Pädagogik auslöschten. „Rasse" bei den Nationalsozialisten: „Erbe ist ein Wort wie Chloroform – es benebelt das Verständnis",[18] hat Montessori gesagt. Und beim Kommunismus sei „ein soziales Detail", ein Einzelaspekt „in einer Gesellschaft, die sich bisher nicht vollständig entwickelt hat", zur allgemeinen Grundlage gemacht worden. „Die Frage des Menschseins" müsse aber „auf eine universale Basis" gestellt werden: Das Wesen des Menschen und die Bedingungen seines Werdens.[19]

Es ist deutlich: weder „Anlage" noch „Umwelt" reichen aus zur Bestimmung des Menschen – hinzu kommt die „Leitlinie" der „freien Entscheidung", um hier an Worte des im Februar 1990 im Alter von 100 Jahren verstorbenen Nestors der deutschen geisteswissenschaftlichen Pädagogik, Wilhelm Flitner, zu erinnern.[20]

Vielleicht sollte man in diesem Zusammenhang der anthropologischen Defizite modernen Lebens und moderner Pädagogik noch einmal – als ein Beispiel – jenen vorhin schon angedeuteten Unterschied zwischen Montessori und den meisten Reformpädagogen der ersten Hälfte unseres Jahrhunderts betonen: bei wohl kaum einem dieser Pädagogen ist so innig wie bei Montessori das aktive Moment mit dem kontemplativen verbunden; man beachte nur etwa das Ausgangsphänomen der „Polarisation der Aufmerksamkeit" und die Bedeutung des Schweigens in der Montessori-Pädagogik. Das freiere Verhältnis zur Zeit erscheint heute nicht nur als eine (schul)pädagogische Forderung, sondern als ein Moment von eminenter anthropologischer Bedeutung für unsere Zeit und Gesellschaft überhaupt. Ich brauche nur an Postmans „Wir amüsieren uns zu Tode" oder an Buytendijks Wort zu erinnern, die Erziehung habe in Mon-

---

14 A. Reble: Geschichte der Pädagogik, Stuttgart (9)1967, S. 274–285; hier S. 285.
15 F. J. J. Buytendijk: Erziehung zur Demut, Berlin 1928; Neuausgabe: 4. Beiheft zum Montessori-Werkbrief (1990), hier S. 85.
16 A. Ferrière: Schule der Selbstbetätigung oder Tatschule, Weimar 1928.
17 A. Paplauskas-Ramunas: Interview mit Friedrich Wilhelm Foerster, in: Vierteljahresschrift für wiss. Pädagogik, Münster 1957, S. 62–63.
18 Lectures, London 1946, a. a. O., 5., S. 3.
19 M. Montessori: Spannungsfeld Kind – Gesellschaft – Welt, Freiburg 1979, S. 125.
20 W. Flitner: Allgemeine Pädagogik, Stuttgart (9)1963, S. 92f.

tessoris Sinne nicht primär „die technische Beherrschung", sondern primär die „liebende Erkenntnis" der Welt zum Ziele.[21]

Es gibt noch eine ganze Reihe von Elementen der Pädagogik Montessoris, die es nahezu unmöglich machen, sie auf Dauer in den Dienst anthropologisch defizitärer Ideologien zu bringen; so wie es etwa nach Paul Oestreichs bitterer Kritik mit einem deutschen Reformschulmodell möglich wäre, das „ebenso reaktionär wie fortschrittlich benutzbar" sei.[22]

Montessori geht aus von Erfahrungen, immer wieder bestätigten Phänomenen, also anthropologischen Fakten. Und so ist Montessoris Konstruktion gewissermaßen „sperrig". Sie verlangt schulpolitische Freiheit, weil sie pädagogisch und methodisch Freiheit verlangt; freilich eine „Freiheit zur Bindung", die Wesen und Werden des Menschen entspräche.

Darin liegen wesentlich die internationalen Schwierigkeiten Montessoris und ihrer Pädagogik in diesen vergangenen achtzig Jahren seit San Lorenzo; und ebenso macht dies jene Lücke in der Anerkennung Montessoris in den verschiedenen Ländern verständlich.

Nun von diesem Exkurs zurück zu der Situation nach dem Zweiten Weltkrieg.

Montessoris Pädagogik galt also in vielen Regionen als eine Sache der Vergangenheit, ein abgeschlossenes Kapitel der Geschichte der Erziehung, und wir haben schon gesehen, daß sich das Interesse vielfach auf die Frage reduzierte, wo man das nun in diesem historischen Regal einordnet. Es blieb so ein gewisser Stachel im Fleisch, ein Stachel zur Auseinandersetzung, eine Unsicherheit hinsichtlich der näheren Einordnung Montessoris: Wo stecken wir sie denn nun hin?

Daß so bekannte Psychologen und Pädagogen wie Spranger und Buytendijk, Ferrière und Dewey, Bollnow und Langeveld dabei Montessoris Werk inhaltlich völlig verschieden bewerteten, gehört zu den Zeichen dieser Unsicherheit. Spranger jedenfalls hielt Montessori schon 1927 für abschließend beurteilt, und zwar im wesentlichen negativ.[23]

Auf subtilere Weise wird auch in jüngster Zeit noch trotz der Realität der Montessori-Renaissance und mancher das alte Urteil revidierender Untersuchungen von einigen Autoren im Grunde dasselbe behauptet, wenn sie die *frühe* Montessori als eigentlich innovativ, originell und reformerisch bezeichnen, ihr Wirken von den 20er Jahren bis zu ihrem Tode aber in einer Art Erstarrungstheorie als rigide und streng traditionalistisch beurteilen. In solchen historischen „Abschlußerklärungen" ist augenscheinlich ein Betrachtungsfehler wirksam. Wie ließe sich sonst die große Lebendigkeit der internationalen Montessori-Arbeit und das ständig wachsende Interesse an Montessoris Ideen und Praxis erklären? *Einen* Hinweis gibt die kritische Autorin Kramer schon in der Einleitung zu ihrer Biographie selbst. Sie schreibt: „Ein Jahrzehnt (nach ihrem Tod, ein halbes Jahrhundert) nach ihrem ersten triumphalen Besuch in den Vereinigten Staaten, als das Pendel der Schulreform

21 F.J.J. Buytendijk: Bildung der Jugend durch lebendiges Tun (1932), in: G. Schulz-Benesch (Hg.), Montessori, Wege der Forschung, Bd. 200, Darmstadt 1970, S. 254–273.
22 Brief vom 27.12.1945, zit. in: J.D. Imelman/W.A.J. Meijer, De nieuwe school gisteren en vandaag, Amsterdam/Brüssel 1986, S. 257.
23 E. Spranger: Einleitung zu: H. Hecker/M. Muchow, Leipzig 1927, S. IX–XIV.

wieder zu ihrer Ansicht von der Natur und den Zielen des Erziehungsvorgangs zurückgekehrt war, wurde Maria Montessori wiederentdeckt. Mit größerem zeitlichen Abstand wird immer klarer, wie genial sie war ..."[24] Kramer muß also gleich in der Einleitung zugeben, daß sie die weitgehend nach altbekannten Beurteilungsmustern kritisierte Montessori wohl überhaupt nicht mehr kennengelernt hätte, hätte es nicht eine Montessori-Renaissance gegeben! Ähnliches gilt ja von nicht wenigen deutschen Pädagogen, die den aktuellen Gegenstand „Montessori-Pädagogik" ihrer Artikel und Bücher gar nicht gehabt hätten, wenn es nicht nach 1945 wieder die Wirklichkeit der Montessori-Erziehungsstätten und -schulen auch in Deutschland gegeben hätte und aus eben diesem Kreise zugleich die wissenschaftliche Befassung mit Montessori und die Edition ihrer Schriften in Gang gebracht worden wären. (Dies gilt in mancher Hinsicht auch für einige andere bemerkenswerte Modelle „reformpädagogischer" Herkunft.) Gewiß liegt ein wesentlicher Grund der erwähnten Renaissance darin, daß es ganz offensichtlich in den letzten Jahrzehnten Übereinstimmungen der Montessori-Pädagogik mit dem Stand der Wissenschaft und dem aktuellen pädagogischen Problembewußtsein gibt, wie sie früher nicht so bestanden und gesehen worden waren. Ganz abgesehen davon, daß weithin beim tatsächlichen Erscheinen gut vorbereiteter und mit Engagement getragener Montessori-Praxis eine starke Neigung, ja ein Bedürfnis weiter Elternkreise nach dieser Art von Erziehung aufkam, als ob man im Inneren schon lange darauf gehofft habe.

***

Wir wollen einmal fragen, was denn in der neueren Zeit im Felde der Pädagogik, insbesondere der institutionellen Erziehung, theoretisch oder praktisch gefordert und möglicherweise von Montessori eingelöst wird. Ich will versuchen, einige solcher *aktuellen Forderungen und Erwartungen* zu formulieren und in Vergleich mit Montessoris Ideen und ihrer praktischen Realisierung zu bringen. Dabei setze ich den Akzent auf den Bereich der Schule.

Ich halte nach wir vor[25] im Sinne des Urteils Buytendijks drei Forderungen an die Schule für aktuell und nicht genügend realisiert: 1. die Förderung der Personalität, der personalen Aktivität, 2. die Förderung der Solidarisierung, 3. die Verwirklichung eines neuen Verhältnisses zur Zeit in der Bildung, einer relativen Zeitfreiheit.[26]

1. Personale Aktivität

Es war Montessoris „Entdeckung"[27], daß das Kind durch die tiefe Konzentration in seiner Aktivität „anders", „ruhiger, man könnte fast sagen, intelligenter

---

24 Rita Kramer, a. a. O., S. 14; bei der deutschen Übersetzung aus dem Englischen wurde das hier in Klammern gesetzte Satzstück – wohl versehentlich – ausgelassen.
25 Vgl. zum folgenden G. Schulz-Benesch: Zum Stil katholischer Schule, München 1964, S. 39–51.
26 Vgl. F. J. J. Buytendijk: Bildung der Jugend ..., a. a. O., S. 254–273.
27 S. M. Montessori: Die Entdeckung des Kindes, a. a. O., S. VIII (Vorwort).

und mitteilsamer"[28] wurde. Montessori nennt diesen Vorgang eine „Bekehrung".[29] Sie geht gewiß von grundlegenden Erfahrungen mit kleineren Kindern aus, schließt aber auch mit ihren Vorschlägen für die Schulerziehung ausdrücklich an das Phänomen des „grande lavoro", der versunkenen Hingabe an den Gegenstand, an. Hier ist nun der Grund zu suchen zu ihrer Praxis der weitgehenden „Individualisierung" – wie wir heute vielleicht sagen würden – des Unterrichts. Der oft erhobene Vorwurf des pädagogischen Individualismus trifft Montessoris Ansatz gar nicht.[30] Wie fragwürdig das Gegenwartsgerede von „Individualisierung" und „Differenzierung" sein kann, dazu vielleicht später noch eine Bemerkung. Montessori berücksichtigt das einzelne Kind nicht deswegen so sehr, um zu „individualisieren", sondern um Bildung in der Tiefe der „begierdefreien Liebe" des Geistes[31] zu ermöglichen. Es ist eine praktische Konsequenz aus dieser Grunderfahrung und dieser Grundabsicht, wenn man den Kindern in weiten Abschnitten des Schultages „Arbeit in Freiheit", Tätigkeit mit relativ freier Wahl des Gegenstandes ermöglicht. Montessori fordert die „vorbereitete Umgebung" für Kinderhaus und Schule also zunächst als Grundbedingung für die Ermöglichung jenes „lebendigen Tuns", das zur Konzentration führt. „Lebendiges Tun ... heißt, mit vollem Einsatz der Person sich mit Ehrfurcht an etwas betätigen..."[32]

Als erste praktische Konsequenz bietet sich also die Einführung der Freiwahlarbeit als Ausgangsmaßnahme an. Wir nannten sie in unseren rheinischen, von Montessoris Ideen beeinflußten Schulen „Freiarbeit", und zwar aus praktischen Gründen.[33]

2. Solidarisierung, soziale Erziehung

Diese Ausgangsmaßnahme der freien Einzeltätigkeit ist also in gar keiner Weise „gegen" Formen gemeinsamen Arbeitens und Lebens gerichtet. Gerade aus der Ruhe der „Freiarbeit" entsteht vielmehr ein Gewebe von Partnerschaften und Gruppen. Montessori hat selbst diese Möglichkeiten nicht nur zugelassen, sondern mit ihnen und ihren gemeinschaftsbildenden Wirkungen fest gerechnet: „Ich rate nicht zur Klassen *eines* Alters wie in den üblichen Schulen", sagt Montessori bereits 1923. Es sei „immer ratsam, Kinder eines Altersunterschieds von drei Jahren beisammen zu haben. Dieser Altersunterschied und diese Mischung verschiedener Entwicklungsstufen ist eine der *Grundlagen* für die Selbsterziehung."[34] Die Jahrgangsklasse sei eine „künstliche Absonderung, in der sich der soziale Sinn nicht entwickeln kann ... Unsere Schulen zeigten, wie Kinder verschiedenen Lebensalters einander halfen ..." Es geht Montessori um die „natürliche geistige Osmose" zwischen den Kin-

28 M. Montessori: Montessori-Erziehung für Schulkinder, Stuttgart 1926, S. 73.
29 ebd.
30 Vgl. G. Schulz-Benesch: Der Streit um Montessori, a.a.O., bes. Kap. 3.
31 F.J.J. Buytendijk: Bildung der Jugend, a.a.O., S. 266.
32 ebd., S. 269.
33 Zu Herkunft und Bedeutungswandel dieses Terminus s. G. Schulz-Benesch: Über „Freiarbeit" im Sinne Montessoris, in: Montessori-Werkbrief, 22. Jg. 1984, S. 97–115; hier S. 99.
34 P. Oswald/G. Schulz-Benesch: Grundgedanken der Montessori-Pädagogik, Freiburg (9)1989, S. 95f.

dern[35] (auch hier wieder so ein Wort aus der Naturwissenschaft, das Montessori als Bild meint; Sie kennen ja die semipermeablen Zellwände, der Austausch durch die Zellwände hat eben sehr viel zu tun mit der Möglichkeit des Lebens). Wir können in bezug auf die Klassenorganisation von einer weitgehenden Übereinstimmung der Vorschläge Montessoris und Petersens[36] sprechen. Daß Montessori dabei über die bekannten Begründungen hinaus ihren eigenen Ansatz der konzentrierten, hingegebenen Arbeit besonders betont, verwundert nicht: „Wie die älteren Kinder sich zu den kleinen hingezogen fühlen und die kleinen zu den älteren, so werden die normalisierten Kinder zu den nicht normalisierten hingezogen und umgekehrt."[37] Gelegentlich sagt sie auch einmal: Die eingewöhnten neigen sich den noch nicht eingewöhnten Kindern zu und umgekehrt – sie sieht das also auch sehr praktisch und nicht immerfort in der ihr oft an-interpretierten einseitigen „Normalisations"-Theorie.

Hier unterscheidet sich Montessori zweifellos noch stärker als Petersen von der üblichen Arbeit der Schule. Sie zielt die soziale Erziehung indirekter an. Der wichtigste Umsatzpunkt der verschiedenen Kräfte und Wirkungen liegt deshalb für sie wieder in der Konzentration, im Zentrum der kindlichen Person. Gertrud Danker, die darüber einen lesenswerten Aufsatz geschrieben hat, sagt über das Verständnis der Konzentration bei Montessori: „Wenn durch eine innere Regung der Seele diese ihre ganze Kraft zusammenlegt, vereinheitlicht und auf einen Punkt sammelt und sich der Mensch dann so gesammelt einem Gegenstand zuwendet ..., dann wirkt das Tun, in das er sich ganz versenkt, auch zurück, ... in die innere Mitte, woher die Kräfte kamen. Es geht also hier ums Ganze ... und nicht bloß um das Üben einer Einzelfunktion."[38] (Dieser Vorwurf war ja in der Fröbel-Montessori-Diskussion der 20er Jahre Montessori immer gemacht worden: die Sinnesübungen sind nicht integral!) Die Konzentration ist das eigentlich Verbindende. Von ihr und ihrer umfassenden Wirkung geht sie aus. Auch Buytendijk hält das direkte Anzielen sozialer Bildung, gleichsam durch eine Übung der Funktion „Helfen", für fragwürdig.[39] Die Abkehr vom Wettstreit, auch vom Gruppenwettstreit, sei wesentlich für eine tiefere soziale Bildung.[40] Auf solche Weise bedingen in einem Montessori folgenden Grundriß neuer Schule „Personalisierung" und „Sozialisierung"[41] der Erziehung und Bildung einander.

Nach der Einführung der Freiwahlarbeit wäre in dieser Schule die zweite notwendige „schultechnische Einrichtung": „das Zusammensein und Zusammenleben und -arbeiten der Kinder, die Solidarität, die Gemeinschaft."[42]

Ich muß hier eine kleine Bemerkung einschieben: Montessori meint, die Klassenstärke solle nicht unter 12 bis 15 und nicht über 40 betragen. An anderer Stelle sagt sie einmal, 40 wäre die ideale Zahl.[43] In dem Augenblick dieses

---

35 M. Montessori: The Absorbent Mind, Madras 1949, S. 340–341; 333.
36 Vgl. P. Petersen: Führungslehre des Unterrichts, Braunschweig (4)1953, S. 53 ff.
37 The Absorbent Mind, a. a. O., S. 340 f.
38 G. Danker: Konzentration als pädagogisches Phänomen, in: Bildung und Erziehung, 7. Jg. 1954, S. 406–409; zit. S. 408.
39 F. J. J. Buytendijk: Erziehung zur Demut, a. a. O., S. 38 f.
40 ebd., S. 68 ff.
41 besser vielleicht „Solidarisierung".
42 F. J. J. Buytendijk: Bildung der Jugend, a. a. O., S. 269.
43 M. Montessori: Die Macht der Schwachen, Freiburg 1989, S. 165.

Hinweises schaue ich immer, ob ich ein großes Buch zur Hand habe, um mich gegen die Tomaten zu schützen. Wir kommen gleich noch einmal auf das Problem zurück. War das ein Zugeständnis an die Zeit? Petersen und Steiner sprechen ja auch gelegentlich von 36 bis 40 Kindern.

3. Relative Zeitfreiheit, ein neues Verhältnis zur Zeit in der Bildung

Bei dieser Anlage des Grundrisses der institutionellen Erziehung ergibt sich als dritte praktische Forderung einleuchtend die eines anderen Verhältnisses zur Zeit. „Jede Selbstbeobachtung kann uns besser als alle theoretischen Erörterungen darüber unterrichten, daß das ‚Vergessen der Zeit‘ wesensmäßig mit jeder Versenkung in eine Arbeit, mit jedem lebendigen Tun an einer Sache ... verbunden ist."[44] Ich möchte in diesem Zusammenhang darauf hinweisen, was mein verehrter Lehrer, der Philosoph Josef Pieper, von den menschlichen „Grundakten" sagt, dem reinen Erkenntnisakt, dem musischen, dem religiösen Akt, dem Akt der Begegnung in Freundschaft oder Liebe, dem Akt der Todeserfahrung – alle diese den Menschen von anderen Wesen unterscheidenden, also eigentlich menschlichen Akte haben gemeinsam, daß sie die Zweckwelt transzendieren.[45] (Und so ist es auch bei diesem reinen Erkenntnisakt der Hingabe an den Gegenstand.) Sie überschreiten die vordergründigen Interessen von „Geltung" oder „Besitz", lassen den Menschen sie, die Zeit und sich selbst vergessen. Die innige, ungestörte Hingabe sollte, so weit nur eben erreichbar, auch in der Schule möglich werden. Diese Aufgabe ergibt sich heute übrigens schon fast als pädagogische Notwendigkeit angesichts der Unfähigkeit vieler Kinder zur Konzentration, ja nur zum Schweigen. Wir sind unausweichlich auf diese Probleme einer Gesellschaft, die sich zu Tode amüsiert, gestoßen. Es scheint mir ein etwas oberflächliches Argument zu sein, zu sagen: Ja, wir haben eben heute andere Kinder, treiben wir Unterhaltendes mit ihnen. Mir scheint heute lediglich der Weg weiter, die Schwelle höher zur Sammlung als zur Zerstreuung, aber deswegen keineswegs weniger wichtig, sondern gerade dadurch dringend. Die freiere Beziehung zur Zeit, dieses „Sich-Verlieren in den Gegenstand", kann ermöglicht werden durch ein Abgehen von der Regel der üblichen „Stunden"-Folge zugunsten größerer Zeitabschnitte relativ freier Tätigkeit der Kinder.

Die drei Maßnahmen der Einführung der freien Wahl des Gegenstandes, der Herbeiführung und Fruchtbarmachung eines Bildungsgefälles, daß die Kinder einander helfen können, und die Gewährung relativer Zeitfreiheit bilden also in diesem Grundriß einer Schule im Sinne Montessoris einen unauflösbaren Zusammenhang.[46]

Hier sei mir wiederum ein kleiner Exkurs erlaubt. Steht der geschilderte Grundriß der Schule nach Montessori nicht im Gegensatz zu modernen Reformen, den neuen Gesamtschulen zum Beispiel? Montessori hat 1942 in Indien

---

44 F.J.J. Buytendijk, ebd.

45 J. Pieper: Was heißt Philosophieren? München (5)1963, S. 19f.

46 Man versteht Montessoris Konzept des Kinderhauses und der Schule nicht, wenn man nicht diesen Zusammenhang und damit die Notwendigkeit der inneren Umstrukturierung des herkömmlichen Schulgefüges erkennt.

einen Vortrag gehalten, der in gewisser Weise noch einmal den Grundriß ihres Kinderhauses bzw. ihrer Schule beschreibt.[47] Wenn er auch nicht systematisch vollständig ist, gibt er doch zu dieser Frage einige wesentliche Hinweise. Nun möchte ich nichts gegen die ehrenwerten und wichtigen Motive der Gesamtschulbewegung vorbringen: soziale Integration, Chancengleichheit, individuelle Förderung. Aber manche Frage kommt auf im Zusammenhang mit der Form ihrer Realisierung, jedenfalls in unserem Land. In unseren Tendenzen zu riesigen Gesamtschulen finden in der Praxis oft stärkere äußere, rationale, ökonomische und administrative Begründungen – von politischen und ideologischen einmal ganz zu schweigen – ihr Feld als innere, pädagogisch-anthropologische Argumente einer neuen Erziehung für eine neue Gesellschaft.

Irgendwie ist es ja auch eine etwas aufregende Vorstellung, daß morgens in einer bestimmten Zeit – etwa von halb acht bis halb neun – die ganze Bundesrepublik im Alter von 6 bis 16 Jahren in Busse verpackt wird, in der Gegend herumfährt und den Straßenverkehr verdichtet. Das steht eigentlich den anderen, neueren Betonungen ganz entgegen, den Betonungen von Nähe, von Nachbarschaft, persönlicher Kommunikation, Verteidigung von Tante-Emma-Laden, einer Tendenz, die auf absurde Weise oft von denselben Menschen vertreten wird, die im Bereich der Schule für jene ausgesprochenen Rationalismen eintreten. Das merkt man augenscheinlich manchmal gar nicht, daß man gleichzeitig für das Leben ist und gleichzeitig etwas davon kaputtmacht, aber so ist der Mensch auch gruppenweise manchmal

In dem schon so lange zurückliegenden Vortrag von 1942 liefert Montessori ein unbefangenes, aus der Erfahrung geschriebenes Bild einer ganz anderen „Gesamtschule", bei der dieses „Gesamt" statt eines mehr schulpolitischen oder institutionell-administrativen einen entschieden anthropologisch-pädagogischen Akzent aufweist. Die wichtigsten Punkte sind: die Ermöglichung der Entscheidung des Kindes, die Entstehung und Förderung freier Kooperation unter den Kindern einer Gruppe, die Bindung des einzelnen Kindes an einen Platz im Ganzen. Daneben fesseln aber auch die Ausführungen über das „Prinzip der offenen Türen" in einer Schule ohne Jahrgangsklassen, die Erfahrung einer spontanen Art von „Patenschaften" und der sich so ergebende pädagogische Ertrag des „Bildungsgefälles".[48] Im Grunde können wir heute diesen ganzen Vortrag auch als ein Plädoyer für die Abkehr von einem zu starken staatlichen Schulmonopol verstehen, das einer solchen „Gesamtschule" nach Montessori wie vielen anderen neueren Erkenntnissen und Bestrebungen im Wege steht.[49] Ich kann hier nicht alle Einzelheiten der Binnenstruktur von Montessori-Kinderhaus und -Schule darlegen, sondern muß mich auf die von Montessori in jenem Aufsatz erwähnten wichtigsten Punkte beschränken: Die Ermöglichung und Pflege der Entscheidungsfreiheit des Kindes, die Entstehung und Förderung freier Kooperation unter den Kindern einer Gruppe, die Bindung des einzelnen Kindes an einen Platz im Ganzen. Wenn man in diesem Zusammenhang an die Forderung der „offenen Tür" denkt, dann wird deut-

---

47 Über den Grundriß der Montessori-Schule, in: M. Montessori: Die Macht der Schwachen, a. a. O., S. 159–171
48 hier benutze ich zwei Begriffe Petersens.
49 Vgl. J. P. Vogel: Reformpädagogik und Schulorganisation, in: Pädagogische Führung, 2. Jg., Sept. 1991, S. 151.

lich, was damit gemeint ist, daß von einer gewissen Größe, Masse an möglicherweise auch die Qualität sich verändert.

Aber das reizt uns natürlich, wieder zurückzukommen auf die relativ große Zahl, die Montessori für die einzelne Gruppe bzw. Klasse nennt und was sie damit wohl im Sinne hatte. Wie kommt sie auf die Idee mit den 40 Kindern? Das scheint uns heute völlig unangemessen. Ich sagte in einem anderen Zusammenhange schon, daß Montessori in gewisser Weise „sperrig" ist. Sie sagt gewissermaßen: So und so habe ich das erfahren, nach meinen Beobachtungen an Kindern sollte es am besten so und so sein ... Und die zweite Frage, ob das technisch, wirtschaftlich, administrativ, finanziell zu ermöglichen ist, was sich daraus an Konsequenzen ergibt, an „Außenaufgaben", darüber sagt sie nichts Ausführliches. Das sind für sie gesellschaftliche Aufgaben, die gelöst werden können, wenn die Probleme der „Innenaufgaben" der pädagogischen Institutionen öffentlich erkannt und anerkannt sind. Insofern hat die Montessori-Pädagogik eine „Zukunftsaktualität". Man kann ja nicht sagen: Es ist etwas falsch, weil wir kein Geld dafür haben – sondern nur: Es ist richtig, aber wir haben kein Geld dafür – das ist ehrlich.

Zunächst muß man dabei bedenken, daß Montessori selbst und auch die meisten ihrer direkten Schüler in freien Institutionen tätig waren, nicht in öffentlichen oder staatlichen Schulen. Montessori setzt bei diesen Kinderhäusern und Schulen stets großzügige räumliche und personelle Ausstattung voraus. Nebenräume samt Außenbereich und Assistenzkräfte muß man sich gewissermaßen immer mitdenken, wenn man eine solche Forderung von Montessori bezüglich der Kinderzahl je Gruppe vernimmt.

Zur eigentlichen Erklärung führt eine andere Einsicht: daß Montessori nicht – wie seinerzeit Comenius zur ersten Bewältigung des Problems des Massenunterrichts – von einer Gruppe möglichst gleichartiger Schüler ausgeht, womit ja Jahrgangsklasse und Lektionsform des Unterrichts, historisch gesehen, ihren Siegeszug antraten.

Montessori setzt gerade *nicht* auf Gleichheit, sie setzt auf *Verschiedenheit*, auf einen Reichtum an Individualitäten in jeder Gruppe. Man stelle sich eine 12 bis 15 Kinder zählende Gruppe aus drei Altersjahrgängen vor: wie könnte der zahlenmäßige Anteil der verschiedenen Kinder, der älteren, der „normalisierten", der „nicht normalisierten", der besonders und der weniger begabten usw. so sein, daß die Fruchtbarkeit eines Bildungsgefälles wirksam werden könnte? Montessori will jenen Reichtum an Individualitäten sichern, der solches Gefälle und das dadurch entstehende wirksame Netz wechselseitiger Beziehungen ergibt, indem sie eine genügend große Gruppe fordert, auch und speziell für die Gewährleistung der sozialen Entwicklung der Kinder. Sie setzt nicht auf Gleichheit, sondern auf Verschiedenheit: des Alters, des Geschlechts, der Intelligenz, der speziellen Begabung, der Herkünfte, der Neigungen, der Stärken und Schwächen. Sie hat dabei ebenso wenig speziell ihre Schule angelegt auf die Aufgaben interkultureller Erziehung, wie speziell auf die Aufgaben schichtenintegrativer Arbeit oder speziell auf integrative Erziehung behinderter und nichtbehinderter Kinder. In *allen* diesen Richtungen bietet sie mit ihrem Entwurf einer Erziehung zu frei gewachsener Sozialität ein Modell für soziale Integration *allgemein und überhaupt*. Und deswegen setzt sie die auf den ersten Blick überraschend große Kinderzahl je Gruppe an, wobei sie natürlich vorweg ihre positiven *Erfahrungen* mit einer solchen Kinder- bzw. Schülerzahl ins Feld führt. „Alles, was ich sage, (ist) das Ergebnis einer Erfahrung!"[50] Meines Erachtens hat Montessori in bezug auf die so gebotenen pädagogischen Möglichkeiten recht: „Alle diese Energien werden im üblichen Unterricht einfach vergeudet."[51] Valitutti weist völlig richtig darauf hin, daß schon im Montessori-Kinderhaus die „Übungen des praktischen Lebens" in ihrer sozialisierenden Wirkung meist nicht beachtet wurden: ihre Merkmale bestünden in Zusammenarbeit und Differenzierung.[52] Es ist auch hier jener blinde Fleck im Spiel bei der unaufhörlichen „Differenzierungs"-Rederei in weiten pädagogischen Kreisen. Ganz abgesehen davon, daß ohne Differenzierung keine Koordinierung oder der Kooperation möglich ist, ergibt sich aus der üblichen schulpädagogischen Sprechweise von der Differenzierung die stillschweigende Voraussetzung jener Prämisse, von der Oswald schon früh gesprochen hat:[53] Nämlich etwas Blockartiges, das erst aufgeteilt werden müsse, damit jenes Spiel der Sozialformen des Unterrichts beginnen könne. Eine merkwürdige Meinung: Menschen treten in irgendwelchen Blöcken auf, und dann ist es die großartige Erzieherleistung, daß man diesen Block auseinanderhackt, daß man also möglicherweise aus diesem Kollektivbild wieder einzelne Persönchen herausschmelzen kann! Man könnte dies als eine aus der Geschichte der Schule vererbte Art von „Betriebsblindheit" verstehen (und übrigens auch einer vielfach begegnenden engen Auffassung von Schulpädagogik). Montessori geht eben genau den umgekehrten Weg: Sie hat eine recht heterogene Gruppe von Kindern beisammen, deren Binnenbeziehungen nicht vorwiegend durch Veranstaltung des leitenden Erwachsenen, sondern durch die natürlichen Impulse jener Heterogenität, jenes Reichtums an Individualitäten veranlaßt wird, wobei sich die pädagogisch sorgfältig vorbereitete und „didaktisch geladene"[54] Umgebung als soziales Spielfeld und Katalysator der sozialen Prozesse darstellt – unbeschadet natürlich des eigentlichen „Quellpunktes", nämlich der hingegebenen Tätigkeit.

Wenn wir gesehen haben, daß Montessori sich weder im Kinderhaus noch in den verschiedenen Schulstufen auf die Formen der Einzeltätigkeit beschränkt, so ist doch immerhin die individuelle Tätigkeit, die Tätigkeit aus persönlicher Entscheidung Quellpunkt ihrer pädagogischen Praxis. Und der Schlüssel zum Verständnis dieses Ausgangspunktes liegt in ihrer Entdeckung der Bedeutung der Konzentration. Ich erinnere an das, was ich vorhin dazu im Zusammenhang mit den Grundforderungen an eine neue Schule gesagt habe. Aber über diesen „Quellpunkt" der Konzentration hat Montessori ja selbst immer wieder gesprochen und finden Sie zahlreiche Erörterungen in der Sekundärliteratur.

In diesem Zusammenhang von Individualität und Sozialität ist es m. E. außerordentlich interessant, daß selbst in der kritischen Sekundärliteratur eigentlich nie die Gefahr der Unordnung durch die so stark vom Individuum ausgehende Aktivität befürchtet wurde. Zu unübersehbar und zu deutlich belegt ist von Anfang an die Disziplin im Kinderhaus und in der Schule Montessoris gewesen. Um in den Bezeichnungen Lewins (der ja Montessoris

---

50 M. Montessori: Die Macht der Schwachen, a. a. O., S. 151.
51 Dies.: Aan de Basis van het Leven, Amsterdam 1951, S. 244.
52 S. Valitutti: L' educazione sociale nel pensiero di Maria Montessori, Roma 1956, S. 17.
53 P. Oswald: Das Kind im Werke Maria Montessoris, Mülheim 1958, S. 37.
54 P. Petersen über „Arbeitsmittel", s. a. a. O., S. 182.

Pädagogik in Berlin kannte und schätzte) zu bleiben: es handelt sich bei ihr weder um einen autoritären Stil noch um einen Laissez-faire-Stil. So bleibt von den Lewin'schen Stiltypen offensichtlich nur der dritte geeignet, den Stil Montessoris zutreffend zu charakterisieren: es ist ein im Grunde demokratischer Stil, ein Gleichgewicht, eine lebendige positive Spannung zwischen den scheinbar entgegengesetzten Polen der alten pädagogischen Antinomie „Individuum und Gemeinschaft". „Freiheit und Disziplin (sind) zwei Seiten derselben Medaille", sagte Montessori.[55]

Es gibt inzwischen über die frühen Zeugnisse bedeutender Kenner der Praxis Montessoris wie Buytendijk hinaus eine Reihe neuerer empirischer Belege für den Wert von Ideen und praktischen Anweisungen Montessoris. Das betrifft Untersuchungen zur Motivation, zur Makroperiodik der Lernaktivitäten in der Freiarbeit nach Montessori, die Sozialeinstellung der Schüler, den Charakter der Lehrertätigkeiten u. a. m.[56]

Es war nach dem Zweiten Weltkrieg höchste Zeit zu einer Revision mancher Urteile über die Montessori-Pädagogik. Es wären viele Ansätze dazu in Deutschland und im internationalen Raum zu erwähnen. Die frühere Kritik an der Praxis der Montessori-Pädagogik beruhte weithin auf mangelhaften, heute veralteten Voraussetzungen.[57] In diesem Zusammenhang ist auch auf die Übereinstimmung des Denkens und der Praxis Montessoris mit neueren biologisch-anthropologischen Erkenntnissen hinzuweisen.

***

Vielleicht läßt uns, zum *Schluß*, ein Blick auf Persönlichkeit und Wirken Montessoris noch einige andere Hinweise zur Erklärung ihrer Aktualität finden – jenseits der „Fach"-Diskussion.

Ich glaube, zunächst muß man einen oft genannten, in seiner Bedeutung aber manchmal nicht recht erkannten Wechsel des methodischen Ansatzes Montessoris hervorheben. Das Erlebnis von San Lorenzo hatte nicht nur die geschulte Beobachtungsgabe zur *Voraussetzung*, sondern einen Wandel der Weise der Beobachtung zur *Folge*. Mit anderen Worten: Während Montessori vorher weitgehend mit den Instrumentarien einer aus positivistischer Ausbildung stammenden empirischen Wissenschaft arbeitete, läßt sie sich nun gewissermaßen los, befreit sich, macht sich „leer", wie sie einmal sagt,[58] zur „vorurteilsfreien" Beobachtung des Kindes und der Phänomene seines Verhaltens. Ja, sie spricht davon, daß in gewisser Weise ihre Ausbildung ihr im Wege gestanden habe.[59] Es ist bezeichnend, daß Zahlen, statistische Graphiken etc. von nun an in ihren Büchern zurücktreten zugunsten der Beschreibung verstehender Beobachtung, verarbeiteter persönlicher Erfahrung mit Kindern. Diese Beobachtungen, die sie nach heutigen empirischen Ansprüchen scheinbar mangelhaft beschreibt, werden neuerdings in wichtigen Punkten durch den Fortschritt der Wissenschaft als richtig bestätigt, und es wird attestiert, daß

55 M. Montessori: Das kreative Kind – Der absorbierende Geist, Freiburg (8)1991, S. 257.
56 Vgl. G. Schulz-Benesch: Montessori (Erträge der Forschung), Darmstadt 1980, Kap. 10.
57 Ders.: On the actuality of Maria Montessori, in: Communications (AMI), Amsterdam 4/1979, S. 5–19.
58 s. A. Maccheroni: Come conobbi Maria Montessori; Roma 1956, S. 78.
59 M. Montessori: Door het kind naar een nieuwe wereld, Heiloo (2)1953, S. 143.

Montessori daraus durchaus auch richtige praktische Konsequenzen zog. Die These von der Starrheit der späten Montessori gegenüber der Innovationskraft der jungen Montessori beruht zu einem erheblichen Teil auf einem fundamentalen biographischen Irrtum, dem auch Rita Kramer erlegen ist.[60] Offensichtlich hat Montessori manche einmal gewonnene Position, Erkenntnis und Erfahrung deswegen nicht aufgegeben, weil sie sie weiterhin durch Beobachtungen und durch Fakten bestätigt fand.

Einen selten beachteten Schlüssel zum Verständnis Montessoris findet man gerade in der Eigenart ihrer Aussagen, denen man so oft Schroffheiten, Übertreibungen, Unbeholfenheiten bei dem Bemühen vorgeworfen hat, ihre Ideen angemessen in Worte zu fassen. Dies ist nicht nur durch die Eigenart der Entstehung der meisten ihrer Texte aus Vortragsmitschriften oder durch ihre Herkunft von den Naturwissenschaften, eine gewisse Geringschätzung der Philosophie oder eine emphatische Rhetorik zu erklären. Je länger man sich ernsthaft mit dem Werk Montessoris befaßt, desto betroffener ist man von dem erstaunlichen Zeitvorsprung mancher ihrer Grundaussagen und Entwürfe. Hier, meine ich, spielt eine wesentliche Rolle, daß Montessori in eminenter Weise Intuition mit praktischer und spekulativer Intelligenz verband, immense Arbeitskraft mit hoher Sensibilität nicht nur für die Phänomene der Kindheit, sondern auch für die zeitgenössische geschichtliche und gesellschaftliche Situation. Mit anderen Worten: Ihre Reden hält sie mit dem Blick auf die Zukunft, auf die sie tief erschreckende Möglichkeit universaler Katastrophe, aber auch mit dem Blick auf die Möglichkeit der triumphalen Erscheinung einer „Neuen Welt".[61] Man erinnere sich an die Rede über „Frieden und Erziehung" (1932) mit ihrem erschütternden Aufruf zur Zusammenarbeit zur Rettung der Menschheit. Angesichts der neuen Bedingungen der Weltgesellschaft ruft sie aus: „Wenn wir ... diese Situation aus den Augen verlieren, gehen wir einer universalen Katastrophe entgegen ... Wenn die Sternenkräfte vom ... unwissenden Menschen zur Zerstörung seiner selbst benutzt werden, wird ihm dieses Vorhaben schnell gelingen, denn die Energien, über die er verfügt, sind unermeßlich; und sie sind allen in jedem Augenblick und an jedem Ort zugänglich ... Wer wird die Posaune blasen, die ihn erweckt?"[62] Man lese aber auch, was sie von der Liebe zum Kinde in der neuen Erziehung sagt: „Wir bereiten alles für etwas vor, das wir noch nicht sehen, aber an das wir glauben."[63]

Montessoris scheinbare Unbeholfenheit könnte man gleichsam als das „Stammeln des Propheten" bezeichnen angesichts wunderbarer und furchtbarer Geschehnisse und Bewegungen in ihrer geschichtlichen Gleichzeitigkeit. Hier haben die nahezu poetischen Passagen der Vision einer Menschheit der Zukunft ihren Grund. Thompson sagt in bezug auf Montessori: „We would be plagued with fewer charlatan scientists ... if we were to be blessed with more poetic ones."[64] Der Eindruck auf diejenigen, denen Montessori begegnete, ist

60 R. Kramer, a.a.O.; vgl. v. Verf.: Montessori, a.a.O., Kap. 2.
61 Vgl. v. Verf.: Einige Hinweise zur Frage der geschichtlichen Einschätzung Montessoris, in: Montessori-Werkbrief, Folge 33/34, Aachen 1973.
62 M. Montessori: Die Macht der Schwachen, a.a.O., S. 41f.
63 Dies.: Intern. Montessori-Kursus Barcelona 1933; zit. nach G. Schulz-Benesch, Der Streit um Montessori, a.a.O., S. 42.
64 J. Thompson: The Universal Mission of Maria Montessori, in: Maria Montessori e il pensiero pedagogico contemporaneo, Roma 1957, S. 291–304; hier S. 298.

dementsprechend anders als der aus beschränkter Lektüre stammende Eindruck der Fixiertheit, ja ihm geradezu entgegengesetzt: „Vous échappez à toute formule, à toute caracteristique fixeé …"[65], so sprach man sie bei einer späten Ehrung in der Städtischen Universität zu Amsterdam an. Die Geradlinigkeit ihres Werkes steht nicht in Widerspruch zu der durch solche historische Sensibilität angetriebenen ständigen Weiterarbeit: zur religiösen Erziehung – zur Friedenserziehung – zur „Kosmischen Erziehung". Immer handelte es sich um Erweiterungen ihres Werkes ohne Aufgabe des bisher jeweils Erreichten. Wie weit ist ihre „Einzige Nation" von 1932 den „Vereinten Nationen" von heute noch voraus, wie weit Montessoris „Kosmische Erziehung" der so spät kreierten „Ökologischen Pädagogik"! Gerade die späten Ausführungen Montessoris sind weithin fast unbekannt. Sie lenken den Blick noch entschiedener und ausdrücklicher auf die einzigartige geschichtliche Situation der Menschheit von heute und ihrer Welt. Eben darin wird aber deutlich, daß es sich bei Montessoris Ideen und Werk nicht nur um eine eingegrenzte methodisch-pädagogische oder bloß „therapeutische" Bemühung[66] handelte, entspringend aus mütterlicher Liebe zum Kind, sondern zugleich um eine große Vision von der „Nazione Unica", der „Einzigen Nation" und der notwendigen neuen Welt des Friedens, die vor allem auch Veränderung der Erziehung verlange, wenn sie denn erreicht werden solle.

Und dies ist nun wirklich aktuell.

---

65 Vgl. Maria Montessori: A Centenary Anthology, Amsterdam 1970, S. 59.
66 Es erscheint bei der heutigen Quellenlage ganz allgemein als ein schwerverständliches Manko gerade einiger anspruchsvoller deutscher Montessori-Interpretationen, die Beiträge Montessoris zu der Kategorie „Inhalte/Lehrplan/Ziele" der Erziehung/Bildung (also zur Didaktik im engeren Sinne) einfach zu übersehen.

Die Montessori-Pädagogik in der Schule von heute

H. Elsner

Ziele der Montessori-Pädagogik

Eine Schule, die nach den Grundsätzen der Montessori-Pädagogik arbeitet, orientiert sich pädagogisch und didaktisch an den Bedürfnissen des Kindes. Sie muß wissen, daß diese Bedürfnisse nicht so sehr auf Ziele außerhalb der Kinder ausgerichtet sind, sondern daß es vordringlich um die persönlichc Entwicklung geht. Es ist nicht ihre wichtigste Aufgabe, das den Kindern zu vermitteln, was die Schule schlechthin zu leisten hat, sondern sie muß in erster Linie dafür Sorge tragen, daß die Entwicklung zum ganzen Menschen im Kinde nicht gestört wird.

Die Eltern haben mancherlei Gründe, die sie veranlassen, ihr Kind in einer Montessori-Schule anzumelden. Unter anderem antworten sie auf die Frage, warum sie zu uns kommen: „Bei Ihnen wird unser Kind zur Selbständigkeit erzogen." Hinter dieser Antwort steht unausgesprochen die Meinung, das Programm einer Montessori-Schule schließt außer Rechnen, Schreiben, Lesen auch noch die Erziehung zur Selbständigkeit mit ein.

Es ist richtig, daß in der Montessori-Pädagogik die Selbständigkeit eine große Rolle spielt. Aber diese Selbständigkeit wird nicht von den Lehrern oder von der Schule gemacht. Sie wird überhaupt nicht gemacht, denn sie gehört zum Menschen und zu seiner geistigen Entwicklung dazu wie die fünf Finger zu einer Hand. Sie ist im Kinde grundgelegt von Anfang an.

Der Arbeit in unserer Schule liegt unter anderem die Erkenntnis zugrunde, daß wir den Menschen nicht „machen". Wir wissen, daß wir das Kind nicht laufen machen, nicht lesen machen, nicht riechen, nicht sehen; wir machen es auch nicht selbständig. Wenn also das Kind die Anlage und die Fähigkeit von Natur aus mitbringt, ein selbständiger verantwortlicher Mensch zu werden, dann kann die Aufgabe des Lehrers zum Beispiel nur lauten: hilf dieser Fähigkeit zu ihrer vollen Entfaltung. Damit ist eine andere Haltung des Lehrers dem Schüler gegenüber gefordert.

Wenn wir die Kinder bei ihrer Entwicklung beobachten, dann können wir die Fähigkeit und Kraft erkennen, die ihre Selbstentwicklung sichert. Es zeigt sich, daß diese Kraft im umgekehrten Verhältnis zur verantwortlichen Zurückhaltung des Erwachsenen wächst. Mario Montessori machte in einem Vergleich den Unterschied zwischen *Entwicklung* und *Beibringen* deutlich. „Wenn wir beim Laufenlernen so vorgehen würden, wie beim Lesenlernen, dann stellten wir das Kind auf einen Tisch und führten zuerst das linke Bein hoch – vor – und wieder runter. Danach den gleichen Vorgang mit dem rechten Bein und so weiter. Wenn das Kind dann schließlich laufen könnte, würden wir sagen ‚Ich habe es laufen gemacht'."

Dieser Aufbau des Kindes zu einem selbständigen Menschen, der sowohl den Beginn der einzelnen Phasen und Schritte als auch die Ziele im Kinde selber hat, ist nicht auf die Entwicklungen der Bewegung und auf soziale Bildung wie Sprechen und Spielen beschränkt. Auch das, was in den Schulen als Kulturtechniken gelehrt wird, ist nach Montessori im Kinde vorgegeben.

Die Unterrichtsform jedoch, die wir in den üblichen Schulen erleben, berücksichtigt zuerst den Plan der Richtlinie, der beispielsweise auf alle Sechsjährigen ausgerichtet ist, der stundenweises Lernen für alle vorsieht, der für ganz bestimmte Zeitabschnitte ausgerechnet ist. Ein Plan, der von den Erwachsenen, von Lehrern bis hin zu Politikern ausgedacht wurde. Wahrscheinlich nicht verantwortungslos; aber doch viel zu sehr vom Erwachsenen aus.

Es wird wie immer dabei zu sehr vom Ergebnis aus gedacht. Wir vergessen, daß die Kinder ihren eigenen Plan haben. Sie haben ihn wie eine Art Programm in sich.

Die Erwachsenen, ich meine die Eltern und Lehrer, sind in der Regel bereit, diese Eigenentwicklung zu respektieren, solange sie mit ihren eigenen Erwartungen übereinstimmt. Im Grunde wissen wir alle, daß Lernen anders stattfindet.

Dennoch machen wir immer wieder in unserem Unterricht den Fehler der direkten Methode. Im 5. Schuljahr wird z. B. nach den Richtlinien das Thema Deutschland im Geographieunterricht so auf die Erdkundestunden des ganzen Jahres verteilt, daß der gesamte Stoff in einem Plan untergebracht ist. Am Ende des Jahres lautet die Rechtfertigung: Programm erfüllt. Jeder weiß aber, daß das eigentliche Lernen auch in Erdkunde anders stattfindet. Das, was der Lehrer indirekt zum Thema beiträgt, ist oft von ganz anderer Wirkung. Nicht die Erfüllung des Programms sichert das Lernen und die Bildung. Anregungen und Anstöße zum eigenen Denken stehen nicht selten dem Abfragen und Zensieren entgegen. Besonders im Grundschul- und Vorschulalter findet Lernen hauptsächlich in der indirekten Weise statt.

Zur Montessori-Methode

Die Montessori-Pädagogik hat besonders in der Grundschule ihre Ergänzung in der Montessori-Methode. Montessori gibt dem Kind ein Material in die Hand, das für ganz bestimmte Lernschritte hergestellt wurde. Nachdem sie ihm zeigt, wie damit gearbeitet wird, lernt das Kind selbständig. In einer verkürzten Sicht mag dieser methodische Teil irrtümlich als das Kernstück des Montessori-Unterrichts erscheinen. Es gibt Eltern, die glauben, mit diesen didaktischen Hilfsmitteln lernen ihre Kinder leichter und lieber und kommen dadurch schneller zum Abitur. In der Tat, Kinder lernen so leichter und lieber und auch mehr, jedoch nicht, um die Erwartungen der Eltern zu erfüllen. Sie haben Freude am Lernen, weil es zu ihrem Leben gehört. Die Methode ist nur eine Hilfe für die Kinder, alles selbst zu tun. Wer Montessori als eine neue Didaktik versteht, hat sie nicht verstanden.

Wenn Kinder ihre Muttersprache lernen, besuchen sie noch keine Schule. Sie erlernen die Sprache ihrer Umwelt mit allen ihren Schwierigkeiten. Die grammatikalischen Schwierigkeiten, die Eigenheiten in Betonung und Lautierung sowie den Gebrauch der Sprache als Ausdrucksmittel ihrer Stimmung wenden sie richtig an. Der natürliche Vorgang des Spracherwerbs wartet nicht auf die Erlaubnis einer Schulbehörde. Der schwierige Prozeß des Erlernens der Grammatik ist lange vor der Einschulung abgeschlossen. Diese Erkenntnis müßte Grund genug sein, den Sprachunterricht der Schulkinder neu zu überdenken.

Die Grammatikarbeiten in der Montessori-Schule können mit Material durchgeführt werden. Es gibt Symbole für die Wortarten und Pfeile mit Fragen für die Satzzerlegung. Die Kinder lernen damit das Erfragen der Satzteile. Durch anschließende Übungen erleben sie die grammatische Struktur und gewinnen Einsicht in die Sprache. Diese Arbeit machen die Kinder, sobald sie lesen können. Das Lesenlernen ist aber nicht erst ab dem 6. Geburtstag möglich. Die Hilfe kommt von außen; das Lesen selbst ist wie eine Häutung nach innen. Das muß jedes Kind selber machen. Die Lese- und Schreiblehrgänge in den ersten Schuljahren sind mehr eine Beschäftigung der Erwachsenen mit ihren eigenen Problemen. Es geht ihnen dabei immer um Didaktik.

In der Grundschulklasse arbeiten Kinder mit einem mathematischen Material, um Quadratzahlen zu bilden oder Quadratwurzeln zu ziehen. Es handelt sich dabei um ein ganz einfaches Nachbauen von mathematischen Strukturen, die ihnen vom Lehrer gezeigt wurden. Mit farbigen Stiften kann jeder Lernschritt auf dem Papier festgehalten werden.

Ein Arbeiten in dieser Weise, das für das Kind ein wiederholendes Lernen wird, stellt an den Lehrer bestimmte Bedingungen. Das entsprechende Material, wir verstehen darunter das Entwicklungsmaterial, muß in einer vorbereiteten Umgebung bereitstehen. Diese vorbereitete Umgebung richtet sich nach den Bedürfnissen des Kindes und nach der Eindeutigkeit der Lernziele, die das Material vermittelt. Diese sind allerdings didaktisch konzipiert. Damit ist die Frage nach der Stellung des Lehrers in der Montessori-Schule aufgeworfen.

Stellung des Lehrers in der Montessori-Schule

Wenn ein Kind zu Maria Montessori einmal sagte: „Hilf mir, es selbst zu tun", dann kommt damit eine wichtige Aussage über das Verhältnis von Lehrer und Schüler zum Ausdruck. Ein Schüler meiner Klasse wartete schon über zwei Tage auf meine Hilfe. Er brauchte mich, damit ich ihm ein neues Material zeige und erkläre. Während dieser zwei Tage bat er mich mehrmals darum. Da ich durch andere Pflichten in Anspruch genommen war, mußte er warten und sich neuen Aufgaben zuwenden. Dennoch lautete schließlich seine Frage: „Wann hilfst du mir endlich?" Er wollte und konnte nicht auf den Lehrer verzichten.

Ein anderes Beispiel, das scheinbar das Gegenteil beweist, erlebte eine Lehrerin mit einem sechsjährigen Mädchen. Dieses Kind umarmte die Lehrerin eines Tages mit den Worten: „Ich mag dich so, weil du mir nie hilfst!" Steht also das Verlangen nach Hilfe im ersten Beispiel der Freude über die nicht erteilte Hilfe im zweiten Beispiel entgegen? Ich denke, daß wir hier erleben können, wie unterschiedlich die Hilfe aussehen kann.

Zwischen den in den beiden Beispielen aufgezeigten Polen gibt es viele verschiedene Formen von „Helfen". Bei der Montessori-Arbeit ist es von besonderer Wichtigkeit, daß der Lehrer seine Aufmerksamkeit noch mehr dem

Kind als der Arbeit selbst zuwendet. Auch hier gilt der Grundsatz, daß alles das, was Kinder selbst machen können, auch von ihnen selbst gemacht wird.

Wenn wir in der Montessori-Schule die Beobachtung, daß Kinder lernen wollen, der Aufgabe, die die Schule zu leisten hat, zugrunde legen, dann sieht das pädagogische Konzept entsprechend anders aus als bei einer Schule, die sagt: „Die Kinder müssen lernen."

Didaktische Ziele der Montessori-Schule

Zum Montessori-Material gehört die methodisch-didaktische Anweisung, wie damit gearbeitet wird. Diese Anweisung hilft bei der Handhabung, wenn die Kinder selbständig lernen. Die Konzeption des Materials ist naturgemäß auf ein Lernziel ausgerichtet. Also ist an dieser Stelle doch die Frage nach der Didaktik aufzugreifen. Wenn Montessori in den Anweisungen zum Material eine didaktische Konzeption verfolgt, dann geschieht das, um die Selbsttätigkeit zu fördern. Es geht ihr wirklich nicht darum, daß die Kinder schneller zum Abitur kommen. Bei ihr ist dieses Ziel das Sekundäre, das Primäre ist der Weg. Das, was unterwegs zum Ziel geschieht, das ist das Wichtige. Unsere Beobachtung richtet sich auf die Erfahrungen, die bei der Arbeit gemacht werden. So erfährt das Kind zum Beispiel während der Arbeit mit dem Multiplikationsbrett die mathematische Struktur unseres Zahlensystems, es kann das Wesen der Multiplikation entdecken und erlebt dabei, daß die Welt der Mathematik keine feindliche Welt ist, sondern daß es selber dazugehört. Nicht ein fehlerloses Rechenergebnis, sondern die Grunderfahrungen mathematischer Strukturen sind das Ziel dieser Übung. Doch ich habe noch kein Kind gesehen, dem die Ergebnisse der mathematischen Vorgänge gleichgültig gewesen wären.

Was können wir in der Schule eigentlich mehr erreichen als den Menschen? Als Montessori ihre Pädagogik entwickelte, hat sie nicht an eine bestimmte Schule gedacht. Sie orientierte sich am Kind. Wenn wir heute ihre Pädagogik praktizieren wollen, dann stehen wir immer vor dem Problem, wie kriegen wir diese Pädagogik in die Schule von heute hinein? Das ist offenbar immer noch die schwierige Frage. Früher mußten wir uns gegen die öffentliche Meinung durchsetzen, heute gegen das öffentliche Wohlwollen, das in der Regel nur die Didaktik dieser Pädagogik im Blick hat.

Zur vorbereiteten Umgebung

In den Anfangsjahren des Aufbaus der Kölner Montessori-Schule zeigte sich sehr bald deren Wirtschaftlichkeit. Sie erwies sich finanziell gesehen als die billigste Schule. Das Material wird einmal angeschafft und hält dann über Jahrzehnte. Möbel und Einrichtungsgegenstände gehen so gut wie nie zu Bruch. Sie verschleißen lediglich durch den Gebrauch. Die Kinder pflegen ihre Schule.

Ein Montessori-Klassenraum hat schon aus diesem Grunde ein anderes Gesicht. Die Freundlichkeit und auch die Wohnlichkeit eines solchen Raums bleiben erhalten, obwohl, oder gerade deswegen, weil dort individuell gelernt und gearbeitet wird. Die „Vorbereitete Umgebung" erzieht mit.

Die Gruppe und der einzelne

Das individuelle Lernen trägt die Gemeinschaft. Eine Klasse lebt davon, daß jeder die Möglichkeit hat, alleine zu arbeiten. In der Praxis kommt es allerdings selten vor, daß sich alle alleine beschäftigen. Das Arbeiten in selbstgewählten Gruppen ist häufiger. Irgendwo im Raum findet der Besucher auch den Lehrer, der ja mitarbeitet. Die Kinder gehen ganz normal durch die Klassen, um was zu holen oder wegzubringen. Sie sprechen normal miteinander; auch mit dem Besucher. Sie lachen normal, sie zanken sich normal, sie sind unruhig oder sie arbeiten. Ihre Zeit in der Schule ist wirklich ihre Zeit. Aber bei all dem stehen sie auch unter dem Gesetz der Gruppe. Es ist übrigens ein Gesetz, das sie mögen, denn jeder einzelne ist die Gruppe. Wo sollen sie denn sonst die Freiheit und ihre Grenzen erfahren, wenn nicht bei der Arbeit, die sie mögen.

Erfahrungen in der Kölner Montessori-Schule

a) Neue Lehrer

Als 1956 die Montessori-Schule in Köln begann, kamen jedes Jahr neue Lehrer. Wir machten die Erfahrung, daß die Lehrerinnen und Lehrer, die in der herkömmlichen Schule gut arbeiteten, auch für die Montessori-Schule ein Gewinn waren. Lehrer sein in unserer Schule ist aber auf eine ganz neue Art schwer und schön. Junge Lehrer suchen in der Regel diese Art von Schule. Sie könnte dem entsprechen, wie sie sich eine Schule wünschen. Wer aber schon viele Jahre in der herkömmlichen Schule seinen Beruf ausgeübt hat und vielleicht schon Karriere machen konnte, dem fällt es nicht leicht, in dieser Schule neuen Tritt zu fassen.

b) Elternarbeit

Wenn junge Eltern im richtigen Augenblick erfahren, was die Ziele der Montessori-Pädagogik sind, dann zeigen sie auch Bereitschaft, sich dafür einzusetzen. Es ist erstaunlich, was sie erreichen können. Fünf Jahre nach dem Beginn wurde in Köln auf ihren Wunsch hin ein Montessori-Gymnasium gegründet. Nach weiteren 10 Jahren baute die Stadt ein Montessori-Zentrum. Dieses Zentrum beginnt mit dem Kindergarten und führt zum Abitur. Heute findet man nicht selten unter den Schülern Kinder von ehemaligen Schülern. Wenn es eben geht, kommen diese mit drei Jahren ins Kinderhaus. Man könnte denken, es geschieht zur Erhaltung der Art. Doch das muß jedem klar sein: Tradition reicht nicht aus, diese Zuneigung zu erklären.

c) *Aufbau der „Klassen"*

Schon vom zweiten Jahr des Bestehens der Schule an haben wir Klassen mit gemischten Jahrgängen eingerichtet. Die ersten drei Schuljahre bildeten immer eine Klasse. Erst nach der gesetzlichen Trennung in Grund-und Hauptschule kam auch das vierte Schuljahr zu dieser Gruppierung dazu. In einer solchen Klasse arbeiten Kinder des 1., 2., 3. und 4. Schuljahres gemeinsam. Jedes der Schuljahre hat 5 bis 8 Kinder, je nachdem. Jede Klasse ist für sich eine kleine Grundschule. In der Regel bilden zwei oder drei solcher „Klassen" eine Kooperation. Im Fachunterricht werden Jahrgänge zusammengefaßt. Die Schülerinnen und Schüler haben in der Regel nur einen Lehrer über vier Jahre – als Klassenlehrer. Durch die Zusammenfassung der Jahrgänge gibt es aber die Möglichkeit, auch mit anderen Lehrern zu arbeiten.

Die jahrgangsgemischte Klasse in dieser Form ergab sich, wie schon gesagt, durch die Einrichtung der vierjährigen Grundschulzeit. Wir Lehrer müssen auf solche gesetzlichen Veränderungen unsere eigenen Antworten finden. Eine andere Mischung der Jahrgänge, zum Beispiel 1. und 2. Schuljahr und 3. und 4. Schuljahr, hat sich bei uns als wenig tauglich für die Realisierung der pädagogischen Ziele erwiesen.

Kinder können ihre Zahnpasta für's Schullandheim vergessen, aber nicht ihre Freundschaften, die über die Jahrgänge hinwegreichen. Der Gesetzgeber kann das nicht wissen, sonst hätten wir mehr jahrgangsübergreifende Klassen.

d) *Zeugnisse und Noten*

Als wir einmal mit den Eltern gemeinsam ernsthaft über Zensuren und Zeugnisse nachdachten, kamen wir zur Einsicht in die Notwendigkeit, beides abzuschaffen. Wir mußten uns von den Eltern fragen lassen, wie ein Zeugnis denn mit der Montessori-Pädagogik zu vereinbaren sei. Sie glaubten ebensowenig an die Zeugnisse wie an den Klapperstorch.

Bis dahin galt unser Beschluß, das Zeugnis um zwei Zensuren zu kürzen. Wir hatten das Ungenügend und das Sehr gut aus der Skala herausgenommen. Eigentlich eine einfache Sache. Für das Ungenügend ging das denn auch ohne viel Widerspruch, aber für das Sehr gut brauchte es seine Zeit – besonders bei den Lehrern. Es war für manche nicht einzusehen, daß eine Steigerung von Gut nicht auch in einer Zensur festzuhalten sei. Erst durch die Praxis wird deutlich, wie die Kennzeichnung durch das Sehr gut den Kindern auf Dauer mehr schadet als hilft. Man muß sich allerdings die Mühe machen, statt die Kinder von Zeugnis zu Zeugnis zu führen, sie in ihrer Gesamtentwicklung zu beobachten. Dann, und nur dann zeigt sich auch, daß es überhaupt keiner Zeugnisse bedarf, die den Schülerinnen und Schülern ihre Entwicklung bestätigen.

Ohne Zeugnisse leben nicht nur Grundschüler, ihre Eltern und Großeltern besser, die Schule selbst hat davon großen Gewinn. Die störenden und unnötigen Rivalitäten fallen fort. Statt eines Gegeneinanders tritt eine unerwartete Beruhigung ein. Die Einteilung nach Noten entfällt. Die Persönlichkeit wird nicht nach Zensuren gewertet. Zum Erstaunen aller Beteiligten wurden die Leistungen der Kinder eher besser als schlechter. Der Wegfall der Zensuren war also eine Neuerung, die nicht nur Zufriedenheit brachte, sondern auch eine Steigerung der Leistung.

Es bedurfte schon des Zusammenwirkens von einer Indiskretion und eines Regierungsbeamten, dieser zeugnisfreien Zeit mit Hilfe des Gesetzes ein Ende zu setzen.

Gewisse Entwicklungen in den Kindergärten werfen die Frage auf: gibt es bald auch dort ein Abschlußzeugnis? Die vorschulische Erziehung scheint hier und da zu einem didaktischen Problem zusammenzuschrumpfen. Es ist schon erstaunlich, wozu sich Pädagogen hergeben können.

e) Zum Unterrichts-Stil

Die montessorische Praxis braucht als Mittelpunkt die Arbeit in Freiheit. Damit ist ein ganz bestimmter Unterrichtsstil gemeint. Die Kinder wählen frei, was sie machen wollen, mit wem sie arbeiten möchten und wie lange sie arbeiten. Diese montessorische Freiheit ist nicht einfachhin gleichzusetzen mit dem, was heute in den Schulen unter Freiarbeit verstanden wird. In der freien Arbeit der Montessori-Schule ist das, was die Kinder tun, immer zuerst auf die Entwicklung des Kindes ausgerichtet und nicht auf das meßbare Ergebnis.

Wenn die Kinder morgens zur Schule kommen, beginnt für sie auch diese Freiheit. Sie entscheiden, was sie tun wollen. Der Anfang hat viele Gesichter. Da gibt es Kinder, die sprechen miteinander, einige lachen, andere arbeiten vom ersten Augenblick an. Einer geht zum Lehrer, um das loszuwerden, was ihn bedrückt; ein anderer sucht Hilfe. Einen beobachte ich auf seinem Stuhl. Er sitzt nur da und wartet. Er wartet auf seinen Freund. Ohne ihn will er nicht weiterarbeiten. Nach einer halben Stunde ist klar, der Freund kommt heute nicht, er ist krank. Das ist für ihn kein Grund, endlich alleine anzufangen. Er will nur mit seinem Freund gemeinsam arbeiten. Darum entscheidet er sich für eine neue, ganz andere Arbeit, die er alleine beginnt. Nach einer Woche, als sein Freund wieder gesund zurückkommt, beginnen beide, an der Stelle weiterzuarbeiten, an der sie unterbrochen wurden.

Was ein Beobachter durch dieses Verhalten erfahren kann, ist sicherlich etwas anderes als das, was ein Lehrer in seinen Richtlinien findet. Ich denke, wir sollten zuerst Beobachter sein und dann Lehrer. Wo haben wir schon in der Schule die Gelegenheit zu beobachten, daß Kinder freiwillig warten. Dieses Zusammensein mit dem Freund mag für uns Erwachsene eine nicht mehr bekannte Dimension sein, für den Jungen aber vielleicht eine lebensnotwendige Entscheidung. Für die Schule muß das heißen: Gib dem Kind den Raum und die Zeit, damit es seine Arbeit auch zu Ende führen kann. So erhält es die Chance, selber das Ende zu bestimmen. Nicht der Erwachsene setzt das Maß, das Kind kann es selber bestimmen und dabei seine Ausdauer entdecken.

Drei Wochen hatte Benno in der Freiarbeit nur Erdkunde gemacht. Ein Buch von und über Deutschland war entstanden. Eines Tages kommt er zu mir und sagt: „Jetzt bin ich mit Deutschland fertig." Für ihn war die Arbeit mit Deutschland wirklich fertig. Es gibt keinen Grund, das nicht zu akzeptieren. Das Maß für das Ende der Arbeit liegt im Kinde selbst. Nur wenn es sein „Werk" in Freiheit durchführt, kommt es auch zu einer gelebten Freiheit. Die

Erfahrung von Bindung und Verantwortung gehören so selbstverständlich dazu wie der Nachbar am Tisch.

Für den Montessori-Lehrer kann es keine Frage sein, daß das eigentliche Lernen während der Montessori-Stunden stattfindet. Das, was das Kind wirklich braucht, findet es in diesen Stunden. Wenn Lehrer hingehen und die sogenannten wichtigen Fächer, wie Mathematik und Deutsch, in die Fachstunden nach der Freiarbeit verlegen, dann haben sie wahrscheinlich doch nicht das im Sinne, was Montessori mit Entwicklung meint. Das kann allerdings auch nur stattfinden, wenn die entsprechenden Hilfen dafür im Klassenraum vorhanden sind, wenn die Umgebung entsprechend vorbereitet ist. Heute muß man in einigen Fällen noch hinzufügen: „Wenn nicht zuviel störende Einflüsse die Entwicklung und das Lernen behindern."

In den Fachstunden, die in der zweiten Hälfte des Morgens ihren Platz haben, gibt der Lehrer den einzelnen Jahrgangsgruppen Fachunterricht. Zum Beispiel werden im Sportunterricht die beiden ersten Jahrgänge zweier Klassen gemeinsam unterrichtet. Musik, Werken, Erzählen oder Religion haben in der zweiten Hälfte des Vormittags ihren Platz. Solange der gesamte Schulunterricht nur am Vormittag an fünf Tagen stattfindet, müssen allerdings Stunden und Fächer ausbalanciert werden. Auch dabei sollte sich die Schule nach den Bedürfnissen der Kinder richten.

Lob und Tadel

Schüler versuchen ihren Lehrer nur dann zu täuschen, wenn sie von ihm zur Arbeit verpflichtet wurden und ihre Leistung hinterher zensiert wird.

Davon, was Zensuren anrichten können, weiß in unserem Land eigentlich jeder ein Lied zu singen. Die Kinder werden schon ganz früh nach Zensuren sortiert. Dabei meine ich nicht nur die schriftlichen Zensuren.

Leistungszensuren in der Schule können sehr schnell zu einer Bewertung des ganzen Menschen werden. Es ist ein Leichtes, mit Hilfe der roten Tinte die Kinder vom ersten Schuljahr an in dieses System einzuordnen.

Eines Tages kamen Eltern zu mir und baten darum, ihre älteste Tochter in unsere Schule ummelden zu dürfen. Das Mädchen besuchte zur Zeit das 3. Schuljahr in der Bezirksschule. Sie hatte die Versetzung nicht geschafft und mußte nun wiederholen. Zu diesem Unglück, so berichteten sie, war noch ein größeres hinzugekommen. In der neuen Klasse saß auch die um ein Jahr jüngere Schwester. Die allerdings war dort die gefeierte, beste Schülerin. Von den Kindern beneidet, vom Schicksal, also auch vom Lehrer verwöhnt. Sie lebte im Glanz ihrer Stellung als letzte Instanz. Sie war diejenige, die alles konnte, die ältere galt als dumm, was ihr ja nun auch bestätigt worden war.

Auf Grund dieser Situation und des ihr so klar bestätigten Unvermögens dauerte es nicht lange, bis die Ältere auch in dieser Klasse wieder die Letzte war. Nicht nur das Rot unter den Fehlern sollte ihre Dummheit bestätigen – das Selbstbewußtsein wurde jetzt noch geringer. Der Glanz der jüngeren Schwester vergrößerte sich noch – vielleicht ungewollt – auf Kosten der psychischen Zerstörung der älteren Schwester. In dieser Not kamen die Eltern der Mädchen zu uns. Psychische Schäden bei den Kindern mögen dafür den letzten Ausschlag gegeben haben. Die Ältere sollte umgeschult werden.

Unsere Bedingung lautete: entweder beide Mädchen, oder keines. Sie akzeptierten schließlich. Am nächsten Tag wurde die Schule gewechselt.

Beide Kinder saßen in meiner Klasse. Dieses Mal war die Altersmischung der Grund. Die ältere saß fast bewegungslos zwischen den freiarbeitenden Kindern. Nur die Augen gingen suchend umher, ob nicht bald einer käme, der sagt, was sie zu tun habe. Ich ging zu ihr und begann ein Gespräch. „Möchtest du etwas arbeiten?" „Ja." „Willst du vielleicht rechnen?" „Ja." „Hier habe ich ein paar Aufgaben, kannst du die rechnen?" Ich hatte einige vorgedruckte Rechenaufgaben zum Einmaleins dabei. Sie antwortete ohne sie anzuschauen sofort mit „Ja." „Dann nimm dir Stift und Papier, und rechne sie mal." „Ja." Unser „Gespräch" war damit zunächst beendet, und erst jetzt schaute sie sich die Aufgaben an. Mit diesen einfachen Aufgaben hatte sie offenbar Probleme. Sie schielte nach rechts, dann nach links. Ich beobachtete sie, ohne daß sie es merkte. Jetzt nahm sie vorsichtig ein Heft mit dem gesamten Einmaleins aus der Schultasche und legte es geöffnet unter die Tischplatte. Für jede Lösung der Rechenaufgaben zog sie das Einmaleins behutsam unter dem Tisch hervor, suchte verstohlen nach den Antworten und schrieb sie als Lösung auf das Aufgabenblatt. Danach verschwand das Einmaleinsblatt wieder. Für mich war leicht zu erkennen, für diese Art Arbeit hatte sie Geschick entwickelt. Ich ging abermals zu ihr, um unser Gespräch fortzusetzen. „Kannst du diese Rechenaufgaben?" „Ja." „Sind sie nicht zu schwer?" „Nein!" „Aber du guckst ja immer auf das Einmaleinsblatt unter der Bank. Mach es doch einfacher. Leg es oben auf den Tisch, dann kriegst du auch keine schlechten Augen. Bei uns brauchst du das nicht zu verstecken."

Ich muß gestehen, diese Art Antwort war wie ein Stoß, der sie regelrecht aus ihrer „gewohnten Bahn" warf. Jetzt konnte sie gar nicht mehr rechnen.

Sie mußte in eine neue Bahn eintreten. Sie erlebte von nun an, daß die Kinder für sich arbeiteten, daß es keinen Grund gibt, den Lehrer zu täuschen. Die Kinder beschwindeln sich ja lediglich selbst, und wer tut das schon? Für sie, die immer unter dem Druck der Kontrolle gelernt und gearbeitet hatte, war es nicht leicht, auf den neuen Weg umzusteigen. Dieser Weg war nicht mit Lob und Tadel gepflastert, sondern nur ihren eigenen Füßen angepaßt und anvertraut. Es war wie ein neues Gehenlernen.

Das allerdings mußte auch die jüngere Schwester. Sie mußte runter von ihrem gewohnten Laufstegverhalten. Es war niemand da, der sie aufforderte, darüber zu gehen. Die Kinder klatschten weder in die Hände noch gingen sie in die Knie vor ihren Leistungen. Allein sie freuten sich mit ihr, wenn es etwas zu freuen gab. Sie mußte lernen, daß die Freude an der Schule nicht darin besteht, Mittelpunkt der Klasse zu sein, sondern daß man entsprechend seinen Kräften lernen, arbeiten, leisten kann. Daß man seine individuellen Fähigkeiten üben und entwickeln kann. Ja, für sie war der neue Weg gleichermaßen ein schwerer Weg. Er war so schwer für sie, daß sie zunächst die Lust an der Schule verlor. Für die Eltern schier unfaßbar. Sie kamen sogar kurzzeitig auf den Gedanken, sie wieder zurück in die alte Schule umzumelden. Wie sollten sie auch verstehen, daß der Schulwechsel in die Montessori-Schule gerade für dieses Kind richtig war? Erlebten sie doch zu Hause eine Umkehrung des Verhaltens der Töchter gegenüber der Zeit vor dem Wechsel. Jetzt drängte schon morgens in aller Frühe die ältere Tochter die Eltern, sie möchten sie doch zur Schule fahren, während die jüngere überhaupt keine Lust mehr auf die Schule hatte. Sie brauchte zum ersten Mal länger als die ältere Schwester.

Benedikt, ein Kind ohne Lernchancen?

Wenn die Voraussetzungen für das individuelle Lernen in der Schule stimmen, dann entstehen bei den Kindern auch Freundschaften über alle Klippen hinweg. Sie verbinden sich durch gemeinsame Interessen zu kleinen oder größeren Gruppen mit Bestand.

Benedikt ist ein Junge, der eigentlich gar nicht in die Schule hätte gehen dürfen, so die Meinung der Ärzte bei der Geburt. Er ist mehrfach behindert, eine Hirnhälfte fehlt. Im Kinderzentrum München bei Prof. Hellbrügge wird den Eltern aber nicht nur Hoffnung gemacht, sondern auch konkret Hilfe geleistet.

Durch eine mühevolle Spezialbehandlung entwickelt sich Benedikt so weit, daß Prof. Hellbrügge den Besuch der Montessori-Schule empfiehlt.

Wir beginnen gemeinsam einen Weg zu gehen, von dem noch niemand weiß, wohin er führt. Benedikt ist halbseitig gelähmt. Auch das macht klar, daß der gemeinsame Weg nicht einfach sein wird. Für die Mitschüler war er es dennoch. Es kommt bald zu einer Freundschaft zwischen ihm und einem Jungen, der im Gegensatz zu Benedikt leicht und schnell lernt. Er, der Freund, setzt sich im Klassenzimmer auf eine Treppenstufe, um in einem Buch zu lesen. Benedikt nimmt sich ebenfalls ein Buch, schlägt es auf und blättert Seite um Seite um. Er kann noch nicht lesen. Er macht das aus Freundschaft, denke ich. Er kann auch noch nicht lesen, als eine Studentin bei einer Lehrprobe ihn wie alle anderen Kinder aufforderte, vorzulesen. Benedikt sagt: „Ich kann nicht lesen." Die Studentin: „Laß dir Zeit, du kannst lesen. Lies so langsam wie du möchtest." Sie weiß nichts von Benedikt, aber sie will ihm gut sein. Wir warten alle, was nun geschehe. Da meldet sich sein Freund: „Er kann wirklich noch nicht lesen." Die Lehrerin: „Sei du mal still, bei uns kann jeder lesen. Bitte! Wir können warten." Nach einer Weile reagiert Benedikt, und indem er auf den Text zeigt, sagt er nur „Da." Die Studentin: „Ja, was ist da?" Benedikt: „Ein Druckfehler." Alle Kinder lachen mit ihm über diesen Einfall. Ich bitte die Studentin, einen anderen dranzunehmen.

Benedikts Vater ist Journalist. Der Junge mag das Wort „Druckfehler" und seine Bedeutung von zu Hause her kennen. Hier war es so etwas wie eine letzte Rettung. Als Benedikt die Montessori-Grundschule verließ, konnte er die Geschichten in den Büchern, deren Seiten er umblätterte, auch lesen.

Die Gruppe

Seit einigen Wochen arbeiten drei Jungen aus dem vierten Schuljahr auf der Empore in der Klasse einer Kollegin an einer großen Arbeit in Mathematik. Sie holen sich immer Hilfe bei der Lehrerin, wenn es um ein neues mathematisches oder geometrisches Gebiet geht. Sie zeichnen Vielecke mit Diagonalen, sie entdecken mit dem vorbereiteten Material den Pythagoras. Mit den hölzernen Kuben und Quadraten finden sie Zusammenhänge, Regeln und Formeln der

Potenzrechnung. Auch mit Buchstaben rechnen sie, weil es ja mit dem Material so einfach ist. Aber das Bedeutendste ist doch, daß sie es alleine machen und daß sie soviel Zeit dafür haben, wie sie eben brauchen. Nur so ist es für mich zu verstehen, daß sie aus Begeisterung für Mathematik sich einen Namen geben. Sie erklären mir eines Tages, ihr Name sei Einstein. Sie nennen sich dem Alter nach Einstein, Zweistein, Dreistein. Da spüre ich keine Überheblichkeit, sondern einfach Freude. Die Schule darf nicht, wie Montessori sagt, „... eine Art Insel sein, auf der sich Individuen auf das Leben vorbereiten, indem sie ihm fremd bleiben."

Zur Kosmischen Erziehung

Gilt für den Lehrer der Montessori-Schule bei den Lektionen in Sprache und Mathematik der Grundsatz, so wenig wie möglich zu sprechen, so heißt es in der Kosmischen Erziehung, er muß viel erzählen. Die Kinder wollen von ihm hören, wie die Erde entstanden ist, wie das Wasser in die Baumspitzen gelangt, wie Kohle, Eisen, Kalk entstehen. Sie fragen nach Wind, Vulkanismus, Wasserdampf, nach Planeten und nach Vogelfedern. Ja, sie fragen nach allem und erwarten die Antwort des Erwachsenen.

Zur Kosmischen Erziehung gehören beispielsweise die naturwissenschaftlichen Fächer. Eines ihrer Ziele sieht Montessori darin, daß die Kinder die Zusammenhänge der Dinge und darüber hinaus die Abhängigkeiten untereinander erfahren sollen. Sie gibt schon dem Kinde im Vorschulalter, nachdem der Lehrer von der Entstehung der Erde erzählt hat, zwei Globen in die Hand. Diese haben nicht mehr als 15 cm Durchmesser. Der erste Globus ist ganz blau angestrichen, und die Erdteile sind aus Sandpapier aufgeklebt. An ihm macht das Kind die geographische Grunderfahrung von der Aufteilung der Erdoberfläche in Land und Wasser. Der zweite Globus ist nur deshalb entwickelt worden, damit an ihm eine zweite Grunderfahrung gemacht werden kann. Die Erdteile sind farbig voneinander unterschieden. Die Namen der Erdteile hat der Mensch gegeben. Hier ist zu erkennen, daß die Kultur zur Natur kommt. Etwas, was unzertrennlich für beide ist, Natur und Kultur, hat das Kind in seiner kleinen Hand. Diese eine Erfahrung ist Montessori wichtig genug, um zwei Globen zu entwickeln. Buchstäblich ein kostbares Material.

Das Montessori-Material für die Kosmische Erziehung ist ebenfalls so konzipiert, daß nach Möglichkeit immer nur ein Problem isoliert erfahren, dargeboten, gelernt wird. Es ist unter dem pädagogischen Begriff – Isolierung der Schwierigkeit – bekannt geworden.

Zum Schluß

Von Stufe zu Stufe geht das Kind seinen Weg. Wenn es verweilen will, dann verweilt es. Seine Schritte bestimmt es selbst. Wir räumen ihm die Steine aus dem Weg, nur wenn es nötig ist. Gehen muß es allein. Geben wir ihm den Raum, daß es gehen kann, daß es atmen kann. Der Geist braucht diesen Raum, denn jedes Wachsen ist ein geistiges Wachsen.

Heterogene Klassen und die Montessori-Pädagogik

H. Voß-Rauter

Die Ärztin und Pädagogin Maria Montessori (1870–1952) und moderne Neuropsychologen kritisieren von den Positionen ihrer Erkenntnisse her, mit einem Abstand von einigen Jahrzehnten, daß grundlegende Einsichten über die kindliche Entwicklung ihrer Wissenschaft sich wenig auf die pädagogische Praxis ausgewirkt haben. Die Gründe hierfür sind vielschichtig und Untersuchungen wert. Für beide sind die selbständige Tätigkeit und reichhaltige Kommunikation in einer anziehenden, anregenden Umgebung die unabdingbaren Voraussetzungen für den Aufbau des Kindes und Jugendlichen zum kognitiv starken autonomen und verantwortungsbewußten Erwachsenen. Beide ziehen den Schluß, „daß sich, aufbauend auf den gegenwärtigen Erkenntnissen, Einsichten entwickeln ließen, die Lernen in unserer Gesellschaft erleichtern und naturgemäßer gestalten helfen, oder die in der Lage sind, die durch Anwachsen des Komplexitätsgrades der Umwelt auftretenden neuen Bedingungen und Erschwerungen besser zu bewältigen". (Radigk, W., „Kognitives Lernen und cerebrale Dysfunktion", Dortmund 1986).

Wir wagen hier aufgrund der Erfahrungen in unserer Schulpraxis die Behauptung, daß ein großer Teil, z. B. derjenigen Kinder und Jugendlichen, die in der Fachliteratur übereinstimmend mit ungefähr zwanzig Prozent angegeben werden, die an einer cerebralen Dysfunktion leiden, diese Störungen nicht entwickeln müßten, wenn die pädagogische Praxis diesen Einsichten gemäß handeln würde. Besser als Montessori hat kaum jemand das Hauptprinzip dieser notwendigen neuen Pädagogik ausgedrückt: „Das Kind offenbart, daß die Lehren der Natur recht verschieden sind von den Idealen, die die Gesellschaft für sie herausgebildet hat. Das Kind erstrebt seine Unabhängigkeit durch die Arbeit. Ihm ist es gleich, was die anderen wissen: Es will selbst lernen, seine Erfahrungen in der Umwelt machen und diese durch seine persönliche Anstrengung wahrnehmen. Eines muß klar sein: Wenn wir dem Kind Freiheit und Unabhängigkeit gewährleisten, so tun wir das für einen Arbeiter, der den Trieb zum Handeln verspürt und ohne seine Arbeit und Tätigkeit nicht leben kann." Die Kinder, die aus den verschiedensten Gründen daran gehindert werden, die also nicht zu einer „spontanen, langdauernden, selbständigen Beschäftigung kommen können", deren Frucht die „innere Ordnung" ist, die sich vor allem in der Freude bekundet, können MCD-Kinder werden, also die Kinder, deren Aufbau und Integration (darauf verweist der Begriff „innere Ordnung") ihrer psychischen Funktion nicht gelingen kann.

Die „Schwachen" und die „Starken"

Aufgrund umfangreicher und langjähriger Erfahrung mit vielen Kindern an unserer Schule möchten wir eine weitere Behauptung wagen, die Behauptung, daß z. B. Kinder mit einer angeborenen oder erworbenen Schwäche des Zentralnervensystems in ihrer Gesamtentwicklung weiter sein können als Kinder, die z. B. durch Scheidungsgeschehen in der Familie, durch Überbehütung oder Vernachlässigung, durch falsches Umgehen der Schule mit ihrer Lateralität oder ihren oft minimalen Wahrnehmungs- und Bewegungsstörungen tief verstört und verunsichert sind. Das sogenannte „schwache Kind" muß nicht fehlentwickelt sein, während es das sogenannte „starke Kind" in einem Maße sein kann, daß es sogar auf die Hilfe der sogenannten „Schwachen" angewiesen ist.

Hier liegt eine Begründung dafür, daß wir in unserer Schule behinderte und nichtbehinderte, starke und schwache Kinder und Jugendliche unter einem Schuldach und hinter einer Klassentür zusammenführen. Das „ starke" wie das „schwache" Kind muß zur schulischen Umwelt des jeweils anderen gehören als eine Bedingung dafür, daß beide die Beziehungen zu dieser Umwelt vertiefen können, ihre Grunderfahrungen anreichern können und damit insgesamt besser lernen.

„Das fehlentwickelte Kind", sagt Montessori, „verspürt keine Liebe für eine Umwelt, da diese zu große Schwierigkeiten und Widerstände bietet." Wir haben immer versucht – und werden das auch weiterhin tun –, all diesen sehr verschiedenen Kindern im Rahmen unserer administrativen, personellen und sachlichen Möglichkeiten eine schulische Umwelt zu schaffen, in der Tätigkeit und Kommunikation aufgrund individueller und eigenverantwortlicher Entscheidung der Kinder im Mittelpunkt stehen. Nur das ist die Umgebung, die sie im Sinne Montessoris lieben können, der sie etwas „abnehmen".

Manfred und Thomas – ein Beispiel

Ich denke an Manfred, einen aggressiven Jungen, der trotz guter Intelligenz als kompletter Schulversager zu uns in die Hauptschule kam. Er konnte – noch wollte er – weder lesen noch schreiben. Er konnte – noch wollte er – die Grundrechenarten, die er nur sehr lückenhaft beherrschte, üben. Auch das Montessori-Material wies er weit von sich. Es schien, als könne und wolle er gar nichts. Er zerstörte die Umgebung, er verprügelte seine Mitschüler.

Die erste beobachtbare Zuwendung entstand für Manfred in der Beziehung zu Thomas, der durch seine Muskeldystrophie im letzten Stadium äußerlich immer hilfloser wurde, der aber, auch mit aufgrund der Hilfe und Zuwendung seiner früheren Klassengemeinschaft in unserer Grundschule und durch seine Eltern, eine außerordentliche Güte den Menschen seiner Umgebung gegenüber entwickelt hatte. Er zeigte sie auch seinen neuen Mitschülern, von denen die meisten erst in der Hauptschule gekommen waren. Und: Er konnte mit Hingabe arbeiten, wenn auch unter immer schwerer werdenden Bedingungen; er konnte ja zum Schluß seinen Stift nicht mehr halten. Manfred, der keine Minute still sitzen konnte, war bald ständig in seiner Nähe oder bei ihm, schob seinen Rollstuhl, gab ihm zu essen, „tanzte" mit ihm auf Klassenfesten, indem er den Rollstuhl im Takt hin- und herbewegte, half ihm beim Schreiben. Selbst zu schreiben lehnte er noch heftig ab. Statt dessen entwickelte er eine außergewöhnliche Aktivität, die zum Ziel hatte, für den Fall, daß die Schule abbrenne, Thomas zu retten. Er richtete sich – nun schon mit anderen Kindern gemeinsam – einen alten Bollerwagen, malte sorgfältig ein rotes Kreuz auf weißem Grund darauf, besorgte sich Sanitätskleidung, auf deren weißen Stoff er ebenso sorgfältig das rote Kreuz malte, weitere medizinische Utensilien und veranstaltete – laut durch die Gänge polternd und schreiend „Notstandsübungen" – „alles für Thomas", wie er sagte.

Man mag hier erkennen, daß nicht nur Manfreds Klassenlehrerin und seine Mitschüler in der Klasse Verständnis für ihn aufbringen mußten, sondern auch die Schüler in den anderen Klassen und deren Lehrer. Wären sie ihrerseits sehr irritiert gewesen oder aggressiv geworden, wäre Manfred, wie es heißt, in der Schule nicht mehr tragbar gewesen. Dieses für Manfred so wichtige Verständnis können nur Kinder und Jugendliche leisten, die ihrerseits sich mit Interesse einer eigenen Tätigkeit zuwenden können und wollen, sei diese ein Beitrag für ein selbstgewähltes Projekt oder das Darstellen des Wurzelziehens mit dem Montessori-Material, sei es das „Schreiben" von Wörtern mit dem beweglichen Alphabet oder das Kochen eines Puddings für die Pause. Das erste, was Manfred in den „Kulturtechniken" „leistete", waren Katastrophennotprogramme für Thomas, für deren schriftliche Notate er sich Hilfe bei den Erwachsenen und Mitschülern holte. In einer weiteren Entwicklungsstufe konnte er sich – mit Thomas in der Nähe –, später auch unabhängig von ihm mit Interesse und langanhaltend den schulischen Inhalten zuwenden. Als Thomas starb, wußte Manfred, daß er seinen vielleicht ersten Freund verloren hatte. Aber auch wir, vor allem Thomas' Eltern wußten, was dieser vitale Unruhegeist für ihr Kind bedeutet hatte.

Pädagogik in heterogenen Klassen

Wir können nicht erwarten und tun dies auch nicht, daß solche Beziehungen sich immer herstellen und in jener Intensität verlaufen. Häufig sind die Prozesse alltäglicher – schlichter. Aber genügt es nicht schon, wenn ein begabtes Kind mit einer schweren Leserechtschreibschwäche sich mit einem lernbehinderten Kind zu einem selbstgewählten Projekt, einem Referat über Motorräder oder über Fragen des Umweltschutzes zusammentut? Der eine kann lesen und schreiben, hat aber noch große Schwierigkeiten, die Bedeutung von Texten zu erfassen. Der andere versteht schnell, kann aber die Informationen, die er braucht, aus Texten noch nicht entnehmen. Gemeinsam schaffen sie es, ihrer Klasse einen kompetenten Bericht zu geben, mit dem beide Erfolg haben, weil er das Interesse und die Aufmerksamkeit der Mitschüler weckt.

Genügt es nicht schon, wenn eine Schülerin, der „so etwas nicht in den Sinn kommt", beginnt, sich zu überlegen, warum eine Mitschülerin den anderen immer wieder etwas wegnehmen muß? Oder nicht spricht oder seit langem behauptet, ein kleiner Vogel zu sein? Oder wenn ein Schüler zusammen mit anderen, die wie er selbst die Prozentrechnung beherrschen, sich darüber freuen kann, daß ein Mitschüler nun im Zahlenraum bis hundert addieren und subtrahieren kann?

Die Heterogenität in unseren Klassen, die in der Grundschule vier, in der Hauptschule sogar fünf Jahre mit einer Klassenlehrerin zusammenarbeiten, mit all ihren sozialen Konflikten, mit ihren mentalen Diskrepanzen ist gewissermaßen ein wichtiger Stoff des Lernens von allen, den Lehrer und die Praktikanten eingeschlossen, nicht nur des sozialen, sondern in erster Linie des kognitiven Lernens. Der Lehrer muß Abstand nehmen von der herkömmlichen Form des auf ihn zentrierten Frontalunterrichts zugunsten einer auf Beobachtung der einzelnen Schüler begründeten und deren Einverständnis voraussetzenden methodischen und didaktischen Vielfalt und heterogener Präzision, die vor allem die gestörten Schüler benötigen. Dazu gehört die von den Schülern selbstgewählte Tätigkeit in der von ihm vorbereiteten Umgebung, wie auch von den Kindern akzeptierte lehrgangsähnliche Formen. Dazu kann auch der lehrerzentrierte Frontalunterricht gehören: „Wir würden gerne mal wieder ein paar gemeinsame Geschichtsstunden bei Ihnen haben." Solche Stunden können für alle erlebnis- und erkenntnisreich, also sinnvoll sein.

Die Schwierigkeiten der MCD-Kinder können in der Klasse oder allein mit jedem Schüler besprochen werden. Der Lehrer kann es darüber beraten, mit welchem der umfangreichen Montessori-Materialien oder anderen Materialien Grundleistungen wie Konzentration, Wahrnehmung, Vergleichen, Systematisieren, Analyse und Synthese, Aufbau von funktionellen Systemen wie das Lesen und das Schreiben es verbessern kann. Erfolge motivieren den Lehrer, den ständigen Reflexionsprozeß über die Art, den Umfang und den Inhalt des Lernens der einzelnen Kinder nicht abzubrechen. Die Schüler motivieren sie, die Hilfen des Lehrers und der Mitschüler zunehmend anzunehmen. „Ich muß jetzt endlich mal in Mathe und Rechtschreibung ein Stück weiterkommen, haben Sie dafür nicht ein Material für mich?"

Diese im Grunde so einfache und natürliche Frage unserer Schüler braucht sicher noch lange Zeit, um in die Schule zu gelangen, in der bis jetzt fast alles den Kindern und Jugendlichen „aufgegeben" wird und die Ergebnisse mit Zensuren, Versetzungen oder nicht Versetzungen und mit der Einteilung in verschiedene Schularten beantwortet werden. Wir wissen, dieses Lernen durch Konditionierung ist nicht uneffektiv, es ist in allen komplexeren Lernprozessen wiederzufinden. Es reicht aber nicht aus und muß aufgehoben werden – nicht in schwierigeren Formen – sondern in hierarchisch höheren Formen des Lernens, die die Anlagen des Menschen zur Freiheit und zum Selbstbewußtsein berücksichtigen. Maria Montessori hat sie entworfen, beschrieben als die Methode der Freiheit, hat sie in der Praxis überprüft und gleichzeitig ein abstrakt gegenständliches System der Kulturtechniken im weitesten Sinne entwickelt.

Montessoris Satz: „Wenn der Mensch denkt, denkt er mit der Hand" und ihr Begriff von der „inneren Ordnung" fassen ein tiefes Verständnis von auch neuropsychologisch und kulturpsychologisch zu beschreibenden Einsichten zusammen, wie sie später von anderen systematischer dargestellt wurden. Sie hat die Methode des Lernens durch Handeln, durch Erfolg, durch Unterscheiden und Entscheiden, durch Planen und Antizipieren, durch Freiheit als die dem Menschenkind angemessene ausprobiert und weitergegeben.

Dabei ist es gleichgültig, ob dieses Menschenkind behindert oder nicht behindert, gestört oder nicht gestört, schwierig oder nicht schwierig, stark oder schwach ist.

Zur Pädagogik
von Célestin Freinet

„Um sich zu bilden, genügt es nicht,
daß das Kind jeden Stoff in sich hineinfrißt,
den man ihm mehr oder weniger spannend serviert:
es muß selbst handeln, selbst schöpferisch sein.
Und es muß vor allem
in einer angemessenen Umgebung leben können,
es darf nicht in einem unserer modernen
‚Kerker für die gefangene Jugend‘ vor sich hin dämmern.
Leben,
so intensiv wie möglich zu leben,
liegt nicht darin letztlich
das Ziel all unserer Anstrengungen?
Und die Fähigkeit zum Leben
so gut wie es nur irgend geht zu entwickeln,
sollte das nicht die wesentliche Aufgabe der Schule sein?“

C. Freinet

Umseitiges Zitat aus: C. Freinet, Pädagogische Texte, herausgegeben von H. Boehncke und Ch. Hennig, Reinbek bei Hamburg, 1980, S. 25

Meine Begegnung mit Freinet und der Freinet-Pädagogik

H. Jörg

1. Freinet – ein revolutionärer Pädagoge

Wer Freinet und sein starkes sozialpädagogisches Engagement verstehen will, muß sich zuerst mit seinem Werdegang beschäftigen.[1]

Im selben Jahr wie Jean Piaget geboren, verdeutlichen beide Männer, welche beruflichen Chancen Kinder aus unterschiedlichem sozialem Milieu um die Jahrhundertwende hatten.

Hier Jean Piaget, am 9. 8. 1896 in Neuchâtel (Schweiz) als Sohn einer gutbürgerlichen Familie geboren, dem die Universitätslaufbahn offensteht, – dort Célestin Freinet, der am 15. 10. 1896 in dem Dörfchen Gars (französische Seealpen) als Sohn einer kleinbäuerlichen Familie das Licht der Welt erblickt und der kaum Chancen für eine gute Berufslaufbahn in der Gesellschaft seiner Zeit hat.

Mit seinen sieben Geschwistern muß der kleine Célestin schon sehr früh mithelfen, dem kargen Boden das tägliche Brot für die Familie abzuringen. Von daher rührt seine tiefe Verbundenheit mit der Natur und mit dem einfachen, natürlichen Leben der Bauern, Hirten und Arbeiter seiner Heimat.

Als aufgeweckter Schüler wird Freinet von seinen Lehrern für ein Lehrerstudium vorgeschlagen. Dies ist eine der wenigen Studienmöglichkeiten für Kinder einfacher Leute, die es zu seiner Zeit gibt. Mit 16 Jahren kommt er 1913 ins Lehrerseminar, aus dem er aber bereits 1915 zum Kriegsdienst eingezogen wird. Vor Verdun wird er 1916 durch einen Lungensteckschuß schwer verwundet. Vier Jahre liegt er in Lazaretten und Sanatorien, ohne daß eine zufriedenstellende Heilung seines Kriegsleidens erreicht wird. Mit Hilfe von Naturheilmethoden, die er in seinem Buch „Les dits de Mathieu"[2] beschreibt, kuriert er sich selbst schließlich so weit, daß man ihm am 1. 1. 1920 eine Lehrerstelle in der Grundschule Bar-sur-Loup anbietet.

Seine Seminarausbildung hatte nur knapp zwei Jahre gedauert, aber in seiner Lazarettzeit hatte er sich mit der pädagogischen Literatur seiner Zeit auseinandergesetzt.

Er liest Rousseau, Pestalozzi, Montaigne, lernt die Werke von Spencer, William James, Wilhelm Wundt und Decroly kennen, vertieft sich in die Schriften von Marx und Lenin und kommt zu der Erkenntnis, daß eine Änderung der sozialen Verhältnisse nur erreicht werden kann, wenn man sich zusammenschließt, wenn die Werktätigen miteinander kooperieren und jeder vor Ort, an

---

1 Freinet, Elise: L'itinéraire de C. Freinet, Paris 1977, deutsch: Erziehung ohne Zwang, Klett-Cotta Stuttgart 1981.
2 Freinet, Célestin: Les dits de Mathieu, Neuchâtel 1959.

seinem Arbeitsplatz, dazu beiträgt, für gerechtere und menschenwürdigere Bedingungen zu sorgen. Das pädagogische und sozialpolitische Engagement Freinets kann der besonders gut verstehen, der ähnlich wie Freinet als junger Mensch gegen die „Etablierten" und das „Establishment" seiner Zeit kämpfen muß, um einen Arbeitsplatz oder eine Anerkennung seiner Leistungen zu erzielen. Dies war besonders nach dem Zweiten Weltkrieg der Fall. So ist es auch heute wieder, wo viele Tausende junger Menschen nach ihrer Berufsausbildung keinen Arbeitsplatz finden.

Freinet fühlt sich besonders von der Reformpädagogik nach dem Ersten Weltkrieg angezogen, die eine natürliche, naturnahe und kindgemäße Erziehung propagiert. Vor allem die Ideen von Hermann Lietz, dessen Landerziehungsheime er anläßlich eines Besuches in Hamburg-Altona 1922 kennenlernt, regen ihn zur Gründung eines eigenen Landerziehungsheimes in Vence an. Auf Lietz und Paul Geheeb, der damals als Mitarbeiter von Lietz und Begründer der „Odenwaldschule" wirkte, war Freinet durch die Lektüre des Buches von Adolphe Ferrière „L'école active" = „Die Tatschule" aufmerksam geworden.[3] In diesem Buch, das Freinet zur Veröffentlichung seines Werkes „L'Education du travail" = „Die erzieherische Wirkkraft der Arbeit" anregte, zeigte Ferrière auf, wie die Forderung Kerschensteiners, die er bereits bei der Pestalozzi-Feier 1908 in Zürich aufgestellt hatte, „Die Schule der Zukunft wird die Arbeitsschule sein", praktisch verwirklicht werden kann. Indem er das Leitmotiv des Belgiers Ovide Decroly „Par la vie – pour la vie" mit der Forderung Kerschensteiners verbindet, gibt sich Freinet die Devise „Par la vie – pour la vie – par le travail" für sein ganzes zukünftiges Wirken.[4]

Es gehört schon Mut dazu, wenn Freinet als junger Lehrer, der gerade nach seinem Examen als Literaturprofessor für das höhere Lehramt an die Ecole supérieure de Brignoles berufen, diesen Ruf nicht annimmt, sondern statt dessen ausgerechnet nach Deutschland fährt, um dort in Hamburg die sogenannte „Emanzipierte Schule" kennenzulernen. Bei dieser Gelegenheit lernt Freinet bereits 1922 Peter Petersen kennen, den er bei seinem zweiten Deutschlandbesuch anläßlich des Weltkongresses des Leipziger Lehrervereins 1928 wiedertrifft und mit dem er bis zu dessen Tod in Brief- und Gedankenaustausch bleibt. Ein Hauptgrund für seine Reise nach Hamburg war die Verkündung des „Reichsgrundschulgesetzes" von 1920, das bestimmte, daß fortan die Kinder aller sozialer Schichten ohne Unterschied wenigstens während der ersten vier Jahre die damals erstmalig sogenannte „Volksschule" besuchen mußten. Eine Volksschule, was auf französisch „Ecole du peuple" oder „Ecole populaire" bedeutet, das war und bleibt Freinets Wunschziel, damit allen Kindern aller Volksschichten ohne Unterschied des Standes die gleichen Ausbildungschancen geboten und dadurch soziale Ungerechtigkeiten abgebaut werden. Das ist Freinets oberstes politisches Ziel. So will er eine Veränderung und gerechtere Strukturierung der Gesellschaft erreichen, in der jedem tüchtigen Kind ohne Unterschied seiner Herkunft gleichgute Chancen geboten werden.

Begeistert schreibt er deshalb nach seinem Besuch in Altona in der Zeitschrift „Clarté" (15. Januar 1923, S. 124ff): „Man entschied (in Deutschland), daß alle Kinder vom 6. bis zum 10. Lebensjahr gemeinsam die Primarschule

---

3 Dieses Buch erschien 1920 in französischer und 1927 in deutscher Sprache.
4 Freinet, Célestin: L'Education du travail, Neuchâtel 1946.

besuchen müssen. Die Wichtigkeit und soziale Tragweite dieser Maßnahme wird niemand entgehen." Er fährt fort: „Wann wird dieser erste Schritt zu einer einheitlichen Volksschule auch bei uns getan werden?" ... „Dies ist eine Maßnahme von einer außerordentlich weit reichenden Signifikanz". Er schließt: „Dies ist ein Projekt von großer Geisteskraft, und es ist von höchster Bedeutung, darüber etwas für die Orientierung der Volksbildung in Frankreich („Education du peuple en France") zu wissen."

Bewußt wird hier der Ausdruck „Volksschule" bei der Übersetzung gewählt und nicht, wie I. Dietrich vorschlägt, „Schule für das Volk"[5]

Freinet hätte dies im Französischen ebenso ausdrücken können, doch wollte er bei seiner Formulierung exakt das ausdrücken, was die deutschen Pädagogen, die die gleichen Ziele wie der junge Freinet verfolgten, nach langem Kampf endlich 1920 erreicht hatten. Es sollte eine einheitliche Schule ohne Klassenunterschiede und Privilegien für alle Kinder des Volkes geschaffen werden. Dieses Ziel wurde durch die Verkündung des „Reichsgrundschulgesetzes" 1920 (wenn auch nur für den Primarstufenbereich) erreicht. Nicht nur die politischen Perspektiven der deutschen Reformpädagogen (wenn er auch deren Perfektionismus in den Schulen kritisiert) begeistern Freinet, auch die pädagogischen Versuche, das Kind und seine Bedürfnisse in den Mittelpunkt des Unterrichtes zu stellen, regen ihn an. Die Mitinitiatoren der Hamburger Schulreform, Fritz Gansberg (1871–1950) und Heinrich Scharrelmann (1871–1940), die unter der Devise einer „Pädagogik vom Kinde aus" den „freien Aufsatz" und die „schöpferischen Kräfte im Kind" zum Motor ihrer erlebnisdidaktischen Gestaltung des Unterrichts machen, regen Freinet zu seiner Forderung an, daß der Unterricht wesentlich von den Interessen des Kindes getragen werden muß und daß es eine seiner Hauptaufgaben ist, die „Expression libre", den freien mündlichen, schriftlichen und künstlerischen Ausdruck, zu pflegen. 1923 besucht Freinet den Weltkongreß des 1921 von dem Schweizer Pädagogen Adolphe Ferrière gegründeten „Weltbundes für die Erziehung" in Montreux und wird Mitglied dieser Organisation. Diese internationale Vereinigung besteht heute noch; ihr Präsident ist der Heidelberger Erziehungswissenschaftler Prof. Dr. Hermann Röhrs.

1924 kauft Freinet eine kleine Druckpresse Marke „Cinup". Weil ihm sein Lungensteckschuß beim Sprechen schwer zu schaffen macht, führt er die Schuldruckerei als neue Technik in den Unterricht ein. Gleichzeitig beginnt er einen „Schülerkorrespondenzaustausch" mit einer Klasse in Trégunc (Finistère).

Nachdem er schon eine ländliche Kooperative als Ein- und Verkaufsgenossenschaft für die kleinen Landwirte seiner Gegend gegründet hat, wird er, da er in der avantgardistischen Zeitschrift „Clarté" des Malers und Schriftstellers Barbusse mehrere Aufsätze mit pädagogischem und sozialem Engagement geschrieben hatte, 1924 zum Schriftführer der Lehrergewerkschaft von Grasse gewählt.

Obwohl er aktives Mitglied der politisch links orientierten Gewerkschaft ist, gründet er im selben Jahr seine eigene Kooperative, die C. E. L. = „Coopé-

---

5 Vgl. Dietrich, Ingrid (Hrsg.): Politische Ziele der Freinet-Pädagogik, Weinheim 1982, S. 9. Der Originaltitel heißt übrigens „Perspectives de l'éducation populaire" = „Perspektiven der Volkserziehung", Mapero, Paris 1979.

rative de l'Enseignement Laïc", die bis heute besteht. Jedem, der noch ein bißchen klaren Verstand besitzt, muß doch diese Tatsache, daß Freinet seine eigene pädagogische Gewerkschaft C.E.L. gründet, aus der die Bewegung „Moderne Schule" hervorging, zu denken geben. Erklärbar wird dieses Verhalten nur durch das in der Zeitschrift „L'éducateur prolétarien" Nr. 7/1933 veröffentlichte Bekenntnis Freinets: „Wir sind Pädagogen und keine Politiker. Bei all unseren Forschungen sind wir nie von politischen Gesichtspunkten ausgegangen. Nach unserer Meinung wäre ein solches Vorgehen eine Häresie."[6] Dieses Verhalten Freinets zeigt eindeutig, daß er ein politisch engagierter Mensch war, aber sehr wohl zwischen politischen und pädagogischen Zielen zu unterscheiden wußte.

Diese Haltung behielt Freinet bis zu seinem Lebensende bei. Er wollte eine Schule, die für alle Kinder und für Eltern und Lehrer aller politischen Richtungen „eine optimale Entfaltung ihrer Fähigkeiten" bietet. Zur optimalen Entfaltung der kindlichen Persönlichkeit beizutragen, sollten alle gesellschaftlichen Kräfte aufgefordert werden. „In dieser Absicht wird jedes unserer Mitglieder entsprechend seiner ideologischen, philosophischen und politischen Prioritäten darauf hinwirken, daß die Forderungen der Erziehung sich in die umfassenden Bemühungen der Menschen auf der Suche nach Glück, Kultur und Frieden einfügen" (Charta der Ecole Moderne, 1950 auf dem Kongreß in Nancy von Freinet persönlich vorgetragen, aber erst 1968 auf dem Kongreß in Pau in Anwesenheit und unter Mitwirkung des Autors verabschiedet).

Ein weiterer Grundsatz dieser Charta lautet: „Wir sind gegen jede Indoktrinierung. Wir maßen uns nicht an, im voraus bestimmen zu können, was aus dem Kind werden soll, das wir erziehen ... Wir lehnen es ab, seinem Geist irgendeine unfehlbare und vorher festgelegte Lehre aufzuoktroyieren. Wir bemühen uns, aus unseren Schülern wissende und verantwortungsbewußte Erwachsene zu machen" (Artikel 2 der Charta).

Mehr als viele Worte offenbaren allein diese beiden Artikel die wirklich pädagogisch orientierte Arbeit Freinets, ohne sein politisches und gewerkschaftliches Engagement schmälern zu wollen. 1925 unternimmt Freinet mit anderen Gewerkschaftlern eine Studienreise in die Sowjetunion, um dort die 1923 gegründete „Einheits-Arbeitsschule" kennenzulernen. Im gleichen Jahr trifft er auf einem internationalen Kongreß in Brüssel mit Maria Montessori und dem belgischen Arzt und Pädagogen Ovide Decroly zusammen.[7]

Im März 1926 heiratet Freinet seine Frau Elise, eine Lehrerin, die ihm bis zu seinem Tode eine treue Mitarbeiterin ist.

1927 findet der erste Kongreß der C.E.L. in Tours statt. Inzwischen arbeiten 41 Lehrer mit Freinet zusammen.

1928 kommt Freinet ein zweites Mal nach Deutschland und nimmt am internationalen pädagogischen Kongreß des „Leipziger Lehrervereins" teil. Dabei lernt er den von Lehrern dieser großen Lehrervereinigung entwickelten

---

6 Diese Haltung Freinets ist nicht aus der Situation des Schulkampfes von 1933 zu erklären, wie Ingrid Dietrich (a. a. O., S. 151) es darzustellen versucht. Sie verschweigt wohlweislich die vom Verfasser zitierten späteren Äußerungen Freinets bis zu seinem Tod, die eindeutig belegen, daß er zwar politisch engagiert, aber gegen jede einseitige Indoktrination war.

7 Auch über die Mitgliedschaft Freinets in der Kommunistischen Partei informiert I. Dietrich falsch. Sie verschweigt schamhaft, daß er erst 1929 beitrat, bereits 1948 jedoch wieder austrat und nicht erst 1952, weil sein Mitgliedsbuch nicht erneuert wurde.

„gebundenen Gesamtunterricht" kennen, den er selbst dann in vielen seiner Werke in Frankreich als „Enseignement par centres d'intérêt" oder „complexes d'intérêt" (Unterricht nach Interessenszentren oder Interessenskomplexen) bekanntmacht. Auch in den Folgejahren zeigt Freinet größtes Interesse für alles, was sich in schulischer Hinsicht in Deutschland tut. Als sich am 11. Oktober 1931 über 5000 Lehrer im Circus Sarrasani in Dresden versammeln, um gegen die Absicht der Regierung zu protestieren, Gehaltskürzungen und einen Einstellungs- und Beförderungsstopp durchzusetzen, ergreift Freinet vehement für diese Lehrer Partei und berichtet über ihr Vorgehen in seiner Zeitschrift „L'éducateur prolétarien".

In der Februarnummer 1933 ruft Freinet die deutschen Lehrer zum Protest gegen die Machtergreifung Hitlers in den deutschen Schulen auf. Er schreibt: „Was nützen die großzügigsten Projekte und Pläne, was die originellsten Verwirklichungen einer neuen Schule im Angesicht einer Reaktion, die fest dazu entschlossen ist, eine jede Form von Emanzipation niederzuschlagen ... Kämpft gegen die Reaktion, sei sie nun eine hitlerische oder französische, und um das zu erreichen, vereinigt eure Anstrengungen und eure Proteste mit allen Gruppen, die mannhaft für die Freiheit des Volkes kämpfen!" Diesen Freiraum für die Schule, die er keiner einseitigen politischen Indoktrination unterworfen wissen will, verteidigt Freinet selbst sein ganzes Leben hindurch. Obwohl er 1929 voller Idealismus der kommunistischen Partei Frankreichs beitritt, wehrt er sich mit aller Entschiedenheit dagegen, seine C.E.L. in die kommunistische Lehrergewerkschaft zu überführen. „Sein Kommunismus war ein Kommunismus, der die Freiheit suchte; er glaubte nicht, daß die kommunistische Partei gegenüber seiner Bewegung ‚Ecole Moderne' oder seiner Arbeit als Lehrer, die nur auf die Praxis ausgerichtet war und dem Kind völlige Freiheit zu kreativem Gestalten ließ, argwöhnisch werden könnte. Er bemerkte dies jedoch an dem Tag, als Cognot, der Sekretär der ‚Internationalen Vereinigung der Arbeiter im Erziehungswesen' in der kommunistischen Lehrerzeitung ‚L'Ecole et la Nation' scharfe Angriffe gegen ihn und seine Lehrergewerkschaft, die Ecole Moderne, schrieb. Die gleichen Attacken führte ein Cognot höriger Studienrat mit Namen Synders gegen Freinet. In seiner Bauernschläue antwortete Freinet auf die Angriffe nicht direkt, sondern er wies immer wieder nach, mit welcher Unwissenheit von der Schulwirklichkeit seine Widersacher behaftet waren. Dieser Kampf, aus dem er zwar erstarkt hervorging, war im Endeffekt jedoch die Ursache für sein Dahinscheiden und seinen Tod." (Schriftlich dem Autor vorliegendes Dokument vom 2.4.1983, verfaßt von einem der ersten Mitstreiter Freinets in der Bewegung der Ecole Moderne, Raoul Faure, Grenoble.)

Im Jahre 1948 tritt Freinet nach all diesen Anfeindungen und Versuchen, ihn der Partei untertänig zu machen, aus der Kommunistischen Partei Frankreichs aus. Doch bis zu seinem Lebensende werden von dorther immer wieder Versuche unternommen, ihn doch noch umzustimmen, weshalb er noch vor über 1000 Zuhörern auf dem Kongreß in Niort 1963 bei einem ähnlichen Angriff wörtlich erklärt: „Ich werde mich nicht einseitig einer politischen Gruppe anschließen. Wenn die Politik sich der Schule bemächtigt, zieht die Pädagogik aus. Uns geht es um das Kind und nur um das Kind." (Der Autor war als Zeuge bei diesem Kongreß mit 46 deutschen Lehrern und Studenten anwesend.)

Nur wer Freinets lebenslangen Kampf für die freie Entfaltung der kindlichen Persönlichkeit, für Kreativität und freien Ausdruck, für freien Text und freien

Gedankenaustausch zwischen den Schulen und den Schülern miterlebt hat, kann eigentlich verstehen, daß er in fast all seinen Schriften dazu aufruft, sich an allen Orten, in allen politischen Richtungen, in allen weltanschaulichen Gruppierungen zu engagieren, um eine von obrigkeitlichen Zwängen, aber auch von einseitiger politischer Indoktrination freie Schule zu erhalten. Es zeugt von menschlicher Redlichkeit und charakterlicher Integrität Freinets, wenn er um der Erhaltung dieser Ideale willen auch die persönlichen Konsequenzen zieht. Nicht nur, daß er aus der Kommunistischen Partei austritt, er verläßt auch das staatliche Schulwesen und gründet 1935 in Le Pioulier bei Vence nach dem Vorbild von Hermann Lietz sein Landerziehungsheim. Viele seiner Freunde von der Bewegung der Ecole Moderne unterstützen ihn bei seinem Vorhaben. In herrlicher Natur gelegen, umgeben von Wald, Gärten und Feldern, versehen mit Spielplätzen, einem Schwimmbecken, Werkstätten und hundert Möglichkeiten für die kreative Entfaltung kindlicher Betätigung bildet die Freinet-Schule eine ideale Stätte für die Verwirklichung der pädagogischen Ideale Freinets.

2. Die Ziele der Freinet-Pädagogik

Sein ganzes Leben lang ist Freinet darum bemüht, eine der Natur nahe Erziehung mit natürlichen Methoden in einer entsprechend vorbereiteten Umgebung zu verwirklichen. Hierin stimmt er mit anderen Reformpädagogen überein. Ein Schulgarten, Kleintiergehege und Werkstätten gehören nach seiner Auffassung ebenso zu einer den Erfordernissen unserer Zeit entsprechenden Erziehung wie das Vorhandensein einer umfangreichen Schulbücherei, der Einsatz moderner technischer Medien und das Arbeiten nach individuellen Arbeitsplänen, die auf die Fähigkeiten und Interessen der Schüler abgestimmt sind.

„In der traditionellen Schule ist nur ein schon im voraus von den Lehrplänen und dem Lehrer festgelegtes Arbeitsprogramm möglich, auf das die Kinder keinerlei Einfluß haben. Zwangsläufig ergibt sich daraus eine Atmosphäre der mehr oder weniger starken Opposition zwischen den Schülern und dem Erzieher, die sich in einem Fehlen von Vertrauen, autoritären Maßnahmen, Sanktionen und Strafen äußert. Es wird daher die erste Aufgabe sein, den Geist der Lehrer, die Arbeitstechniken und das Leben in der Klasse zu verändern" (C. Freinet: La modernisation de l'enseignement, Cannes 1946).

Beachtung der Bedürfnisse und Rechte des Kindes

Als erste und oberste Forderung will Freinet, daß das Kind von seiner Geburt an und nicht erst als Erwachsener als Individuum behandelt wird. Dies hat konsequent zur Folge, daß Freinet bereits in der Vorschule (Ecole Maternelle) dafür eintritt, dem Kind das Wort zu geben, damit es ein Mitspracherecht, aber auch Mitverantwortung bei der Gestaltung des gesamten schulischen Geschehens und des Alltagslebens erhält.

Die Rechte der Kinder und heranwachsender junger Menschen werden thesenhaft in eindringlicher Klarheit von Verantwortlichen der C. E. L. 1978 nach den in den Werken Freinets und seiner Frau enthaltenen Erziehungsmaximen formuliert[8].

Beachtung der Eigenart und Identität des Kindes

In den meisten politischen Ideologien wird versucht, eine Gleichschaltung und für alle verbindliche Norm als Ziel der Erziehung anzustreben.

Freinet hat immer und gegen alle politischen Systeme eine solche Normierung bekämpft. Er verlangt für jedes Kind und jeden Menschen eine Respektierung der Identität und der individuellen Eigenart der Person. Wegen dieser seiner Forderungen geriet Freinet immer wieder in Konflikt, sei es mit der Schulbehörde, sei es mit politischen Fanatikern, die einseitig ihre Parteidoktrin über das Recht zur freien Entfaltung der menschlichen Persönlichkeit setzten. Daß auch in der heutigen Freinet-Bewegung dieser Geist Freinets noch lebt, beweist eine Begebenheit auf dem letzten Freinet-Kongreß 1981 in Grenoble. Eine Freinet-Anhängerin aus einem Oststaat beglückwünschte die französischen Kolleginnen und Kollegen, daß sie nun endlich eine sozialistisch-kommunistische Regierung hätten und sicher ihre Forderungen zur Veränderung der Gesellschaft jetzt besser realisieren könnten. Die Sprecherin wurde von einer großen Anzahl der Versammelten ausgepfiffen und ausgebuht.[9]

Beachtung der erzieherischen Wirkung der Arbeit

Durch eigenes Versuchen, Selbsttun und Experimentieren soll das Kind Lösungswege für die Bewältigung aller auf es zukommenden Lern- und Lebensaufgaben finden. Deshalb wendet sich Freinet gegen das einseitige Memorieren, gegen die Verkopfung durch den traditionellen Unterricht. Unter Einsatz aller seiner Kräfte – „Kopf, Herz und Hand" – soll der ganze Mensch Gelegenheit zur Entfaltung seiner Fähigkeiten erhalten. Im sachgemäßen tätigen Umgang mit der Umwelt wirkt die Arbeit selbst als erziehende Kraft. Da gibt es Widerstände (barrières) durch das Material, die Werkzeuge und die Klassenkameraden, den Lösungsweg zu finden, bevor man zum Ziel und Erfolg gelangt. Nur so, wenn der Mensch im Sinne Rousseaus, auf den sich Freinet beruft, lernt, seine Welt sich selbst zu erobern und zu gestalten, werden in ihm schon von klein auf die erforderlichen „Kräfte gebildet" (Kerschensteiner) für die Bewältigung der Zukunft.

Beachtung der erzieherischen Wirkkraft des Erfolges

In allen von Freinet entwickelten Arbeitstechniken spielt das Erfolgserlebnis, die „Werkvollendung" (Kerschensteiner) eine bedeutende Rolle. So kann jeder Schüler durch die Selbstkontrollmöglichkeit, die allen Freinet-Arbeitsmit-

---

8 „Les droits et les besoins des enfants et des adolescents – die Rechte und Bedürfnisse der Kinder und Jugendlichen". Educateur Nr. 11/1978, S. 14f.
9 Der Verfasser und sechs weitere deutsche Lehrer waren Zeugen dieses Vorganges.

teln und -Lernprogrammen eigen ist, sein Arbeitsergebnis überprüfen. Die Wandzeitung bietet auch den Schüchternen die Möglichkeit, ihre Erfolge allen kundzutun. Die Schaffung besonderer „Brevets" (Fertigkeitsbescheinigungen) bestätigt den Erfolg sogar in solchen Tätigkeiten, die sonst in der Schule nicht üblich sind. Zur Erlangung eines solchen „Diploms" muß der Schüler allerdings vor der Klasse und dem Lehrer eine abgerundete, fächerübergreifende Ausarbeitung vorstellen, die oft die Anfertigung eines Modells oder eines Werkstückes einschließt.

Eine Hierarchisierung des Erfolges nach einem bestimmten Notensystem lehnt Freinet ab. Die in den normalen Unterrichtsfächern erzielten Erfolge läßt er in seine Wochenarbeitspläne eintragen, um den offiziellen Forderungen einer Leistungsbeurteilung zu genügen.

Beachtung des freien kindlichen Ausdrucks

Ob es sich nun um den mündlichen Ausdruck bei Erzählungen oder Berichten über Erlebnisse und Alltagsereignisse oder um die schriftliche Darstellung derselben handelt, – Freinet gewährt dem Kind in allen Lebensbereichen freien Raum, sich selbst ganz individuell auszudrücken und sich anderen mitzuteilen. Dies gilt ebenso für den gesamten musischen Bereich, für das Malen, Musizieren, für Gestik und Mimik, Tanz und Gymnastik. Der Phantasie, den schöpferischen Kräften des Kindes soll freier Spielraum gewährt werden.

Das setzt voraus, daß die Schule auch alle Mittel zur freien Entfaltung in allen Bereichen zur Verfügung stellt, – Materialien und Werkzeuge zum Malen, Formen, Sticken und Weben, Basteln und Werken, Musizieren und szenischen Gestalten. Nur so und nicht durch einheitliche Normierung und stundenplanmäßige Einteilung, wann man werken, musizieren oder spielen darf, können sich die schöpferischen Kräfte des Kindes entfalten und seine Werke zum Spiegelbild seiner Persönlichkeit werden.

Beachtung einer Erziehung zur Kooperation und Mitverantwortung

In jeder Freinet-Klasse haben die Kinder Gelegenheit, bei allen Lernaufgaben und Projekten miteinander frei zu kooperieren. Sie übernehmen die Mitverantwortung für alles Geschehen in ihrer Klasse und ihrer Schule, ob es sich nun um die Pflege der Pflanzen und Tiere, die Reinhaltung der Klasse, die Beschaffung von Lernmaterial, die Gestaltung von Spielen und Feiern oder die Aufstellung ihres wöchentlichen individuellen Arbeitsplanes handelt. Freinet spricht nicht wie Maria Montessori von der „Majestät des Kindes", er betrachtet aber in allen Situationen mit Respekt den Freiheitsraum der kindlichen Persönlichkeit.

So lernen die Kinder ihre Fähigkeiten, aber auch ihre Grenzen kennen. Schon in der Schule erleben sie täglich in Ernstsituationen das, was das Funktionieren einer auf demokratischen Spielregeln aufgebauten Gesellschaft ausmacht. Nur dann, wenn die Schüler in ihrer Klassenkooperative nicht zu einer Einigung kommen, greift der Lehrer beratend ein und führt sie so zur Lösung ihrer Probleme.

In Freinet-Klassen wird nicht um des Kritisierens willen kritisiert, sondern nur auf der Grundlage von Erfahrungen und Fakten. Der Respekt vor der Meinung des anderen, aber auch das Recht, unbedingt frei seine Meinung sagen zu dürfen, sind unumstößliche Grundrechte, die dem Kind das Bewußtsein geben, in seinen Äußerungen ernstgenommen zu werden. So wird das Kind sehr früh zu einer kritischen Betrachtung und Analyse der Wirklichkeit angeleitet. Es darf frei experimentieren, Hypothesen aufstellen und sich irren, ohne deshalb einen Tadel befürchten zu müssen.

Das Kind erwirbt bei diesem Vorgehen aber auch eine kritische Einstellung gegenüber etablierten Institutionen, den Meinungsmachern in den Medien und den Verführern aus Werbung und Ideologien. So erlangt es Selbständigkeit und Selbstbewußtsein, was zu einem bewußteren und verantwortlicheren Leben in der Gemeinschaft führt.

Damit jedes Kind alle diese Möglichkeiten der freien Entfaltung und Entwicklung seiner Kräfte und Fähigkeiten erhält, verlangt Freinet nicht nur eine Veränderung der schulischen Arbeitsweisen, sondern auch der gesamten Raumgestaltung und Ausrüstung einer Klasse. Diese Veränderung beginnt mit der Auflösung des bisher üblichen Klassenraumes, der in einen Raum mit sehr unterschiedlichen Aufgaben dienenden Arbeitsecken eingeteilt wird. Außerdem entwickelt Freinet eine Fülle besonderer Arbeitstechniken, die zur Förderung der Selbstverantwortung der Schüler durch selbsttätige Auseinandersetzung mit bestimmten Aufgaben und Dingen ihrer Umwelt führen. Damit für dieses selbständige Arbeiten auch die erforderlichen Arbeitsmittel zur Verfügung stehen, schafft Freinet mit seinen in der C. E. L. zusammengeschlossenen Lehrern für alle Klassen und für alle Fächer Arbeitsmittel mit Selbstbildungscharakter. Die erforderlichen Mittel erhält er dadurch, daß er die C. E. L. in eine „Erziehungsaktiengesellschaft" verwandelt, zu der alle Mitglieder einen finanziellen Beitrag leisten. Dafür erhalten sie die erstellten Lehrmittel und Lernmittel zu einem beträchtlich ermäßigten Preis.

Bei den jährlich auf Landesebene stattfindenden Kongressen geben die Verantwortlichen Rechenschaft über die Arbeit des verflossenen Jahres; es wird über Erfolge und Mißerfolge diskutiert und gemeinsam die Planung für die Zukunft beraten. So bleibt die Bewegung der „Ecole Moderne" unabhängig von staatlichen Einflüssen und kann ihre Arbeit frei nach den Bedürfnissen der Kinder und Lehrer und nicht nach Forderungen von Amtsautoritäten ausrichten.

3. Die motivierende Gestaltung der Lernumwelt

a) Arbeitsateliers statt herkömmlicher Schulklassen

Wie alle Reformpädagogen will auch Freinet durch eine zum Lernen anregende Gestaltung des Lernfeldes seine Schüler motivieren, sich selbst mit allen nur erdenklichen Lernbereichen und Lerngegenständen auseinanderzusetzen. Während Maria Montessori die „pädagogische Ausrichtung der Lernumwelt" vorwiegend durch die Bereitstellung von Arbeitsmitteln mit Selbstbildungscharakter fordert und Peter Petersen der Schulklasse „Wohnstubencharakter" gibt, damit sich der Schüler darin wohlfühle, will Freinet der Schule den Kasernencharakter dadurch nehmen, daß er sowohl die Vorschläge der beiden vorgenannten Pädagogen verwirklicht, zusätzlich aber nach seiner Devise „Par la vie – pour la vie – par le travail" innerhalb der Klasse Arbeitsecken (Ateliers de travail) mit unterschiedlicher Ausstattung und Bestimmung einrichtet.

„Die Arbeit soll der Ausgangspunkt und der Motor alles schulischen Lernens sein, deshalb soll die Schule ein Laboratorium der Sozialerziehung, ein Arbeitsatelier sein, das gleichzeitig der Gemeinschaftsarbeit wie der Einzelarbeit mit Sonderaufgaben dient" (C. Freinet: Die mod. frz. Schule, S. 56).

Um einen Gemeinschaftsraum, der der allgemeinen Information dient und für Film-, Diavorführungen oder Versammlungen des Klassenrates zur Verfügung steht, gruppiert Freinet seine Arbeitsecken. Sie sind unterschiedlich mit Geräten, Werkzeugen und vorgefertigten Arbeitsmitteln mit zweckorientierter Funktionsbestimmung ausgestattet. Er schlägt selbst folgende Aufteilung vor, die in der Praxis jedoch nach den jeweiligen Bedürfnissen abgeändert oder ergänzt werden kann:

1. eine Arbeitsecke für die Arbeitsplanung und den Wissenserwerb mit Quellen -und Dokumentensammlung,
2. eine Arbeitsecke für naturwissenschaftliche Experimente,
3. eine Arbeitsecke für graphisches Gestalten, schriftlichen Ausdruck und Schülerkorrespondenz,
4. eine Arbeitsecke für technische Medien im Unterricht,
5. eine Arbeitsecke für Versuche und Beobachtungen von Pflanzen und Tieren,
6. eine Arbeitsecke für das künstlerische und musische Schaffen, für Holz-, Metall- und Keramikarbeiten,
7. eine Arbeitsecke für hauswirtschaftliches Tun,
8. eine Arbeitsecke für Konstruktion, Mechanik, Handel, mit Geräten zum Wiegen und Messen sowie für räumliches Gestalten.

Die Ausstattung dieser Arbeitsecken beschreibt Freinet ausführlich in seinem Buch „Die moderne französische Schule", S. 68 bis 72.

Mit Absicht richtet Freinet keine besonderen Werk- oder Funktionsräume ein, wie wir sie in unseren Schulen kennen. Er erklärt hierzu: „Gerade gegen eine solche pädagogische Konzeption ..., gegen die anormale Trennung der geistig arbeitenden Klasse von dem Raum, in dem sie sich auch werktätig beschäftigt, wenden wir uns energisch. Diese Trennung zwischen geistigem und werktätigem Tun ist es, die den Handarbeiter als mittelmäßig abstempelt und die Klasse der Intellektuellen umso dünkelhafter erscheinen läßt, je mehr sie sich steril abkapselt" (Die moderne französische Schule, S. 59). Wenn das Kind das Bedürfnis dazu hat, sich in der Dokumentensammlung eine Information zu holen, etwas im Experiment zu erproben, sich zur besseren Vorstellung eine bildliche oder modellhafte Darstellung zu machen, etwas schriftlich oder zeichnerisch darzustellen, – immer dann soll es sofort dazu die Gelegenheit haben und nicht erst warten müssen, bis im Stundenplan endlich ein Werkraum frei ist, seine Interessen inzwischen aber längst auf andere Dinge gerichtet sind.

b) Die Schüler planen ihre Arbeit selbst: Die Arbeitsecke
   für die Arbeitsplanung und den Wissenserwerb mit Quellen-
   und Dokumentensammlung

Einen Stundenplan im üblichen Sinne gibt es bei Freinet nicht. Jeder Schüler
plant seine Lernvorhaben individuell, ob er nun in Einzel-, Partner- oder
Gruppenarbeit eine Lernaufgabe bewältigen oder die Klasse über seine Ar-
beitsergebnisse zu informieren gedenkt. Diese Arbeit geschieht jedoch im
Rahmen der offiziellen Vorgaben, denn auch die Schüler einer Freinet-Klasse
sollen in ihren Leistungen anderen Klassen gleich, ja sogar überlegen sein, da in
Frankreich am Ende eines jeden Schuljahres sogenannte „Concours" als Aus-
scheidungs- oder Zulassungswettbewerbe stattfinden. An jedem Wochenan-
fang stellt sich jeder Schüler seinen individuellen Arbeitsplan für die ganze
Woche auf, in den er einträgt, was er im Laufe der Woche bearbeiten will. Da
Freinet die herkömmlichen Schulbücher ablehnt, weil sie nur zur Langeweile
erziehen, ein guter Schüler sie in kürzester Zeit ausgelesen hat und sie ihn dann
nicht mehr interessieren, sorgt er für andere Lernmaterialien. Die systemati-
schen Lernstoffe wie Mathematik, Geometrie, Orthographie und Sprachlehre
überträgt er in ein nach dezimaler Gliederung geordnetes Kartensystem mit
Selbstbildungscharakter im Sinne der von Peter Petersen und Carleton Wash-
burne entworfenen Arbeitskarteien. Für die übrigen Lernstoffe schafft er mit
seiner Bewegung eine inzwischen über 1200 Titel zählende Arbeitsbücherei,
die in kurzer und sprachlich leicht verständlicher Fassung Themen aus allen
Lernbereichen und Fachgebieten anschaulich darbietet. Der Schüler kann frei
und selbständig aus dieser umfassenden Informationsquelle alle zu einem In-
teressengebiet wichtigen Angaben entnehmen. Er bestimmt selbst sein Lernpensum und sein Lerntempo. Ohne Zwang und Gängelung macht Lernen
Spaß. Da alle Arbeitsmittel mit besonderer Aufgabenstellung auch die Möglichkeit der Ergebniskontrolle haben, wird der Schüler durch das Arbeiten mit
ihnen zur Selbständigkeit und Selbstverantwortung seines Tuns erzogen. Disziplinschwierigkeiten und Konflikte gibt es bei dieser selbstverantwortlichen
Arbeit nicht.

Der individuelle Wochenarbeitsplan

Vom offiziellen Lehr- und Stundenplan ausgehend, gestalten die Schüler ihren
Wochenarbeitsplan ganz individuell. In einen von Freinet entwickelten Arbeitsplan tragen sie ein, was sie im Laufe einer Woche in den einzelnen Fächern
und Disziplinen erarbeiten wollen.
   Da aller Lernstoff innerhalb der Freinet-Bewegung in Selbstbildungsmittel
in Form von Arbeits-, Nachschlage- oder Versuchskarteien umgesetzt wurde
und diese Selbstbildungsmittel auch Selbstkontrollmöglichkeiten haben,
braucht der Schüler in die vorgesehenen Quadrate des Arbeitsplanes nur die
Nummern der Lernaufgaben einzutragen. Am Wochenende kontrolliert er
dann selbst, ob er alle Vorhaben erledigt und alle Aufgaben gelöst hat. Er
bekommt mit der Zeit einen sehr guten Einblick in sein Leistungsvermögen
und lernt auch durch die freimütige Kritik, die in Freinet-Klassen eine Selbst-
verständlichkeit ist, den Wert seiner Leistungen mit den anderen Klassenka-

meraden zu vergleichen und richtig einzuschätzen. Durch Selbsttätigkeit und Selbstverantwortung wird die Selbständigkeit des jungen Menschen systematisch gefordert und gefördert. Nur so kann das Erziehungsziel, ein Kind zu einem „mündigen Bürger" zu erziehen, schon von der frühesten Schulzeit an verwirklicht werden. Der Wochenarbeitsplan eines Schülers der Freinet-Schule in Saint Paul de Vence zeigt das Vorgehen Freinets: Der Schüler hat in die dafür vorgesehenen Quadrate die Nummern der Arbeitskarten eingetragen, die er im Laufe der Woche bearbeiten wollte. Am Ende der Woche hat er mit rotem Stift die Nummern angestrichen, die er tatsächlich bearbeitet hat. Einige Aufgaben und Vorhaben hat er nicht geschafft; sie werden in der kommenden Woche erledigt. Dieses selbstentschiedene Arbeiten befreit von Zwängen und macht mehr Freude als übliches Arbeiten nach Diktat. Außerdem werden unnötige Aggressionen und Frustrationen vermieden.

Die Leistungsbeurteilung

Mit dem Wochenabeitsplan ist in der Freinet-Schule eine individuelle Leistungskurve verbunden, in die im Laufe der Woche alle erzielten Ergebnisse und Beurteilungen eingetragen werden.

Obwohl Freinet selbst diese Art der Leistungsbeurteilung praktizierte, wenden sich heute viele seiner Anhänger gegen diesen in Form einer „Fieberkurve" sichtbar gemachten Leistungsvergleich. Teilweise sind die Bedenken der Lehrer verständlich, besonders wenn es sich um Schüler der ersten Grundschulklassen handelt. Es wäre aber Traumtänzerei, wollte man auch für fortgeschrittene Klassen auf eine Leistungsbewertung verzichten. Erstens vergleichen bereits Kinder im Vorschulalter ihre Leistungen ohne Zutun und Einflußnahme der Erwachsenen miteinander und stellen fest, wer am schnellsten läuft, am weitesten wirft und am höchsten springt, – warum also nicht auch, wer am schnellsten und sichersten rechnet oder schreibt? Zweitens müssen die Kinder erfahren, wo sie mit ihren Leistungen stehen, um den Anforderungen, die das Berufsleben einmal an sie stellt, gerecht zu werden. Besonders in den französischen Schulen, wo am Ende eines jeden Schuljahres in allen Bereichen sogenannte Concours als Wettbewerbe stattfinden und wo man zu keinem Studium oder Beruf zugelassen wird, ohne vorher einen Concours mitgemacht und erfolgreich bestanden zu haben, wäre es ein Betrug am Schüler, würde man ihm nicht klar und deutlich angeben, welches sein Leistungsvermögen im Vergleich mit anderen ist und was er tun kann, um seine Leistungen zu verbessern.

Im Gegensatz zu der bei uns geübten Praxis, die einem Schüler bereits von der ersten Klasse an mit einer Flut roter Tinte beweist, was er alles falsch gemacht hat, gibt Freinet dem Kind unendlich viel Zeit, zu festen Erkenntnissen und guten Leistungen zu kommen. „Er legt erst", um mit Pestalozzi zu sprechen, „Eier in das Nest hinein", bevor er versucht, welche herauszuholen. Außerdem wirken die Schüler bei den meisten Leistungsbeurteilungen durch Abstimmung mit und bekommen so sehr schnell ein natürliches und untrügliches Urteil für eine Leistung. Dies geschieht beim täglichen Vorlesen der freien Texte, bei der Abstimmung darüber, welcher Text gedruckt werden soll, bei der Entscheidung darüber, welcher Brief oder welche Geschichte an die Korrespondenzklasse geschickt wird. Ja, selbst Leistungen, die normalerweise in der Schule nicht gefordert werden, die aber die besonderen Fähigkeiten eines Schülers nachweisen, können bei Freinet mit einem „Brevet" = „Leistungsurkunde" belohnt und anerkannt werden (vgl. Die moderne französische Schule, Seiten 117 und 210 ff.).

c) Die Arbeitsecke für graphisches Gestalten, Schuldruck, Schülerkorrespondenz und schriftlichen Ausdruck

Die Arbeitstechnik, die Freinet neu in die Schule eingeführt hat und durch die er am meisten bekannt wurde, ist die Schuldruckerei. Durch den im Ersten Weltkrieg erlittenen Lungenschuß verursacht ihm langes Sprechen vor der Klasse große Beschwerden. Er sucht deshalb nach einem Mittel, mit dem er die Schüler in sinnvoller Spracharbeit beschäftigen kann. Er findet und entwickelt eine kleine Klappflügelpresse und läßt die von seinen Schülern frei gestalteten Texte setzen und drucken. Das Drucken in der Schule und der Austausch des Gedruckten mit anderen Klassen wird schnell zur wichtigsten Arbeitstechnik der Freinet-Bewegung. Beim „Begreifen" der Lettern und „Behandeln" eines Textes lernen die Schüler nicht nur die Ehrfurcht vor dem Wort, – sie werden auch kritisch allem Gedruckten gegenüber, da sie ja täglich selbst erfahren, wie man durch das Einsetzen eines anderen Wortes den Sinn einer Aussage verändern, im wahrsten Sinne des Wortes „manipulieren" kann.

Das Drucken führt aber auch zur Steigerung des Interesses für das, was andere geschrieben und gedruckt haben, zum kritischen Lesen von Werken der Literatur.

Besonders wertvoll ist das Setzen und Drucken für das Erlernen der Orthographie. Legasthenische Ausfallerscheinungen bei Lernanfängern werden, wie mehrjährige wissenschaftliche Untersuchungen der Universität Saarbrücken an 320 Erstkläßlern eindeutig belegen, durch die Schuldruckerei vollkommen beseitigt oder von vornherein verhindert.

Da Setz- und Druckvorgänge eine wesentlich längere Zeit und Konzentration beanspruchen als das einfache Niederschreiben eines Textes, wird der richtigen Schreibweise (der Setz- und Druckweise) erheblich mehr Aufmerksamkeit gewidmet.

Außerdem braucht keiner Angst zu haben, er würde wegen seiner schlechten Handschrift getadelt werden. Beim Drucken bringen alle einen gleich schönen Text zu Papier. Schließlich wird die große nervöse Überreizung, die wir bei Kindern heute oft feststellen und die sich immer nachteilig auf die Handschrift, das Schriftbild und das Verhalten auswirkt, beim Setzen und Drucken abreagiert.

Oft wetteifern die Kinder darum, setzen und drucken zu dürfen, weil sie dabei ihre inneren Spannungen natürlich abbauen können und schließlich das Ergebnis ihres Bemühens „greifbar" in Händen halten.

Freier Ausdruck und Schuldruckerei

Täglich kommen Schüler, die freiwillig ihre Beobachtungen und Erlebnisse niedergeschrieben haben und der Klasse mitteilen. Wenn diese freien Texte gesetzt und gedruckt werden, wird ihnen in Blei gegossen ein überzeitlicher Wert verliehen.

Der Schülerkorrespondenzaustausch

Was man sauber gesetzt und gedruckt hat, will man auch anderen mitteilen, seien es eigene Erlebnisse oder gar Gedichte, Berichte über örtliche oder Klassenbegebenheiten oder seien es die Ergebnisse durchgeführter Untersuchungen.

Dieser Korrespondenzaustausch weckt die Neugierde und fördert durch den Erfahrungsaustausch auch die Arbeitsfreude der Schüler. Nun braucht der Lehrer nicht mehr zum sauberen und konzentrierten Arbeiten aufzufordern, denn wer möchte sich schon vor der Korrespondenzklasse blamieren?

Der Lehrer hat es in der Hand, geschickt das Interesse der Schüler zu lenken, damit diese alles über Landschaft und Menschen, Berufe und Sehenswürdigkeiten, Geschichte und Industrie des Wohnortes ihrer Korrespondenten erfahren.

Mit großem Eifer werden Gemeinschafts- und Einzelbriefe, Zeichnungen und sogar kleine Geschenke oder typische Erzeugnisse der Gegend für die Korrespondenzklasse vorbereitet, und mit Spannung werden die Antworten und Reaktionen der Partner erwartet. Oft findet auch eine Begegnung zwischen den Schülern und sogar deren Eltern mit der Korrespondenzklasse statt. Der Schülerkorrespondenzaustausch, der meistens auch über die Grenzen des eigenen Landes hinaus geführt wird, ist ein ausgezeichnetes Mittel, um Schüler auf natürliche Weise mit anderen Ländern und Menschen bekanntzumachen und Verständnis für Fremde und Fremdes zu wecken.

Der Lerneffekt und die vielfältigen Lernanregungen, die durch diesen Austausch erzielt werden, sind von unschätzbarem erzieherischem Wert.

d) Die Pflege des freien Ausdrucks im Spiel und in der Musik

„Nur dort ist der Mensch ganz Mensch, wo er spielt", sagte bereits Friedrich von Schiller. In der Freinet-Pädagogik wird dem Spiel besondere Bedeutung beigemessen. Freinet ist jedoch davon überzeugt, daß das Kind eigentlich nicht spielt, sondern im sogenannten Spiel seine Kräfte schult, damit es später die ihm gestellten Aufgaben besser bewältigen kann. Damit diese Kräftebildung möglichst vielfältig vor sich gehen kann, muß die Schule dem Kind immer wieder Gelegenheit zur Entfaltung dieser Kräfte bieten. Sie muß ihm nicht nur „Spiele mit Arbeitscharakter", sondern auch „Arbeiten mit Spielcharakter" anbieten[10].

---

10 Eine gute Darstellung seiner Auffassung über das Spiel bringt Freinet in seinem Buch „L'Education du travail".

In der Freinet-Pädagogik werden deshalb dem Kind vielfältige Materialien und Möglichkeiten geboten, die es zur Aktivität anregen. Die Arbeitskartei für das kooperative Tun enthält reiche Anregungen für das Spielen miteinander, für das Herstellen von Spielmaterialien, den Bau einer Puppenbühne, von Marionetten und Stockpuppen, für das szenische Gestalten und das Rollenspiel, für Einzel-, Partner- und Gruppenspiele.

Der Verbindung von Sprache, Musik und Bewegung, der Pflege von Gestik und Mimik, kurz allen Formen des freien Sichausdrücken-Könnens wird besondere Bedeutung geschenkt. Das Kind wird nicht in von Erwachsenen vorher festgelegte Formen gepreßt und „dressiert"; es kann sein ganzes Menschsein voll entfalten. Eine große Bedeutung mißt Freinet auch der musikalischen Erziehung bei. Sicher setzt er Schallplatten und Tonbandgeräte, Kassettenrecorder und Tonfilme im Unterricht ein; für die eigentliche Musikerziehung will er jedoch, daß das Kind sich Klangkörper und Musikinstrumente selbst oder wenigstens nach Anleitung entwickelt. So wird ein dem Hackbrett ähnliches Musikinstrument mit Namen „Ariel" gebaut: Über einem Klangboden werden Drähte gespannt, die mit einem Hämmerchen angeschlagen werden.

Holzkörper unterschiedlicher Klangfarbe dienen ebenso wie selbtgebaute Trommeln als Rhythmusinstrumente. Den Orffschen Musikinstrumenten nachempfundene, selbstgebaute Xylophone und Glockenspiele aus Metallstäben dienen als Melodieinstrumente. Im wahrsten Sinne des Wortes tritt Freinet auch im Bereich der musischen Erziehung ganz für eine „Pädagogik vom Kinde aus" ein.

e) Die Schüler tragen Mitverantwortung bei der Gestaltung des Schullebens

Auch bei uns gibt es eine Schülermitverantwortung, manchmal auch noch „Schülermitverwaltung" genannt. In der Praxis des Schulalltags besteht dieses Mitverantworten meistens jedoch nur aus einem papiernen Akt. Eine Entscheidungskompetenz und Mitverantwortung in Ernstsituationen wird Schülern nicht oder nur in nebensächlichen Dingen gewährt. Sie fühlen sich daher ohnmächtig der Schulverwaltung, dem Schulleiter und ihren Lehrern ausgeliefert. Wagt ein Schüler wirklich einmal, energisch seine eigene Meinung zu vertreten oder gar innerhalb einer Klasse eine mehrheitliche Mitbestimmung zu initiieren, dann kann es ihm sehr schnell passieren, daß er zurückgepfiffen oder gar kaltgestellt wird, oft mit sehr unfairen Vorgehensweisen.

In der Freinet-Bewegung ist dies ganz anders. Schon bei der Arbeitsplangestaltung haben wir gesehen, wie jeder Schüler ganz individuell seinen Wochenarbeitsplan aufstellen kann, wie er bei der Beurteilung der erbrachten Leistungen bei sich selbst und bei anderen mitbeurteilen darf und wie er auch bei allen Arbeiten, die meisten nach Arbeitsanweisungen und mit Arbeitsmitteln, die Selbstbildungscharakter haben, in Eigenverantwortung sein Lernpensum bewältigt.

Hier wird nicht Mitverantwortung gespielt, hier wird sie täglich in jeder Situation realisiert.

Jede Klasse gibt sich selbst eine Verfassung und erstellt bestimmte Verhaltensregeln, nach denen man das Leben in der Klasse organisiert. Für einzelne

Aufgaben in der Klasse stellen sich abwechselnd, auf freiwilliger Basis oder durch Abstimmung aufgefordert, Schüler für unterschiedliche Aufgaben zur Verfügung.

So werden ein Klassensprecher oder Präsident, ein Stellvertreter, ein Verwalter der Klassenkasse, ein Protokollführer, ein Verantwortlicher für die Schülerbücherei, Pfleger für die Tiere und Pflanzen, Helfer für die Reinhaltung der Klasse und des Schulhofes und ein Dutzend andere Aufgaben gewählt. Immer handelt es sich um eine echte und verantwortliche Aufgabe, die die Schüler übernehmen und mit großem Ernst und gewissenhaft ausführen. Kleinere Einkäufe für die Klasse wie Papier, Farben, Tierfutter, Materialien für die Kunsterziehung oder das textile Gestalten werden beraten und dann getätigt. Es wird nicht nur Mitverantwortung gespielt, sondern bereits von der ersten Klasse an wird mit der Mitverantwortung und Selbstentscheidung mit allen Konsequenzen Ernst gemacht. Das macht Schülern nicht nur Freude, sondern es macht sie auch stolz und selbstbewußt. So macht Schule Freude, denn sie ist eine direkte Vorbereitung aufs Leben.

Beispiele selbstgegebener Regeln für das Leben in der Klasse

„Achtung, Achtung, hier spricht die Präsidentin. Alle mal herhören! Wir verkünden Euch nun die ‚Lebensregeln der Klasse‘, die den größten Zuspruch in unserer Abstimmung erhalten haben:

1. Ich muß nicht mit lauter Stimme sprechen und den Unterricht stören.
2. Ich muß nicht in der Klasse herumlaufen.
3. Ich muß nicht dasitzen, ohne etwas zu arbeiten.
4. Ich muß mich nicht mit anderen raufen.
5. Ich muß nicht bei einem Klassenkameraden abschreiben, aber ich kann mir die Aufgabe erklären lassen.
6. Ich kann mich, auch ohne die anderen zu belästigen, von meinem Platz entfernen.
7. Ich sollte die Türen schließen.
8. Ich esse in der Klasse keinen Kaugummi.“

Unsere Lebensregeln

1. Ich kann auch mit leiser Stimme sprechen.
2. Ich kann meinen Platz auch leise verlassen.
3. Ich mache mich nicht über andere lustig.
4. Ich höre auf das, was die anderen mir mitzuteilen haben.
5. Man muß es lernen, an seinem Platz leise zu lesen.
6. Ich ordne meine Pantoffeln in das dafür vorgesehene Fach ein.
7. Ich verpetze andere Klassenkameraden nicht.
8. Ich gebrauche keine groben Schimpfwörter.
9. Ich schreibe keine Hausaufgaben bei anderen ab.

An jedem Wochenende findet eine Rückbesinnung auf all das statt, was sich im Laufe einer Woche ereignet hat. Damit auch alle wichtigen Ereignisse festgehalten, keine kritischen Bemerkungen vergessen, besondere Leistungen im Interesse der Klasse gewürdigt werden und die Zaghaften ebenfalls eine Chance erhalten, in Erinnerung zu bringen, wie sie sich angestrengt haben, gibt es in allen Freinet-Klassen entweder die „Wandzeitung" oder einen „Ideenkasten", die alle Anregungen aufnehmen.

Während die Schüler auf der Wandzeitung alle Bemerkungen eintragen und mit ihrem Namen unterschreiben, denn ein anonymes Verpetzen gibt es nicht, werfen die Schüler einer Klasse mit einem Ideenkasten ihre lobenden, anerkennenden oder kritisierenden Bemerkungen auf Zettel geschrieben in diesen Kasten ein.

In der „Stunde der Wahrheit" diskutiert die ganze Klasse über das, was im Laufe der Woche festgehalten wurde. Gemeinsam werden Lösungen gesucht und Vorschläge für die Wiedergutmachung eines Schadens gemacht. Die Planung der nächsten Woche wird vorgenommen. Erziehung zur Selbst- und Mitverantwortung wird so zu einer wichtigen Aufgabe der Schule, denn bei aller Freiheit und Selbstbestimmung, die Freinet seinen Schülern gewährte, wußte er doch sehr bestimmt, daß Freiheit ohne die Erziehung zur Verantwortung und Weckung der Bereitschaft zur Mitverantwortung nur zum Konkurrenzkampf und Gegeneinander führt. In diesem Sinne ist alle Erziehung im Geiste Freinets auch politische Erziehung, Erziehung zu verantworteter Demokratie.

4. Die Kooperation der Freinet-Lehrer

Ähnlich wie die Schüler in jeder Klasse gestalten auch die Freinet-Lehrer mitverantwortlich das Schulleben.

Alle in einer Region tätigen Lehrer, die sich zur Freinet-Pädagogik bekennen, treffen sich regelmäßig, um über ihre schulischen Probleme zu sprechen, sich gegenseitig zu helfen, Anregungen von Kolleginnen oder Kollegen mit besonderen Fähigkeiten oder Fertigkeiten zu erhalten und die verantwortungsbewußte Gestaltung des Schullebens nicht nur der Kultusbehörde zu überlassen.

„Wir sind nicht mehr allein", sagten Freinets Schüler, als sie die erste Antwort von ihrer Korrespondenzklasse erhielten. „Wir sind nicht mehr allein und ohnmächtig einer Verwaltungsbürokratie ausgeliefert, die vom grünen Tisch her Entscheidungen trifft, die dabei zwar die Interessen unterschiedlicher Gesellschaftsgruppen, oft, leider allzuoft, aber nicht die Interessen der Kinder berücksichtigt", erklären die in der Freinet-Bewegung kooperierenden Lehrer. Auch sie wählen für bestimmte Aufgaben eine Kollegin oder einen Kollegen, die für bestimmte Zeit die Verantwortung übernehmen. So werden eigene, den regionalen und kindlichen Interessen angepaßte Arbeitsmaterialien und Arbeitspläne entwickelt. Durch Kooperation wird eine ständige persönliche Fortbildung erreicht, die auch in Bereiche, Techniken und Fertigkeiten einführt, die man während der Lehrerausbildung nicht kennengelernt hat. In der

Kooperation fühlen sich auch die Schwachen oder noch Unerfahrenen getragen und ermutigt. Konkurrenzdenken und Neid haben im Kreis der Gruppenmitglieder keinen Platz.

Um auch auf Landesebene und darüber hinaus auf Weltebene für alle Erzieher, die an der Verwirklichung der pädagogischen Ideen Freinets interessiert sind, eine gemeinsame Plattform zu schaffen, hat Freinet schon 1924 mit seinen Mitstreitern die C.E.L., eine „Interessengemeinschaft für Volkserziehung", und 1951 das I.C.E.M. als „Kooperatives Institut der Bewegung Moderne Schule" in Cannes gegründet. Im Jahre 1961 hatten die Ideen Freinets schließlich eine solche Verbreitung gefunden, daß man die F.I.M.E.M., eine „Internationale Föderation der Bewegung Moderne Schule" schuf, um weltweit über die Freinet-Techniken zu informieren und alle Interessenten bei der Materialbeschaffung zur Verwirklichung dieser Ideen und Techniken zu unterstützen. Alle Mitglieder der Bewegung tragen mit persönlichen Beiträgen finanzieller, materieller und ideeller Art in selbstloser Weise zur Verwirklichung der von Freinet geforderten Schule und Erziehung vom Kinde aus bei, einer Schule, die „aus dem Leben – für das Leben – durch praktisches Arbeiten" erzieht.

Jährlich treffen sich in den großen Ferien die gewählten Verantwortlichen der C.E.L., um in Arbeitsgruppen neue Arbeitsmittel zu entwickeln, Fortbildungsveranstaltungen und den Rechenschaftsbericht für den in jedem Jahr in einer anderen Stadt Frankreichs stattfindenden Kongreß der Mitglieder vorzubereiten und Vorschläge für die künftige Arbeit zu formulieren.

5. Freinet-Arbeitsmittel

Eine der wichtigsten Voraussetzungen zur Verwirklichung der von Freinet geforderten freien Entfaltung des Kindes zur Befriedigung seines Wissensdranges war die Schaffung von Informations- und Lernmaterialien.

a) Die Nachschlagekiste und Dokumentensammlung
   („Fichier documentaire")

Zusätzlich zu einer Informationskartei, die alphabetisch und nach Sachgebieten geordnet ein Nachschlagewerk einmaliger Art darstellt, das laufend von Fachkommissionen ergänzt wird, legt sich jede Klasse in Einhängeordnern eine ergänzende Dokumentensammlung an, die die örtlichen Gegebenheiten und Belange berücksichtigt. Diese Dokumentensammlung stellt eine einmalige Fundgrube geographischer, geschichtlicher, biologischer, umweltbezogener und sonstiger Fakten dar. Sie ist das reife Produkt einer kooperativen und projektbezogenen Arbeit, die Schuljahr für Schuljahr ergänzt und weiter ausgebaut wird.

b) Die Arbeitsbücherei („Bibliothèque de Travail" – BT)

In fachlicher und sachlicher Vielfalt unübertroffen ist die von Freinet begonnene Arbeitsbücherei, die heute rund 1200 Hefte von je 20 bis 48 Seiten umfaßt.

Sie ist gegliedert in die

BTJ = BT-Junior = Arbeitshefte für Grundschüler

BT = Arbeitshefte für Schüler der Sekundarstufe I

BT_2 = Arbeitshefte speziell für die Sekundarstufe II

BTS = BT-Sonore = audio-visuelles Arbeitsmaterial, das aus 12 Dias, einer Tonkassette oder Schallplatte und einem Textheft besteht.

Alle Arbeitshefte der „Bibliothèque de Travail" sind sehr anschaulich gestaltet und geben in kurzen, interessanten Texten einen sachlichen Bericht über den behandelten Gegenstand. Es werden keine Schlüsse, Folgerungen und Vergleiche gezogen; das überläßt man dem Schüler selbst. Höchstens weist eine Zahl, eine Notiz als Denkanstoß darauf hin, daß in einem anderen Arbeitsheft noch mehr Informationen zu finden sind, die das Stoffgebiet ergänzen. Die geschichtlichen Hefte bringen entweder in Längsschnitten eine Darstellung der Entwicklung der Fliegerei, des Straßenbaus, des Autos, der menschlichen Ernährung oder Kleidung, oder sie behandeln ein geschichtliches Ereignis wie etwa den Bau des Suez-Kanals, den Sturm auf die Bastille, die Invasion 1944 oder andere geschichtliche Begebenheiten. Dies geschieht jedoch in einer solchen Form, daß sich jeder Schüler diese Ereignisse sehr anschaulich vorstellen kann, so als ob er selbst mit dabeigewesen sei.

Bei den erdkundlichen Arbeitsheften wird oft so verfahren, daß Kinder aus anderen Ländern und Gebieten über ihr Land und die dortigen Lebensverhältnisse berichten. Auch hierbei wird erreicht, daß sich der Leser mit dem Erzähler identifizieren kann. Die Neugierde zu erfahren, wie es in einem anderen Land aussieht, wie die Menschen dort leben, was die Schüler dort bewegt, motiviert jeden Leser, sich mit dem Dargestellten auseinanderzusetzen. Die Arbeitshefte sind eine spannende Lektüre, die man gern auch außerhalb der Schule liest.

Besonders wertvoll sind die Hefte, die Fragen der Biologie behandeln und sich mit naturwissenschaftlichen Problemen aus dem Bereich der Chemie und Physik befassen. Da gibt es Hefte, die darstellen, wie man Tiere präpariert, Schmetterlinge sammelt, ein Herbarium, Aquarium oder Terrarium anlegt. Eine andere Reihe lehrt die Schüler, wie man mit einfachsten Mitteln einen Viertaktmotor, das Modell eines historischen Bauwerks, des menschlichen Körpers, eines Segelflugzeuges, einer Schleuse baut, ein Puppentheater erstellt oder chemische und physikalische Versuche durchführt.

Dieser Arbeitsbücherei haben wir, was ihre Vielseitigkeit, ihren Informationsreichtum, ihre Motivationskraft und ihre sprachliche Allgemeinverständlichkeit betrifft, nichts Gleichwertiges entgegenzusetzen. Sie dürfte auf der Welt einmalig sein. Allerdings wurden 1984/85 von deutschen Freinet-Anhängern einige Freinet-Arbeitshefte übersetzt, die beim Verlag Cornelsen-Velha-

gen-Klasing (CVK), Berlin, oder bei der „Pädagogischen Kooperative",
Bremen, zu erhalten sind. Weitere Hefte sollen folgen.

c) Die Selbstbildungskartei („Fichiers – autocorrectifs")

„Nur geniale Lehrer können frei nach ihrer Inspiration arbeiten, die übrigen
brauchen Lehr- und Arbeitspläne, nach denen sie sich richten können" (C.
Freinet, Les plans de travail, Cannes 1948, S. 7).
   Mit den Fachleuten der Bewegung ‚Ecole Moderne' hat Freinet deshalb nach
den Arbeitsplänen auch Selbstbildungskarteien erstellt, die vornehmlich systematisch einzuübende Lernstoffe behandeln. So wurden Arbeitskarteien für das
Rechnen, für Raumlehre, Erdkunde, Geschichte, Sprachlehre, Biologie, für
physikalische und chemische Versuche entwickelt. Meistens sind diese Selbstbildungsmittel so aufgebaut, daß sie aus einer Informationskarte bestehen, auf
der ein Sachverhalt erklärt wird; dann folgt eine Aufgabenkarte. Hat der Schüler die Aufgaben gelöst, findet er auf einer Antwortkarte nicht nur die richtige
Lösung, sondern den gesamten Lösungsweg; gibt es mehrere, so sind auch die
angegeben. Ist ein bestimmter Informationsstand erreicht, folgen Testkarten,
die überprüfen, ob der Schüler die behandelten Probleme auch im größeren
Zusammenhang versteht. Den Testkarten folgen wieder Lösungskarten, durch
die der Schüler erfährt, ob er seine Aufgaben richtig gelöst hat oder welche
Operationsart, welchen Versuch, welche Regel er nochmals wiederholen muß,
um ein Problem ganz sicher zu beherrschen. Der Lehrer ist bei diesem Lern-
programm weitgehend nur als Berater und Helfer tätig, wenn ein Schüler allein
nicht zur richtigen Lösung einer Aufgabe kommt. Diese Arbeitskarten, wie wir
sie auch bei Dewey und in der deutschen Landschulheim- und Arbeitsschulbewegung vorfinden, sind ein ausgezeichnetes Mittel zur Förderung des selbst-
verantworteten Lernens und Arbeitens. Der Sachzwang verpflichtet den
Schüler zur korrekten und zielstrebigen Auseinandersetzung mit einem Problem, bis das rechte Ziel und Ergebnis erreicht ist. In jeder Freinet-Klasse
stehen diese Arbeitskarteien allen Schülern offen zur Verfügung. Bei der Erstellung ihres Wochenarbeitsplanes tragen die Schüler die Nummern der
Arbeitskarten ein, die sie in einer Woche durcharbeiten wollen. Am Wochenende kreuzen sie die Karten an, die sie erledigt haben. Sie lernen auf diese
Weise, ihr Leistungsvermögen richtig einzuschätzen und können ihr Arbeits-
pensum weitgehend selbst bestimmen.

d) Die Arbeitsmittelkartei für kooperative Arbeiten
   („Fichier de Travail Coopératif" – FIC)

Diese inzwischen über 2000 Sachblätter umfassende Kartei beinhaltet Ver-
suchsanleitungen für chemische und physikalische Versuche, für die Erstellung
von Sammlungen, Modellen und Anschauungsmaterialien, für die Gestaltung
und Ausrüstung von Klassen, Schulhöfen, Werkräumen, Schulgärten und
Spielplätzen sowie für die Durchführung von Spielen.
   Sie dient ebenso der Anregung von einzeln oder in Kooperation mit anderen
durchzuführenden Maßnahmen und ist damit eine ausgezeichnete Ergänzung

der übrigen Arbeitsmittel. Die zur Durchführung solcher Projekte benötigten Werkzeuge und Geräte zum Versuchen, Experimentieren, Wiegen, Messen und Kontrollieren werden teilweise in Freinets Buch „Die moderne französische Schule" angegeben.

Andererseits werden inzwischen aber von der C. E. L. auch eigene Arbeitsmittelkästen entwickelt, wie wir sie bei anderen Lehrmittelfirmen vorfinden. Der Vorteil der Freinet-Arbeitsmittelkästen besteht jedoch darin, daß sie einfacher, durchschaubarer, preiswerter sind; sie können leichter als die perfektionierten Systeme üblicher Art ergänzt werden.

Es würde zu weit führen, hier alle von der Freinet-Bewegung entwickelten und beim I. C. E. M. in Cannes erhältlichen Arbeitsmittel, Lernhilfen und Geräte aufzuführen, da jährlich neue hinzukommen. Interessenten können über den ARBEITSKREIS SCHULDRUCKEREI (AKS) oder direkt in Cannes ausführliche Informationen erhalten.

Hier die Anschriften:

Geschäftsstelle des Arbeitskreises Schuldruckerei,
Graulheck 24 a
D-66578 SCHIFFWEILER

Coopérative de l'Enseignement Laïc (C. E. L.)
189 Avenue Francis Tonner
F-06322 CANNES-la Bocca
CEDEX

Freinet-Pädagogik, psychologische Lernmotivations-Theorie und Viktor E. Frankls „Wille zum Sinn"

P. Teigeler

Wenn ich es richtig sehe, bin ich unter den Referenten dieser Ring-Vorlesung der einzige Nicht-Pädagoge. Ich bin ja Psychologe. Was habe ich als Psychologe hier zu suchen auf einer Ringvorlesung über die Reform-Pädagogik? Nun, ich habe hier etwas zu suchen: Ich suche die Psychologie der Reform-Pädagogik, speziell – und bescheidener – die Psychologie der Freinet-Pädagogik. Mit welcher Psychologie wollen Sie das fröhliche und zugleich ernsthafte und sinnerfüllte Leben und Lernen in solchen Schulklassen beschreiben, die nach Art der Freinet-Pädagogik unterrichtet werden? Oder, anders formuliert: Welche Psychologie nehmen Sie, um das fröhliche Leben und Lernen in Freinet-Klassen zu erklären oder zu beschreiben?

Diese Frage beschäftigt mich seit geraumer Zeit, genau genommen seit der Zeit, als ich anfing, die Freinet-Pädagogik über meine Psychologie und dann auch über die Psychologie schlechthin zu stellen. Als ich merkte, daß Freinet-Pädagogik zu einem viel ernsthafteren Lernen führt, als es die Regeln der Pädagogischen oder auch jeder anderen Psychologie zu erreichen vermögen. Im Zuge dieser veränderten Sichtweise wandte ich mich allmählich auch von einer Tendenz ab, die bisher noch jeder psychologischen Richtung eigen war, der Tendenz nämlich, sich als Bereicherung der Pädagogik zu begreifen und am liebsten für die jeweilige psychologische Richtung gleich auch noch eine entsprechende Pädagogik zu entwerfen. So gibt es Vorschläge für eine psychoanalytische Pädagogik und für eine individual-psychologische Pädagogik. Es gibt die der deterministischen Variablen-Psychologie entstammende „Erziehungspsychologie" von Tausch und Tausch. Es gibt Vorschläge für einen nicht-direktiven Schulunterricht nach Carl Rogers, es gibt Ratschläge, die themenzentrierte Interaktion von Ruth Cohn in den Unterricht einzuführen; es gibt die aus der Gestalttherapie entwickelte Gestaltpädagogik, und auch Klaus Holzkamp, der Vertreter der von ihm so genannten Kritischen Psychologie, schreibt ohne jegliche Kenntnisnahme reform-pädagogischer Ansätze Gerhard Zimmer die „wohl erste ausgearbeitete Monographie über Lernen ‚vom Standpunkt des Subjekts' auf kritisch-psychologischer Grundlage" zu.[1]

Die Psychologen liefern sozusagen den Pädagogen eine aus ihrer jeweiligen Psychologie gleich mit entwickelte Pädagogik frei Haus. Und die Lehrerinnen und Lehrer, soweit sie den kümmerlichen herkömmlichen Frontalunterricht betreiben, fallen darauf herein und denken, sie könnten ihren Unterricht damit wesentlich verbessern. Aber da sie im wesentlichen nichts verändern, bessert sich auch im wesentlichen nichts, und die Kinder und Jugendlichen behalten ihre trüben Augen bei solcher Art von Unterricht.

---

1 Holzkamp, Klaus: Lernen und Lernwiderstand. In: Forum Kritische Psychologie 20, S. 12.

Mir liegt es demgegenüber am Herzen, herauszustreichen, daß die Freinet-Pädagogik so reich ist an pädagogischem und psychologischem – und sogar therapeutischem – Handlungs- und Gedankengut, daß sie, erfüllt betrieben, einer zusätzlichen „Bereicherung" durch andere Psychologien oder Pädagogiken gar nicht mehr bedarf. Damit möchte ich die Freinet-Pädagogik nicht von anderem pädagogischem oder psychologischem Gedankengut freihalten, ich möchte ihr aber doch ihren eigenen Wert und ihren eigenen, sich selbst genügenden und völlig ausreichenden pädagogischen und psychologischen Reichtum zubilligen und auch zugebilligt sehen.

– Was macht diesen Reichtum der Freinet-Pädagogik aus? Worin besteht sein Wert?
– Und warum bzw. worin psychologisieren die, ich sag es mal: herkömmlichen Psychologien an diesem Reichtum der Freinet-Pädagogik vorbei?
– Und welche Psychologie entspricht denn nun wiederum doch der Freinet-Pädagogik und ist in der Lage, den Reichtum der Freinet-Pädagogik psychologisch nachzuzeichnen, d.h. welche Psychologie kommt der Freinet-Pädagogik nahe?

Lassen Sie mich diese drei Fragen heute verfolgen und lassen Sie mich versuchen, Ihnen meine Antworten auf diese drei Fragen mitzuteilen. Die erste Frage:

A. Was macht den Reichtum der Freinet-Pädagogik aus?

Den Reichtum der Freinet-Pädagogik macht aus die Vielzahl der unterschiedlichen, sich aber in dieser Unterschiedlichkeit gegenseitig bedingenden Prinzipien der Freinet-Pädagogik sowie die Fülle der Mittel/„Techniken", sie zu verwirklichen (siehe hierzu bereits Tab. 1 auf S. 39):

Bezug zum Leben

„Der Begriff des *Lebens* hat bei Freinet große Bedeutung, es ist die wichtigste Metapher seiner Philosophie".[2] An zahllosen Stellen in seinem Werk betont Freinet, wie sehr es ihm darauf ankommt, das Leben in die Schule hineinzuholen, die Schule dem Leben zu öffnen und die Kinder am Leben teilnehmen zu lassen. D.h.: Das Leben ist das „Material", an dem die Kinder im wesentlichen lernen.

Nehmen wir als ein kleines Beispiel die Anfänge des Rechnens:
„Zuerst wird das Rechnen *gelebt*.
Ohne Gefahr für ihren mathematischen Fortschritt, ihre zwingende Folge, treten die Zahlen als ein das Leben des Kindes oder der Klasse beeinflussendes Ereignis aus dem Schatten ins Licht:

---

2 Laun 1983, S. 38; vgl. auch Baillet 1983, S. 15f.

- die Bilder auf den neuen Schürzchen,
- die sieben unterschiedlichen Bodenarten, die wir in den Garten mitgebracht haben, sechs aus schwarzem und eine aus gelbem Ton,
- die drei Blätter, die noch an der Pappel hängen,
- die sieben Farben des Regenbogens und
- im kleinen Hühnerhof von Sylvester, ein Hahn, zwei Hühner, drei Küken etc."[3]

Und so geht es weiter. Immer bezieht sich der Unterricht nach Freinet auf das Leben innerhalb und außerhalb des Klassenraumes.

Ich glaube, das ist wirklich der wesentliche Unterschied zwischen der Freinet-Pädagogik und dem herkömmlichen Unterricht: Im Unterricht nach Art der Freinet-Pädagogik geht das Leben der Kinder im Unterricht weiter, setzt es sich in den Unterricht hinein fort, im herkömmlichen Unterricht erstirbt es, wird es abgeschnitten, herrscht der Lehrer oder die Lehrerin.

Arbeit/Selbsttätigkeit

Ein weiteres wesentliches Prinzip der Freinet-Pädagogik ist die Arbeit, d. h. das selbständige Tätigsein der Kinder selbst. Freinet nennt es in einem Atemzug mit dem Prinzip des Lebens: Par la vie – pour la vie – par le travail.[4]

Freinet sagt: „Die Arbeit wird das Prinzip, der Motor und die Philosophie der volkstümlichen Pädagogik sein. Durch Selbsttätigkeit wird aller Bildungserwerb erzielt."[5]

Die Hinwendung zur Arbeit geschieht bei Freinet in den sog. *Arbeitsateliers*. In diesen Ateliers arbeiten die Kinder mit Kopf und Hand nach selbstbestimmtem Plan und mit Hilfe des Lehrers und ihrer MitschülerInnen.

Sinn

Das dritte wesentliche Prinzip der Freinet-Pädagogik ist das Prinzip des sinnvollen Lernens. Freinet wandte es insbesondere auch auf das Erlernen der Kulturtechniken Lesen, Schreiben und Rechnen an und revolutionierte damit den Unterricht.

Beginnen wir mit dem *Lesen- und Schreiben-Lernen*. Freinet sagt selbst: „Wenn es sich nur darum handelt, mit seinen Kameraden oder seinem Lehrer in Kontakt zu treten, genügen Sprache und Mimik, deren man sich ohne die vielfältigen technischen Schwierigkeiten, die das Erlernen der Schrift mit sich bringt, bedienen kann. Wenn das Werkzeug sich also als überflüssig erweist, warum sollte man sich seiner bedienen?"[6]

Der *herkömmliche* Unterricht antwortet auf diese Frage mit *Zwang*: Die Kinder müssen lesen und schreiben lernen. Auf die Bedeutung des Gelesenen

---

3 Freinet in Jörg 1981, S. 113.
4 vgl. Jörg in Freinet 1979, S. 247.
5 Freinet 1979, S. 16.
6 ebenda, S. 39.

116

oder Geschriebenen für die Kinder kommt es dabei nicht in erster Linie an. Der Inhalt steht im Lesebuch. Adressaten des Gelesenen oder Geschriebenen gibt es nicht. Jeder hat den gleichen Text vor der Nase oder vor den Ohren.

Anders Freinet! Er führte Arbeits-„Techniken" ein, wie er sagt, die den Kindern das *sinnvolle Lernen* und Arbeiten in der Schule ermöglichten, ja sie geradezu zu sinnvollem Lernen und Arbeiten in der Schule veranlaßten. Und zwar führte Freinet dazu als Unterrichts-Mittel neben der

- *Schul-Druckerei* vor allem den
- *freien Ausdruck,*
- die *Schülerzeitung* und
- die *Korrespondenz* mit anderen Klassen aus anderen Gegenden des Landes ein.

Freinet sagt selbst: „Die Schrift hat nur Sinn, wenn man gezwungen ist, auf sie zurückzugreifen, um seine Gedanken über die Reichweite unserer Stimme und die Grenzen unserer Schule hinaus jemandem mitzuteilen.

Wir haben diese *Motivierung des Schreibens durch unsere Techniken* praktisch verwirklicht. Diese sind: Die Möglichkeit des freien Sich-ausdrücken-Dürfens, die Vervielfältigung oder Druckerei, die Illustrierung, die Schaffung einer Schülerzeitung, die den Eltern zugestellt und außerdem gegen Schülerzeitungen anderer Korrespondenzschulen ausgetauscht wird. Dieser Austausch wird ausgedehnt bis zu einem echten menschlichen Begegnen und Erkennen des anderen, was dem Austausch eine ungeahnte und weitreichende pädagogische Bedeutung verleiht."[7]

„Das entscheidende Moment bei dieser Art des Schreibenlernens ist, daß das Kind den Wert, den Sinn und die Notwendigkeit des sich durch die Schrift Ausdrücken-Könnens in seiner Bedeutung für sich selbst und für die Allgemeinheit empfindet."[8]

Freiheit

Ein viertes Prinzip der Freinet-Pädagogik ist das Prinzip der Freiheit im Lernen: Die Kinder bestimmen in großen Teilen selbst, womit sie sich beschäftigen und was sie tun. Sinnbild und Kernstück dieser Freiheit der Kinder im Klassenzimmer ist der *„freie Ausdruck"* bzw. der *„freie Text"*:

„Ein freier Text ist, wie der Name es schon sagt, ein Text, den das Kind freiwillig schreibt, wenn es Lust hat, ihn zu schreiben, mit einem Thema, das es zum Schreiben anregt."[9]

Der freie Text bzw. der freie Ausdruck ist „die Offenbarung des Lebens selbst".[10] Er „ist die *Veräußerlichung dessen, was im Kind ist*, was das Gefühl bewegt, es lachen oder weinen läßt, seine Träume erfüllt und ihm unausdrückliche Empfindungen verschafft, die aber trotzdem das sind, was es in sich um so

7 ebenda, S. 39f.
8 ebenda, S. 41.
9 Freinet in Jörg 1981, S. 50.
10 Elise Freinet 1985, S. 14.

kostbarer und unersetzbarer fühlt. In dieser Tiefe ist der freie Text zugleich Bekenntnis, Entfaltung, Explosion und Therapie".[11]

Neben dem freien Ausdruck/freien Text ist es die *freie Wahl der Arbeitsschwerpunkte* durch die Kinder, die die Freiheit ins Klassenzimmer einziehen läßt: „Unsere Schule der Arbeit steht mitten im Leben und wird bestimmt von den vielen und artverschiedenen Beweggründen dieses Lebens. Die Kinder haben die Möglichkeit, aus dem reichen Bestand des von uns Angebotenen frei nach Belieben auszuwählen."[12] Die freie Wahl der Arbeitsschwerpunkte bezieht auch die „freien Untersuchungen" und das „freie Experiment" mit ein.

Kooperation

Ein weiteres wesentliches Prinzip der Freinet-Pädagogik ist die Koopcration, d. h. die Zusammenarbeit der Kinder untereinander, und nicht ihre Konkurrenz. Diese Zusammenarbeit der Kinder untereinander wird schon auf den Spaziergängen und beim *gegenseitigen Sich-Austauschen über die Ergebnisse der Spaziergänge* angeregt.

Die *individuellen freien Texte* und ihre Auswahl zum Druck durch die Gemeinschaft von Klasse und LehrerIn unterstützen die Entwicklung eines kooperativen Klimas in der Klasse: „Der freie Ausdruck bewirkt, daß sich *in der Klasse* ein *Klima* entwickelt, in dem *Freiheit und Vertrauen* vorherrschen."[13]

Die *Druckerei* gilt als Paradebeispiel einer Erziehung zur Kooperation bzw. zu dem „neuen Klima einer brüderlichen und dynamischen Gemeinschaft":[14] „Jeden Tag wird ein Text, der die hauptsächlichen Sorgen und Interessen der Kinder zum Ausdruck bringt, gemeinsam redigiert und dann an die Tafel geschrieben...

Mit Hilfe des Lehrers oder eines älteren Schülers setzen dann die Kinder den Tafeltext reihenweise in ihrem Winkelhaken nach. Schließlich wird der ganze Text von den Kindern, die das mit fünf/sechs Jahren schon perfekt können, selbst gedruckt."[15]

Auch die *Korrespondenz* wird gemeinschaftlich gestaltet und gemeinschaftlich erlebt: „Wir zogen von jedem Text 25 zusätzliche Blätter ab, die wir alle zwei Tage nach St. Philibert schickten. Im Austausch erhielten wir genauso regelmäßig die 25 Exemplare von ihrer Klasse ... *Von nun an lebten wir das Leben unserer kleinen Kameraden in Trégunc.* Wir folgten ihnen in Gedanken auf ihrer Maulwurfsjagd oder bei ihrem wundervollen Angeln, denn das Meer war zu uns vorgedrungen; und wir zitterten mit ihnen an Tagen, an denen Unwetter herrschte. Wir unsererseits erzählten ihnen von der Ernte der Orangenblüten und der Oliven, von den Festen an Karneval, der Parfümherstellung, und so gelangte unsere ganz Provence nach Trégunc."[16]

---

11 Freinet in Jörg 1981, S. 54.
12 Freinet 1979, S. 89.
13 Elise Freinet 1985, S. 20.
14 ebenda, S. 28.
15 Freinet 1979, S. 40.
16 Freinet in Jörg 1981, S. 26.

Auch viele andere *Arbeitsvorhaben* werden gemeinschaftlich, d. h. in der Gruppe oder in der gesamten Klasse, durchgeführt.[17]

Verantwortung

Das letzte hier zu besprechende Prinzip der Freinet-Pädagogik ist das der Verantwortung. Es wird verwirklicht insbesondere in den zahlreichen Verantwortlichkeiten („Ämtern"), die entstehen und von den Kindern wahrgenommen werden, sowie in den Arbeitsplänen, der Disziplin und der Klassenversammlung.

Die Verantwortlichkeiten („Ämter")

In Freinet-Klassen sind die Kinder in hohem Maße „an der Mitgestaltung des gesamten Schullebens beteiligt ... Durch diese Mitverantwortung der Schüler im ganzen schulischen Bereich erreicht Freinet, daß es bei ihm keinerlei Disziplinschwierigkeiten gibt.
Viele Aufgaben in der Schule werden von den Schülern selbst übernommen, ob es sich um das Drucken der Texte, die Versorgung der von den einzelnen Klassen gehaltenen Tiere, den Ankauf von Heften oder Lernmitteln oder um die Verwaltung der Klassenkasse, um eine Nachforderung bei einem Handwerker oder die Aufrechterhaltung von Ordnung und Sauberkeit innerhalb der Schule handelt. Jeden Samstag sind die beiden letzten Schulstunden für die wöchentliche Versammlung der Klassengemeinschaft reserviert. Die Klasse ist gereinigt, die Stühle sind im Halbkreis aufgestellt um einen Tisch, an dem sich die Verantwortlichen für die einzelnen Aufgabengebiete während ihres Rechenschaftsberichtes niederlassen".[18]

Die Arbeitspläne

„Solange das Kind nicht die Wahl zwischen einer Menge verschiedener Tätigkeiten hat, ergibt sich keineswegs die Notwendigkeit, einen Arbeitsplan aufzustellen."[19] Da die Kinder aber in der Freinet-Pädagogik zwischen den unterschiedlichen Tätigkeiten frei wählen können, müssen sie sich ihren Tagesablauf und auch die jeweils vor ihnen liegende Arbeitswoche strukturieren, d. h. planen.
„Selbst im frühesten Kindesalter gewinnt das Kind durch dieses „planvolle Tun" Ordnungssinn, Selbstbeherrschung und Vertrauen zu sich selbst. Es lernt die zu Ende gebrachte Arbeit lieben und gewinnt so nach hartem Kampf durch die Tugend der Arbeit ein gewissenhaftes Arbeitsethos, Ausgeglichenheit und inneren Frieden."[20]

---

17 vgl. Freinet 1979, S. 68 und S. 95.
18 Jörg 1981, S. 159.
19 Freinet 1979, S. 44.
20 ebenda, S. 46.

Das „unterrichtliche Vorgehen nach Arbeitsplänen bildet in der Mutterschule wie auch auf den anderen Schulstufen das Zentrum der neuen Disziplin, die keineswegs nur in der Phantasie oder nur vereinzelt anzutreffen ist, wie man manchmal vermutet. Diese Disziplin ist die Frucht einer methodisch planvollen *Organisation der Selbsttätigkeit"* im Rahmen des vielgestaltigen Lebens einer Klasse".[21]

„Wir sind ... Anhänger einer schulischen Disziplin und der Autorität des Lehrers, ohne die es keinen Unterricht und keine Erziehung gibt.

Aber welche Art von Autorität und Disziplin wir empfehlen ..., das ist es, was erörtert werden muß. Sagen wir ..., daß die wirkliche Disziplin mit all ihren Verboten und Maßnahmen nicht von außen kommt. Sie ist die *natürliche Konsequenz einer guten kooperativen Arbeitsorganisation und des moralischen Klimas der Klasse."*[22]

Die wechselseitige Bedingtheit der Freinet-Prinzipien

Die sechs wesentlichen Prinzipien der Freinet-Pädagogik wirken nicht einfach nebeneinander her, sondern ergänzen und beeinflussen sich wechselseitig:

- Die *Korrespondenz* z. B., Ausdruck der *Sinnhaftigkeit* der Freinet-Pädagogik, führt durch die Briefe der Korrespondenten wieder zu neuen Fragen an das *Leben* selbst und fördert zugleich auch die *Verantwortung* der Kinder: „Man *muß* ihnen (den Korrespondenten, d. V.) schreiben."[23] Und: „Durch unsere Techniken prüfen wir tatsächlich andauernd dieses Milieu (des Lebens der Kinder, d. V.) sorgfältig und zwar nicht nur oberflächlich aus schulischem Bedürfnis, sondern um die wachsenden Möglichkeiten der kindlichen Persönlichkeit zu achten und auch, um die Nachfragen der Leser unserer Zeitung und die Fragen unserer Briefpartner zufriedenzustellen."[24]
- Aber auch die *freien Texte* „enthalten" beispielsweise „mitunter bedeutungsvolle Stellen, die es wert sind, daß wir ihnen unsere Beachtung schenken.
  Hier handelt es sich um eine Begebenheit, die sich lohnt aufzuschreiben, dort um eine geschichtliche Beobachtung, die man klugerweise nicht übersehen dürfte, eine Frage, die wir ganz gut unseren *Korrespondenten* unterbreiten könnten. Alles das sind vielversprechende *Arbeitsanlässe*, die das *Leben* uns bietet".[25]
- Und die *Freiheit* des Denkens und Handelns z. B. kommt natürlich auch in der *verantwortlichen* Mitgestaltung der Klassenversammlung zum Tragen.

---

21 ebenda, S. 46.
22 Freinet in Jörg 1981, S. 40.
23 ebenda, S. 89.
24 ebenda, S. 54.
25 Freinet 1979, S. 93.

Die Mittel, mit denen Freinet seine pädagogischen Prinzipien verwirklicht, stellen, wie Freinet sagt, einfach wieder die „*Lebenskreisläufe*" her, die die traditionelle Schule so rigoros unterbindet:

„In unsere Klasse kam neues Leben. Wir hatten den Kreislauf wiederhergestellt: Der freie Text wurde zu einer Seite des Lebens, die den Eltern mitgeteilt und an die Brieffreunde übermittelt wurde ...

... wenn Zeitung und Korrespondenz funktionieren, wird genau wie in der Familie das Kind es niemals leid, *aus seinem Leben zu erzählen*, und zwar nicht nur von seinen äußeren Lebensbedingungen, sondern auch von jedem dieser tiefgründigen Gedanken, den die Schule niemals an den Tag bringt, und der ... der eigentliche Antrieb für das Verhalten ist."[26]

Die therapeutische Wirkung der Freinet-Pädagogik

Die Auswirkungen dieser Art von Pädagogik auf das Seelenleben der Kinder klangen immer wieder schon einmal an. Jörg schreibt explizit: „Durch die ... Mitverantwortung der Schüler im ganzen schulischen Bereich erreicht Freinet, daß es bei ihm keinerlei Disziplinschwierigkeiten gibt."[27]

Und auch an anderer Stelle schreibt Jörg über „*die Schuldrucker*", das sind die deutschen Freinet-Anhänger insbesondere im südwestdeutschen Raum: „Ohne jegliche finanzielle Unterstützung von irgendeinem Lehrerverband oder einer Gewerkschaft, alles aus eigener Tasche zahlend, leisteten „die Schuldrucker" eine hervorragende Arbeit zum Wohle unserer Kinder. In ihren Klassen gab und gibt es *keine Legastheniker*, sie kennen *keine Disziplinschwierigkeiten*, weil sie ihren Schülern ein weitgehendes Recht der Mitverantwortung alles schulischen Tuns einräumen. Sie kennen trotz Mehrarbeit auch *keine schulmüden, schulgestreßten Kinder*, weil sie der Kreativität und Selbstbestimmung des Schülers so Raum gewähren, daß Unterricht und Lernen zu einem frohen und verantwortungsbewußten Tun in einer Gemeinschaft wird, wo jeder im anderen einen Freund und nicht einen Konkurrenten findet."[28]

Auch eine *seelische Entlastung der LehrerInnen* wird durch solch eine Art von Unterricht erreicht: „Sie werden mit einem Schlag *Sensibilität, Ausgeglichenheit, Selbstbeherrschung und Autorität* – die elementaren Faktoren für Effizienz und Erfolg – *wiederfinden*."[29]

„Die traditionelle Schule verlangt viel zu viel vom Lehrer, weniger allerdings – und das ist das schlimmste – an technischen Fertigkeiten, als vielmehr an persönlichen und psychischen Qualitäten ... Man fordert von ihm: Ausgeglichenheit, Rechtschaffenheit, persönliche Autorität, Erfindungsgabe, Geduld, Selbstbeherrschung, Entsagung, Hilfsbereitschaft ... und Liebe! Weil aber Lehrer Menschen sind, die nur ganz selten einmal alle diese als unbedingt erforderlich angesehenen Eigenschaften besitzen, bricht das ganze pädagogische System zusammen...

Wir wollen jedoch unsere Erziehung grundlegend und dauerhaft aufbauen,

---

26 Freinet in Jörg 1981, S. 27.
27 in Freinet 1979, S. 218.
28 ebenda, S. 255.
29 Freinet in Jörg 1981, S. 16f.

indem wir von der Wirklichkeit ausgehen. Wir suchen daher Arbeitsmittel, Unterrichtstechniken und eine Organisation des Unterrichts, die es den Lehrern bei normaler menschlicher Beanspruchung erlauben, einen höchstmöglichen Erziehungserfolg zu erzielen. Das heißt, daß die Lehrer bei gewissen Gelegenheiten auch ruhig einmal ihre Fassung verlieren dürfen, daß sie nicht immer die geforderte Geduld und für alles eine geschickte Hand benötigen...

Wir bereiten ein erziehliches Milieu, ein Arbeitsmaterial, entsprechende Arbeitstechniken und eine Organisation der Arbeit vor, die es den Kindern erlauben, sich soweit als möglich selbst zu verwirklichen, wenn der Lehrer ihnen dabei hilft oder sie wenigstens bei ihren tastenden Versuchen und ihrem Forschen nicht hindert."[30]

Auch *Elise Freinet* betont die *emotionale Entlastung der LehrerInnen*:

„In den Klassen ohne Leben, wo die Schularbeit – die mit Recht Pflicht (devoir) genannt wird – niemals ohne die strenge Aufsicht des Lehrers ausgeführt wird, wo die größten Anstrengungen der Schüler manchmal darauf verwandt werden, Mittel und Wege zu finden, sich der erniedrigenden Vorherrschaft der Schule zu entziehen, ist der Erzieher von den Erfordernissen der Disziplin und des Unterrichtens vollauf in Beschlag genommen.

Das alles ändert sich, wenn das Kind sich seinen Wissensdurst vollständig bewahrt hat. Ein Teil der Beschäftigung des Lehrers, nämlich die, seine Schüler zur Arbeit zu zwingen, ist nun frei geworden. Es verbleiben dem Erzieher fast nur noch *edle und leidenschaftliche Beschäftigungen*: Er leitet die Gemeinschaftsarbeit, überwacht, entscheidet als Schiedsrichter, gibt Anregungen, mißbilligt manchmal. Das erzieherische Wirken erhält die Ruhe und Vertraulichkeit, die dafür unbedingt erforderlich sind."[31]

Das ist der Reichtum der Freinet-Pädagogik. Welche Psychologie kommt ihm nahe, bildet ihn im Psychologischen nach, spiegelt ihn psychologisch wider? Und damit komme ich zu meiner zweiten Frage:

B. Warum bzw. worin psychologisieren die herkömmlichen Psychologien am Reichtum der Freinet-Pädagogik vorbei?

Nehmen Sie die *Psychoanalyse*: Wollen Sie das fröhliche und zugleich ernsthafte und sinnerfüllte Lernen in Freinet-Klassen aus einer „frühzeitlichen Verknüpfung mit sexuellen Interessen" herleiten und als „Ersatz der Sexualbetätigung" über den Weg der Sublimierung auffassen? So in etwa denkt es sich Sigmund Freud aus anläßlich seiner psychoanalytischen Interpretation des frühkindlichen Geier-Traumes von Leonardo da Vinci.[32]

Ich glaube, das ist absurd. Oder:

Wollen Sie das fröhliche und zugleich ernsthafte und sinnerfüllte Lernen in

---

30 Freinet 1979, S. 101 f.
31 Elise Freinet 1985, S. 65.
32 Freud, Sigmund: Eine Kindheitserinnerung des Leonardo da Vinci. In: Freud, S.: Schriften zur Kunst und Literatur. Frankfurt/M.: Fischer 1987 (Fischer Taschenbuch Nr. 7399), S. 106.

Freinet-Klassen vornehmlich aus einem „Minderwertigkeitsgefühl mit darauf-folgendem Kompensationsstreben" der Kinder und Jugendlichen erklären? So schlägt es die *Individualpsychologie* von Alfred Adler vor und empfiehlt zur Abmilderung eine – immer zutreffend – stete Ermutigung der Kinder.[33] Ich glaube, solch eine Erklärung des Lernens aus einer Kompensierung eines ge-nerellen Minderwertigkeitsgefühls würde den vielfältigen Bindungen und Be-zügen der Kinder und Jugendlichen in Freinet-Klassen an andere Menschen, z. B. die Korrespondenten, sowie die Gegenstände und Abläufe in dieser Welt insgesamt nicht gerecht.

Auch die *humanistischen Psychologien* von Carl Rogers (dem Vertreter der nicht-direktiven Gesprächspsychotherapie) und von Fritz Perls (dem Vertreter der Gestalttherapie) mit ihren zentralen Konzepten der Selbst-Erfahrung und der Selbst-Verwirklichung[34] scheinen mit nicht den auf die Welt bezogenen und in die Welt drängenden Reichtum der Prinzipien und der Mittel/„Techniken" der Freinet-Pädagogik im Psychologischen angemessen widerzuspiegeln.

Bleiben die *psychologischen Lernmotivations-Theorien*. Sind doch diese per definitionem nah am Ball. Und müßten doch diese am ehesten noch in der Lage sein, das fröhliche und zugleich ernsthafte und sinnerfüllte Lernen in Freinet-Klassen zu erklären oder zumindest psychologisch nachzuvollziehen. Aber diese Theorien gucken ja nicht einmal hin!

Die Vertreter der psychologischen Theorien der Lernmotivation haben aus-schließlich den herkömmlichen, lehrerInnenzentrierten *Frontalunterricht* im Auge. Andere Unterrichtsformen wie z. B. die Freinet-Pädagogik oder über-haupt Offenen Unterricht nehmen sie gar nicht zur Kenntnis oder klammern sie sogar explizit aus. Beispielhaft dafür steht die ForscherInnen-Gruppe um Heinz Heckhausen:

„Unsere … Erörterungen haben nur das übliche Unterrichtsmodell im Auge. Das heißt, Lehrinhalte („Stoff") und Zeiteinheiten (Stundentafel und Schuljahresperioden) sind als feste Blöcke im Lehrplan einander zugeordnet. Ein Lehrer unterrichtet ein gegebenes Schulfach in einer Klasse von annähernd gleichaltrigen Schülern, die bislang ungefähr gleich viel Unterricht erhalten haben, aber eine beträchtliche Streuung ihrer unterrichtsfachspezifischen Lei-stungsfähigkeit aufweisen. Neben komplexeren Unterrichtsmodellen lassen wir auch Einflüsse des besonderen Schulmilieus und Übertragungseffekte von anderen Schulfächern und Lehrern außer Betracht."[35]

Direkt hochmütig äußert sich Rheinberg in seinem Buch „Leistungsbewer-tung und Lernmotivation"[36]:

„Gemeint ist hier ganz „normaler" Unterricht, also nicht Unterricht unter irgendwelchen optimalen Voraussetzungen, der mit vorfindbarer Realität so wenig zu tun hat, daß er dem „normalen" Lehrer allenfalls als Entschuldigung

33 Adler, Alfred (mit Carl Furtmüller und Erwin Wexberg): Heilen und Bilden. Frankfurt/M.: Fischer 1983 (Fischer Taschenbuch Nr. 6220), S. 34.
34 Rogers, Carl R.: Die Kraft des Guten. Ein Appell zur Selbstverwirklichung. Frankfurt/M.: Fischer 1985 (Fischer Taschenbuch Nr. 42271), S. 267 ff und Perls, Fritz: Gestalt-Therapie in Aktion. Stuttgart: Klett-Cotta 1979³, S. 39.
35 Heckhausen und Rheinberg 1980, S. 8.
36 Rheinberg, Falko: Leistungsbewertung und Lernmotivation. Göttingen 1980, S. 164, Fußno-te 1.

dafür dienen kann, daß es in seinem Unterricht nicht so gut läuft, wie es laufen könnte."

Trotzdem wird Rheinberg von Heckhausen überschwenglich bescheinigt, in seinem Buch gleichsam das „Troja" der Lernmotivations-Forschung „gefunden und freigelegt" zu haben."[37]

Ähnlich haben auch die anderen wesentlichen Vertreter der psychologischen Lernmotivations-Theorie Berlyne und Rosenfeld ausschließlich den herkömmlichen Frontalunterricht im Auge.

Was denken nun die verschiedenen Vertreter der psychologischen Lernmotivations-Theorie über die Lernmotivation der Kinder im herkömmlichen Unterricht?

1. Theorie einer Lernmotivation „von außen" (Heckhausen und Rheinberg)

Heckhausen und Rheinberg, die wesentlichen Vertreter einer Lernmotivations-Theorie „von außen", d. h. einer extrinsischen Lernmotivations-Theorie, nehmen an, daß die Kinder in der Schule vorwiegend „von außen", d. h. aufgrund äußerer Zwecke zum Lernen motiviert und motivierbar sind: „Wir nehmen an, daß so gut wie alle Aktivitäten von Schülern im Unterricht zweckgerichtet motiviert sind."[38]

Unterricht ist eben für diese Autoren „über weite Strecken keine Veranstaltung, die wie die Spielaktivität am ‚Flipper'-Spielautomat vor lauter sachinhärenter Stimulation (d. h. Lernmotivation ‚von innen', d. V.) vibriert. Vielmehr gibt es viel mühsame, langwierige und langweilige Einlagen, ehe Basiskompetenzen aufgebaut sind, die gelegentlich und endlich die Auseinandersetzung mit Sachanforderungen einer Aufgabe erst ‚intrinsisch' stimulierend machen. Bis dahin und darüber hinaus muß Lernen im Unterricht aber ausdauernd motiviert bleiben. Schwierigkeiten, Mißerfolge oder Störungen von außen können eine aufgabeninhärente Stimulation sofort zusammenbrechen lassen ... Deshalb ist eine zweckgerichtet auf Ergebnisfolgen gerichtete Lernmotivation stets unerläßlich. Dazu können sogar Lernanstrengungen gehören, die ‚bloß' um guter Zensuren willen unternommen wurden."[39]

„Auf jeden Fall drängen sich Eltern, Lehrern und Therapeuten eine Fülle von *leicht manipularen extrinsischen Folgen* auf, weil es sich bei Kindern, Schülern oder Patienten um abhängige Personen handelt. Man kann loben und tadeln, schlechte Zensuren androhen, Vergünstigungen gewähren und entziehen, Strafen und Geschenke in Aussicht stellen und dies alles in einer Weise auswählen und abstufen, daß es die abhängige Person an ihren verwundbaren Stellen trifft. (– An anderer Stelle (S. 11) sagen Heckhausen und Rheinberg sogar: „Allerdings ist das Arsenal unangenehmer Folgen, über das der Lehrer gebieten kann, seit dem Verbot der *Prügelstrafe* eingeschränkt." –) ... Bei unzureichender intrinsischer Lernmotivation aus pädagogischen Grundsätzen auf extrinsische Anreize zu verzichten, wäre nicht nur weltfremd, es wäre auch

---

37 ebenda, S. 5.
38 Heckhausen und Rheinberg 1980, S. 19.
39 ebenda, S. 23.

Blindheit für die Möglichkeiten, die extrinsische Motivierung für den Aufbau einer intrinsischen bietet."[40]

Insgesamt zeichnet die im wesentlichen bundesrepublikanische Forschung zu einer Lernmotivation „von außen", wie sie insbesondere Heckhausen (im Nachruf „einer der großen Psychologen unseres Jahrhunderts"[41]) und MitarbeiterInnen betreiben und fördern, ein *trauriges Bild von den Beweggründen des schulischen Lernens unserer Kinder*. Es mag zutreffen für die Mehrheit der Kinder und Jugendlichen, die dem herkömmlichen, traditionellen Unterricht ausgesetzt sind. Aber das Traurige ist doch, daß Heckhausen und seine MitarbeiterInnen nicht über den Zaun in den blühenden Garten reformpädagogischer Unterrichtsveränderungen gucken, deren Gipfel vielleicht wirklich die in der Regelschule arbeitende Freinet-Pädagogik darstellt.

Der Gipfel solcher Art von Lernmotivations-Forschung ist das Abrücken von jeder Art von psychologisch-didaktischer Unterrichts-Reflexion hin zur Entwicklung und Propagierung von *Trainings-Programmen* zur Verbesserung der Lernmotivation für SchülerInnen (vgl. die diesbezügliche Auflistung bei Weßling-Lünnemann[42]) und LehrerInnen (z.B. Krug u.a.[43] oder wiederum Weßling-Lünnemann) und damit die endgültige Etablierung der Psychologen als – allerdings inkompetente – Experten für die Psychologie des Unterrichts.[44]

Freinet-Pädagogik und die Lernmotivations-Theorie von Heckhausen u.a. haben nichts miteinander gemein.

2. Theorie einer Lernmotivation vornehmlich „von innen" (Berlyne u.a.)

Gedanklicher Konflikt statt Interesse

Wie wären nun die Kinder in der Schule „von innen" zu motivieren? Am besten über ihr Interesse: „Wo Interessen bestehen, braucht sich kein Lehrer um die Lernbereitschaft seiner Schüler zu sorgen."[45]

Interesse ist auch der von SchülerInnen und StudentInnen am häufigsten genannte Grund sowohl für die Auswahl von Fächern als auch für das bestmögliche Lernen.[46] Aber das Interesse an einem Gegenstand ist nicht willkürlich herstellbar. Und für viele Gegenstände des herkömmlichen Unterrichts interessieren sich die Kinder einfach nicht. Also kommt man mit dem Vertrauen auf das Interesse allein nicht weiter.

40 ebenda, S. 27.
41 Heckhausen, Heinz: Erinnerungen, Würdigungen, Wirkungen. Berlin 1990, Umschlag (Rückseite).
42 Weßling-Lünnemann, Gerburgis: Motivationsförderung im Unterricht. Göttingen 1985, S. 10–19.
43 in Rheinberg 1980, S. 158–163 (siehe Fußnote 36).
44 siehe hierzu Illich, Ivan u.a.: Entmündigung durch Experten. Reinbek bei Hamburg 1979.
45 Schiefele, Hans: Lernmotivation und Motivlernen. München 1974, S. 257.
46 Todt, Eberhard: Interesse. In: Sarges, Werner und Fricke, Reiner: Psychologie für die Erwachsenenbildung/Weiterbildung. Göttingen 1986, S. 273.

Entsprechend verliert der Begriff interessengeleiteten Lernens in der Psychologie an Beachtung[47] und wird ersetzt durch eine Theorie innerer Motivierung der Kinder durch eine interessante Aufmachung/„Verpackung" gleichsam jedes beliebigen Lerngegenstandes.

Grundlegender Begriff ist hierbei der Begriff des *gedanklichen Konflikts* des Neobehavioristen und Piaget-Kenners Berlyne: „Wenn zwei oder mehr inkompatible (d.h. unvereinbare, einander widersprechende, d.V.) Reaktionen gleichzeitig in einem Organismus aktiviert werden, sprechen wir von Konflikt."[48] Ein *gedanklicher* Konflikt besteht, wenn die miteinander nicht zu vereinbarenden Reaktionen „symbolisch" sind, d.h. nicht direkt beobachtet werden können, sondern in den Gedanken ablaufen.[49]

Berlyne nennt folgende Formen gedanklicher Konflikte[50]:

- „Zweifel" (z.B.: Soll ich einer Aussage glauben oder nicht?)
- „Perplexität" (z.B.: Ein Mensch kommt zu mehreren, sich gegenseitig ausschließenden Überzeugungen. Dabei hat er nicht die Möglichkeit, die zutreffende herauszufinden)
- „logischer Widerspruch" (z.B.: „Ich habe dies geschrieben und ich habe dies nicht geschrieben")
- „gedankliche Inkongruenz" (z.B. ein schwarzer Schwan).
- „Verwirrung" (z.B.: Welche Rasse ist das denn nun – wenn ein Hund aus mehreren Rassen gekreuzt ist)
- „Irrelevanz" (z.B. wenn jemand offensichtlich Zusammenhangloses redet).

Die gedanklichen Konflikte bedeuten eine *Gleichgewichtsstörung* im Denken[51]: Man kommt mit dem bisherigen Denken nicht weiter. Das führt zu „epistemischer Neugier" oder m.a.W. Wissensdurst, der dazu dient, durch den Erwerb entsprechenden Wissens die kognitiven Konflikte zu vermindern und das Gleichgewicht wiederherzustellen.[52]

Ergänzung extrinsischer durch intrinsische Motivation

Berlyne erkennt dabei durchaus die Gültigkeit extrinsischer Motivation an. Er gibt aber der von ihm beschriebenen intrinsischen Motivation einen wichtigen, ergänzenden Stellenwert:

„Wir ... behaupten, daß sogar dann, wenn extrinsische Antriebe das epistemische Verhalten (d.h. das Beobachten, das schöpferische Denken und das Einander-Befragen, d.V.) eindeutig beherrschen, diese durch andere motiva-

---

47 vgl. jedoch das diesbezügliche Buch von Steiner, Isolde: Interessengeleitetes Lernen. München 1983.
48 Berlyne 1974, S. 29.
49 ebenda, S. 349.
50 ebenda, S. 352–355 – Die Beispiele nach Berlyne selbst, teilweise mit Hilfe von Krieger, Rainer: Ungewißheit und Wißbegier. Von der reizinduzierten Motivation zu einer Wert-Erwartungs-Theorie. In: Voss und Keller 1981, S. 90f.
51 Berlyne 1974, S. 358.
52 vgl. auch Day 1981, S. 260f.

tionale Faktoren ergänzt werden müssen, welche mit denjenigen verwandt sind, die intrinsisches epistemisches Verhalten steuern."[53]

Und weiter:

„Wir wollen die Annahme vertreten, daß der (gedankliche, d. V.) Konflikt ... die Motivation für intrinsisches epistemisches Verhalten liefert und daß er die extrinsische Motivation ergänzt, wenn Wissen für praktische oder soziale Zwecke angestrebt wird."[54]

Förderung der Lernmotivation: Herstellung gedanklicher Konflikte

Das Rezept für den Unterricht ist einfach: Rufe in Deinen Schulkindern gedankliche Konflikte hervor, und sie beteiligen sich willig am Unterricht:

„Die Aufgabe des Lehrers ist ... die *Manipulation der Bedingungen*, die einen *Neugierzustand* in seinen Schülern *hervorrufen*."[55]

Und:

Ein wichtiges Mittel zur Herstellung gedanklicher Konflikte ist die *Frage* bzw. anders herum sogar: Was einen gedanklichen Konflikt hervorruft, hat immer den Charakter einer Frage:

„Es gibt im Alltagsleben sehr viele Beweise für die Stärke, mit der Fragen die Abgabe einer Antwort – wenn diese bekannt ist – oder andernfalls die Suche nach einer Antwort herausfordern können ... Berühmte Denker wurden nicht selten durch Fragen stimuliert, ihr ganzes Leben über Sachverhalte nachzudenken, die gewöhnliche Menschen als selbstverständlich hinnehmen."[56]

Auch Lind spricht sich für eine, wie er es nennt, sachbezogene Motivation im Unterricht mittels Herstellung gedanklicher Konflikte aus.[57]

Seine ausgeklügelten methodischen Vorschläge zur Motivierung der Kinder mittels Herstellung gedanklicher Konflikte sind – für den naturwissenschaftlichen Unterricht – folgende:

„a) Weckung der Aufmerksamkeit

Um die Aufmerksamkeit des Schülers hervorzurufen, sollten die Lehrmittel ... ein moderates Maß von Neuigkeit, Komplexität, Asymmetrie, Überraschung bieten. Es geht hier zunächst einmal um die unmittelbare perzeptive oder auditive Zuwendung, die durch eine entsprechende ‚Verpackung' der Lehrmittel erreicht werden kann ...

---

53 Berlyne 1974, S. 343; siehe auch S. 327.
54 ebenda, S. 345.
55 Day 1981, S. 254.
56 Berlyne 1974, S. 356 f.
57 Lind, Gunter: Sachbezogene Motivation im naturwissenschaftlichen Unterricht. Weinheim 1975, S. 27 f.

b) Denkmotivation durch Inkongruenzen

... Für den naturwissenschaftlichen Unterricht nennt Berlyne besonders die Typen ‚Widerspruch' und ‚Überraschung' ... Er schreibt: ‚In verschiedenen Gegenstandsbereichen, aber besonders in den Naturwissenschaften, ist es möglich, dem Schüler ein Phänomen zu präsentieren, das Erwartungen verletzt, die aus seinen bestehenden Überzeugungen folgen, ein Phänomen, das er aufgrund früherer Schulung und Erfahrung für unwahrscheinlich oder unmöglich erachtete. Die motivationalen Möglichkeiten der Überraschung werden gewöhnlich im Unterricht nutzbar gemacht durch Verwendung von Demonstrationen physikalischer, chemischer oder biologischer Phänomene' ...

c) Aufrechterhaltung der Motivation
   (Vermeidung der Habituierung)

‚Wenn einmal eine Inkongruenz mittlerer Stärke geschaffen wurde, muß der Unterrichtende ihre Größe in mäßigen Beträgen entweder vergrößern oder vermindern, um der Habituierung vorzubeugen' ... ‚Strategien zur Verminderung der Habituierungseffekte umfassen

1. *periodische Informationszulieferung* während der Beschäftigung mit dem Problem, um das eingangs hohe Inkongruenzniveau zu erniedrigen,
2. Festsetzung einer *Sequenz von Subproblemen*, um die Inkongruenz wieder zu entzünden, wenn sie unproduktiv gelöst zu werden droht und
3. die Verwendung von ‚*Verfolgungs*'-Fragen (...), die den Lernenden mit logischen Ungereimtheiten in seiner Position oder mit widersprechender Evidenz konfrontieren' ..."[58]

Neugier-Training

Auch in diesem Bereich psychologischer Forschung treten wieder Psychologen auf den Plan, die einem psychologischen Training entsprechender Einstellungen und Verhaltensweisen der Kinder das Wort reden. Z. B. meinen Kreitler und Kreitler, daß die „Erziehung zur Neugier mehr Aufmerksamkeit und mehr systematische Anwendung verdient, als dies bisher der Fall war"[59], und daß die „systematische Neugierförderung ... nicht nur die verschiedensten Explorationsprogramme zu vermitteln, sondern auch Programmselektion zu lehren" habe.[60]

Day versteigt sich darüber hinaus zu dem Vorschlag, Kinder in der Schule nach ihrer Neugierde in Gruppen einzuteilen und entsprechend zu unterrichten:

---

58 ebenda, S. 261 ff unter Zitierung von Berlyne, D. E. und Schultz, Ch. B.
59 Kreitler, Hans und Kreitler, Shulamith: Die kognitiven Determinanten des Neugierverhaltens. In: Voss und Keller 1981, S. 172.
60 ebenda, S. 173.

„Man sollte ... versuchen, Schüler entsprechend ihres Neugierniveaus und ihrer spezifischen Neugierrichtung zu gruppieren."[61]

Einschätzung: Leichte Annäherung an das Leben

Die VertreterInnen einer Lernmotivations-Theorie „von innen" sind in ihrem Denken ein ganz klein wenig lebensnäher als ihre KollegInnen von der Lern-motivations-Theorie „von außen". Schiefele betont z. B. immerhin die Wich-tigkeit des Interesses für die Lernbereitschaft, und Berlyne sieht die Frage als Stimulanz von *Wißbegier in Wissenschaft und Alltag* an. Aber für den Unter-richt in der Schule schlagen auch die VertreterInnen einer Lernmotivation „von innen" nicht die Bindung der Lernmotivation an das Interesse der Kinder vor. Denn seinen Interessen zu folgen, würde Freiheit voraussetzen, und diese Freiheit gestehen auch die VertreterInnen einer Lernmotivation „von innen" den Kindern in der Schule nicht zu. An der inhaltlichen und formalen Struktur des herkömmlichen Unterrichts, an die sich die Kinder anzupassen haben, rütteln auch sie im wesentlichen nicht.

Statt dessen versuchen sie unter Mißachtung des Prinzips der Freiheit, durch *Manipulation auf der Seite des Lehrmaterials* durch die LehrerIn in den Kindern Neugier für jeden beliebigen Lerngegenstand bzw. für jeden von der Schule präsentierten Lerngegenstand zu erzeugen.

Damit ist auch die Theorie einer Lernmotivation „von innen" kaum in der Lage, das blühende Leben und den Lern- und Arbeitseifer der Kinder in solch offenen Klassen, wie es Freinet-Klassen sind, zu erklären bzw. zu beschreiben. Hier arbeiten ja die Kinder nach ihren Interessen, und die Gegenstände, an denen sie arbeiten, sind nicht durch die LehrerIn zum Die-Kinder-neugierig-Machen manipuliert worden. Nein, hier sind für die Kinder die Lern- und Arbeitsgegenstände aus dem Leben heraus oder aus dem Willen, sich aufs Leben vorzubereiten, oder auch durch die Fragen der Kommunikationspartner oder aus allen genannten Gründen zusammen interessant bzw. wichtig gewor-den.

3. Theorie einer Lernmotivation „von außen" und „von innen" (Rosenfeld)

Nach Rosenfeld sind Kinder im Unterricht immer zugleich aus mehreren Quel-len motiviert und damit auch motivierbar. Und diese Quellen sind immer sowohl „äußerliche" im Sinne von Zweck- und Sinnzusammenhängen, als auch „innerliche" im Sinne von inneren Widersprüchen.

---

61 Day 1981, S. 261.

Zur Motivation durch Sinn und Zweck des Tuns

In einer ganzen Reihe differenzierter empirischer Untersuchungen versucht Rosenfeld zu belegen, daß die Zweckgebundenheit einer Aufgabe ihre Bewältigung fördert:

„Bereits Untersuchungen im Vorschulalter legten nahe, daß die Verbindung zwischen Lernvorgang einerseits und Zweckbedeutungen andererseits für den pädagogischen Prozeß wie für seine Ergebnisse vorteilhaft sind.
So ließ sich beispielsweise das *Erlernen eines Verses* wirkungsvoller gestalten, sofern der Lernvorgang mit bestimmten Zweckzielen verbunden war."[62]

„1. Das *Weben eines Nadelkissens* erwies sich aufgrund einer hier naheliegenden Zweckhaftigkeit (Geschenk) als ein Vorgang, dem eine erhöhte Zuwendungsbereitschaft und Aktivität zukam;
2. Das *Ausschneiden von geometrischen Figuren* besaß einen erheblichen ‚Anfangreiz‘ infolge funktionsluststimulierender Elemente des Handlungsvorgangs (Umgangsqualität), verlor aber nach und nach seine attraktive Wirkung, da sich sinnvolle Handlungszwecke mit dem Vorgang kaum verbinden ließen (bzw. einige von den Kindern als möglich erwogene, vermutete Zwecke vom VL nicht bestätigt wurden..."[63]

Die Zweckgerichtetheit der Lernmotivation zeigte sich nicht nur im entsprechend besseren Abschneiden zweckvoller bzw. nützlicher/sinnvoller Tätigkeiten, sondern auch in einer Art Suche nach Sinn, die die Kinder in den Experimenten von Rosenfeld bei nicht sogleich als nützlich erkannten Aufgaben bzw. Tätigkeiten bewegte:
„Andererseits war festzustellen, daß Vorschulkinder der untersuchten Altersgruppe sich auf bestimmte, außerhalb des aktuellen Vollzugs liegende Zwecke und Bedeutungen spontan orientierten; wenn also der Aufgabeninhalt nicht bereits den Zweck der jeweiligen Handlung unmittelbar nahelegte (wie beim „Nadelkissenweben"), dann *suchten und fragten die Vpn nach vermutlichen Handlungszwecken*..."[64]
Auch die Auswertung von *Aufsätzen älterer SchülerInnen* (17 Jahre) verweist Rosenfeld auf die Zweckgebundenheit menschlichen Lernens.[65]

Motivation durch Zensuren und Disziplin

Dabei ist die *Palette zweckorientierter Motivationsfaktoren bei Rosenfeld breit*: Sie reicht von der gesellschaftlichen Nützlichkeit des Tuns bzw. des Lernens bis hin zur Androhung der Nicht-Versetzung oder dgl. Rosenfeld schreibt selbst:

---

62 Rosenfeld 1971, S. 195f.
63 ebenda, S. 197.
64 ebenda, S. 198.
65 ebenda, S. 203f.

„… in *jüngeren Altersstufen* bedarf es noch der Zwischenschaltung naheliegender mittelbarer *Zweckziele* (*Versetzung, Zensur, Belohnung* u. a.), während später schon die unmittelbare gesellschaftliche wie persönliche Zweckhaftigkeit und Bedeutung des Lernens sich nicht nur rational erkennen, sondern auch als dynamischer Beweggrund erleben läßt."[66]

An anderer Stelle äußert Rosenfeld sogar, „daß ‚Machtfaktoren‘, wie straffe Ordnungsbedingungen, strenge Disziplin und eindeutige Gebots- und Verbotsforderungen, der pädagogischen Situation unbedingt zugehörig bleiben müssen … der Schüler darf die pädagogische Situation nicht als schlechthin freizügig und beliebig erleben."[67]

Zur Motivation durch inneren Widerspruch

„Ist die subjektive Bedeutung (Valenz) der Ziele *eine* wesentliche Konstituente der Lerndynamik, so ist *eine* weitere der innere Widerspruch."[68] Innerer Widerspruch ist für Rosenfeld dabei nicht ein gedanklicher Konflikt im Sinne Berlynes. Innerer Widerspruch ist für Rosenfeld der Kernbegriff einer dialektisch-materialistischen Auffassung von der psychischen Entwicklung der Menschen. Innerer Widerspruch ist hiernach die als subjektiv bedeutsam wahrgenommene *Diskrepanz* zwischen Leistungs- und Verhaltens-*Anforderungen* einerseits und bisher vorhandenen Leistungs- und Handlungs-*Fähigkeiten* der Individuen andererseits. Solche inneren Widersprüche sind die Triebfedern der psychischen Entwicklung:

„Entwicklung ist die Angleichung des psychischen Niveaus an die höhere Leistungs- und Verhaltensebene".[69]

Und:

„Sofern Forderungen über das aktuelle Niveau psychischer Dispositionen hinausgehen, ist eine spezifische Triebkraft nur zu erwarten, wenn in diesem Zusammenhang *innere* Widersprüche entstehen, was beispielsweise der Fall ist, sobald die gestellten Forderungen subjektiv akzeptiert (als personal-bedeutsam) erlebt wurden."[70]

Die Aufgabe des/der PädagogIn ist hiernach die wohldosierte Herstellung innerer Widersprüche in den Kindern zur Steuerung ihrer Entwicklung bzw. ihrer Lernfortschritte.

Die Psychologie Rosenfelds: Der Zwang als Determinante der Seele

Rosenfeld ist der einzige Theoretiker der Lernmotivation, der den *Sinn bzw. die Zweckhaftigkeit*, die eine Handlung für einen Menschen hat, als Beweggrund für diesen Menschen herausstellt, diese Handlung auch tatsächlich auszuführen. Rosenfeld nimmt darüber hinaus sogar das Fragen und Suchen

---

66 ebenda, S. 195.
67 ebenda, S. 211.
68 ebenda, S. 209.
69 ebenda, S. 23.
70 ebenda, S. 24.

nach dem Sinn einer Handlung schon bei Kindern im Vorschulalter wahr. Rosenfeld ist damit der einzige psychologische Lernmotivations-Theoretiker, der überhaupt das Prinzip des sinnvollen Lernens, eines der sechs Prinzipien der Freinet-Pädagogik, thematisiert.

Aber wie geht er damit im weiteren um? Er bindet dieses Prinzip des sinnvollen bzw. des zweckgebundenen Handelns und Lernens nicht an das Prinzip der Freiheit, sondern läßt Sinn und Zweck schulischen Arbeitens und Lernens ausschließlich *von der LehrerIn bestimmen bzw. aufweisen.* Er wendet sich sogar explizit gegen jegliche Freiheit im Klassenzimmer, und zwar in doppelter Hinsicht: Erstens gibt er im Unterricht keine Freiheit, sondern läßt die LehrerIn die gesamten unterrichtlichen Aktivitäten der Kinder in Gang setzen und kontrollieren, und zweitens hat er in seiner Auffassung von der kindlichen Entwicklung auch gar keinen Platz für die Annahme einer freien bzw. selbstbestimmten Entfaltung der Kinder, sondern sieht ihre Entwicklung als durch „pädagogische Funktionen" voll determiniert an.[71]

Der *schulische Zwang* ist dabei für Rosenfeld cin völlig probates Mittel sowohl zur Herstellung von „Zweckzielen" wie Versetzung, Zensur, Belohnung u. ä., als auch zur Motivierung der Kinder überhaupt. Rosenfeld steht damit in der Akzeptanz schulischen Zwangs Heckhausen viel näher als den Vertretern einer Lernmotivation „von innen", Berlyne und Schiefele, und ist ebenfalls meilenweit davon entfernt, das blühende Lernen in solch offenen Klassen wie Freinet-Klassen psychologisch adäquat zu beschreiben oder gar zu begründen.

Ausblick

Die *psychologischen Lernmotivations-Theorien* halten alle nicht das, was sie zu versprechen scheinen, nämlich eine Theorie bzw. eine Lehre dessen zu sein, wie bzw. unter welchen Bedingungen Kinder in der Schule fröhlich lernen. Und zwar lösen die psychologischen Lernmotivations-Theorien dieses vermeintliche Versprechen deswegen nicht ein, weil sie *Form und Inhalt des herkömmlichen Unterrichts* im Wesentlichen *nicht in Frage stellen.*

Die psychologischen Lernmotivations-Theorien variieren ja jeweils nur bestimmte untergeordnete Gesichtspunkte der Unterrichtsgestaltung (z. B. Widersprüche im Lehrmaterial), ändern aber niemals die Gesamtstruktur des herkömmlichen, lehrerIn-geführten Unterrichts. Diese Gesamtstruktur des herkömmlichen Unterrichts – nämlich sein fremdbestimmter Zwangscharakter – läßt aber, wie bereits die Reform-Pädagogen der 20er Jahre monierten, ein fröhliches Lernen der Kinder in der Schule nicht zu.

Keine der besprochenen psychologischen Lernmotivations-Theorien reflektiert überhaupt den Bezug des Unterrichts zum Leben der unterrichteten Kinder, keine der besprochenen psychologischen Lernmotivations-Theorien reflektiert die Frage „Passives Aufnehmen des Unterrichtsstoffes oder aktive Aneignung/Selbsttätigkeit?", keine Lernmotivations-Theorie verwendet auch nur einen Gedanken auf die Frage nach der Förderung der Verantwortlichkeit der Kinder, das Prinzip „Freiheit im Klassenzimmer" wird totgeschwiegen oder

---

71 ebenda, S. 37.

explizit abgelehnt, und auch die soziale Kooperation ist für die psychologischen Lernmotivations-TheoretikerInnen kein Thema. Alles in allem kann man sagen: Die deutsche Lernmotivations-Forschung der 70er und 80er Jahre ist weit *hinter dem Stand der Reform-Pädagogik der 20er Jahre zurückgeblieben.*

Im Folgenden werden wir sehen, daß eine ganz andere Motivations-Theorie – keine spezielle Theorie der Lernmotivation, aber eine umfassende Theorie der Motivation zum Leben überhaupt – viel besser zur Freinet-Pädagogik „paßt" bzw. ihr eigentlich sogar psychologisch komplementär entspricht und damit auch in der Lage ist, das blühende Leben und Lernen in Freinet-Klassen psychologisch zu beschreiben bzw. zu begründen. Diese Theorie ist die sinnbezogene Existenzanalyse und Logotherapie von Viktor E. Frankl. Und damit bin ich schon bei meiner dritten Frage angelangt:

C. Welche Psychologie zeichnet den Reichtum der Freinet-Pädagogik nun tatsächlich im Psychologischen nach, d.h. kommt der Freinet-Pädagogik tatsächlich psychologisch nahe?

Ich glaube wirklich, das ist die Existenzpsychologie von Viktor E. Frankl.

Die Existenzpsychologie von Viktor E. Frankl ist dabei im eigentlichen Sinne des Wortes gar keine Lernmotivations-Psychologie. Sie ist vielmehr eine *Lebensmotivations-Psychologie*, d.h., sie ist die Psychologie „der spezifisch humanen Motivation" des Menschen zum Leben[72] und – in der Übertragung auf den Unterricht – dann auch die Psychologie einer humanen Motivation der Kinder und LehrerInnen zum Leben in der Schule.

Viktor E. Frankls „Existenzanalyse und Logotherapie" gilt als „die dritte Richtung der Wiener Psychotherapeutischen Schule".[73] Mit Sigmund *Freud* führte Viktor E. Frankl noch als Mittelschüler einen regen Briefwechsel. Freud ließ auch den ersten wissenschaftlichen Aufsatz von Frankl überhaupt in der „Internationalen Zeitschrift für Psychoanalyse" veröffentlichen (sein Erscheinen: 1924). Alfred *Adler* gab Frankls zweite wissenschaftliche Arbeit „schnurstracks" zur Veröffentlichung in der „Internationalen Zeitschrift für Individualpsychologie" frei (Erscheinen: 1925). Später warf Adler Frankl allerdings als Abtrünnigen aus dem Verein für Individualpsychologie heraus, was Viktor E. Frankl heute noch verwundert.

Gegenüber dem von Freud proklamierten Willen des Menschen zur Lust und dem von Adler proklamierten Willen des Menschen zur Macht postuliert Frankl einen *Willen des Menschen zum Sinn*, zu einem sinnerfüllten Leben und Dasein. Frankl, der selbst „durch die Schule des Psychologismus und die Hölle des Nihilismus gegangen" ist[74], wirft der klassischen Tiefenpsychologie à la Freud, Adler und Jung vor, vor lauter „Entlarvung" des menschlichen Seelenlebens das eigentlich Menschliche, „das Menschliche im Menschen"[75] nicht

---

72 Frankl 1987 (b), S. 16.
73 Soucek, W.: Die Existenzanalyse Frankls, die dritte Richtung der Wiener Psychotherapeutischen Schule. In: Deutsche Medizinische Wochenschrift 73, 1948, S. 594.
74 Frankl 1985, S. 171.
75 Frankl 1987 (b), S. 108.

mehr wahrzunehmen, sondern auf Uneigentliches zu reduzieren (Reduktionismus).

Der modernen Psychologie, insbesondere der sog. Humanistischen Psychologie nach Rogers wirft Frankl vor, die Menschen zu verführen, nur an sich selbst zu denken, nur um sich selbst zu kreisen, statt daß sie hinauslangten ins Leben, um dort im Leben und am Leben zu gesunden.

Frankl selbst sieht die „Selbst-Transzendenz" des Menschen, d. h. „die Tatsache, daß Menschsein allemal über sich selbst hinausweist auf etwas, das nicht wieder es selbst ist", als „fundamental anthropologisches" Phänomen an.[76] Auf diese Sichtweise gründet er seine Psychotherapie, die Logotherapie (nicht zu verwechseln mit der Logopädie, der Sprachheilkunde, die allerdings ebenfalls logotherapeutisches Gedankengut berücksichtigen könnte).

Die Logotherapie zielt ab auf „die Reorientierung" des Menschen „auf so etwas wie Sinn und Werte",[77] auf Hilfe zur „bestmöglichen Sinnerfüllung seines Daseins"[78]. Die „primäre Sinnorientierung des Menschen"[79] hilft diesem, sofern angesprochen und angenommen, sein Leid zu wandeln oder zu tragen, seine Probleme, seine innerpsychischen Querelen und Schwierigkeiten im wahrsten Sinne des Wortes zu über-gehen, zu über-spielen, zu über-leben und sie damit loszuwerden oder doch zumindest mit ihnen leben zu können.

Selbstverwirklichung ist für Viktor E. Frankl Sinnerfüllung draußen im Leben[80]. Sein Selbst findet man nach Frankl nicht, indem man es sucht, auch wenn es Rogers, der Vater der Humanistischen Psychologie, so behauptet[81]. Sein Selbst erschafft man nach Frankl, indem man in jeder Situation seines Lebens aufgrund seiner geistigen Freiheit selbst mitentscheidet, was man tut und was man zu tun unterläßt.

Hieran ist nach Frankl eine große Verantwortung geknüpft. Denn habe ich nach Frankl die geistige Freiheit mitzuentscheiden, wie ich in jeder Situation meines Lebens handeln bzw. dastehen möchte, dann bin ich auch verantwortlich dafür, ob ich in jeder Situation meines Lebens den Sinn dieser Situation erfülle, ob ich dann auch insgesamt mein Leben sinnvoll begehe oder sinnarm oder sogar sinnlos.

Bezug zur Freinet-Pädagogik

Damit sind die zentralen Begriffe der Existenzpsychologie von Viktor E. Frankl bereits genannt:

- Selbst-Transzendenz, d. h. Angelegtsein des Menschen auf das Draußen, auf das Leben in der Welt
- Sinn-Erfüllung als die „spezifisch humane Motivation" des Menschen[82]

---

76 ebenda, S. 18.
77 ebenda, S. 48.
78 ebenda, S. 70.
79 ebenda, S. 72.
80 ebenda, S. 71.
81 Rogers, Carl R.: Freiheit und Engagement. München 1984, S. 33–39.
82 Frankl 1987 (b), S. 16.

- *Freiheit* der geistigen Person in den unzähligen Mitentscheidungen des täglichen Lebens von der Geburt bis zum Tode und damit
- *Verantwortung* für diesen Mit-Anteil an den einzelnen Entscheidungen im Laufe des langen oder kurzen Lebens.

Und wir sehen die Ähnlichkeit, hören die gleichen Begriffe, wie sie in der Pädagogik von Célestin Freinet als die Prinzipien pädagogischen Umgangs mit den Kindern in der Schule formuliert worden sind.

Wenn Freinet sagt, bringt das *Leben in die Schule*, d. h. laßt die Kinder am Leben lernen und nicht am Schulheft oder am Schulbuch, dann sagt Frankl, Du verwirklichst Dich nur, wenn Du hinauslangst in die Welt, in das Leben und Dich selber darüber vergißt.

Und wenn Freinet sagt, bringt die Kinder zur *Arbeit*, d. h. laßt sie selbst tätig werden, handwerkern, Untersuchungen anstellen, experimentieren, drucken usw. usw., dann sagt Frankl, Du verwirklichst Dich nicht im bloßen Training Deiner Fähigkeiten oder Funktionen, sondern nur im schöpferischen Tun, d. h. im Werke-Schaffen selbst.

Und wenn Freinet sagt, laßt die Kinder im der Schule den Sinn des Lesens, des Schreibens, der Mathematik und des Lernens überhaupt erkennen, und d. h. auch: laßt sie *sinnvoll lernen*, dann sagt Frankl, ja, der Mensch ist das Wesen auf der Suche nach Sinn, der Mensch braucht, will und sucht Sinn im Leben und im Arbeiten.

Und wenn Freinet den Kindern *Freiheit* gibt im Denken, im Lernen und im Arbeiten, dann sagt Frankl, ja, der Mensch ist dieser Freiheit fähig. Er ist in seiner eigentlichen menschlichen Dimension, in seiner „geistigen Dimension", tatsächlich frei.

Und die *Verantwortung*, die Freinet neben die Freiheit setzt, an die er die Freiheit bindet, die setzt auch Frankl neben die Freiheit, an solche Verantwortung bindet auch Frankl die Freiheit, damit sie nicht in Willkür ausarte.

Die Freinet-Pädagogik könnte von Frankl erfunden worden sein. Aber sie ist es nicht. Umgekehrt hätte auch Freinet das Franklsche Menschenbild explizit ausformulieren können. Aber so ist es auch nicht geschehen. Keiner der beiden bezieht sich auf den anderen. Beide haben sich wohl nicht gekannt. Aber das ist so schlimm auch wiederum nicht. Denn so begründet jeder Ansatz genuin den anderen mit, so *beweist* Freinet Frankl, und so *begründet* Frankl Freinet.

Zu den Übereinstimmungen im einzelnen:

- Die „Selbst-Transzendenz" des Menschen bei Frankl und der „Bezug zum Leben" sowie „Arbeit/Selbsttätigkeit" bei Freinet

Frankl schreibt:
„Wir begegnen da einem Phänomen am Menschen, das ich für fundamental anthropologisch halte: die Selbst-Transzendenz menschlicher Existenz! Was ich damit umschreiben will, ist die Tatsache, daß Mensch-sein allemal über sich selbst hinausweist auf etwas, das nicht wieder es selbst ist – auf etwas oder auf jemanden: auf einen Sinn, den zu erfüllen es gilt, oder auf anderes menschliches Sein, dem wir da liebend begegnen. Im Dienst an einer Sache oder in der Liebe zu einer Person erfüllt der Mensch sich selbst. Je mehr er aufgeht in seiner Aufgabe, je mehr er hingegeben ist an seinen Partner, um so mehr ist er

Mensch, um so mehr wird er er selbst. Sich selbst verwirklichen kann er also eigentlich nur in dem Maße, in dem er sich selbst vergißt, in dem er sich selbst übersieht."[83]

Nach Frankl *muß* sich der *Mensch nach außen wenden*, um sein Wesen zu erfüllen, und d. h. auch, um gesund zu bleiben bzw. um gesund zu werden. Wendet er sich nach innen, dann mißachtet bzw. verleugnet er die Selbst-Transzendenz seines Wesens:„... aufgrund seines Willens zum Sinn ist der Mensch darauf aus, Sinn zu finden und zu erfüllen, aber auch anderem menschlichen Sein in Form eines Du zu begegnen, es zu lieben. Beides, Erfüllung und Begegnung, gibt dem Menschen einen *Grund* zum Glück und zur Lust. Beim Neurotiker aber wird dieses primäre Streben gleichsam abgebogen in ein *direktes* Streben nach Glück, in den Willen zur Lust. Anstatt daß die Lust das bleibt, was sie sein muß, wenn sie überhaupt zustande kommen soll, nämlich eine Wirkung (die Nebenwirkung erfüllten Sinns und begegnenden Seins), wird sie nunmehr zum Ziel einer forcierten Intention, einer Hyperintention ... In dem Maße aber, in dem sich der neurotische Mensch um die Lust kümmert, verliert er den *Grund* zur Lust aus den Augen – und die Wirkung ,Lust' kann nicht mehr zustande kommen."[84]

Das ist nach Frankl der Fall bei der Impotenz des Mannes, bei der Frigidität der Frau, aber auch in den vielen *Selbsterfahrungsgruppen*, in denen die TeilnehmerInnen ihr Selbst gar nicht erfahren, sondern sogar in eben dem Maße eher verlieren, in dem in den Gruppen „die Selbst-Transzendenz allen Menschseins außer acht"[85] gelassen wird:

„Es gibt nun einmal Phänomene, die sich nicht wollen lassen: ich kann nicht glauben wollen, ich kann nicht lieben wollen, ich kann nicht hoffen wollen, und am allerwenigsten kann ich wollen wollen. Diese und verwandte Phänomene lassen sich nämlich nicht manipulieren ... Manipuliert jemand sich selbst, indem er ein „intentionales Gefühl" (Max Scheler) erzwingen will, dann verliert er den intentionalen Gegenstand aus den Augen, auf den sich das Gefühl gerichtet hätte, wenn es von ihm nicht solcherart bereits im Keime unterdrückt und erstickt worden wäre ... Will ich jemanden zum Lachen bringen, dann muß ich ihm wohl oder übel einen Witz erzählen"[86], d. h. einen *Grund* zum Lachen geben.

Freinet beachtet nun genau diese Selbst-Transzendenz des Menschen, dieses Immer-noch-auf-etwas-anderes-aus-sein des Menschen als auf sich selbst in seinen Prinzipien ,*Bezug zum Leben*' und ,*Arbeit/Selbsttätigkeit*':

Er läßt die Kinder nicht das Lesen, das Schreiben und das Rechnen als bloße Fähigkeiten an sich, als bloße Funktionen üben und lernen, und d. h. auch, er läßt die Kinder nicht primär auf die Funktion achten, sondern er läßt die Kinder ins Leben schauen und das, was sie gesehen haben, einander, ihren Eltern und ihren BriefpartnerInnen erzählen und anderweitig mitteilen und *dabei*, als Effekt, das Lesen, das Schreiben, das Rechnen und auch die Fremdsprachen lernen. Über das Sich-ausdrücken-Wollen, das Einander-mitteilen-Wollen, das die-Welt-erkennen-und-begreifen-Wollen lernen die Kinder gleichsam neben-

---

83 ebenda, S. 18.
84 ebenda, S. 71.
85 Frankl 1982, S. 221.
86 ebenda, S. 230f.

bei das Lesen, das Schreiben, das Rechnen und viele andere Fähigkeiten und Fertigkeiten dazu. Beim reinen Lernen des Lesens und Schreibens als Funktion würde die Fähigkeit und der Wille der Kinder zum Noch-auf-etwas-anderes-Aussein als nur auf die Entwicklung der eigenen Funktion, d. h. die Selbst-Transzendenz der Kinder, sträflich vernachlässigt.

Auch die *Arbeits-Ateliers* ermöglichen den Kindern das Üben und Lernen vieler Fähigkeiten und Fertigkeiten über die Hingabe an eine Aufgabe, an ein Ziel, sei es ein Text, den es zu drucken und zu vervielfältigen gilt, sei es ein physikalisches Experiment, welches zur Beantwortung einer Frage aus dem Leben durchgeführt wird, sei es eine Maske, die für ein Rollenspiel angefertigt wird.

Im Freinet-Unterricht wenden sich also die Kinder selbständig dem Leben zu und erwerben über diese Hinwendung zum Leben ihr Wissen und ihre Kenntnisse, ihre Fähigkeiten und ihre Fertigkeiten. Damit sind die Kinder in Freinet-Klassen lebendige Beispiele für Viktor E. Frankls Auffassung von der Selbst-Transzendenz der menschlichen Existenz.

- Der „Wille zum Sinn" bei Frankl und der „Sinn" bei Freinet

Die Sinnlosigkeit des herkömmlichen Schulunterrichts haben neben seinen gravierenden anderen Fehlern schon die Reform-Pädagogen beklagt.[87] Bis heute dauern diese Klagen an.[88]

Freinet hat diese Klagen aufgegriffen und insbesondere durch die Einführung der *Korrespondenz* das Prinzip des sinnvollen Lernens in die Schule eingeführt. Frankl aber präsentiert dazu das ausformulierte psychologische Menschenbild. Er stellt hinter diese Sehnsucht nach Sinn, hinter diese Klagen über die Sinnlosigkeit des traditionellen Unterrichts und hinter die konkrete Einführung von Sinn in den Unterricht durch die Freinet-Pädagogik das Postulat eines dem Menschen aufgrund seiner Selbst-Transzendenz innewohnenden „Willens zum Sinn". Dieser Wille zum Sinn ist nach Frankl die „spezifisch humane Motivation"[89]

„Der Mensch ist ein Wesen auf der Suche nach Sinn".[90] Wird dieser „Wille zum Sinn" frustriert, leidet der Mensch.

Die empirische Bestätigung seiner Theroie mußte Frankl im Leid der *Konzentrationslager* erfahren:

„Es war nicht zuletzt die Lektion, die ich aus Auschwitz und Dachau mit nach Hause nehmen konnte: daß diejenigen noch am ehesten fähig waren, sogar noch solche Grenzsituationen zu überleben – diejenigen, sage ich, die ausgerichtet waren auf die Zukunft, auf eine Aufgabe, die auf sie wartete, auf einen Sinn, den sie erfüllen wollten."[91]

Sinn ist dabei nach Frankl „jeweils der konkrete Sinn einer konkreten Situation. Er ist jeweils ‚die Forderung der Stunde'. Sie aber ist jeweils an eine

---

87 vgl. Scheibe, Wolfgang: Die Reformpädagogische Bewegung 1900–1932. Weinheim 1984⁹, insbesondere S. 72 ff.

88 vgl. z. B. Ulich, Klaus: Schulische Sozialisation. In: Hurrelmann, Klaus und Ulich, Dieter (Hg.): Handbuch der Sozialisationsforschung. Weinheim 1980, S. 477.

89 Frankl 1987 (b), S. 16.

90 Frankl 1985, S. 59.

91 Frankl 1987 (b), S. 26 f.

konkrete Person adressiert. Und genauso wie jede einzelne Situation etwas Einmaliges ist – genauso ist jede einzelne Person etwas Einzigartiges.

Jeder Tag, jede Stunde wartet also mit einem neuen Sinn auf, und auf jeden Menschen wartet ein anderer Sinn. So gibt es einen *Sinn für einen jeden*, und für einen jeden gibt es einen besonderen Sinn.“[92]

Dieser Sinn-Bezogenheit der menschlichen Existenz trägt *Freinet* Rechnung, wenn er das *sinnerfüllte Lernen* in die Klassenzimmer einziehen läßt.

Auch *Rosenfeld* hatte ein *Suchen der Kinder nach Sinn schon im Vorschulalter* wahrgenommen. Und die Zweckbindung des schulischen Lernens war ja Thema und Ergebnis seiner umfangreichen Untersuchungen. Aber in einem wesentlichen Punkt unterscheidet sich Rosenfeld auf der einen Seite diametral von Freinet und Frankl auf der anderen Seite: Bei Rosenfeld bestimmt der Lehrer/die Lehrerin in hohem Maße, was für die Kinder sinnvoll ist, bestimmt er/sie die Zweckbindungen der Unterrichtsanforderungen an die Kinder, bei Freinet und Frankl herrscht demgegenüber Freiheit: Bei Freinet bestimmen die Kinder den Unterricht, bei Frankl entscheidet der Mensch selbst, was für ihn sinnvoll ist.

● „Freiheit“ bei Frankl und „Freiheit“ bei Freinet

Freiheit ist der zweite Begriff, den Freinet und Frankl wörtlich gemeinsam haben. Nach *Frankl* ist der Mensch in seiner *geistigen Dimension bedingungslos frei*, entscheidet er aus dieser Dimension jedes Stück seines Lebensweges mit:

„Das menschliche Dasein ... ist ein Sein, das – wie *Jaspers* sagt – jeweils erst noch entscheidet, was es ist: es ist ‚entscheidendes Sein‘. Es ist eben ‚Dasein‘ und nicht bloß ‚Vorhandensein‘ (*Heidegger*). Der Tisch, der vor mir steht, ist und bleibt so, wie er nun einmal ist, zumindest von sich aus, d. h. wenn er nicht von einem Menschen verändert wird; der Mensch jedoch, der an diesem Tisch mir gegenüber sitzt, entscheidet jeweils noch, was er in der nächsten Sekunde ‚ist‘, was er im nächsten Moment etwa zu mir sagen oder vielleicht mir verschweigen wird. Die Vielfalt verschiedener Möglichkeiten, von denen er in seinem Sein immer nur eine einzige verwirklicht, zeichnet sein Dasein als solches aus ... Dem Zwang zur Wahl unter den Möglichkeiten entgeht der Mensch in keinem Augenblick seines Lebens. Er kann nur so tun, ‚als ob‘ er keine Wahl und keine Entscheidungsfreiheit hätte“.[93]

Der Mensch ist damit auch frei, sich *gegenüber* seinen eigenen psychischen und körperlichen Abhängigkeiten zu verhalten:

„Wollte man den Menschen definieren, dann müßte man ihn bestimmen als jenes Wesen, das sich je auch schon frei macht von dem, wodurch es bestimmt ist (als biologisch-psychologisch-soziologischer Typus bestimmt ist); jenes Wesen also, das alle diese Bestimmtheiten transzendiert, indem es sie überwindet oder gestaltet, aber auch noch während es sich ihnen unterwirft.

Diese Paradoxie zeichnet den dialektischen Charakter des Menschen ab, zu dessen Wesenszügen seien ewige Unabgeschlossenheit und Sich-selbst-Aufgegebenheit gehören: seine Wirklichkeit ist eine Möglichkeit, und sein Sein ist ein

---

92 ebenda, S. 30.
93 Frankl 1987 (a), S. 120.

Können. Niemals geht der Mensch in seiner Faktizität auf. Mensch-sein – so könnten wir sagen – heißt nicht faktisch, sondern fakultativ sein!"[94]

Dieser Freiheit des menschlichen Daseins trägt *Freinet* Rechnung, wenn er die Kinder im Unterricht zum *freien Ausdruck* anregt, aber auch wenn er viele *Entscheidungen* über die Inhalte und die Organisation des Lernens und Arbeitens in der Schule überhaupt *in die Hand der Kinder* legt.

● „Verantwortung" bei Frankl und „Verantwortung" bei Freinet

Aber: „... Freiheit ist nicht das letzte Wort. Sondern Freiheit droht in Willkür auszuarten, sofern sie nicht in Verantwortlichkeit gelebt wird. Und jetzt werden Sie vielleicht verstehen, warum ich meinen amerikanischen Studenten so oft empfehle, sie sollten ihre Freiheitsstatue mit einer Verantwortlichkeitsstatue ergänzen."[95]

So begründet und begrenzt *Frankl* zugleich die Freiheit, nicht durch Zwang wie Rosenfeld, sondern mit der *Verantwortung für die Situation*, in der der Mensch jeweils steht, mit der Verantwortung für die bestmögliche Sinnerfüllung in jeder einzelnen Situation seines Lebens.

„Was ist nun Verantwortung? Verantwortung ist dasjenige, wozu man ‚gezogen' wird, und – dem man sich ‚entzieht'. Damit deutet die Weisheit der Sprache bereits an, daß es im Menschen so etwas wie Gegenkräfte geben muß, die ihn davon abzuhalten suchen, die ihm wesensgemäße Verantwortung zu übernehmen. Und wirklich – es ist etwas an der Verantwortung, das abgründig ist. Und je länger und tiefer wir uns auf sie besinnen, um so mehr werden wir dessen gewahr – bis uns schließlich eine Art Schwindel packen mag. Denn sobald wir uns in das Wesen menschlicher Verantwortung vertiefen, erschauern wir: es ist etwas *Furchtbares* um die Verantwortung des Menschen – doch zugleich etwas *Herrliches*! *Furchtbar* ist es: zu wissen, daß ich in jedem Augenblick die Verantwortung trage für den nächsten; daß jede Entscheidung, die kleinste wie die größte, eine Entscheidung ist ‚für alle Ewigkeit'; daß ich in jedem Augenblick eine Möglichkeit, die Möglichkeit eben des einen Augenblicks, verwirkliche oder verwirke. Nun birgt jeder einzelne Augenblick Tausende von Möglichkeiten, ich aber kann nur eine einzige wählen, um sie zu verwirklichen. Alle anderen aber habe ich damit auch schon gleichsam verdammt, zum Nie-sein verurteilt, und auch dies ‚für alle Ewigkeit'! Doch *herrlich* ist es: zu wissen, daß die Zukunft, meine eigene und mit ihr die Zukunft der Dinge, der Menschen um mich, irgendwie – wenn auch in noch so geringem Maße – abhängig ist von meiner Entscheidung in jedem Augenblick. Was ich durch sie verwirkliche, was ich durch sie ‚in die Welt schaffe', das rette ich in die Wirklichkeit hinein und bewahre es so vor der Vergänglichkeit".[96]

Freinet trägt dieser Verantwortlichkeit des Menschen für sein Leben Rechnung, wenn er die Kinder ihr Leben in der Schule selbst in die Hand nehmen läßt, wenn er sie anhält, ihren Schultag und ihre Schulwoche *selber zu planen* und damit *selbst zu entscheiden*, und wenn er sie anhält, über Wandzeitung und

---

94 ebenda.
95 Frankl 1987 (b), S. 114.
96 Frankl 1987 (a), S. 67.

Klassenversammlung ihr *Verhalten* und ihre *Handlungsweisen* vor sich selbst, aber auch vor den anderen zu begründen und eben zu *verantworten*.

Meine Damen und Herren, gestatten Sie mir noch ein Wort zum Schluß! Wenn Sie jetzt denken: alles schön und gut. Aber trotzdem! Den Fehler mache ich nicht, daß ich dem Teigeler folge mit seiner Freinet-Pädagogik und der Existenzpsychologie von Viktor E. Frankl. Ich bleibe bei meiner Art von Unterricht, und sei er auch herkömmlich oder nur offen ohne viel Struktur, und ich bleibe auch bei meiner Psychologie, sei sie nun „Gestalt" oder „GT" oder „VT" oder meditativ oder die Psychologie der dialogischen Berührung für DM 6 000,– aus dem „Weg der Mitte" in der Milinowskistraße oder sonst etwas, dann sage ich Ihnen: Ja, Sie haben schon recht. Passen Sie auf, daß Sie keinen Fehler machen.

Aber Sie können auch noch einen anderen Fehler machen: Sie können auch noch den Fehler machen, daß Sie mir nicht folgen, und ich habe recht. Und dieses Problem möchte ich Ihnen heute gerne mit auf den Weg geben, das Problem oder die Frage: Was ist denn nun wirklich die Psychologie der Freinet-Pädagogik?

Die Psychologen als das Dienstleistungsgewerbe der Stadteliten insbesondere der Ersten Welt sollen den Leuten ja eigentlich keine Probleme geben, sondern die Probleme nehmen, aber dieses Problem gebe ich Ihnen heute gerne mit auf den Weg. Denn ich weiß, Sie werden eine gute Zeit haben, wenn Sie sich mit dieser Frage beschäftigen.

Ich danke Ihnen.

Literatur

Baillet, Dietlinde: Freinet – praktisch. Weinheim: Beltz 1983
Berlyne, D. E.: Konflikt, Erregung und Neugier. Stuttgart: Klett 1974
Day, Hy I.: Neugier und Erziehung. In: Voss und Keller 1981, S. 226–262
Frankl, Viktor E.: Ärztliche Seelsorge. Frankfurt/M.: Fischer 1987[4](a)
Frankl, Viktor E.: Der Wille zum Sinn. Bern: Huber 1982[3]
Frankl, Viktor E.: Das Leiden am sinnlosen Leben. Freiburg: Herder 1987[10](b)
Frankl, Viktor E.: Die Sinnfrage in der Psychotherapie. München: Piper 1985[2]
Freinet, Célestin: Die moderne französische Schule. Paderborn: Schöningh 1979[2]
Freinet, Elise: Erziehung ohne Zwang. München: dtv 1985
Heckhausen, Heinz und Rheinberg, Falko: Lernmotivation im Unterricht, erneut betrachtet. In: Unterrichtswissenschaft 8, 1980, S. 7–47
Jörg, Hans (Hg.): Praxis der Freinet-Pädagogik. Paderborn: Schöningh 1981
Laun, Roland: Freinet – 50 Jahre danach. Heidelberg: bvb-edition schmidt-herb und mehlig 1983[2]
Rosenfeld, Gerhard: Theorie und Praxis der Lernmotivation. VEB Deutscher Verlag der Wissenschaften: Berlin 1971
Voss, Hans-Georg und Keller, Heidi (Hg.): Neugierforschung. Weinheim: Beltz 1981

Therapeutische Aspekte der Freinet-Pädagogik[1]

P. Le Bohec

Vielleicht wäre es besser, von Aspekten der Freinet-Pädagogik zu sprechen, die „das Gleichgewicht wiederherstellen". Aber da selbst der bekannte französische Linguist Claude Hagège behauptet, daß letztendlich jeder Ausdruck therapeutisch sei, können wir diese Überschrift doch akzeptieren.

Innerhalb dieser Ringvorlesung fällt mir die Aufgabe zu, die Frage der Wiederherstellung des psychischen Gleichgewichts zu behandeln. Diesen Aspekt habe ich lange Zeit selbst nicht berücksichtigt. Und als ich dann mit ihm konfrontiert wurde, war ich noch nicht einmal auf der Suche nach dieser Dimension des Lebens, ja, ich war sogar meilenweit davon entfernt, sie überhaupt zu erahnen. Während meiner Ausbildung hatte mir niemand etwas darüber erzählt. Ich war auch ein ganz normaler Lehrer: Wie alle meine Kollegen kümmerte ich mich nur darum, guten Rechen- und Französischunterricht zu geben. Aber um diesen Unterricht zu verbessern, begann ich mit dem Freien Text. Und das hat alles verändert.

Ich muß erklären, daß ich unter besonderen Bedingungen arbeitete. Ich unterrichtete nämlich in einer kleinen Gemeinde an der bretonischen Küste, in Tregastel. Viele Väter meiner Jungen waren Seemänner auf großer Fahrt. Sie waren manchmal sechs, zwölf oder gar achtzehn Monate unterwegs. Und mit der Zeit fiel mir auf, daß ihre Rückkehr immer mit einer Verwirrung in den freien Texten meiner Schüler verbunden war. Aber ich brauchte lange, um zu begreifen, was hier eigentlich zum Ausdruck kam, weil alles symbolisch verschlüsselt war. Zweifellos hätte ich es nie erkannt, wenn nicht ein zweites Element hinzugekommen wäre: Es gab in der Bretagne wenig Arbeitsplätze. Das zwang die Menschen, nach Paris zu ziehen. Manchmal aber kamen sie aus dem einen oder dem anderen Grunde wieder: nachlassende Gesundheit, Geburt eines weiteren Kindes... oder ein Junge wurde zu seinen Großeltern zurückgeschickt, die auf dem Lande geblieben waren. So saß ich eines Tages vor einem Text, dessen tiefer Sinn nicht zu verkennen war. Er lautete folgendermaßen:

„Die Geschichte von dem kleinen Vogel

Heute bin ich ganz allein im Wald. Ich sehe den kleinen Vogel tanzen. Das ist wunderbar. Ich rede mit ihm, er antwortet mir wie ein Erwachsener. Dann fliegt er fort. Ich sage zu ihm: ‚Bleib, mein kleiner Vogel, Du bist nett, Du bist mein Kamerad. Du bist der beste kleine Vogel.' Danach gehe ich wie ein armer Unglücklicher nach Hause in Gedanken an den kleinen Vogel, der wie ein Erwach-

---

1 aus dem Französischen übersetzt von Ursula Pfender und Peter Teigeler.

sener spricht. So ein kleiner Vogel, das ist ungerecht. Ich weine um diesen kleinen Vogel. Ich gehe im Wald spazieren. Ich sehe den kleinen Vogel. Er weint auch.

,Weine nicht, mein kleiner Vogel, Du bist mein Kamerad, Du erfüllst mein Herz mit Freude.'

Ich habe Tränen in den Augen. Er erzählt mir Geschichten und sagt zu mir:

,Aber ich habe meine Mama verloren. Wußtest Du das nicht? Ich habe geweint, weißt Du. Meinen Papa habe ich auch verloren.' Es ist nicht toll, daß sein Papa und seine Mama tot sind. ,Ich sage Dir „Auf Wiedersehen", mein kleiner Vogel.'

Traurig und unglücklich gehe ich weg. Einen Augenblick später höre ich ihn weinen. Ich renne zurück, um nach ihm zu schauen. Ich frage ihn:

,Was hast Du?' – ,Nichts.'

Ich glaubte, es wäre er. Aber es war nur eine Elster. ,Ta! Ta! Ta!' Sie flog davon. Nun sind wir diese Elster los.

Jetzt ist es Zeit, nach Hause zu gehen. Ich habe keine Lust, nach Hause zu gehen. Ich werde noch eine Stunde bleiben, um ihm Freude zu bereiten. Wir erzählen uns Geschichten von unserem Papa und von unserer Mama."

Jean-Francois R. (7^1/$_2$ Jahre)

Dieser Text entstand in einer Mathematikstunde. Vor dieser Stunde hatte ich gerade über Gedichte gesprochen, die von Kindern geschrieben waren, besonders aber über die Geschichte eines tröstenden Vogels. Jean-Francois stürzte sich sofort auf ein Blatt Papier. Er schrieb und schrieb und nahm gar nicht mehr wahr, was um ihn herum geschah. – Als ich erfuhr, daß er gerade aus Paris hierher zu seinen Großeltern zurückgeschickt worden war, verstand ich sofort die tiefere Bedeutung dieses Textes. Sein Vater war an einer Krankheit gestorben, seine Mutter hatte wieder geheiratet und noch drei kleine Mädchen bekommen. So wurde die Wohnung zu klein, und sie wollten Jean-Francois loswerden.

Die Vermutung liegt nahe, daß der Vogel das Kind und die Elster die Großmutter darstellen. Aber warum sollen wir dies so tiefgehend deuten? Sagt uns nicht dieser Text allein genug? Auf jeden Fall gebührt ihm das Verdienst, mich für diese affektiven Aspekte sensibilisiert zu haben, die viel öfter Ausdruck finden, als wir es vermuten. In der darauffolgenden Zeit war es mir möglich, mir dessen noch bewußter zu werden, und das sogar in Klassen, die sich nicht durch diese besonderen Bedingungen auszeichneten wie die meine. Und ich entdeckte diese affektiven Aspekte auch in Zusammenhängen, wo ich sie bis dahin gar nicht vermutet hatte. Diese Erfahrungen regten mich dann auch zu der Beschäftigung mit den „Zeichnungen von Patrick" an.[2]

Eines Tages beschloß eine befreundete Lehrerin, Michèle Guillou, die Kreativität ihrer Schülerinnen und Schüler zu untersuchen. Sie sagte zu ihnen: „Wenn Ihr ein Gedicht geschrieben habt, gebt es mir, und ich klebe es in eine Mappe."

Und statt der drei oder vier üblichen Dichter hatte sie nun mit den 25 Kin-

---

2 Le Bohec, Paul et Le Guillou, Michèle: Les dessins de Patrick. Effets thérapeutiques de l'expression libre. Belgien: Casterman 1980.

dern ihrer Klasse 25 Dichter. Im nächsten Jahr begann sie mit dem Zeichnen – und hatte wieder mit 19 Kindern in der Klasse 19 Künstler. Während sie ihre Schüler von der 4. zur 5. Klasse begleitete, sammelte sie dreitausend Zeichnungen. Aber was sollte sie damit anfangen? Also gab sie sie mir. Warum gerade mir? Hauptsächlich deswegen, weil sie die drei Studien kannte, die ich bereits durchgeführt hatte.

Mit der Einführung des Freien Ausdrucks in den Freinet-Klassen hatte ich nämlich „einen Ozean von Neuigkeiten" entdeckt. Nichts Vergleichbares war jemals zuvor entstanden. Die Situation war vollkommen neu. Aber wir betrachteten dieses Meer von hoch oben, von einer Steilküste aus. Wie sollten wir ihm näherkommen, wie zu ihm hinabsteigen, um die Brandung auszumachen, die Strömungen und die Gezeiten? Und es gab niemanden, der uns führen konnte, da es bisher noch niemand für wert befunden hatte, sich für diese „Kindereien" zu interessieren. Aber für mich waren sie voll von ernstzunehmenden Fragen. So sagte ich mir: Um die Dinge klarer zu sehen, sollte ich vielleicht damit beginnen, sie zu betrachten.

Zunächst beschäftigte ich mich mit den Freien Texten eines 6jährigen Kindes, wobei ich eine bestimmte Idee verfolgte. Weil sich dieses Kind mit der ihm zugeschriebenen Leseschwäche abfand, wollte ich herausfinden, welche Hilfen die Freinet-Pädagogik für diese in Mode gekommene Krankheit bieten könnte. Aber als sich die Schwierigkeiten nach drei Monaten dank des täglichen Freien Ausdrucks von selbst geregelt hatten, hörte ich dennoch nicht auf, die Unterlagen weiterhin eifrig zu sammeln. Immerhin war ich von einer ganz neuen Wißbegierde gepackt. Warum hatte dieses Kind auf einmal eine solche Freude am Schreiben? Wohin wird sein weiterer Weg führen? Ich erkannte es, nachdem ich die 556 Freien Texte studiert hatte, die dieses Kind zwischen seinem siebenten und seinem zehnten Lebensjahr geschrieben hatte.

Dann beobachtete ich die Veränderung der Handschrift eines Linkshänders, die wie Spiegelschrift aussah. Schließlich konnte ich die mathematische Entwicklung eines 8jährigen Kindes verfolgen, indem ich die 146 Arbeiten untersuchte, die es in drei Monaten geschaffen hatte. All diese Studien sind veröffentlicht worden – und Michèle kannte sie. Sie nahm deshalb an, daß mir meine Erfahrung mit den Längsschnittstudien an diesen Dokumenten nun auch erlauben würde, beim Studium ihrer gesammelten Zeichnungen etwas zu entdecken.

Aber als ich dann die 3000 Zeichnungen erhielt, fühlte ich mich völlig hilflos. Selbst ich – was sollte ich mit ihnen anfangen? Vor mir entfaltete sich eine Welt, die ich als reichhaltig, vielfältig und außergewöhnlich empfand. Aber ich hatte keinerlei Mittel, in diese Wirklichkeit einzudringen. Mein Problem bestand einfach darin, gar kein Problem zu finden. Nun war diese Unmenge von Dokumenten in meinem Besitz, und ich konnte sie nur mit meinem Blick überfliegen. Dennoch brachte ich es nicht fertig, ihnen keine Beachtung mehr zu schenken, weil sie vielleicht doch einen verborgenen Schatz bergen könnten.

So nahm ich sie dann drei Jahre nacheinander immer im Sommer mit zum Campingurlaub. Tag für Tag blätterte ich in dieser Mappe herum, ohne etwas zu finden. Immerhin, am Ende des dritten Sommers kam mir eine Idee. Es war das unbestimmte Gefühl, daß eines der Kinder kreativer sei als die anderen. Sogleich machte ich mich daran, diese Hypothese zu prüfen. Das war leicht, denn alle Unterlagen waren ja mit einem Datum versehen. Und tatsächlich war es immer derselbe Junge, der als erster neue Ideen in die Klasse einbrachte. Endlich hatte ich etwas gefunden!

Begeistert von diesem ersten Erfolg wollte ich meinen Blick schärfen. Ich versuchte, mit viel Aufmerksamkeit sämtliche Zeichnungen von Patrick zu betrachten, die mir ununterbrochen neue Überraschungen offenbarten. Und währenddessen bildete sich für mich eine gute, eine wahre, eine solide Hypothese heraus, die sich letztendlich bestätigte. Denn:

„Eine antizipierte Idee oder eine Hypothese ist also der notwendige Ausgangspunkt einer jeden experimentellen Überlegung. Ohne diese Voraussetzung könnte man nur sterile Beobachtungen anhäufen." (Claude Bernard in: Introduction à la medicine experimentale)

Das Gleiche sagen Bachelard und Popper:

„Die Theorie steht am Anfang. Man benutzt die Beobachtung nur, um die Theorie zu verifizieren und zu entkräften."

Als ich mir die Anfertigungsdaten der Zeichnungen genauer ansah, kam mir die Idee einer Krise. Und tatsächlich: Am Anfang des Jahres hatte das Kind zwei oder drei Zeichnungen pro Woche abgeliefert, dann im Februar zwei bis drei Zeichnungen pro Tag, um schließlich im März mit 30 Zeichnungen innerhalb von drei Tagen zum Höhepunkt einer Krise zu gelangen. Und meiner Einschätzung nach belegt die letzte Zeichnung die Lösung der Krise.

Um meine Hypothese bangend, untersuchte ich sorgfältig die 280 Zeichnungen, die diesen noch gefolgt waren. Aber es blieb kein Zweifel: Kein einziges Mal mehr tauchte während des Unterrichts in den folgenden 13 Monaten das Motiv des Mordes an einem Menschen auf. So schien sich das Kind selbst von einem Problem befreit zu haben.

Nun hatte mir Michèle aber auch alle freien Texte dieses Kindes überlassen. Von meiner ersten Erkenntnis bestärkt, begann ich, diese aufmerksam zu lesen, indem ich übrigens dieselben Stadien der Beobachtung durchlief: zunächst die „sterile" Durchsicht der Dokumente, dann die Eingebung einer Hypothese, schließlich deren Verifizierung und Bestätigung. In den Texten hatte sich ebenfalls eine Art Katharsis vollzogen, da ein zweites Problem definitiv geklärt schien, und zwar eine Woche nach der Bewältigung des ersten.

All dies ist in dem o.g. Buch geschildert, das jetzt auch ins Deutsche übersetzt wurde.[3] Der Leser kann dies dort nachschlagen.

Ich möchte hier in diesem Zusammenhang besonders betonen, was ich persönlich bei all dem lernen konnte. Es gab bei diesem Kind gleichsam zwei Schichten der Persönlichkeit. In seinen Zeichnungen drückte es sich vom ersten Blatt an auf ernsthafte und phantasievolle Weise aus. Bei den schriftlichen Schilderungen dagegen blieb der Junge anfangs ganz nah an der Realität. Aber als er auch hier zu phantasievolleren Darstellungen überging, blieb er doch immer auf einer scherzhaften Ebene. Kann man daraus schließen, daß das Zeichnen einen tieferen Ausdruck erlaubt, während das Schreiben leichter zu

---

3 Le Bohec, Paul und Le Gillou, Michèle: Patricks Zeichnungen. Heilwirkungen des Freien Ausdrucks. Pädagogik-Kooperative, Bremen.

entschlüsseln ist und deshalb mehr Risiken in sich trägt, sich entlarvt, enthüllt oder nackt zu fühlen?

Ich weiß es nicht. Es wären weitergehende Studien nötig, um hierüber Gewißheit zu erlangen.

Ein interessanter Aspekt dieses Falles ist aber der, daß die Lehrerin überhaupt nichts von der Psychoanalyse wußte. Die Entwicklungen vollzogen sich ganz unabhängig von ihr. Sie ließ diese Art des tiefgründigen Ausdrucks zu, aber sie interpretierte ihn nicht – dennoch spielte sie gleichzeitig eine wesentliche Rolle. Denn jedes Kind diktierte ihr den Kommentar zu seiner Zeichnung, und sie schrieb ihn schweigend auf. Sie war die neutrale, wohlwollende Person, der man vieles sagen konnte.

Es ist zu betonen, daß uns aufgrund dieser besonderen Arbeitsbedingungen von den Kindern gleichzeitig Dokumente in drei unterschiedlichen Ausdrucksformen vorliegen: die Zeichnungen, die dazugehörigen mündlichen Kommentare und die in demselben Zeitraum geschriebenen Freien Texte. Von daher ist diese Dokumentation wohl etwas ungewöhnlich.

Man könnte sich aber auch fragen, ob der Einfluß der Lehrerin nicht doch bedeutender war, als man auf den ersten Blick vermuten würde. Denn, damit diese Zeichnungen so außergewöhnlich ausfallen konnten, muß sie die Kinder doch dahingehend erheblich beeinflußt haben. Das ist leicht herauszufinden: Man muß sich nur die Zeichnungen der anderen Kinder anschauen. Aber weit gefehlt! Die Motive sind breit gefächert: Zeichnungen von Häusern, Straßen, weiblichen Kostümen, Übungen im perspektivischen Zeichnen, mühevolle Dekorationen und Farbstudien.

Wenn bei dieser Lehrerin etwas nicht stimmte, dann wäre das ihr Drang nach Freiheit. Aber gerade damit erteilt sie uns eine beeindruckende Lektion.

Wenn nun diese Dokumente – über das breite Angebot an Freiheit hinaus – etwas verdeutlichen können, dann ist es der Einblick in das erheblich gestörte soziale Milieu, in dem die beschriebenen Kinder leben. Offensichtlich hat keines der Kinder irgendwelche Ausdrucksprobleme. Dennoch scheinen sie gleichzeitig emotional stärker belastet, als man annehmen mag – in der heute so schwierigen Gesellschaft mit ihrer Nachrichtenflut und all ihren Sensationen, an denen die Kinder teilhaben wie auch an den Familienstreitigkeiten. Und um sie in die Lage versetzen zu können, Kenntnisse zu erlangen, ist es heute vielleicht wichtiger denn je, ihnen Möglichkeiten anzubieten, ihr Gleichgewicht wiederherzustellen.

Noch eine letzte Bemerkung: Beim Anblick der Zeichnungen taucht häufig die Frage auf, warum sie so wenig farbig gestaltet sind. Dies hängt lediglich mit den Arbeitsbedingungen zusammen, die die Lehrerin vorgegeben hatte. Ihre Anregung lautete nämlich so: „Ich gebe Euch Steno-Blöcke. Wenn Ihr eine Bleistiftzeichnung fertighabt, gebt sie mir, und ich werde sie in eine Mappe kleben." Natürlich hatten die Kinder außerdem noch die Möglichkeit, mit bunten Filzern weiterzumalen oder auch zu zeichnen.

Diese besonderen Rahmenbedingungen unserer Untersuchung ermöglichten uns, besser zu begreifen, was sich auf der Ebene der Zeichnungen vollzog, um dann mit diesen Erkenntnissen das Angebot an Freiheiten zu erweitern. In der Tat wird das Kind – insbesondere das jüngere – durch die Farbe leicht verführt. Es widmet ihr viel Zeit. Es bemüht sich um einen künstlerischen Effekt und sorgt sich darum, daß das Ergebnis den Erfolgsansprüchen seiner

Umgebung entspricht. Aber wenn das Kind wirklich den Versuch wagen darf, nur mit den Linien einer einzigen Farbe zu zeichnen, dann eröffnet sich ihm eine neue Welt. In diesem Fall scheint es, als würde sein Interesse am Ergebnis seiner Arbeit nachlassen und sich mehr auf das Zeichnen selbst konzentrieren. Weil das Kind nun nicht mehr durch die Sorge um die zu erzielende Wirkung gelähmt ist, zeichnet es schneller und produziert zehnmal so viel. Das erlaubt ihm dann, die Struktur seiner Zeichnungen besser wahrzunehmen und mit ihnen zu arbeiten. Aber vor allem – und das ist vielleicht der eigentliche Antrieb für das Kind, so viel zu zeichnen – scheint sein Unbewußtes davon zu profitieren, einen so tiefgründigen Ausdruck zu finden.

Ähnliches hatte sich in der gleichen Weise bei dem Kind mit den 556 Freien Texten ereignet, von dem ich vorhin gesprochen habe. Es war zunächst bemüht, seine Schreibschwäche dadurch zu meistern, daß es sich nur auf eine einzige Art von Sätzen konzentrierte. Dann begann es, Dinge des täglichen Lebens zu beschreiben. Und plötzlich merkte es, daß man sich der geschriebenen Sprache noch für viel weiter gestecktc Ziele bedienen kann.

Vorschullehrerinnen haben einmal Erfahrungen mit der Einrichtung eines „Kugelschreiber-Ateliers" gesammelt – zunächst für eine gewisse Zeit als obligatorische Einrichtung zum gründlichen Ausprobieren, später dann freiwillig. Die Lehrerinnen stellten fest, daß sich viele Kinder für diese angebotene Arbeitsweise interessierten.

Und es wurde deutlich: Das viele Zeichnen fördert die formale Beherrschung der Sprache – und ein Gedanke wird konstruiert! Dies trifft tatsächlich für alle Bereiche der Sprache zu, sei es der schriftliche oder der mündliche Ausdruck, die Körpersprache, die Musik oder die Mathematik...

Was den tiefsinnigen Ausdruck angeht, so genügt manchmal schon ein klein wenig Aufmerksamkeit, um festzustellen, daß er sich viel öfter zeigt, als man vermuten mag. Nehmen wir das Beispiel eines fünfjährigen Mädchens aus einer französischen Vorschule, welches singt.

„Schlaf, mein kleiner Thierry, schlaf.
Ich werde Dich für immer schlafen lassen.
Und so wirst Du mich nicht mehr ärgern."

Patricia, ein neunjähriges Mädchen, besucht keine Freinet-Schule. Aber sie bittet ihre Mutter, ihr ein Heft zu kaufen. Es soll ihr Tagebuch werden. Ihr erster Text heißt:

„Die Olivenbäume sind zu jeder Jahreszeit schön.
Die Olivenbäume geben Oliven.
Eines Tages trug ein Olivenbaum Kirschen.
Und er wurde ganz rot.
Die Leute sagten, er sei krank.
Und der arme Olivenbaum starb –
unter dem Gesang der Vögel des Glücks." *Patricia (9 Jahre)*

Die Mutter brauchte keine psychologischen Studien zu treiben, um die versteckte Aussage zu begreifen; denn der sechsjährige Bruder des Mädchens hieß

Olivier. Im Französischen sind der Name des Baumes und der männliche Vorname identisch: Olivier.

Übrigens ist es sehr wahrscheinlich, daß sich das Mädchen gar nicht dessen bewußt war, daß es seinen kleinen Bruder meinte, als es über den Baum sprach. Das Mädchen begann ja so:

„Die ‚oliviers‘ sind in jeder Jahreszeit schön." Woher will sie das wissen? In unserer Gegend gibt es keine Olivenbäume. „Die Olivenbäume geben Oliven."

Nach einer künstlerischen Betrachtung folgt eine eher wirtschaftliche Erwägung. Und plötzlich springt das Kind um ins Phantastische:

„Ein ‚olivier‘ gibt Kirschen. Er ist rot (er hat Fieber, also ist er krank). Er stirbt. Und das ist das Glück."

Hier wird deutlich: es ist nicht notwendig, in einer Freinet-Schule oder auch nur in einer ähnlich gearteten Schule zu sein, um derartige Gefühle auszudrükken.

Da nun der schöpferische Ausdruck zu den Fundamenten der Freinet-Pädagogik gehört, ist es üblich, sich der Vielfalt dieser Ausdrucksweisen zu widmen. Aber auch in Fächern, in denen man dies am allerwenigsten erwartet, geschieht dasselbe, z.B. im Zusammenhang mit der „natürlichen Methode" des Rechenunterrichts. Erwachsene können sich übrigens leicht bewußt machen, daß auch die Produkte ihrer Arbeit von persönlichen Aspekten beeinflußt sind. Sie würden erstaunt feststellen, daß all ihre Werke geprägt sind von Zahlen, die sie ganz persönlich betreffen, z.B.: ihre Geburtsdaten, die ihrer Familienangehörigen, die Zahl ihrer Geschwister, die Nummer des Autobusses, mit dem sie täglich fahren etc.

Auf der kindlichen Ebene sind solche Erkenntnisse schwieriger. Es ist übrigens gar nicht unbedingt notwendig, all dies erkennen zu wollen – wir sind Lehrer, keine Psychoanalytiker. Wir sind mit anderen Dingen beschäftigt: dem Unterricht in Französisch, in Mathematik...

Aber auch schon das geringe Verständnis, das wir davon haben können, was schöpferischen Gestaltungen zugrundeliegt, reicht für die Erkenntnis aus, daß sich diese individuellen Ausdrucksformen in allen Bereichen widerspiegeln.

In einem Buch „Der Freie Text im Rechnen", welches demnächst erscheinen wird, führe ich das näher aus.

Oft hat man das Gefühl, daß sich ein Gedanke ganz unwillkürlich in den Text einschleicht, wie zum Beispiel in die köstliche kleine Geschichte von den zwei kleinen Königen (zwei Kindern, die einem Stern folgen, als sie zur Schule gehen). Martial (8 Jahre) sagt ganz nebenbei:

„Er kommt nur wegen Eugène. Mich liebt er nicht."

Es ist offensichtlich, daß hier etwas mitgeteilt werden soll. Aber wir unterbrechen hier nicht, sondern lassen uns vielmehr von seiner Schlußfolgerung bezaubern:

„Wenn es zwei Sterne gewesen wären, wären sie auf unsere Köpfe herabgestiegen. Und wir wären Christkinder gewesen."

Die Kinder finden für ihren schöpferischen Ausdruck die unterschiedlichsten Bilder. Das hängt von der jeweiligen Situation ab, ihren affektiven Belastungen, den angebotenen Möglichkeiten und den Individuen selbst.

Aber manchmal trifft es uns auch ganz unerwartet und heftig: Eines Morgens waren die Kinder nach der Pause so kreativ, daß ich ihnen versprach, nachmittags mein Tonbandgerät mitzubringen. Aber als Christian (7 Jahre) vor dem Gerät saß, sagte er nur:

„Der kleine Besen hat eine Kuh geheiratet."

Er verwickelte sich dann in eine lange – mit großer Angst vorgetragene – Erzählung.

„Dann heiratete der kleine Besen die Flasche. Und die Flasche zerbrach. Dann konnte die Flasche nicht mehr leben.
Dann heiratete der kleine Besen einen anderen Besen. Und der andere Besen ging auch kaputt.
Dann kam die Kuh, um den kleinen Besen zu heiraten.
Dann brachte sich die Kuh um, weil sie den kleinen Besen satt hatte. Der kleine Besen suchte sich ein Schwein, und das Schwein heiratete den kleinen Besen, und der kleine Besen heiratete das Schwein. Und das Schwein wollte nicht mehr mit dem kleinen Besen leben. Der kleine Besen brachte sich um, und nun gibt es keinen kleinen Besen mehr.
Das Schwein heiratete eine andere Kuh. Die Kuh und das Schwein stritten sich dauernd. Das kleine Schwein stellt der Kuh ein Bein. Und die Kuh fällt hin. Die Kuh tötet das kleine Schwein mit ihren Hörnern." (Christian, 7$\frac{1}{2}$ Jahre)

Auch er war ein Junge aus Paris, der kurz zuvor in meine Klasse gekommen war. Seine Mutter, die gerade in Scheidung lebte, war mit den drei kleinen Schwestern in Paris geblieben. Dieser Junge, der magersüchtig war und Männer haßte, gewöhnte sich zunehmend an mich und begann dann auch zu arbeiten.

Ein andermal entschloß sich Pierrick (8 Jahre), ein durch familiäre Umstände sehr gestörter Junge, vor dem Mikrophon zu sprechen. Folgendes brachte er unter großen Schwierigkeiten hervor:

„Es lag Schnee. Ich ging im Schnee spazieren. Ich habe meine kleine Katze gesehen. Ich sagte zu ihr: ‚Willst Du wohl wieder heimkommen!' Aber sie wollte nicht. Dann habe ich sie später wiedergesehen. Sie war ganz weiß wie ein Schneemann. Ich glaubte, sie war ein Schneemann.
Ich habe mich versteckt.
Ich habe mich im Schnee vergraben. Ganz tief im Schnee. Mir war schön warm im Schnee.
Mein Vater kam mit einem Messer.
Er schnitt mir den Kopf ab. Ich sah überhaupt nichts mehr. Er machte weiter. Und dann hat er meine Hand zerschlagen. Danach die andere Hand.
Dann meine beiden Füße.
Und ich konnte mich nicht mehr bewegen." Pierrick (8 Jahre)

Es scheint mir, als hätte ich hier auf dem Tonband eine Art Katharsis festgehalten. Denn tatsächlich hat sich dieses Kind sogleich danach in vielem verändert: in seiner Stimme, seiner Schrift, in der Art seines Spiels und in seinen Ideen. Und er wurde der beste Rechner der Klasse. Er war nicht sehr kreativ, aber er konnte sofort alle Zusammenhänge erkennen. Also verfügte dieses Kind über unerwartete intellektuelle Fähigkeiten. Aber sie hatten sich so lange nicht zeigen können, bis das Kind aus „seiner ersten Welt" herausgetreten war. Die Aufgabe der Schule ist es ja, dem Kind zu helfen, sich die Strukturen anzueignen, die die Außenwelt bestimmen. Aber wenn es in seiner inneren Welt gefangen bleibt, kann es diese äußeren Strukturen überhaupt nicht wahrnehmen.

Machen wir uns jedoch nichts vor! Solche Ereignisse sind außergewöhnlich. Ich persönlich habe nur drei derartige Erfahrungen während der 30 Jahre meiner Berufstätigkeit gemacht. Und darüber hinaus behielt ich dieselben Kinder zwei oder drei Jahre lang in meiner Klasse, wodurch die Möglichkeiten einfach größer waren zu beobachten, wie sie nach und nach Probleme und deren Lösungen abzeichneten. Wenn ich hier darauf hinweise, dann nur, um zu beweisen, daß so etwas vorkommt, auch wenn es nur selten in dieser extremen Weise geschieht. Im allgemeinen tritt so etwas sehr viel versteckter auf. Nehmen wir als Beleg dafür den Text desselben Jungen, Pierrick, der froh darüber war, sich von einem kleinen häuslichen Drama befreit zu haben, und zwar dadurch, daß er mir davon erzählte:

„Text – Lesen verboten!

Ich sitze in meinem Zimmer und weine
Die Tränen fließen und kullern unter meinen Lidern hervor
Und draußen vor der Tür singen Vögel
Meine Tränen fließen immer noch
Ich kann das Unglück nicht vergessen,
Das mir geschehen ist
Meine Mama, die fortging
Ein weißer Vogel, der sie mitgenommen hat
Ich war zu böse
Draußen ist Wind, Schnee, Regen
Und wenn ich schlafe, denke ich an meine Gemeinheit und bereue sie
und ich schlafe
Am nächsten Tag bin ich traurig
Ich werde blaß

So verflog meine Gemeinheit
Nun war ich in einem ruhigen Land
Es gab weder Krach noch Schnee
So kam auch der weiße Vogel zurück
Denn er liebte die Ruhe, die Freude
Und in meiner Freude
Schlägt mein eigenes Herz
Und bringt mir wieder Freude
Der Kampf ist vorbei
Der Kampf ist vorbei

Und mein Schmerz ist verflogen
Und mein sanfter und ruhiger Vogel singt von der Freiheit
Vorher war mein Herz verkrampft
Nun ist mein Herz offen
Und die Freude konnte wieder einkehren
Und ich bewege mich frei
Wir singen, wir rufen
Ich stehe unter dem gelben Kirchturm
Dort wächst Moos
Und dann strecke ich mich auf dem Rasen aus,
wo ich einschlafe
Und die kleinen Gänseblümchen schwanken sanft im Wind
Und der Wind schläft ein unter den kleinen weißen Blütenblättern
Und ich schreibe mein Gedicht
Und der leichte Wind erwacht
Und läßt meine kleinen Blätter flattern
Auf die ich mein Gedicht schreibe
Und die Sonne läßt mit ihrer ganzen Kraft erstrahlen
das kleine Rinnsal, das zurückfließt in mein Herz"
Pierrick (8½ Jahre, am letzten Tag vor dem Ende des Schuljahres)

Es ist jetzt allerdings an der Zeit, hier einen Einschnitt zu machen, um einen Punkt ganz deutlich klarzustellen: Dieser therapeutische Aspekt der Freinet-Pädagogik ist zweitrangig. Eigentlich beachten die Freinet-Pädagogen ihn sogar sehr wenig. Sie sind keine Therapeuten, das ist nicht ihr Beruf. Ereignet sich etwas in dieser Hinsicht, geschieht dies ohne ihre Absicht, es vollzieht sich unabhängig von ihnen. Man könnte von einer passiven Psychoanalyse sprechen, aber dies würde es auch nicht treffen, weil ja jede Therapie ein Ziel voraussetzt. Aus unterschiedlichen Gründen begnügen wir uns mit der Aussage, daß wir den Kindern Gelegenheit für ihren schöpferischen Ausdruck geben. Und von diesem Angebot machen die Kinder freiwillig Gebrauch – in dem Rahmen der Freiheiten, die sie sich selbst glauben zugestehen zu können. Weiter muß man nicht in die Tiefe gehen.

Ich möchte hier noch einmal ausdrücklich betonen, daß man in zwei Stunden nicht die Freinet-Pädgogik abhandeln kann, zumal wenn man sich nur auf einen begleitenden Aspekt bezieht. Die Freinet-Pädagogik berücksichtigt ja das Kind in seinem gesamten Wesen. Also ist sie verpflichtet, sehr viele Bereiche einzubeziehen.

Nichts ist einfach, besonders nicht in der Erziehung. Es ist notwendig, sich immer der Vielfalt der unterschiedlichen Aspekte bewußt zu sein und diese in ihrer Gesamtheit zu erkennen. Zum Beispiel dient die Sprache nicht allein der Kommunikation, sie hat darüberhinaus noch andere Aufgaben: Ausdruck, Beschreibung, Argumentation, Metasprache, Dichtung, Einfühlung (wobei wir noch weit davon entfernt sind, hiermit alle Funktionen von Sprache benannt zu haben). Es ist daher wichtig, den Zugang zu all diesen Ausdrucksformen zu gestatten – und nicht nur den Zugang zu allen Bereichen der Sprache, sondern auch zu all denen der Erziehung insgesamt.

In diesem Zusammenhang möchte ich noch einmal auf den Titel meines Vortrags zurückkommen. Präziser formuliert müßte er heißen: Therapeutische (das Gleichgewicht wiederherstellende) Aspekte des Schöpferischen Ausdrucks. Der Schöpferische Ausdruck ist ja nur ein Anliegen der Freinet-Pädagogik. Daneben gibt es mindestens drei weitere: die Kommunikation, die kooperative Organisation des Unterrichts sowie das Studium der Umwelt. Oder anders ausgedrückt: 1. Ich selbst in bezug zu mir, 2. Ich in bezug zu mir und den anderen, 3. Ich selbst mit den anderen, 4. Ich und die Welt. Natürlich enthält jeder dieser Punkte therapeutische Aspekte, die Kommunikation z. B. die Korrespondenz und die Klassenzeitung, das Studium der Umwelt z. B. den das Gleichgewicht wiederherstellenden Umgang mit der Natur.

Ich möchte mich jedoch noch einmal besonders der „Kooperativen Organisation des Unterrichts" zuwenden, denn zumindest diese erfuhr in Frankreich erhebliche Verbreitung. Da die großen Schwierigkeiten beim Unterrichten in normalen Schulen wegen der schlechten Arbeitsbedingungen immer deutlicher werden, wandte sich eine große Zahl von Freinet-Kollegen besonderen Unterrichtsformen zu. Sie führten auf dem Hintergrund der Erfahrungen einer solchen Schulwirklichkeit spezielle Unterrichtsformen ein. Die „Genèse de la coopé" entwickelte z. B. die „Institutionelle Pädagogik", die beeinflußt ist von der Psychoanalyse, der Gruppen-Dynamik und den Freinet-Techniken. Sie wandten diesmal ganz bewußt therapeutische Verfahren an, die nicht ausschließlich auf dem Schöpferischen Ausdruck beruhen. Zu diesen Verfahren gehören u. a.: Arbeitspläne, Klassenversammlungen, Ämterverteilung. Diese Lehrerinnen und Lehrer versuchten, wieder neue Kommunikationskreisläufe herzustellen. Dabei fiel ihnen auf, daß sich die Übernahme von Verantwortung, die Erteilung des Wortes an die Schüler, der Respekt vor den Gruppenregeln und auch die Wahrnehmung der Verantwortung für bestimmte Ämter sehr positiv auf das Verhalten und damit auch auf die Möglichkeiten der Wissensaneignung auswirkten.

Um zum Schluß zu kommen: Wenn man sich wirklich mit den therapeutischen Aspekten der Freinet-Pädagogik beschäftigen will, muß man weit ausholen. Da die Welt nun einmal so ist, wie sie ist, und auch noch nie zuvor so war wie heute, dürfen wir aber auch nicht zögern, unsere Aufmerksamkeit dem Aspekt des Schöpferischen Ausdrucks zu widmen, der ja eine ursprüngliche Wesensäußerung des Menschen ist. Und je mehr wir diese Art des Ausdrucks ermöglichen, desto eher wird es uns auch möglich, das Werkzeug zu gewinnen, welches hilfreich ist für die harmonische Entwicklung des Individuums und für sein fröhliches Hineinwachsen in die Welt.

Freinet-Pädagogik – Die PraktikerInnen haben das Wort

B. Brocke, M.-C. Flügge-Dutilly, A. Glänzel-Zlabinger, H. Glänzel, E. Wasmuth

Vorbemerkung

Nachdem Paul Le Bohec, Hans Jörg und Peter Teigeler bestimmte Aspekte der Freinetpädagogik herausgriffen und beleuchtet haben, wollen wir einen Schnitt quer dazu machen und einen Überblick über die Freinetpädagogik geben, so wie sie sich hier und heute aus der Sicht der Lehrer und speziell aus der Sicht, der in der Pädagogik-Kooperative[1] organisierten Berliner Freinet-Gruppe darstellt. Danach wollen wir einzelnen Lehrern das Wort geben, um quer zu den verschiedenen Prinzipien und Schwerpunkten freinetischen Alltag zu illustrieren.

1. Teil (Überblick)[2]

Freinet-Pädagogik sieht Lernen als aktiven, ganzheitlichen Prozeß. Selbstbestimmung beim Lernen ist für Aktivität im Sinne von Selbstverantwortung eine wesentliche Voraussetzung.

Selbstbestimmtes Lernen beinhaltet das Recht auf den eigenen Weg, auf Mitbestimmung bei der Zielsetzung und auf den Zeitpunkt des Lernens. Im Sinne der Ganzheitlichkeit stellt Freinet-Pädagogik verschiedene Mittel und Methoden zur Verfügung, um den handelnden und schöpferischen Zugang zur Welt des Wissens zu ermöglichen. Dazu zählen wir: Experimentieren, Forschen und Erkunden, sich frei Ausdrücken.

Die Neugier und die Fragen der Kinder, die heute allzuschnell durch eine Informationsflut erstickt werden, wollen wir ermutigen und herausfordern.

Den vielfältigen freien Ausdrucksmöglichkeiten der Kinder wollen wir Raum und Zeit geben und ihnen aufmerksame Zuhörer sein.

Handelndes Lernen darf keine Worthülse bleiben, sondern muß mit Sinn gefüllt und in seiner Zielrichtung vom Lernenden bestimmt sein.

Um diese Zielsetzungen und Prinzipien verwirklichen zu können, sind klare durchschaubare Strukturen notwendig. Strukturen, die den Kindern Orientierung geben, ihnen Geborgenheit vermitteln und immer wieder neue Impulse für ihre Arbeit setzen.

Strukturen sollen dem Lehrer die Sicherheit geben, die er benötigt. Deshalb sehen die Strukturen in jeder Klasse, bei jedem Lehrer anders aus.

Zu den grundlegenden Strukturen der Freinet-Pädagogik gehören Zeit- und Raumgestaltung. Den Schülern stehen z. B. Regale mit verschiedensten Materialien zur Verfügung. Es gibt verschiedene Lern-Ecken, z. B. die Lese-Ecke

---

1 Mitglied in der Pädagogik-Kooperative, Verein Deutscher Freinet-PädagogInnen, Goebenstr. 8, 28209 Bremen
2 Es handelt sich hierbei um den Textteil zu einer Ton-Dia-Schau

oder die Mathe-Ecke, dort können die Kinder alleine oder zu mehreren arbeiten.

Dabei sind der Vielfalt und Ausgestaltung der Ateliers (wie diese Ecken genannt werden) keine Grenzen gesetzt.

Strukturen unterstützen auch die Kooperation in der Klasse, z.B. die gemeinsame Planung der Vorhaben oder die Bewältigung von Konflikten, die Dokumentation von Arbeitsergebnissen z.B. in einer Ausstellung und die Präsentation in der Vorstellrunde.

Wie sollen LehrerInnen die Kinder oder Jugendlichen beim schöpferischen, entdeckenden, selbstbestimmten Lernen unterstützen, wenn sie selber viel zu selten die Gelegenheit hatten, auf solche Art und Weise zu lernen?

In unseren Workshops zur Freinet-Pädagogik in Berlin geht es uns darum, bei den TeilnehmerInnen Lust und Kraft zum Experimentieren, zum Forschen, zum schöpferischen Ausdruck zu wecken.

In einer Welt, in der Wissen fast nur durch Bücher, Zeitungen, Zeitschriften, Fernsehen, Video, Computer... vermittelt wird, möchten wir die eigenen Zugänge zum Wissen ernstnehmen, wieder entdecken und stärken.

2 Beispiele mögen das belegen:

1. Eine Teilnehmerin eines Workshops hatte sich die Aufgabe gestellt, ihr Becken in Ton nachzumodellieren. Sie ging dabei allerdings nicht den üblichen Weg über Bücher, sondern versuchte, durch Ertasten ihres Körpers die Struktur von Becken und Hüfte zu ergründen und zu modellieren. Als sie ihr erstes Modell fertig hatte, fiel ihr auf, daß die Oberschenkel ziemlich unbewegbar am Modell festsaßen.

   So versuchte sie es – unter Mithilfe anderer Workshopteilnehmer durch zusätzliche Bewegungsversuche ein 2. Mal. Erst nach dem Abschluß dieses 2. Modells fand sie es richtig, Bücher heranzuziehen. Später, im Kreis, erzählte sie dann, daß sie erst durch die Vorarbeiten bereit und fähig geworden sei, die Buchinformationen mit Gewinn aufzunehmen.

2. Eine andere Teilnehmerin hatte sich zunächst für Frottagen entschieden. Eine bestimmte Frottage erinnert sie sehr stark an Häuser. So entscheidet sie sich dazu, ein Gedicht zu schreiben:

Häuser
wirken kalt und werden doch ständig angeschaut.
Wollen Wolkenkratzer darstellen, sind aber Plastikhäuser,
wo Fassaden so stehn, als stünde nichts dahinter.
Autos rasen wie Häuptlingspferde in der Schlacht.

Als LeiterInnen schaffen wir einen Rahmen, der genug Orientierung und Sicherheit gibt, damit die TeilnehmerInnen Neues ausprobieren, sich auf Entdeckungsreise machen können. Zu diesem Rahmen gehören Räumlichkeiten und Materialien.

Als LeiterInnen geben wir Strukturen vor, die durchschaubar und veränderbar sind. Der regelmäßig stattfindende Kreis dient, wie in der Schule, der gegenseitigen Information, Anregung und Beratung. Am Ende des Seminars werden die hergestellten Produkte ausgestellt und im Kreis vorgestellt. Die TeilnehmerInnen dokumentieren und reflektieren ihre Lernerfahrungen.

Sie haben deutliche Ähnlichkeiten feststellen können zwischen einer Fortbildung in Sachen Freinet-Pädagogik und einer arbeitenden Freinet-Klasse. Diese Ähnlichkeiten sind nicht zufällig. Um einem Mißverständnis vorzubeugen: Es geht nicht darum, daß LehrerInnen so tun, als ob sie Kinder wären. Wir halten im Rahmen einer solchen Fortbildung eigene echte Lernerfahrungen der TeilnehmerInnen für unverzichtbar, sie bilden eine wichtige Grundlage zum besseren Verständnis von Kindern, die in einer Freinet-Klasse lernen und arbeiten.

Wir betrachten uns nicht als Experten, die den Noch-nicht-Eingeweihten gegenüberstehen. In unseren Workshops wollen wir Anregungen geben, damit jeder Teilnehmer entsprechend seinen eigenen Möglichkeiten, Fähigkeiten und Interessen in Selbstverantwortung seinen Unterricht schrittweise verändern kann.

Der Einzelne, der sich für solche Schritte entscheidet, findet Rückhalt und Unterstützung in der selbstorganisierten Lehrerbewegung.

Freinet-Lehrerinnen und -Lehrer treffen sich auf Bundesebene, auf regionaler Ebene und auch international, um sich auszutauschen und gemeinsam zu arbeiten. Sie bilden sich gegenseitig fort und erstellen zusammen Materialien.

Wir haben einen Materialvertrieb aufgebaut, der Arbeitsgeräte wie die Freinet-Klappdruckpresse und selbst erstellte Materialien verkauft.

Im Unterschied zu anderen pädagogischen Tagungen sind unsere Treffen selbstorganisiert. Die vorbereitende Gruppe sorgt nur für den Organisationsrahmen. Die Inhalte und die daraus folgenden Arbeitsgruppen werden bestimmt durch die Wünsche und Angebote der einzelnen Teilnehmer.

Austausch, Zusammenarbeit und Selbstverwaltung sind für uns zentrale Prinzipien, so auch bei der Herstellung von „Fragen und Versuche", einer Zeitung mit ungefähr 1000 Abonnenten und fast ebenso vielen Autoren, mit einer nicht professionellen, jährlich wechselnden Redaktion (darauf legen wir Wert) und ohne Zensur.

Was wir Freinet-Pädagogik nennen, ist kein festgefügtes, abgeschlossenes Konzept. Es ist im Grunde nicht die Pädagogik des Célestin Freinet, sondern ausgehend von den Gedanken und Erfahrungen von Freinet eine sich immer weiterentwickelnde, breitgefächerte Pädagogik, die von einer Lehrerbewegung getragen wird.

Wir wollen jetzt im

2. Teil

1. Bilder freinetischen Alltags entstehen lassen,
2. zeigen, daß Freinetpädagogik kein festes Programm ist, sondern von der Initiative und der Phantasie der einzelnen Lehrer lebt.

Gerade durch die Vielfalt der Schwerpunkte und Ansätze der einzelnen entwickelt sich Freinet-Pädagogik ständig weiter. Vielleicht wird dies deutlich, wenn wir im folgenden 4 verschiedene Lehrer und Lehrerinnen zu Wort kommen lassen. Jeder von ihnen wird einen Aspekt seiner Arbeit beleuchten.

Zuerst wird Hartmut an seinem langen und noch andauernden Weg mit und um den Heißluftballon die Verzahnung von Unterrichtsarbeit und Zusammenarbeit in der Freinetbewegung vorstellen.

Dann wird Beate in Form einer Ausstellung[2] ihren besonderen Schwerpunkt, nämlich die Arbeit in Projekten in der Primarstufe, darstellen.

Zum dritten wird Eva die Geschichte ihres Anfangs schildern.

Schließlich wird Angela in einem Szenario die Bedeutung bestimmter Strukturen beleuchten sowie ihren persönlichen Lernweg am Beispiel eines freien Textes illustrieren.

● *Hartmut Glänzel, Studienrat,*
12 Jahre Fachlehrer in Math./Physik
seit 1988 beurlaubt zur Mitarbeit am Jugendbildungsprojekt „Stadt-als-Schule Berlin"

Ich habe hier einen Heißluftballon mitgebracht, weil Heißluftballone mich über die Dauer meiner Unterrichtstätigkeit und meiner Arbeit im Freinet-Bereich begleitet haben.

Ich habe einen Heißluftballon mitgebracht, weil er für mich zum Symbol geworden ist einer wechselseitigen Befruchtung der Arbeit auf der Schülerebene und auf der Lehrerebene.

Das Ganze begann irgendwann um 1980, da gab mir ein Freund den Tip, er habe da eine Hobbythek-Sendung über den Bau eines Heißluftballons gesehen. Mich faszinierte das, also besorgte ich mir Utensilien und nahm alles in die Sommerferien mit, wo ich gemeinsam mit einem Freund das Ding baute und in die Luft bekam, oder vielmehr über das Haus, auf der anderen Seite brannte es ab.

Das reichte mir aber erstmal, und so machte ich bald darauf mit meiner 8. Klasse ein kleines Projekt Heißluftballon:

Gruppenweise sollten Ballone gebaut werden, Bauanleitungen geschrieben, die Geschichte der Ballonfahrt aufgearbeitet und dokumentiert werden. Münden sollte dann alles in einer kleinen Ausstellung mit Schaustarts vor der Schulöffentlichkeit.

Die Sache klappte dann auch verhältnismäßig gut, eben mit den Einschränkungen, die sich ergeben, wenn der Lehrer noch wenig Projekterfahrung hat.

Ein wesentliches Problem gab es aber, nämlich, daß die Ballons nur mit Mühe zum Steigen zu bewegen waren. Die Aufheizzeit dauerte ½ Stunde und länger (wir heizten damals mit kleinen Butangaskartuschen), und dann stieg das eigens von einer Gruppe in freiwilliger Nachmittagsarbeit gebaute größere Modell mit über 2 m Durchmesser gerade mal bis Schulhaushöhe, um sich dann in der Antenne des Nachbarhauses zu verfangen und einige Tage im Wind zu flattern.

Immerhin stiegen meine Ballons, anders als die des Kunstlehrers, der das früher vergeblich auch schon mal probiert und mich davor gewarnt hatte.

---

2 Leider kann dieser Teil hier nicht dokumentiert werden.

Die nächste Station war das Freinet-Bundestreffen, kurz nach Weihnachten desselben Jahres. Ich war zwar noch nicht lange dabei bei den Freinet-Leuten, wollte aber getreu dem dortigen Motto, jeder ist *Teilnehmer und Veranstalter*, auch meinen Beitrag leisten. So entschied ich mich für den „Heißluftballon". Ich besorgte mir die entsprechenden Materialien, nämlich Seidenpapier, Klebestoff, Draht, Schere, Brenner etc. und vor allem auch das entsprechende Hobbythek-Buch, um das richtige Know-how mitzuhaben.

Die Gruppe, die dann zustande kam, war sehr gemischt in ihrer Zusammensetzung: zwei Jugendliche, ein Sonderschulrektor, ein Physiker, Kunstlehrer der Oberstufe, eine Studentin aus Holland, und zwei aus Freiburg sind mir noch gut in Erinnerung. So machte ich eine Menge Erfahrungen, die für mich als Naturwissenschaftler sehr neu waren:

- Die Jugendlichen machten sich mit Eifer ans Bauen, weil sie möglichst schnell den Start erleben wollten. Das andere reizte sie weniger.
- Die Kunstlehrer interessierten sich sehr für die Ästhetik, sorgten dafür, daß wir eine Ballonausstellung eröffneten und freie Texte schrieben, die später in die Luft mitaufsteigen sollten.
- Den Sonderschullehrer interessierte die Schlichtheit des Bauwerks
- usw. usw.

Nur für meine Darlegungen zum Auftrieb, dem archimedischen Gesetz, etc. schien sich kaum einer zu interessieren – immerhin war das mein schulischer Aufhänger gewesen. Dann kamen die Startversuche, bei denen ich mir dank Hobbythek bessere Erfolge als in der Schule versprach.

Doch weit gefehlt, entweder flogen die Ballons nur kurz hoch, um gleich wieder herunterzukommen (so bei festem Brenner auf der Erde) oder sie blieben gleich am Boden (so bei den angegebenen, angeblich mitfliegenden Brennern).

Damit war aber der Elan der Gruppe keineswegs zum Erliegen gekommen, wie ich zuerst befürchtete. Vielmehr ging's jetzt erst richtig los. Insbesondere die Studenten begannen mit einem Feuereifer zu experimentieren und zu werkeln, und nach zwei Tagen war das Ergebnis da, das, wenn man hinterher darüber nachdenkt, ziemlich simpel ist:

Man muß nur ein Ofenrohr von etwa 30 cm Länge aus Haushaltsalufolie kniffen, dieses mittels eines Drahtkreuzes am unteren Ende des Ballons verankern und dahinein freischwebend einen in Brennspiritus getränkten Wattebausch bringen. Auf diese Weise ist ein Ballon in ca. 1 Minute flugbereit und fliegt nach dem Start meilenweit davon. Wir konnten ihn jedenfalls auch durch Verfolgen mit dem Auto nicht mehr einholen.

Wie gesagt, ein einfaches Prinzip, das ja auch beim Schornstein zum Tragen kommt, *man mußte nur erstmal drauf kommen*.

Als ich nach Hause fuhr, hatte ich einiges an neuen Erfahrungen und Wissen im Gepäck, so z.B.

- daß Projekte in der Regel sehr viel breiter ausgreifen, als es sich ein einzelner Lehrer ausdenken kann – wenn man die Gruppe nur ausgreifen läßt,
- daß der Lehrer aber auch nicht alle Verästelungen eines solchen Projektes im Vorhinein bis ins Detail übersehen muß,

– aber auch, daß die Physik des Heißluftballons sich nicht nur auf die Fertig-Physik des Schulbuches (Stichwort Auftrieb) beschränkt, sondern möglicherweise in ganz anderen Bereichen steckt – etwa in der Frage nach dem effektivsten Brenner.

Diese neuen Erkenntnisse haben meine künftige Unterrichtsarbeit nachhaltig beeinflußt:

So habe ich bei späteren Heißluftballonprojekten auch in der Regel nicht mehr den Heißluftballon mit dem Auftrieb, einem relativ anspruchsvollen Thema der Mechanik, verknüpft, sondern ihn vielmehr mit den Anfangsgründen der Wärmelehre nach dem Motto, heiße Luft steigt nach oben, was eben mit dem Heißluftballon auch unmittelbar sinnlich erfahren werden kann, eine Erfahrung, die übrigens die Brüder Mongolfiere zu ihren Heißluftballonstarts veranlaßte.

Soweit mein Einstieg in den Heißluftballon, der auch den Beginn meiner aktiven Phase in der Freinet-Bewegung/Pädagogik markiert, und ich könnte jetzt Seite um Seite mit Annekdoten und Histörchen über dieses Thema füllen, so z. B. wie mich ein Lehrer anläßlich eines späteren Bundestreffens und weiterer Heißluftballonstarts (gestartet von Gruppen übrigens, die schon längst nicht mehr von mir, sondern von anderen animiert wurden) insgeheim fragte, ob man auch ein Freinet-Lehrer wäre, wenn man keine Heißluftballone im Unterricht starten würde.

Ich will mich aber kurz fassen und nur noch stichwortartig einige weitere Schritte aufzählen, weil sie mir typisch für das Freinet-Lehrer-Sein scheinen:

– Neben dem schon angedeuteten, vielfältigen, häufig, aber auch nicht immer, erfolgreichen Arbeiten mit Heißluftballons in und mit Schulklassen
– entstand eine Bauanleitung zum Heißluftballon und eine Beschreibung meiner Unterrichtserfahrungen in Fragen und Versuche, unserer Zeitung, initiiert und zum Teil auch geschrieben von der oben beschriebenen Heißluftballongruppe.
– entwickelten sich diverse Friedensaktionen mit dem Heißluftballon unter dem Motto „Heißluftballons statt Atomraketen" auf Freinet-Bundestreffen und anderswo, wo ich zum Teil nur noch interessierter Beobachter oder Mitmacher war.
– wurde bei der Pädagogik-Kooperative ein kleines Arbeitsheft zum Heißluftballon herausgegeben.

Ein Abschluß ist damit allerdings noch lange nicht erreicht. Vor kurzem las ich von einer Bauanleitung, wo vorgeschlagen wurde, einen Heißluftballon aus Plastikfolie zu kleben. Und dann habe ich mir schon seit längerem vorgenommen, das kleine Arbeitsheft zu überarbeiten und in eine gute Form zu bringen, und last not least bin ich selbst immer noch nicht in einem Heißluftballon geflogen.

● *Eva Wasmuth, Lehrerin*
2 Jahre Erziehertätigkeit, seit 2½ Jahren Lehrerin an einer Berliner Grundschule.

Wochenplan und freie Arbeit – wie fange ich an?

Mein Unterricht beinhaltet den Wochenplan und die Freie Arbeit als Strukturen, die es mir ermöglichen, den Unterricht allmählich zu öffnen und den Interessen und Bedürfnissen der Kinder soweit wie möglich entgegen zu kommen.

Ich übernahm im Schuljahr 89/90 zum ersten Mal eine 1. Klasse und stellte mir die Frage, wie ich einen Unterricht strukturieren kann, in dem das einzelne Kind möglichst nach eigenem Lerntempo lernen und seinen Lerninteressen nachgehen kann. Ich fing schon frühzeitig an, Lernmaterialien herzustellen und zu sammeln. Im Klassenraum richtete ich eine Leseecke und eine Spielecke ein, und auf mehreren Regalen befanden sich verschiedene, für die Kinder zugängliche, Spiel- und Lernmaterialien.

Schon in den ersten Schulwochen bekamen die Kinder Zeiten der Freien Arbeit, in denen sie das machen durften, was sie wollten: malen, basteln, kneten, drucken, Spiele spielen... Im täglichen Gesprächskreis stellte ich den Kindern häufig neue Spiele für die Freie Arbeit vor. Die Kinder nahmen die Angebote gerne an. Einzelnen Kindern, die schon über Lesekenntnisse verfügten, bot ich verschiedene Lesespiele an (Anlauttabelle, Stöpselkarten mit kleinen Wörtern oder Sätzen zum selbständigen Erlesen). Für Mathematik stellte ich verschiedene Karten- und Würfelspiele zur Verfügung, die den derzeitigen Unterrichtsstoff behandelten, ergänzten oder erweiterten.

Zu allen aktuellen Themen stellte ich zusätzliche motivierende Arbeitsblätter bereit, die die Kinder freiwillig bearbeiten konnten. Es ergab sich, daß die Kinder nicht nur in der Freien Arbeit, sondern oft auch nach der Erledigung der Pflichtaufgaben sich selbständig den Angeboten zuwandten. Für die schnell arbeitenden Kinder trat dadurch keine Langeweile auf.

Nach einem halben Jahr fing ich an, den Kindern Tagespläne zu geben. Die Kinder waren nun soweit, daß sie die Aufgaben in ihren Übungsheften selbständig bearbeiten konnten. Ich schrieb den Kindern die Aufgaben des Tagesplans an die Tafel, und die Kinder bestimmten, in welcher Reihenfolge sie die Aufgaben bearbeiteten. Dieses selbstbestimmte Lernen motivierte die Kinder sehr. Nach den Pflichtaufgaben standen den Kindern immer wieder neue, motivierende Arbeitsblätter mit Selbstkontrolle oder Spiele zur Verfügung. Während die Kinder arbeiteten, hatte ich Zeit, mich einzelnen Schülern oder Schülergruppen zuzuwenden.

Einige Wochen vor den Sommerferien wagte ich es, den Kindern einen Wochenplan zu geben. Er enthielt Aufgaben aus den Bereichen Lesen, Rechnen und Schreiben und einen Teil für die Freie Arbeit. Der Wochenplan umfaßte 3–4 Wochenstunden:

Wochenplan vom 23. 6. bis 27. 6.

Was?	Datum	erledigt
✎ ABC Seite 79		☐
✎ ABC Seite 80		☐
👓 Lese-Mal-Blatt		☐
1+1 Seite 35		☐
Freie Arbeit		

Die Kinder waren vom Wochenplan begeistert. Während sie daran arbeiteten, hatte ich Zeit, mich einzelnen Kindern oder Gruppen zuzuwenden. Ich konnte Kinder mit Lernschwierigkeiten gezielt einzeln fördern und Kinder, die von sich aus im Lernstoff weiter waren, mit schwierigeren Aufgaben betrauen. Diese Zeiten der Einzel- und Gruppenarbeit mit mir genossen die Kinder sehr.

Im täglichen Gesprächskreis wurde die Arbeit mit dem Wochenplan reflektiert:

Waren es zu viele Aufgaben?
Waren die Aufgaben zu schwer?
Welche Angebote wurden in der Freien Arbeit genutzt?

Nach den Sommerferien bekamen die Kinder wieder Wochenpläne. Diese waren jedoch umfangreicher, da das Erlernen der Schreibschrift hinzukam. Während die Kinder die Wochenpläne in den ersten Wochen noch begeistert bearbeiteten, ließ allmählich die Motivation nach. Die Kinder waren nach einer Stunde WP erschöpft, da der WP fast ausschließlich Aufgaben mit Schreiben, Rechnen und Lesen enthielt. Zudem hatten die Kinder Angst, nicht alle Aufgaben bis zum Ende der Woche fertig zu haben. Die Angebote der Freien Arbeit wurden nicht mehr so begeistert angenommen wie in der ersten Klasse. Die Kinder erzählten mir im Gesprächskreis ihre Probleme. Ich reduzierte bei einigen Kindern die Aufgaben, erhöhte die Anzahl der Wochenplanstunden, nahm Aufgaben aus Kunst in den WP auf. All diese Änderungen waren sowohl für mich, als auch für die Kinder unbefriedigend. Ich beschloß, zunächst für eine Zeit, den WP wegzulassen.

Anstelle eines WP gab es nun einzelne Stunden Freie Arbeit, in denen die Kinder bestimmten, was sie machen wollten. Im Gesprächskreis überlegten sich die Kinder Themen und Aktivitäten. In der Freien Arbeit arbeiteten die Kinder einzeln oder in kleinen Gruppen an ihren selbstgewählten Themen.

Nun entwickelten sich in der Klasse die verschiedensten Aktivitäten. Ein Junge pflanzte eine Kastanie ein, goß und hegte und pflegte sie (ich kümmerte mich nicht darum), und nach einiger Zeit fing die Kastanie an zu keimen. Die gesamte Klasse konnte nun das Wachstum mit verfolgen. Eines Tages stand fest, daß es wirklich eine Kastanienpflanze war: Die Pflanze hatte ihr erstes fünffingriges Kastanienblatt bekommen!

Eine Gruppe wollte „Fernsehen" spielen. Ich regte die Kinder an, einen Fernseher zu basteln, und schon am nächsten Tag kamen die Kinder mit einer überdimensional großen Kiste in die Schule. Der Karton dieser Kiste konnte nur mit einer Laubsäge geschnitten werden. Die Kinder suchten sich zu Hause aus Zeitungen Texte für eine „Nachrichtensendung" aus und schrieben freiwillig lange Texte ab. In einer „Fernsehsendung" vor der Klasse verlasen sie Nachrichten über aktuelle politische Themen (Golfkrieg), über Umweltschützer, und es gab auch einige Werbespots.

Die Kinder regten weitere Aktionen an:

- nach dem Besuch eines Zauberers in der Schule übten Kinder Zaubertricks ein und führten sie der Klasse vor
- mit den Cuisinairestäben bauten Kinder hohe Türme und errechneten danach die Anzahl der Stäbe im Turm
- die Kinder planten in eigener Regie ein „Buchstabenfest"
- die Kinder schrieben Texte zu Klassenfotos.

Dies sind nur einige Beispiele für die Aktivitäten, die die Kinder entwickelten. Je mehr Gelegenheiten ich den Kindern gab, ihre Ideen im Unterricht einzubringen, um so mehr Aktivitäten entwickelten sich von den Kindern aus.

Mein Wunsch ist es, den Unterricht auch in anderen Bereichen noch mehr zu öffnen. Dazu werde ich weiterhin die Interessen der Kinder aufgreifen. Dabei helfen mir aber auch die Anregungen, die ich auf Freinet-Treffen von anderen LehrerInnen beim Erfahrungsaustausch bekomme.

● *Angela Glänzel-Zlabinger, Lehrerin*
15 Jahre Unterrichtserfahrung an verschiedenen Berliner Grundschulen, vornehmlich 1. bis 3. Klasse

Szenen

- aus einer 2. Klasse (= 1. Teil)
  zusammengestellt aus Originalprotokollen und persönlichen Aufzeichnungen
- eines Freinet-Treffens Juli 1990 in Berlin (= 2. Teil)

Mitspieler des 1. Teiles: Ansager, Besucherin, Lehrerin Angela Glänzel sowie die Kinder Achmet, Sandra, Funda, Malte, Ali, Jesse, Inga, Latifa und Ilka

Mitspieler des 2. Teiles: Ansager, Lehrerin Angela Glänzel, die Lehrerinnen Eva und Marie-Claude sowie 8 weitere LehrerInnen

1. Teil

Regieanweisung:	*Die Schüler sitzen in 2er/3er Gruppen oder allein und haben Namenskärtchen umgehängt, die Lehrerin sitzt bei einem Kind, die Besucherin und der Ansager stehen am Rand der Gruppe.*

Ansager: Wir befinden uns jetzt in der Klasse von Angela Glänzel, einer 2. Grundschulklasse in Berlin.
Es treten auf: einige Kinder, die Lehrerin, eine Besucherin.

Die folgenden Szenen wurden ausgehend von Aufzeichnungen und Protokollen der Lehrerin zusammengestellt.
Die Klasse bestand damals aus 28 Kindern, aus „technischen Gründen" sind die Szenen aber so angelegt, daß nur 9 Kinder auftreten.
Es ist jetzt kurz vor Ende der ersten Stunde, die Kinder sitzen einzeln oder in Gruppen, die Besucherin befragt einzelne Kinder.

Besucherin: Darf ich Dich fragen, was Du gerade arbeitest?

Achmet: Ich mache ein Buch über Dinosaurier für unsere Klasse. Ich zeichne die Dinosaurier aus dem Buch ab und schreibe dazu, wie sie heißen und wie groß die waren, wieviele Meter...

Besucherin: Wer hat Dir denn gesagt, was Du tun mußt?

Achmet: Ich habe mir das alleine ausgedacht. Ich habe mir schon alle Bücher über Dinosaurier hier angesehen, und jetzt mache ich ein Buch über die Besten...

Besucherin: Danke,... und was macht Ihr hier?

Sandra: Wir bereiten etwas für die Lesestunde morgen vor. Wir haben das Buch von Jim Knopf ausgesucht, weil uns das gut gefällt. Urs liest den Jim Knopf und ich den Lukas und Suse den Erzähler.

Besucherin: Wie oft habt Ihr Lesestunde?

Sandra: Jeden Dienstag morgen.

Besucherin: Und wer sagt, wer was vorliest?

Sandra: Jeder, der was vorlesen will, darf vorlesen, manchmal liest auch Frau Glänzel was vor. Und wenn zuviele auf einmal wollen, dann dürfen die zuerst, die bisher am wenigsten vorgelesen haben. Hier hängt die Liste, da kann man sich eintragen.

Besucherin: Danke für Deine Auskünfte... Darf ich Euch auch mal stören und fragen, was Ihr hier tut?

Funda: Wir machen Frühstück.

Besucherin: Aber ich sehe doch, Ihr rechnet da was.

Funda: Wir müssen ja erst mal ausrechnen, was wir für die 40 Mark aus der Klassenkasse für unser Frühstück am Samstag kaufen können. Malte hat beim Bäcker aufgeschrieben, was die verschiedenen Brötchen kosten. Aber wir wissen nicht, was Milch kostet. Weißt Du es?

Besucherin: Ich denke, ein Liter kostet 1,50 DM.

Funda: 1 Liter? Aber ein Liter reicht doch nicht! Wieviel Liter brauchen wir denn? Hol doch mal eine Tasse und ein Litergefäß aus der Experimentierecke, Ilka, bitte!

Besucherin: Oh, ich sehe, Ihr habt zu tun. Danke.

Ansager: Pausenglocke. Wir wollen hören, was die Besucherin in der Pause von der Lehrerin wissen will.

Regieanweisung: *Zunächst bleiben alle SchülerInnen sitzen. Am Ende des Gesprächs zwischen Lehrerin und Besucherin bilden die SchülerInnen einen Stuhlkreis.*

Besucherin: Mir hat gut gefallen, daß die meisten Kinder intensiv bei ihrer Sache sind.
Ich frage mich jedoch, ob die verschiedenen Arbeiten, die sie da tun, nicht etwas willkürlich sind – gemessen an schulischen Lernzielen.
Z.B. die Dinosaurier oder die Vorbereitung des Frühstücks, sind das nicht Themen für den Freizeitbereich?

Lehrerin: Zunächst zu Ahmet und den Dinosauriern:
Die Kinder werden heute mit einer ungeheuren Informationsflut überschüttet und sind oft nur noch passive Konsumenten. Da finde ich es besonders wichtig, daß wir den Schülern helfen, wieder zu fragen, die Dinge zu hinterfragen. Wenn die Kinder Zeit haben, ihrem eigenen Interesse nachzugehen, entdecken sie und ich die Fragen, die dahinterstecken, die da sind, aber oft zu schnell mit einer neuen Flut zugeschüttet werden.

162

Ich vermute, daß Ahmet, wie viele Kinder, das Thema Dinosaurier u. a. deshalb gewählt hat, weil ihn die Größe und Stärke dieser Tiere beeindruckt hat.

Die Frage, die dahinterstecken könnte, mag sein: Eine Vorstellung von der Größe zu bekommen. Wenn Ahmet seine Arbeit vorstellt und diese Frage im Raum steht, könnten wir alle zusammen auf den Hof gehen und die Maße, die Ahmet angegeben hat, dort mal ausmessen, mit der Größe des Hofes und der Bäume vergleichen... Und schon sind wir bei einigen schulischen Lernzielen gelandet, nämlich dem Messen oder der Größenvorstellung...

Und ganz nebenbei: Ahmet arbeitet eine Menge an schulischen Lernzielen im Bereich Lesen, Schreiben, Gestalten, wenn er z. B. für die Klasse ein Buch über Dinosaurier anlegt.

Das letzte gilt auch für die Frühstücksvorbereitung. Wenn Sie genau hingesehen haben: die Kinder rechnen, messen, schreiben, lesen und dies alles in einem Zusammenhang, der für die Kinder Sinn macht. Und dies ist ein weiteres wichtiges Kriterium für mich:

Soweit wie möglich die Kinder nicht an fremden, sinnentleerten Aufgaben üben zu lassen, sondern in Zusammenhängen, am besten in solchen, in denen die Kinder Verantwortung übernehmen: Zuviel oder zuwenig Brötchen...

Besucherin:	Aha, Sie entwickeln aus den Interessen der Kinder das Schulwissen. Aber jedes Kind arbeitet doch an etwas ganz anderem. Wie bekommen Sie da einen Zusammenhang?
Lehrerin:	Da lade ich Sie ein, einfach in der nächsten Stunde einmal zuzuschauen, vielleicht beantwortet sich Ihre Frage dann von selbst.
Regieanweisung:	*Die Schüler, vor deren Namen ein O steht, melden sich kurz, bevor sie dran sind!*
Ansager:	Gong. Wir blenden uns in die laufende 2. Stunde ein. Die Schüler sitzen im Kreis und stellen ihre Arbeitsergebnisse vor.
Malte:	Als nächster steht Ali auf der Liste. Ali hat das Wort.
Ali:	Ich habe mit dem Legokasten ein Motorrad und eine Seilbahn gebaut. Hier ist das Motorrad. So fährt es BRMMMM... Jetzt könnt ihr fragen. Jesse?
Jesse:	Kann man das Motorrad auch lenken?

Ali:	Nur das Vorderrad. Hier am Hinterrad habe ich einen 6er Stein befestigt, deshalb sind die Hinterräder nicht lenkbar. Wenn ich diesen Stein abmontiere, ist das Hinterrad auch beweglich. Sooooo! Sandra?
Sandra:	Ich finde, das sieht eher wie ein Mofa aus und nicht wie ein Motorrad.
Inga:	Ich finde, es sieht nicht wie ein Mofa aus, Mofas haben nur zwei Räder.
Ali:	Inga! Ich hatte Dich gar nicht aufgerufen! Ich will euch jetzt noch die Seilbahn zeigen. Die geht so! Latifa?
Latifa:	Du hättest den Faden straffer spannen sollen, dann würde die Bahn besser fahren.
Ali:	Ich habe es schon höher gehängt, als in der Anleitung steht, sonst würde es überhaupt nicht funktionieren. Frau Glänzel?
Lehrerin:	Kann man die Seilbahn vielleicht so bauen, daß die Last am anderen Ende ankommt und nicht in der Mitte hängen bleibt?
Ali:	Das kann man sicher machen!
Achmet:	Ich weiß wie! Kann ich das machen?
Funda:	Ich auch!
Malte:	Ruhe! Ruhe! Ali hat noch das Wort!
Ali:	Ich bin fertig, wenn keiner mehr Fragen hat. Frau Glänzel?
Lehrerin:	Wenn ich euch beide richtig verstanden habe, so wollt ihr eine Seilbahn bauen, bei der die Last am anderen Ende ankommt? Gut. Da Achmet sich diese Woche ja das Dinosaurierbuch vorgenommen hat, schlage ich vor, daß ihr beide diese Aufgabe für nächste Woche in eurem Wochenplan eintragt.
Malte:	Auf der Liste steht jetzt Latifa! Latifa hat das Wort!
Latifa:	Frau Glänzel soll zuerst noch was sagen.
Lehrerin:	Latifa hat mir schon gezeigt, was sie euch jetzt von sich

vorlesen will. Es ist ein Gedicht. Diejenigen von euch, die schon mal ein Gedicht hier vorgelesen haben, wissen, daß es manchmal schwer ist, sein Gedicht vor allen vorzulesen, weil es doch etwas sehr Persönliches ist. Deshalb möchte ich euch bitten, während Latifa vorliest, die Augen zu schließen und nachher bei der Kritik besonders behutsam zu sein. Latifa hat das Wort.

Latifa:
Ich bin ein Schaukelstuhl
und wackle im Winde,
im Winde, im Winde.

Ich stehe auf der Terrasse
und wackle im Winde,
im Winde, im Winde.

Auf mir schaukelt, ratet mal
geschwinde, geschwinde,
im Winde:
Angela, Angela, Angela.

Regieanweisung: *kurze Pause*

Latifa: Ilka?

Ilka: Ich finde das sehr schön.

Latifa: Inga?

Inga: Ich konnte mir richtig gut vorstellen, wie der so im Wind wackelt.

Ali: Ja, immer so hin und her.

Latifa: Sandra?

Sandra: Ich hab's mir auch so vorgestellt, aber zuerst habe ich gedacht, daß der Schaukelstuhl ganz allein steht, und dann war auf einmal wer drin.

Latifa: Frau Glänzel?

Lehrerin: Das ist mir auch aufgefallen, daß sich nach der 2. Strophe etwas ändert, und dazu habe ich zwei Fragen:... Wie hat Latifa das gemacht, das man den Schaukelstuhl so hin und her wackeln sieht? Und 2. Frage: Was ändert sich in der 3. Strophe?

Latifa: Ilka?

Ilka:	Dreimal im Winde, im Winde, im Winde, das macht das Hin und Her, und in der 3. Strophe wird es dann schneller.
Latifa:	Funda?
Funda:	Wie bist Du denn darauf gekommen, das Gedicht zu schreiben?
Latifa:	Wir haben zu Hause so ein Gedichtebuch, da hat mir meine Mama ein paar vorgelesen, und dann habe ich noch was geträumt mit einem Schaukelstuhl... und nun habe ich eben das Gedicht geschrieben. Frau Glänzel?
Lehrerin:	Möchtest Du das Gedicht drucken, Latifa?
Latifa:	Ja gerne, mit zwei Farben und den geschwungenen Buchstaben.
Lehrerin:	Such Dir doch gleich 2 Kinder aus, die Dir beim Drucken helfen. Und dann möchte ich gerne wissen, ob noch ein paar Kinder Lust haben, einmal ein Gedicht zu schreiben?

Sandra, Funda, Malte, Jesse, Inga, Ilka melden sich

einige Kinder rufen:	ich, ich
Lehrerin:	Wenn das so viele sind, mache ich doch den Vorschlag, daß wir mal gemeinsam eine Gedichtestunde machen. Am besten am nächsten Montagmorgen. Latifa könnte vielleicht ihre Gedichtebuch mitbringen, und wer bis dahin ein Gedicht geschrieben hat, kann es auch mitbringen. Wir könnten es uns mit Kerzen und leiser Musik ganz gemütlich machen und Gedichte vorlesen. Wer ein Gedicht schreiben möchte, aber nicht weiß wie, dem kann ich ein paar Hilfen geben.
Ansager:	Blenden wir uns aus der Vorstellrunde aus und hören, was in der folgenden Pause die Besucherin sagt.
Regieanweisung:	*Alle bis auf die Lehrerin und die Besucherin bleiben sitzen.*
Besucherin:	Ich habe solche Kreise in verschiedenen Klassen gesehen. Bei Ihnen ist mir aufgefallen, daß es ganz klare Regeln gibt, und die Kinder verschiedene Funktionen übernehmen.
Lehrerin:	Ja, ich möchte es sehr ernst damit nehmen, den Kindern das Wort zu geben, und ich weiß, daß die Kinder eine Struktur

brauchen, die ihnen erlaubt, ihre Kommunikation eigenverantwortlich zu organisieren. Ich gebe zunächst eine Struktur vor, die mir passend erscheint, die aber durchschaubar und gemeinsam veränderbar ist.

Besucherin: Die meisten Kinder haben sich sehr selbstbewußt und gekonnt ausgedrückt. Ist das für Sie das Ziel dieser Kreisgespräche?

Lehrerin: Es ist sozusagen ein wichtiges Nebenprodukt. Für mich liegt die zentrale Bedeutung dieses Kreises
1. in der kritischen Würdigung der Arbeit des einzelnen Kindes,
2. in den daraus entstehenden Impulsen für die gemeinsame Arbeit, z.B. bei dem Gedicht von Latifa, oder für die individuelle Arbeit wie bei dem Motorrad von Ahmet.
3. werden durch das Gespräch über die einzelnen Arbeiten die Zusammenhänge zwischen den einzelnen Themen offenbar.

Besucherin: Gibt es denn noch andere Kreise?

Lehrerin: Es gibt noch Kreise zur gemeinsamen Planung unserer Vorhaben und Kreise, in denen größere Konflikte in der Klasse besprochen werden.

Besucherin: Diese Haltung, die Sie da den Produkten und Ideen der Kinder entgegenbringen, ist ja nun keine übliche Haltung unter Lehrern, so habe ich mich vorhin bei dem Gedicht von Latifa gefragt: Wie und wo haben Sie gelernt, so mit den Kindern zu arbeiten?

Lehrerin: Da sprechen Sie ein wichtiges Thema an.
Ich habe in meiner eigenen Schulzeit weder gelernt, eigenverantwortlich zu fragen und zu lernen, noch gelernt, daß z.B. Schreiben für mich ganz persönlich hilfreich und lustvoll sein kann. Auch in meiner Lehrerausbildung habe ich nichts davon gelernt.
Aber ich habe immer wieder gespürt, wie meine eigenen Erfahrungen einer neuen Konzeption von Unterricht im Wege standen.
Da hat mir die Art und Weise der Zusammenarbeit in der Freinetbewegung sehr geholfen. Nicht nur eine neue Konzeption im Kopf zu haben, sondern selbstverantwortliches Lernen oder freies Schreiben selbst zu erfahren und darüber zu reflektieren, das waren neben der Beobachtung der Kinder die intensivsten und wichtigsten Lernmomente für mich.

Ich möchte Ihnen das gerne in einer letzten Szene anschaulich machen und lade Sie dazu herzlich zu einem kurzen Blick in den Schlußkreis unseres vorletzten Freinet-Regionaltreffens ein.

2. Teil

Regieanweisung:	*Alle Mitspieler (außer dem Ansager) nehmen im Kreis Platz, dann drehen sie deutlich sichtbar ihre Namensschilder um. Nur die Lehrerin Angela Glänzel bleibt unverändert.*
Ansager:	Die Mitspieler sind jetzt alle Lehrer und Teilnehmer eines Berliner Freinet-Treffens, das im Juni 1990 in der Berliner Friedrichstr. stattgefunden hat. Sie sehen jetzt den Abschlußkreis des Treffens. Wir zeigen ihnen den Ausschnitt, in dem die Lehrerinnen Eva (Wasmuth) und Angela (Glänzel) ihre Arbeitsergebnisse vorstellen.
Marie-Claude:	Die nächste Gruppe ist dran.
Eva:	Dann machen wir mal weiter. Angela und ich, wir haben eine Erkundung gemacht zu den aktuellen Ereignissen. Wir haben den Todesstreifen zwischen Neukölln und Treptow angesehen, haben Leute interviewt, und ich habe mir die Flora auf einem Streifenstück etwas näher angesehen.
	Dort an der Wand haben wir unsere Arbeitsergebnisse für euch ausgestellt.
	Was mich besonders beeindruckt hat, war die Tatsache, daß sich dort eine nicht einheimische Flora angesiedelt hat. Ich wollte der Sache auf den Grund gehen und habe herausgefunden, daß der Grund dafür die alten Gleisanlagen in dem Gebiet dort sind. Die Züge, die früher dort fuhren, haben Samen aus fernen Gebieten mit sich genommen, die sich offensichtlich hier ungestört ansiedeln konnten.
Angela:	Ich muß etwas gestehen. Obwohl ich ja ursprünglich die Idee hatte, eine Erkundung zu machen, bin ich während der Arbeit doch wieder davon abgekommen.
	Als ich auf einen Wachturm hochgeklettert bin und da oben lange alleine stand und über diesen tristen Streifen Land schaute, war mir plötzlich klar, daß ich dieses Thema vorgeschlagen hatte, weil ich einfach mit meinen Gefühlen nicht nachkam mit der aktuellen Entwicklung. Mein Bedürfnis war vielmehr, das, was sich bei mir alles so innerlich angesammelt hatte, auszudrücken und anzusehen. Und so habe ich angefangen zu schreiben, und habe mich ganz von Eva abgeseilt.

168

Es sind an Ort und Stelle eine Menge Gedichte entstanden. Fotografiert habe ich anfangs auch. Das Fotografieren hat mich gezwungen, genau hinzusehen, reale Details und Ausschnitte wahrzunehmen und sie in Beziehung zu setzen zu meinen Gefühlen. Das hat mir sehr gut getan. Ich habe einige Fotos und Gedichte für euch zusammengestellt und einen der ersten Texte will ich euch hier vorlesen.

Reißverschluß

Ach – guck mal
Ach – hier sind wir
An jedem Mauerloch
stehe ich staunend

Meter um Meter
erlebe ich
wie sich
beide Hälften
wie ein Reißverschluß
zusammenfügen

Plötzlich
keine Mauer mehr
aber...
hier war doch immer...
wo bin ich...

die Zeit
ist
schneller
als
ich

Angela

Marie-Claude:	Du hast jetzt beschrieben, wie Du diesmal auf Umwegen zum Schreiben gekommen bist. Wir hatten ja hier auch eine Gruppe, die sich das freie Schreiben vorgenommen hatte. War es wichtig für Dich, alleine zu arbeiten, oder wäre die Schreibgruppe auch eine Möglichkeit für Dich gewesen?
Angela:	Es ist gut, daß Du das fragst: es wird mir nämlich gerade bewußt, daß dieser Umweg über die Erkundungsgruppe für mich notwendig war, um an mein eigentliches Thema zu kommen: Als wir die Arbeit dieses Wochenende geplant haben, hat mich das Schreiben in der Gruppe nicht angesprochen. Mein Thema war die aktuelle Veränderung der Stadt.

In meiner Klasse fällt es mir manchmal noch schwer, Kindern solchen Umweg zuzugestehen.

An mir selbst habe ich jetzt wieder gemerkt, daß für solche Umwege Zeit da sein muß, und daß sich diese Zeit auszahlt. Ich brauchte Zeit, um mein Thema näher an mich herankommen zu lassen, beim aktiven Umgang damit (Radfahren auf dem Todesstreifen, Fotografieren, auf den Wachturm klettern) habe ich mich dem eigentlichen Kern genähert. Wäre ich jetzt Schülerin in meiner eigenen Klasse, hätte ich vielleicht einen Bericht über die Flora auf dem Todesstreifen oder eine Reportage über den Zustand der Mauer abliefern müssen.

Statt dessen habe ich mich von Eva abgeseilt und Gedichte geschrieben.

Das hat mir sehr gut getan. Ich habe intensiv gearbeitet, auch außerhalb dieses Treffens, und habe auch große Lust, nach diesem Wochenende weiterzuarbeiten. Ich habe ganz nebenbei viel von Evas Recherchen mitgekriegt und fühle mich jetzt sehr neugierig und offen für eure Themen.

Zur Pädagogik
von Rudolf Steiner (Waldorf-Pädagogik)

„Phantasiebedürfnis, Wahrheitssinn, Verantwortlichkeitsgefühl, das sind die drei Kräfte, die die Nerven der Pädagogik sind. Und wer Pädagogik in sich aufnehmen will, der schreibe sich vor diese Pädagogik als Motto:

Durchdringe dich mit Phantasiefähigkeit,

habe den Mut zur Wahrheit,

schärfe dein Gefühl für seelische Verantwortlichkeit."

R. Steiner

Umseitiges Zitat aus: R. Steiner: Allgemeine Menschenkunde als Grundlage der Pädagogik, Dornach 1980, S. 203

Die Entwicklung des Kindes und ihre Berücksichtigung in der Waldorf-Pädagogik

H.-G. Wyneken

Der Begründer der Waldorf-Pädagogik, Dr. Rudolf Steiner (1861–1925) sagte, um kurz und prägnant die von ihm inaugurierte Pädagogik in ihren Absichten zu charakterisieren: „Es gibt drei wirksame Erziehungsprinzipien: Angst, Dressur und Liebe; auf die ersten beiden wollen wir in der Waldorf-Pädagogik verzichten." (1)

Die Liebe zum Kind war auch bei anderen Pädagogen die Triebfeder ihres Handelns, wie bei Heinrich Pestalozzi oder Maria Montessori zum Beispiel, und man ist sich ja auch mit jedem wirklich pädagogisch gesinnten Menschen schnell einig, daß die Menschenliebe Ausgangspunkt der Erziehung sein sollte.

Es ist heute bekannt und durch empirische Erfahrung bewiesen, daß Kinder sehr krank werden oder sogar zum Tode verurteilt sind, wenn man ihnen die Zuneigung entzieht und sie einfach nur durch wechselnde Bezugspersonen leiblich versorgt, so daß keine seelische Anbindung entstehen kann. Wir leben nicht vom Brot allein, sondern von etwas Nichtstofflichem, der Menschenliebe.

Kennt man nun zwar die Folgen mangelnder Liebe für den Menschen, vor allem für Säuglinge und kleine Kinder, so ergibt sich doch daraus nicht unmittelbar die Fähigkeit, pädagogisch sinnvoll handeln oder unterrichten zu können. Man muß schon tiefer in die Menschennatur und ihre Entwicklungsgesetze hineinleuchten, um aus Liebe zum Menschen handlungsfähig zu werden. Dies geschieht durch die geisteswissenschaftliche Menschenkunde Rudolf Steiners, der Grundlage der Waldorf-Pädagogik, von der hier exemplarisch etwas zur Sprache kommen soll.

Man kann sich mit verschiedenen wissenschaftlichen Methoden dem Wesen des Menschen nähern.

Erstens damit, messend, zählend und wiegend vorzugehen und dadurch die Gesetzmäßigkeiten der mit den Sinnen wahrnehmbaren, stofflichen Welt zu erforschen; dies ist die Methode der Physik: Wenn ich die Hebelgesetze meines Leibes untersuche, das Knochen- und Muskelsystem, mit dem ich meine Leiblichkeit bewegen kann, bin ich auf dem Gebiet der Physik forschend tätig. Hier hat die Anatomie und auch die Orthopädie ihr Untersuchungsfeld. Der ganze architektonische Bau unseres Leibes bis in die Knochenbälkchenstruktur der einzelnen Knochen hinein läßt sich mit Hilfe dieser Forschungsmethode verstehen. Man gewinnt Kenntnisse über den physischen Leib des Menschen, wie er als räumlicher Organismus sich auch noch kurze Zeit nach dem Tode vor unseren Augen darbietet. Das *Leben* dieses Organismus versteht man dadurch jedoch noch nicht. Ein *zweiter* methodischer Ansatz ergibt sich, wenn man nicht nur die räumliche Gestalt des Leibes erforscht, sondern die biologischen

Vorgänge, die sich im Leibe abspielen. Diese Lebensprozesse des menschlichen Organismus kann man mit Hilfe der Physiologie studieren. Dabei bekommt man nicht nur stoffliche Bewegungen und Verwandlungen in den Blick, sondern auch verschiedene Organrhythmen oder Prozeßfolgen. Ein Beispiel kann das verdeutlichen:

Auf einen Atemzug erfolgen durchschnittlich vier Herzschläge, so daß bei 72 Herzschlägen pro Minute 18 Atemzüge kommen. Das ergibt 25 920 Atemzüge pro Tag. In dieser Zeit „atmen" Leber und Niere vergleichsweise nur je einmal, wobei die Leber in ihrer Tätigkeit tagsüber ruht, nachts dagegen arbeitet, die Niere jedoch nachts ruht und tags aktiv ist. Niere und Leber arbeiten im Gegenrhythmus, der langsam schwingt, während sich Herz und Lunge in einer zeitlich dynamischeren rhythmischen Koordination befinden.

Durch das Studium solcher und anderer Rhythmen wird man von der Raumgestalt zur Zeitgestalt des menschlichen Organismus geführt; zu einer Zeitgestalt, die so, wie eine Melodie ihre Gestalt nur in der zeitlichen Aufeinanderfolge von Tönen gewinnt, in der zeitlichen Ordnung und Struktur von Lebensvorgängen Gestaltung aufweist, wie im gerade genannten Beispiel. Auch in den Ernährungs- und Verdauungsvorgängen oder den Regenerations- und Wachstumsprozessen findet man solche Ordnungen. Mit den Methoden der Rhythmusforschung ist die Struktur der Zeitgestalt erforschbar.

Wir kennen sehr viele Rhythmen des menschlichen Zeitorganismus; der heute bekannteste ist der sogenannte Biorhythmus, der 28,5 Tage bzw. einen Monat dauert. Er ist von den physiologischen Prozessen des weiblichen Zyklus bekannt, aber aus der Sportmedizin kennt man ihn auch vom männlichen Organismus dadurch, daß Leistungsschwankungen sich in diesem Rhythmus abspielen. Doch auch in der Lernpsychologie kennt man den Monatsrhythmus als einen Zeitprozeß, der sich dem Gedächtnis zuordnet: Gelerntes wird vergessen und taucht nach vier Wochen als Erinnerung wieder auf.

Aus dem Bereich der Arbeitsphysiologie stammen heute viele Forschungsergebnisse über Rhythmen, in denen sich Gesundungsprozesse des Menschen abspielen. Hier bildet der Wochen- und der doppelte Wochenrhythmus eine wichtige Rolle für Heilungsprozesse, aber auch der Jahresrhythmus zeigt sich unter diesem Aspekt als eine zeitliche Struktur, in die wir mit unserer ganzen Leiblichkeit eingespannt sind, was man an sogenannten Saisonkrankheiten und an therapeutischen Effekten im Zusammenhang mit den Jahreszeiten kennengelernt hat. (2)

Aus dem Geschilderten wird ersichtlich, daß der physische Organismus, der LEIB des Menschen, aus zwei verschiedenen strukturellen Ebenen besteht, der räumlichen und der meist weniger beachteten zeitlichen. Auf den Zusammenhang von Rhythmus und Leben hat schon Rudolf Steiner in seiner Zeit aufmerksam gemacht. In der zeitlichen Ebene zeigt sich der Organismus als gestaltete Form, die nicht mehr mit den Sinnen wahrnehmbar ist, da sie nicht aus Materie erbaut ist wie der physische Leib des Menschen, die aber ihre Wirkung bis ins materiell Erfaßbare hinein erstreckt, was man an den hier beschriebenen und an weiteren Rhythmen studieren kann.

Doch habe ich mit dieser doppelten Leiblichkeit noch nicht die ganze Wirklichkeit des Menschen erfaßt, sondern man benötigt zur Erforschung seines

Seelenwesens *drittens* auch noch psychologische Fragestellungen und Methoden. Unschwer ist zu bemerken, daß man hiermit ein weiteres großes Feld der menschlichen Wesenheit betritt.

Liebe und Haß, Freude und Schmerz, Gunst und Mißgunst sind einige Beispiele für die Kräfte unseres Seelenlebens, das im Übersinnlichen seinen Ursprung hat, seine Wirkungen jedoch auch bis in den Leib hinein erstreckt, was sich unter anderem am Lachen und Weinen ja deutlich zeigt. So findet sich auch im Seelischen ein ganzer Kanon von Kräften, dessen einzelne Glieder aufeinander bezogen sind; daher bin ich berechtigt, auch hier von einem Organismus zu sprechen. Er weist eine polare Gliederung in die Kräfte von Sympathie und Antipathie auf. In dieser Polarität lebt unsere SEELE als Organismus.

Nun gibt es noch ein *viertes* Gebiet, das von den bisher genannten Forschungsgebieten noch nicht erfaßt ist, und das ist der biographische Bereich eines Menschen. Weder in der Physik noch in der Physiologie zeigt sich etwas von dieser Qualität. In der Psychosomatik und in der Psychologie kommt schon ein wenig von dem unverwechsel- und unvertauschbaren Wesenskern eines Menschen zum Vorschein. Bestimmte Erkrankungsursachen oder Lebensmotive sind einmalig. Aber damit ist noch nicht der eigentliche Persönlichkeitskern erfaßt, den wir ja mit einem ganz kurzen Wort bezeichnen, mit dem Wort ICH. Ein methodischer Ansatz zur Erforschung des Wesens und Wirkens des Ichs liegt im Studium der Biographie eines Menschen, man könnte also sagen, Biographik wäre der entsprechende Wissenschaftszweig; jedenfalls geht es darum, den Menschen in seiner geistigen Wesenheit zu erfassen. So wird man auf das Gebiet der Geisteswissenschaft geführt.

Geist (ich) und Seele gehören eng zusammen, ja, sie werden sogar häufig miteinander verwechselt oder nicht voneinander geschieden und dann gemeinsam als Seele bezeichnet. Ein Beispiel mag die Zusammengehörigkeit veranschaulichen:

Wir haben nicht nur tagsüber Erlebnisse, sondern auch nachts, wenn wir schlafen und träumen und der Leib mit seinen Sinnesorganen zur Ruhe gekommen ist. Die Schlaferlebnisse bleiben jedoch in der Hauptsache unbewußt und geraten nur dann an die Oberfläche des Bewußtseins, wenn man etwas von diesen Träumen morgens noch erinnern kann. Träume sind verschiedener Natur, und an manchen Träumen kann man studieren, daß Tageserlebnisse verarbeitet werden. Nun werden sie aber nicht so verarbeitet, daß man mit dem klaren Bewußtsein unseres Selbst, was uns tagsüber zur Verfügung steht, daran tätig werden kann; daß man darüber nachdenkt, sich das Erlebte noch einmal in Erinnerung ruft und dabei kraft des bewußten Denkens das Wesentliche vom Unwesentlichen unterscheidet und dadurch Klarheit darüber gewinnt, welche Bedeutung es für das eigene Leben hat, sondern es spielt sich dieses nächtliche Verarbeiten völlig anders ab: Fremdartige Bilder, die sich miteinander verweben, die sich dauernd wandeln, tauchen vor der Seele auf; so fremdartig, daß man oftmals gar nicht weiß, worum es eigentlich geht. Wenn sich nicht durch irgendeinen Anhaltspunkt die Bilderwelt aufschließt, so daß man bemerkt, es handelt sich um verfremdete Bilder von Tageserlebnissen, so würde man gar nicht auf den Sinn dieser ineinanderfließenden Bilder kommen können: in völliger Selbständigkeit, ohne ein bewußtes Zutun, verarbeitet das Unterbewußtsein das am Tag Erlebte.

Man kann ein Bild von dem entwerfen, was da vorliegt: ein Kreis als Bild für die Seele und eine Grenze darin, die das bewußte Seelenleben vom unbewußten in oberhalb und unterhalb der Grenze trennt. Also könnte man sagen, das, was oberhalb dieser Grenze ist, gehört zum Tagesleben des Menschen und das unterhalb befindliche zur Nachtseite, zur Dunkelseite des Lebens, dem Unterbewußtsein. Nun muß man sich noch vorstellen, daß sich dieser Kreis in einer ständigen Drehbewegung befindet, die Grenze aber stillsteht. Dann zeigt sich, daß das, was tagsüber bei Bewußtsein aufgenommen wird, allmählich in die Nachtseite hineinsinkt und hier in eine rege, verarbeitende Tätigkeit gerät, die sich aber in einer Selbständigkeit des Unterbewußtseins, also unbewußt abspielt. Und dann taucht das, was des Nachts dort verarbeitet worden ist, als Erinnerung wieder auf, es wird bewußt: Erinnerung an den Vortag; manchmal auch Erinnerung an den nächtlichen Traum.

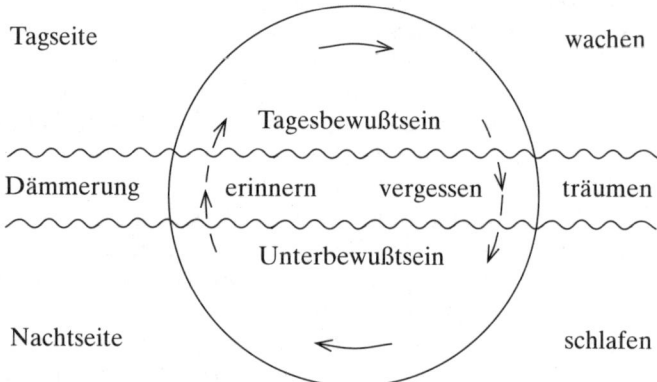

Bild 1

Wir sind mit unserem Seelenleben neben anderen Rhythmen auch in einen Tag- und Nachtrhythmus eingespannt; nur der kleinere Teil dieses seelischen Lebens unterliegt unserem bewußten Zugriff, der Großteil davon aber spielt sich im Unbewußten ab. Wach, träumend oder schlafend, bewußt und unbewußt aber sind die verschiedenen Zustände unseres Ichs und unserer Seele, wobei das Ich die seelischen Erlebnisse verarbeitet, gleich, ob sie bewußt oder unbewußt erlebt wurden. Damit wird deutlich, daß der Tag- und Nachtrhythmus zum Ich gehört, das in diesem Rhythmus sich immer wieder selbst bewußt wird, indem es durch das Erinnern beim Aufwachen den Bewußtseinsfaden wieder anknüpft, den es abends durch das Einschlafen aus der Hand gegeben hat. Die in diesem Rhythmus mitschwingende Seele bietet dagegen dem Ich die Möglichkeit des Erlebens, ob tagsüber durch die Benutzung der Sinnesorgane des Leibes oder nachts ohne sie. Und so zeigt sich daran, daß wir eine vierfache Gliederung des Menschen vornehmen konnten. Diese Sachlage wird in der Regel vereinfacht, und dadurch die menschliche Wesenheit etwas anders gegliedert. Man kann die ersten beiden Gebiete der menschlichen Natur zusammenfassen als das leibliche Gebiet und hat dadurch den Menschen dreifach gegliedert in Leib, Seele und Geist, eine altbekannte Gliederung. Manchmal werden auch Seele und Geist zusammengefaßt als Seele, so daß eine Dualität von Leib und Seele auftritt. Das folgende Schema gibt eine Übersicht:

$$
\left.
\begin{array}{lll}
4 & \text{Ich} & = \text{Geist} \\
3 & \text{Seelischer Organismus} & = \text{Seele}
\end{array}
\right\} = \text{Seele}
$$

$$
\left.
\begin{array}{ll}
2 & \text{Zeitlicher Organismus} \\
1 & \text{Räumlicher Organismus}
\end{array}
\right\} = \text{Leib} \quad = \quad \text{Leib}
$$

Von R. Steiner stammt der Ausdruck „Wesensglieder" für diese vier skizzierten Gebiete.

Im wachen Zustand sind mir mein Selbst und meine Seele (4 + 3) deutlich bewußt, während die Vorgänge des Leiblich-Physiologischen (1 + 2) mir ziemlich unbewußt bleiben. Nur bei Erkrankungen wird etwas davon schmerzlich bewußt. Das heißt, die leibliche Seite gehört im Tagesleben zur „Nachtseite" des seelisch-geistigen Lebens. Dagegen ist die Situation der wissenschaftlichen Erforschbarkeit gerade umgekehrt: Das Leiblich-Physiologische ist bestens erforscht; wie aber die geistig-seelische Seite („Tagseite") damit in Beziehung steht, liegt zum großen Teil noch im Dunkeln für den heutigen wissenschaftlichen Blick. Das bedeutet aber, daß sich die metaphysische Seite des menschlichen Wesens offensichtlich der Selbstbeobachtung erschließt, die physische, leiblich-lebendige Seite jedoch mehr der Außen- oder Fremdbeobachtung, so, wie wir es methodisch durch unser naturwissenschaftlich geprägtes Zeitalter gewohnt sind. Daraus folgt, daß ein Methodenwechsel erforderlich ist, um die übersinnliche Seite des Menschenwesens in den Blick zu bekommen und erforschbar zu machen. Das wird in der heutigen Naturwissenschaft ja auch vielfach gefordert; für die Waldorf-Pädagogik ist es der Ausgangspunkt.

In der Pädagogik geht es nun aber nicht nur darum, den Menschen in seiner komplexen leiblichen, seelischen und geistigen Situation zu erfassen, sondern vor allem darum, Entwicklungen der Kinder und Jugendlichen zu studieren, um dem jeweiligen Alter in der Erziehung gerecht werden zu können. Wenden wir also unseren Blick darauf, wie sich die vier genannten Wesensglieder des Menschen von der Geburt bis zum Erwachsenenalter entwickeln.

Ich möchte dazu eine Graphik aus dem Buch „Wachstum und Entwicklung" von Tanner[1], einem amerikanischen Anthropologen, vorausschicken. Darin sind vier Grundtypen des Wachstumsverlaufes verschiedener Körperteile und Gewebe dargestellt (s. Graphik auf folgender Seite).

Der Maßstab ist so gewählt, daß die Größe aller Organe bei der Geburt auf 0 % gesetzt ist, unabhängig davon, was zu diesem Zeitpunkt schon an Gewebe vorliegt, und der Zustand mit 20 Jahren auf 100 %. Auf diese zwei Eckpunkte beziehen sich alle Werte der Wachstumskurven. An der Entwicklungskurve für das *allgemeine Körperwachstum* fällt die starke Steigung auf, die zu Beginn der Pubertät (13 J.) einsetzt. Außer dieser, alles Gewebewachstum zusammenfassenden Kurve, sind drei spezielle Wachstumskurven abgebildet:

Die Kurve für das *Kopf- und Gehirnwachstum* zeigt den zunächst steilsten Anstieg und erreicht bei 6 Jahren bereits 90 %. Das bedeutet, daß bis zur

---

1 James Tanner, Wachstum und Reifung des Menschen, Stuttgart 1962

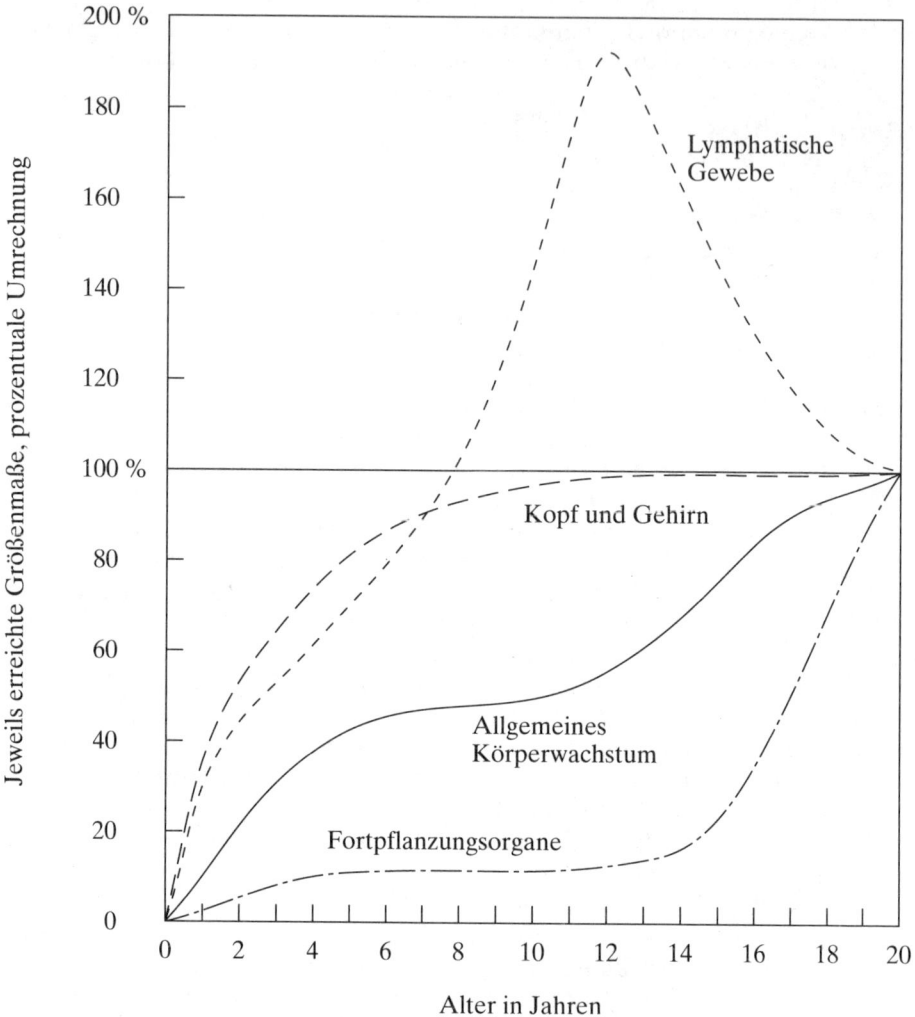

(Die Graphik stammt aus dem Jahr 1930 und beruht auf Forschungen von Scammon)

Schulreife die Entwicklung des Nerven- und Sinnessystems weitgehend abgeschlossen ist. Nerven besitzen von allen Zellen unseres Leibes die geringste Regenerationsmöglichkeit, das bedeutet, daß ihre Lebenstätigkeit am reduziertesten ist; hier bin ich im Bereich des mineralisch-physischen Leibes. Der bildet sich vor der Geburt und macht danach seine Reifung durch.

Das *lymphatische Gewebe* weist eine große Merkwürdigkeit auf: bis zum 11./12. Jahre wächst es hypertrophierend auf 190% an. Da es sich um das Gewebe mit dem größten Flüssigkeitsgehalt des Leibes handelt, spielt sich hier ein regelrechter Quellprozeß ab, dem erst mit der Vorpubertät Einhalt geboten wird. Von da an wächst dieses Gewebe langsamer als alle anderen und wird zum Teil sogar wieder reduziert, wie man es von der Thymusdrüse kennt. Das lymphatische Gewebe gehört zum Immunsystem des Organismus, der das Leben aufrecht erhält und dessen Zugehörigkeit zum Lebens- oder Zeitorganismus dadurch deutlich wird. Von ihm läßt sich nun analog sagen, daß er wie der physische Leib eine Embryonalphase, eine „Geburt" und eine anschließende Reifephase durchläuft, nur um 7 Jahre verschoben. Die Wachstumskurve der *Fortpflanzungsorgane* hat nach einem leichten Anstieg in den ersten drei Jahren eine Ruhephase bis zum Alter von 14. Dann findet zwischen 14 und 18 Jahren ein ähnlich schnelles Wachstum statt wie beim lymphatischen Gewebe zwischen 7 und 11 oder beim Gehirn zwischen 0 und 3 Jahren. Der Bezug der Fortpflanzungsorgane zum seelischen Organismus mit seinen Sympathie- und Antipathiekräften ist offensichtlich. Auch hier kann ich analog zum Vorherigen von einer Bildephase, dem Selbständigwerden und einer Reifephase sprechen, nur wiederum versetzt um sieben Jahre.

Mit ca. 21 Jahren ist dann die Erwachsenengestalt erreicht.

So komme ich durch den Vergleich dazu, sagen zu können, daß so, wie bei der Geburt der räumliche Organismus geboren wird, mit 7 Jahren der zeitliche, mit 14 Jahren der seelische Organismus zur Geburt kommen und mit 21 Jahren das Ich. Daher sprechen wir in der Waldorf-Pädagogik von mehreren „Geburten", die im Rhythmus von jeweils 7 Jahren erfolgen. Die Forschungsergebnisse von Scammon bestätigen diesen von Steiner entdeckten Sachverhalt.

Ich möchte nun, von der Pubertät ausgehend, die verschiedenen Geburten näher betrachten:

Vor der Pubertät ist die Seele des Kindes noch wie ein offenes Buch, in dem jeder lesen kann; Freude oder Kummer teilen sich dem Erwachsenen unmittelbar mit, das Kind kann es oftmals noch gar nicht verbalisieren, da weiß die Mutter oder der Vater schon, welcher Kummer es drückt. Erstes Anzeichen einer Veränderung dieser Situation ist der Wechsel vom Poesiealbum zum Tagebuch, was vor allem von Mädchen geführt wird; und das Tagebuch wird verschlossen! Jetzt muß der Erwachsene fragen, ob er es lesen darf, und es öffnet sich längst nicht jedem. So verschließt sich die Seele vor den Seelen der anderen Menschen, mit denen vorher selbstverständlich mitgelebt wurde. Aber dadurch gerade gewinnt sie ihre Selbständigkeit und ihre eigene Kraft, die sich nun dem Seelenorganismus gemäß, nämlich polar, äußert: zum einen in der Kraft der Kritik, der selbständigen Urteilskraft, zum anderen in der Kraft des Glaubens. Die Glaubens- und die Kritikkraft gehören zur Polarität des Seelenorganismus, der in der Pubertätszeit seine Verselbständigung erfährt.

Auf diesem Gebiet machen die Jugendlichen nun ihre ersten Erfahrungen, im Verlieben als eine spezielle Seite der Glaubenskraft und auch im Kritisieren durch ihre ersten Enttäuschungen, die sie an der Welt erleben, die den inneren Idealen, die in der Seele aufblühen, nicht entsprechen.

Hieraus läßt sich nun, wiederum durch den Vergleich, eine pädagogische Gesetzmäßigkeit ableiten:

Wie man vor der Geburt den physischen Leib in seiner Embryonalzeit beim Bilden und Heranreifen nicht stören sollte, ihn den Einwirkungen der Außenwelt nicht aussetzen, so sollte der sich bildende, heranreifende Seelenorganismus vor seiner „Geburt", der Pubertät, vor einer zu frühen selbständigen Betätigung in einem seelischen Außenraum, der Forderungen stellt, geschützt werden, weil man seine Bildeprozesse sonst stören würde. Ein zu frühes Herausfordern eines eigenständigen Urteilens, was der selbständigen Seelenkräfte bedarf, schwächt den heranreifenden Seelenorganismus so, wie ein Einwirken auf die Leiblichkeit vor der Geburt durch physische Substanzen wie

z. B. Alkohol, Nikotin, Schlafmittel oder andere Drogen den Leib schädigen. Da liegt der Grund dafür, weshalb wir in der Waldorf-Pädagogik die intellektuellen Kräfte erst nach der Pubertät in ihrer Eigenständigkeit in Anspruch nehmen, nicht, weil wir sie zu wenig schätzen würden oder um die Kinder auf einem kindlichen Niveau, in ihrer „Heilen Welt", zu belassen, sondern um gerade die intellektuellen Kräfte zu einer Ausreifung kommen zu lassen.

Führe ich die am Beispiel der „Geburt" des Seelenorganismus vorgenommene Übertragung analog eine Stufe weiter durch, dann muß ich sagen: Das Herausfordern der Ich-Kräfte vor der eigentlichen Mündigkeit würde genauso störend für das Heranreifen dieser Kräfte der Jugendlichen sein wie im vorher dargestellten Falle das der intellektuellen Kräfte. Daher sollte die Selbständigkeit des Ich's erst nach seiner „Geburt" mit 21 Jahren wirklich herausgefordert werden. Zu häufige Beanspruchung dieser Selbständigkeit von seiten der Erwachsenen in dieser seelischen Gärungsphase wirkt sich ungünstig auf eine ruhige und für das spätere Leben kraftvoll wirkende Entwicklung des Ich's aus. In diesem Alter brauchen die Jugendlichen eine helfende Anleitung im Seelengebiet von außen. Das Ich des Lehrers, des Erziehers oder der Eltern muß die noch fehlenden Kräfte des noch in Bildung begriffenen Ich's ersetzen, wobei man berücksichtigen muß, daß gerade in diesem Alter die Zeit des fortwährenden Protestes gegen die Eltern auftritt. Idealerweise müßte daher ein fremdes „Elternhaus" eine gewisse Seelenführung übernehmen, bis man schließlich mit 18 bis 19 Jahren die Selbständigkeit der Jugendlichen aufrufen kann, ohne ihnen für das spätere Leben Kräfte zu entziehen. Das gleiche im übertragenen Sinne kann ich jetzt auch für den Zeit- bzw. Lebensorganismus aussagen. An unserer Skizze läßt sich ablesen, daß er zum Zeitpunkt der Schulreife seine „Geburt" erfahren müßte. Das Verhältnis des Kindes zur Zeit ist es nun gerade, was um das 7. Jahr herum eine wesentliche Veränderung durchmacht. Das läßt sich an der Gedächtnisentwicklung beobachten. Das Gedächtnis der Kinder ist in der ersten Kindheitsphase noch an das räumliche Erleben gebunden. Man spricht ja auch von einem Ortsgedächtnis – ich könnte auch sagen „Außengedächtnis" – d. h. die Kinder haben noch nicht die Möglichkeit, sich bewußt in Erinnerung zu rufen, was sie einmal erlebt haben, sondern sie werden durch die Umgebung an ihre früheren Erlebnisse erinnert. Man kann an jedem Kinde vor dem vierten Lebensjahre beobachten, wie es durch die Umgebung, in die es wieder hineinkommt – auf einem Spaziergang z. B. – erinnert wird an ein Geschehen, das es dort einmal erlebt hat. Aber es hat noch nicht die Möglichkeit, sich, wenn es wieder zu Hause ist, durch bewußtes Vorstellen an ein Geschehen zu erinnern, das zeitlich zurückliegt.

Daraus läßt sich schließen, daß das Zeitgedächtnis noch nicht ausgebildet, das Ortsgedächtnis dagegen schon vorhanden ist. Ich kann auch sagen, das Außengedächtnis ist schon da, das Innengedächtnis noch nicht; es entwickelt sich nun gerade in dieser Zeit der ersten Kindheitsphase und verselbständigt sich gegen das siebte Lebensjahr, der Schulreifezeit. Dann sind die Kinder in der Lage, sich durch die nun gereifte Fähigkeit, Vorstellungen zu bilden, etwas Zurückliegendes ganz bewußt ins Gedächtnis zu rufen. Dabei treten noch Unsicherheiten auf, was man daran bemerken kann, daß sie die Zeitbegriffe noch etwas durcheinanderwerfen. Ein 6jähriges Kind z. B. hat da noch so seine Probleme und kann unter Umständen sagen: morgen habe ich dies oder jenes gegessen. Jeder Klassenlehrer weiß, daß die Benutzung dieser zeitlichen Begriffe von morgen und gestern bei manchen Kindern noch bis zur dritten Klasse nicht ganz sicher erfolgt. Man kann den geschilderten Sachverhalt auch an etwas anderem ablesen wie z. B. bei einem bekannten Schulreifetest von Piaget an der Antwort des zu testenden Kindes, das, vor zwei verschieden hohe Gefäße mit unterschiedlichem Durchmesser gestellt, von denen eines mit wohlschmeckender Flüssigkeit gefüllt ist, die vor den Augen des Kindes in das andere Glas umgefüllt wird, auf die Frage, welches Glas es lieber leertrinken möchte, auf das, in dem die Flüssigkeit höher steht, zeigt, wenn es noch nicht schulreif ist. Andernfalls antwortet es vielleicht: „Ist doch egal!" denn es hat den Vorgang zeitlich verfolgt und kann daher die innere Vorstellung der gleichen Menge bilden. So läßt sich der Entwicklungsstand des Zeitgedächtnisses prüfen und daran die Schulreife testen.

Daran nun, daß um das siebte Lebensjahr herum das Zeitgedächtnis, das zum Zeitorganismus des Menschen gehört, selbständig betätigt werden kann, läßt sich unschwer ablesen, daß zu diesem Zeitpunkt ein Verselbständigungsprozeß damit vor sich geht, was ich in Entsprechung zu dem Vorhergehenden die „Geburt" des Zeitorganismus nennen muß. Jetzt also wird dieser auch frei für Anforderungen von außen, die Gedächtniskräfte können und wollen nun in Anspruch genommen werden. Geschieht dies nicht, so rumoren diese frei gewordenen Kräfte im Kinde ungenutzt und machen es krank, denn der Zeitorganismus bildet ja die Strukturen der physiologischen Prozesse. Genauso krankmachend für unsere Kinder aber ist es, wenn diese Kräfte vorzeitig in Anspruch genommen werden. Dann wirkt man kräftezehrend auf den Zeit- bzw. Lebensorganismus ein. Damit betreibt man aber gleichzeitig auch Raubbau am physischen Organismus, der ja durch die physiologischen Prozesse erhalten wird, wächst und reift. In diese Prozesse greift man durch alle Frühlese- oder überhaupt Frühlernprozesse schwächend ein, was medizinische Untersuchungen deutlich bestätigt haben.

Unter diesen Aspekten gibt es also ein Zu-Früh, aber auch ein Zu-Spät für schulische Anforderungen. Unsere Zeit neigt sehr dazu, Entwicklungen zu verfrühen, und das wirkt sich immer kräftezehrend auf diejenigen Gebiete des Menschenwesens aus, die gerade zur Reife und zur „Geburt" kommen sollen. So erzeugen wir „Frühgeburten" auf dem Gebiet des metaphysischen Wesens des Menschen, also des Zeitorganismus, der Seele und des Geistes. Den rechten Zeitpunkt in der Erziehung für alle Lernvorgänge zu finden, läßt den jungen Menschen sich gesund entwickeln, und dieses Aufsuchen des rechten Zeitpunktes sehen wir in der Waldorf-Pädagogik als unsere Aufgabe an.

Ich komme nun auf die Voraussetzung zurück, die ich ganz zu Anfang für die Waldorf-Pädagogik nannte, daß sie frei von Angst, frei von Dressur sein will, das bedeutet ja vor allem, daß in die Willensnatur des zu Erziehenden nicht direkt eingegriffen werden darf. Am Beispiel des Säuglings möchte ich versuchen, dies zu klären: Der Leib soll sich nach der Geburt in gesunder Weise weiterentwickeln, Sitzen und Gehen unter anderem gelernt werden. Nun könnte ich so eingreifen, daß ich die Beine des Kindes nehme und ihm beibringe, wie es zu laufen hat. Das wäre ein direkter Eingriff in die Leibes- und Willensnatur des Kindes, denn das Kind will ja etwas später selbständig laufen lernen. Und wie lernt es laufen? Durch Nachahmung, freiwillig, von allein! Einfach dadurch, daß die Menschen in seiner Umgebung aufrecht gehen, lernt es durch Nachahmung sich aufzurichten und zu laufen. Es ist ein wunderbares

Erlebnis für ein Kind, wenn es sich zum ersten Mal aufrichtet: welcher Jubel spricht aus ihm, wenn es sich mühsam an irgend etwas hochgezogen hat, losläßt... und nun frei steht. Dann muß es wieder hinunter, dann steht's wieder. Es gibt manche Kinder, die dann tatsächlich in einen Jubelschrei ausbrechen, wenn sie erstmals stehen oder wenn die ersten Schritte selbständig gemacht werden. Es ist ein Grunderlebnis von Freiheit, und das würde man dem Kinde nehmen, wenn man ihm das Laufen so beibringt, daß man es stützt und seine Beine nimmt und bewegt.

Diese so eminent wichtigen und anregenden, anspornenden Erlebnisse brauchen Kinder in ihrer gesamten Entwicklungszeit. Und so sagen wir in der Waldorf-Pädagogik: Alles Erziehen soll eine Anregung sein, und niemals soll direkt eingegriffen werden in die menschliche Natur, sondern der Erzieher soll immer vorbildhaft anregen, so daß die Kinder nachahmen können.

Im ersten Jahrsiebt ahmen Kinder mit ihrer Leiblichkeit nach, und alles, was sich am Kinde an Entwicklungs- oder Lernprozessen vollziehen soll, muß als Anregung in seine räumliche Umgebung gebracht werden, so daß es leiblich nachgeahmt werden kann. Es lernt Laufen, Sprechen und Denken durch Nachahmung. Die Muttersprache wird in dieser Zeit erlernt und zwar bis in die grammatikalischen Feinheiten hinein. Dadurch strukturiert sich das Großhirn des Menschen. Ich werde versuchen, dies in der hier gebotenen Kürze deutlich zu machen.

Bei der Geburt des Menschen sind die Sinnesorgane mit jeweils ganz bestimmten Zentren in der Großhirnrinde über Nervenbahnen verknüpft. Durch die sich koordinierende Betätigung der verschiedenen Sinnesorgane werden nun diese Zentren untereinander verknüpft, und in einer Strukturebene zweiter Ordnung werden die Verknüpfungen wiederum miteinander verbunden. Durch den Spracherwerb wird nun eine nächste Verknüpfungsebene im Gehirn angelegt. Denn durch die Sprache bildet sich die Welt, die sich mit Hilfe der Sinnesorgane im Menschen abbildet, noch einmal ab, jetzt aber sprachlich. Indem ich z. B. sagen kann „Die Flasche steht auf dem Tisch", zeichne ich ja die Verhältnisse hier in der Welt nach. Etwas anderes steht neben dem Tisch, der Stuhl ist unter dem Tisch. „Auf", „neben", „unter" sind Abbildungen durch die Grammatik – hier die Präpositionen. Die Sprache ruft gegenüber den Sinnen eine zweite Ebene des Weltverstehens hervor und das ruft eine nächste, die dritte Strukturebene im Gehirn hervor, und durch das geistige Verarbeiten auf begrifflicher Ebene bilden sich in unserem Großhirn zwei bis drei weitere solcher strukturellen Verknüpfungsebenen aus, die sich alle im Laufe der ersten 4–5 Lebensjahre entwickeln. (Bei den Säugetieren sind die wenigeren Strukturebenen bei der Geburt nahezu schon fertig vorgegeben.) (3)

Die höheren Verknüpfungsebenen bilden sich durch die Sprache, und das bedeutet, wenn ein Kind die Muttersprache in dieser Zeit bis in alle Feinheiten hinein lernt, es später – nämlich dann, wenn in der Phase nach der Pubertät das selbständige, das abstrakte Denken sich auf der Grundlage dieser Strukturen entwickelt – keine Schwierigkeiten hat, diese Art Denken zu erlernen. Wenn das nicht der Fall ist, also diese Gehirnstrukturen durch mangelnden Spracherwerb sich nicht in genügend vielen Ebenen gebildet haben, dann – das hat man empirisch entdeckt –, treten Hemmnisse, Hindernisse beim abstrakten Denken auf, wenn es sich beim Jugendlichen mit 16 bis 18 Jahren entwickeln will. Diese Erscheinung hat man ursachenbezogen „Sprachbarriere" genannt.

Die Sprachbarriere ist also eigentlich eine Denkbarriere in der Nachpubertäts-
zeit, die dann auftritt, wenn die Muttersprache nicht richtig in der frühen
Kindheit gelernt worden ist.

Das Lernen der Muttersprache vollzieht sich also durch Nachahmung, die
aber ist im ganzen ersten Jahrsiebt leiblicher Natur und hat immer auch eine
entsprechende leibbildende Wirkung.

Analog dazu kann ich jetzt sagen: Nachahmung muß im zweiten Jahrsiebt auf
dem Felde des Seelischen und im dritten Jahrsiebt auf geistigem Felde liegen
(siehe Bild 3). Das anregende Vorbild gilt es dann jeweils im Seelischen und im
Geistigen zu bilden, wenn Leib, Seele und Geist erzogen werden sollen, ohne
daß Dressur zum Einsatz kommt.

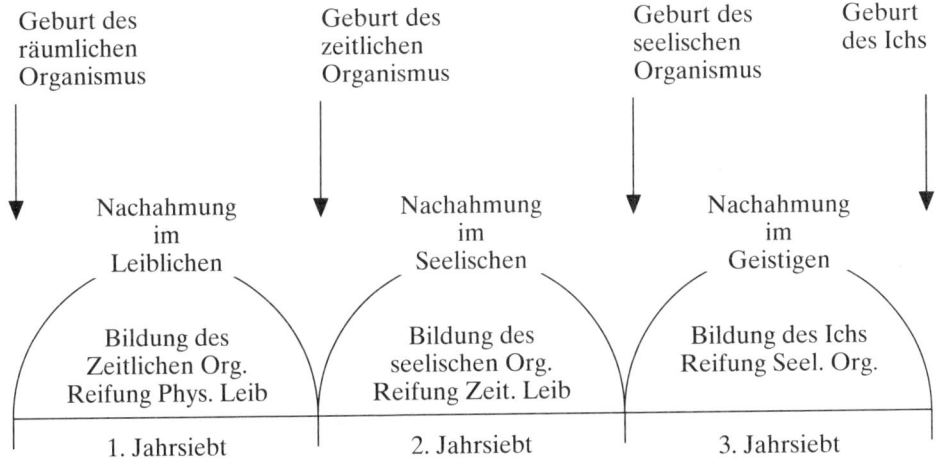

Bild 3

Im vierten Jahrsiebt hört dagegen die Erziehung auf und geht – hoffentlich –
über in die Selbsterziehung, da die Kräfte des Selbst frei geworden sind.

Damit habe ich die Erziehungsprinzipien der Waldorf-Pädagogik für die
ersten drei Jahrsiebte charakterisiert: Nachahmung im Leiblichen, im Seelischen, im Geistigen; ohne Dressur, weil es Nachahmung ist, ohne Angst, weil
die Erziehung Anregung ist, die nachgeahmt werden kann. Das individualisiert
zugleich, denn Nachahmen stammt aus der eigenen Kraft des Kindes, aus
seiner selbständigen Lerntätigkeit, und die ist individuell verschieden. Es vollzieht sich durch diese Art der Pädagogik eine Individualisierung der Kinder
dadurch, daß das Lernen zum rechten Entwicklungszeitpunkt die Eigenkräfte
des Kindes oder des Jugendlichen durch die zu erfolgenden Anregungen her-
vorlockt, und das läßt den Schüler bzw. das Kind sich in Freiheit entwik-
keln.

Die genannten Entwicklungszeiten trage ich nun auf einen Maßstab auf, der
noch etwas weiter reicht als bis zur Zwanzigjährigkeit, um daran einige Gesetzmäßigkeiten zu entwickeln, die für die Pädagogik fruchtbar werden können. Dabei unterteile ich nun jedes Jahrsiebt in drei gleiche Abschnitte, die je
2⅓ Jahre umfassen. Dadurch komme ich zu den auf der Abbildung (Bild 4)
eingetragenen Jahreszahlen. Das sieht zunächst wie ein mathematisches Spiel
aus, aber nun kann ich über jedes Jahrsiebt einen Bogen setzen, der um ein

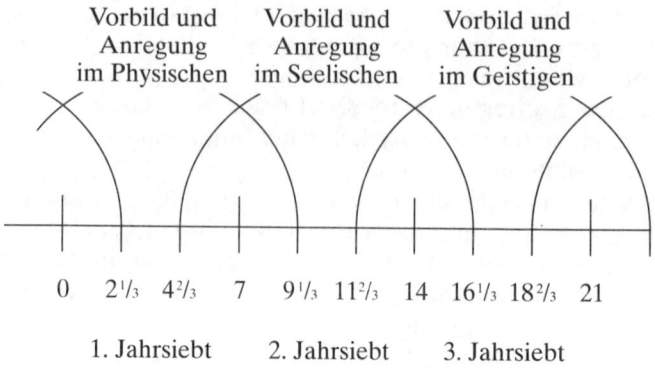

| Vorbild und Anregung im Physischen | Vorbild und Anregung im Seelischen | Vorbild und Anregung im Geistigen |

0   2⅓   4⅔   7   9⅓   11⅔   14   16⅓ 18⅔   21

Bild 4   1. Jahrsiebt   2. Jahrsiebt   3. Jahrsiebt

Drittel eines Jahrsiebtes in das vorhergehende bzw. nächste hineinreicht und mache dadurch sichtbar, daß jede Entwicklungsphase einen Vorlauf und einen Nachklang von je 2⅓ Jahren hat, so daß die Siebenjahresrhythmen Überschneidungen aufweisen.

Nun kann man sich fragen, ob die zusätzlichen Zeitpunkte, die dadurch in der Abbildung entstanden sind, tatsächlich auch Entwicklungseinschnitte in der Kindheit und Jugend sind. Freilich muß man dabei berücksichtigen, daß solche Einschnitte oder Entwicklungsschübe nicht mit mathematischer Genauigkeit erfolgen wie im Schema:

Der erste Einschnitt (2⅓ Jahre) ist gerade der Zeitpunkt, zu dem die Kinder zum erstenmal Ich zu sich sagen, und dadurch, daß sie nun das Innenerlebnis des Ichs haben, setzen sie sich von der Außenwelt, von der Gemeinsamkeit mit der Umwelt ab, und das äußert sich in einer ersten Trotzphase. (Das Ich als inneres Erlebnis zu haben, bedeutet aber nicht, daß es schon zur Selbständigkeit entwickelt ist.)

Der nächste Zeitpunkt liegt bei 4⅔, also bei etwa 5 Jahren: In diesem Alter zeigen sich erste Anzeichen am Kinde, die mit der Schulreife zu tun haben. Da tauchen in Kinderbildern z. B. nicht mehr reale, sondern symbolhafte Abbilder von der Umwelt auf, so daß z. B. ein Vogel in einem Kinderbild nicht mehr gemalt wird, wie das Kind ihn sieht, sondern so, daß es diesen Vogel symbolisiert in einem geschwungenen „V". Das heißt, das Kind fängt an, eine gewisse Abstraktion durchzuführen. Das bedeutet ja, etwas im Innenbereich des Seelenlebens von der Realität abstrahiert als Vorstellung zu erfassen, und das ist das Zeichen für den Beginn der Schulreife. Mit 9⅓ sind die Kinder in der Regel in der 4. Klasse. Es ist vielleicht nicht so bekannt, welcher Entwicklungsschritt sich da vollzieht, weil oft schon vor dieser Zeit ein Klassenwechsel vollzogen wird. Den vermeiden wir in der Waldorf-Pädagogik hier noch, um solche Entwicklungseinschnitte bemerken und hilfreich begleiten zu können. Hier läßt sich im Seelenleben der Kinder beobachten, daß sie erste Einsamkeitserlebnisse haben, plötzlich melancholisch, traurig werden, daß sie Zweifel bekommen, ob sie überhaupt zu diesem Elternhaus, in dem sie leben, dazugehören oder wo ähnliche problematische Fragen auftauchen. Es ist eine Phase, von der man sagen kann: Das magisch-mythische Bewußtsein der Kinder, die physiognomische Wahrnehmungsfähigkeit, die auf die Verbundenheit mit der geistigen Welt, aus der sie stammen, hindeutet, die reißt hier schließlich ganz ab, und sie treten ins irdische Leben ein. Das stimmt sie zunächst einmal traurig. Es ist

184

sozusagen die Götterdämmerungsphase des Einzelmenschen. Jetzt muß man ihnen helfen, diesen Bruch zu überwinden.

Nun kommen wir zur nächsten Phase, die sich etwa um das 12. Lebensjahr ($11\frac{2}{3}$) herum abspielt. Da wird das Kind fähig für erste Schritte in der selbständigen Betätigung der Logik. Eine Vorankündigung der Jugendphase zeichnet sich hier ab. Dann, mit 14, sind wir am Zentralpunkt der Pubertätszeit: Die körperliche Reife hat sich in diesem Jahrhundert in den hochindustrialisierten Staaten zwar kontinuierlich verfrüht, die seelische Reifung aber etwa um die gleiche Zeitspanne verspätet. Dadurch entsteht eine Kluft zwischen leiblicher und seelischer Geschlechtsreife, die es zu überbrücken gilt, eine schwierige und verantwortungsvolle Aufgabe für die Pädagogik. Bei Naturvölkern tritt noch heute eine Koinzidenz von körperlicher und seelischer Geschlechtsreife auf, die durch entsprechende Rituale gefördert wird.

Der nächste Einschnitt liegt bei $16\frac{1}{3}$: Zu diesem Zeitpunkt befinden sich die Jugendlichen in der 10. Klasse, wenn, wie in der Waldorfschule, kein Sitzenbleiben stattfindet, und man kann diesen Entwicklungspunkt, der wieder etwas unbemerkt vor sich geht, oft nur daran wahrnehmen, daß die Klasse als Gesamtheit erste Signale zu erkennen gibt, der Vernunft zugänglich zu werden. Die schlimmsten Unarten setzen sich als Bodensatz ab und verlieren ihren Reiz. Jetzt beginnt in Reinheit die eigentliche Jugendzeit. Man darf sich hier nicht täuschen lassen, wenn der einzelne Jugendliche das scheinbare Gegenteil zeigt. Das liegt daran, daß am Einzelnen durch das letztendliche Verschwinden der Nachklänge der Kindheitsphase, die sich vor allem im Rahmen des Elternhauses bis dahin noch hält und dem Jugendlichen Halt gibt, die problematische Seelenlage der Jugendzeit erst richtig in Erscheinung ritt, während im Klassenganzen eine erste Selbständigkeit, vor allem im Denken, die Oberhand gewinnt und dadurch eine andere Interessenlage beginnt.

Am Ende der 12. Klasse nun befinden wir uns an dem Zeitpunkt des nächsten Abschnittes, nämlich bei $18\frac{2}{3}$. Das ist die Lebensphase, in die nun schon die nächste Siebenjahresperiode ihr Licht vorauswirft. Auf diesen Zeitpunkt hat der Gesetzgeber nicht ohne Grund die Wahlmündigkeit vorverlegt, die früher bei 21 Jahren lag. Dem beobachtenden Blick jedes Erziehers entgeht nicht, daß in diesem Alter Anfänge einer selbständigen Lebensführung bei vielen Jugendlichen auftreten, ein Zeichen der allmählich einziehenden Ich-Kraft, die sich deutlicher noch um das 21. Lebensjahr äußert, bei verspätetem Auftreten schließlich mit $23\frac{1}{3}$ nicht mehr zu übersehen ist.

Nun möchte ich noch ein exemplarisches Unterrichtsbeispiel geben, damit erkennbar wird, wie wir in der Praxis arbeiten.

Ich nehme ein Beispiel aus dem Chemieunterricht der 9. Klasse. Da befinden wir uns in der Zeit der ausklingenden Grundschul- und beginnenden Jugendphase, mitten in der Pubertätszeit. Der Seelenorganismus der Jugendlichen ist frei geworden und hat sich polar differenziert in männlich und weiblich, was im Unterricht natürlich auch zu berücksichtigen ist. Und ich habe darüber hinaus – jedenfalls wenn ich Waldorfpädagoge bin –, dafür zu sorgen, daß ich den Unterricht so an die Schüler heranbringe, daß sie mit ihrem Seelenwesen und ihrem Geisteswesen zu dem Inhalt des Unterrichts auch einen Zugang finden.

Im Chemieunterricht der 9. Klasse wird die alkoholische Gärung gezeigt. Man kann den Prozeß so durchführen, daß man einen großen Glaskolben nimmt und verschiedene Stücke Obst hineinfüllt, dann etwas Hefe und Wasser dazu gibt und den Korken aufsetzt mit dem Gärröhrchen darinnen. (Das Gärröhrchen läßt Gase, die sich im Inneren des Kolbens entwickeln, durch Wasser hindurch nach außen perlen, ohne daß Luft hineinkommen kann.) Das läßt man die Jugendlichen nun über zwei, drei Tage beobachten. Der Inhalt fängt dann an zu gären und wild aufzuschäumen. Das Wasser des Gärröhrchens gluckert heftig, es entwickeln sich Gase, die entweichen, und das Obst verändert sich: es wird matschig, es sieht faulig aus. Wenn Rosinen dabei sind, schwimmen nach einem Tag Gärung „Wasserleichen" von Rosinen in dem Gebräu herum. Es sieht dann nicht gerade appetitlich aus. Und dann, wenn man das beobachtet hat und die Sache, und ebenso die Klasse, sich wieder beruhigt hat, kann man daran riechen und bemerkt, da ist nun, obwohl es so abscheulich aussieht, ein besonderer Wohlgeruch entstanden. Dann kann man das Gemisch destillieren und den Weingeist herausziehen, so daß man Branntwein bekommt. Dieser „Weingeist" ist eine ganz klare Flüssigkeit, die mehr feurig ist als wässrig. Anschließend kann man auch die Wirkung auf den menschlichen Organismus besprechen, aber das ist schon ein weiterführendes Gebiet. Wenn wir jetzt nur auf das, was ich bisher schilderte, schauen, dann bemerkt man: Hier wird ein Stoffverwandlungsvorgang sichtbar: Alkohol und Kohlensäuregas entstehen, der Zucker wird wieder zurückverwandelt in das, aus was er entstanden ist, Wasser, Kohlensäuregas und Wärme, aber er wird doch nur halb zurückverwandelt, Kohlensäuregas entsteht zwar, aber nicht Wasser und Wärme, sondern Alkohol, der uns innerlich durchwärmen kann. Vor dem Blick der Schüler entstand ein brodelndes Chaos, aber aus diesem brodelnden, wild gärenden Chaos ließ sich etwas herausziehen, was ganz klar, ganz fein ist und was man den „Weingeist" nennt.

Nun hat man da zwei Dinge, die man in den Blick nehmen kann, nämlich zum einen den rein chemischen Prozeß, zum anderen wird aber noch etwas anderes daran sichtbar, nämlich, daß aus dem, was brodelt und gärt, etwas ganz Besonderes wird. Das gleicht der seelischen Entwicklung der Jugendlichen. Was da im Seelischen brodelnd und noch unvollendet und wie in Gärung begriffen in der Pubertätszeit sich gebärdet, daraus wird durch „Destillation" etwas ganz Besonderes, bei jedem Menschen etwas ganz Besonderes. Man muß sagen, es ist ein Läuterungsprozeß, der sich da abspielt und den man durch das Experiment auch im Physischen beobachten kann. Da ist der physische Vorgang zugleich Realsymbol für den seelischen Vorgang. Und damit habe ich zwei Seiten der menschlichen Natur, zwei Seelenseiten der menschlichen Natur in den Blick genommen, die sich mehr auf das Äußere richtende und die mehr die Innenwelt durchlichtende, die männliche Seite der Jungen, die lieber oder leichter im äußeren Hantieren dieser chemischen Vorgänge leben, und die Seite der Mädchen, die einen leichteren Zugang zu dem mehr seelischen Gebiet gewinnen, das sich bildhaft daran zeigt. Und dadurch, daß ich für beide Seiten einen Anknüpfungspunkt habe, kann ich die Jugendlichen an die jeweils etwas fremdere Seite heranführen.

Das Interesse für die Chemie wird aufgeschlossen, die oft so spröde und unverständlich dargestellt wird.

Nun könnte vielleicht die Frage entstehen, ob man denn nicht als Lehrer überfordert ist, wenn man den Grundlagen der Waldorf-Pädagogik gemäß unterrichten möchte. Wie kann ich es denn im Unterricht schaffen, daß ich nicht dastehe und die komplizierten Anforderungen im Hintergrund habe und mich im Unterricht fragen muß, „Wie war das doch, was ich da gelesen habe?" und dadurch meine Spontaneität verliere. Nun, es geht ja nicht darum, die Grundlagen im Unterricht im Bewußtsein zu haben, sondern es geht darum, daß man die Menschennatur und die Entwicklung des Menschen so studiert, daß man damit als Lehrer innerlich verbunden ist.

Der wichtige Prozeß dabei ist der des sich Vertiefens in die Menschenkunde und des anschließenden Vergessens. Wie wir anfangs sahen, gerät das Gelernte dadurch ins Unterbewußtsein, wo selbständige Tätigkeit und Verarbeitung stattfinden. Wie ein Musiker durch den ständigen Übungsprozeß lernt, sein Instrument zu beherrschen, aber im Konzert die Musik und nicht die Fingerübungen im Bewußtsein trägt, so erwirbt sich der ständig studierende Lehrer durch das Entlassen des Gelernten ins Unterbewußtsein die Fähigkeit, gemäß dieser geistigen Grundlagen unterrichten zu können und Einfälle für den Unterricht zu bekommen.

Der Lehrer wird zum Lernenden wie der Schüler und dadurch zum Vorbild. So verknüpfen sich Lehren und Lernen, und der gesamte Erziehungsprozeß kann zu einem künstlerischen, schöpferischen Vorgang werden, zur Erziehungskunst.

Quellenangaben

1. Rudolf Steiner in der Waldorfschule, Ansprachen 1919–1924, Stuttgart 1958.
2. Gunther Hildebrandt, in „Beiträge zu einer Erweiterung der Heilkunst", Jahrg. 39, Hft. 1, Stuttgart 1986.
3. Karl R. Popper, J. C. Eccles, Das Ich und sein Gehirn, München 1982.

Erziehung zur Kooperation mit der Natur – Das umweltpädagogische Konzept der Waldorfschulen*

A. Suchantke

Vorfragen

Was heißt – um eine notwendige Vorfrage zu klären – Kooperation mit der Natur? Schließlich stammt dieser Begriff aus dem gesellschaftlichen, zwischenmenschlichen Bereich und impliziert Gleichrangigkeit und Selbständigkeit der Partner. Ist aber nicht die Natur als selber einsichts- und willenslose Sphäre dazu gar nicht in der Lage und deshalb dem einsichtigen, planenden Menschen notwendigerweise untergeordnet und ausgeliefert? Schließlich hat doch der Mensch die Natur seit je nach Belieben ausgebeutet, ohne sich je um ihre eigenen Bedürfnisse zu kümmern („Die Natur läßt sich nur durch Gehorsam bändigen!" Francis Bacon 1620 im „Novum Organon").

Wohl nicht nur. Sachgemäßer Umgang mit der (lebendigen) Natur setzt nicht nur Rücksichtnahme, sondern intensives Eingehen auf ihre Besonderheiten und Gesetzmäßigkeiten voraus. Ohne das wäre Landwirtschaft auf Dauer undenkbar, schon gar nicht eine solche, die neue Pflanzen- und Tierformen züchterisch hervorbringt. Hier muß eine intime wissenschaftliche oder, wie sicherlich in früheren Kulturepochen, intuitive Fragestellung gegenüber der Natur vorhanden sein: Sage mir, wie du bist, und wie ich mit dir umzugehen habe. Wie bestimmend diese Einstellung war, belegen die kultischen Opfer, die bei uns bis ins Hochmittelalter der Natur gebracht wurden (Caminada 1962) und in Skandinavien zum Teil bis heute überdauern. Erst später, etwa seit der Renaissance, entwickelte sich das Überlegenheitsgefühl im Baconschen Sinne gegenüber der Natur – Folge der aufblühenden Naturwissenschaft und der Erfahrungen in der Beherrschbarkeit anorganisch-physikalischer Prozesse, die zum Triumphzug der Technik geführt haben. Die Übertragung der dabei entwickelten Methoden auf die Lebensprozesse im weitesten Sinne setzte die Erfolge einerseits fort, führte daneben aber, wie wir alle wissen, zunehmend zu unerwarteten Neben- und Folgeschäden, die auf Unfähigkeiten in unserem Umgang mit der belebten Natur hinweisen.

Als Reaktion darauf regt sich das Bedürfnis, Lebensvorgänge ernster zu nehmen, sie um ihrer selbst willen zu respektieren und zu achten. Dieses rein emotionale Anliegen, diese Sehnsucht nach etwas, das zu entschwinden droht, beginnt im Maße zu wachsen, wie mit dem Heraufziehen der Stadtkultur die Entfremdung des Menschen von seiner ursprünglichen Einbettung in die Na-

* Nachdruck aus Humanökologie als Aufgabe für Natur- und Geisteswissenschaften
Schriften der Gesellschaft für Verantwortung in der Wissenschaft No. 6, 1989
Mit freundlicher Genehmigung der E. Schweizerbart'schen Verlagsbuchhandlung,
Stuttgart

turabläufe zunimmt (z. B. Rousseau, die Romantiker, Jugendbewegung usw.).
Die große Popularität der Ökologie – bezeichnenderweise der Synökologie – in
breiten Kreisen, die geradezu den Rang einer Heilswissenschaft einnimmt,
hängt damit zusammen: man sieht die „gegenseitige Hilfe" der Lebewesen, ein
Organismus trägt den anderen, die Raubtiere sind nicht die bösen Feinde ihrer
Beutetiere, sondern eigentlich ihre Heger usw.: die Natur als Vorbild für den
Menschen, für seine Sozialordnung.

Man sieht was man sehen will. Daß die Natur so nicht ist, daß die Ökologie
keine Wertmaßstäbe für den Umgang mit der Natur liefern kann, wird immer
wieder von Ökologenseite betont (z. B. Dahl 1982) – völlig zu Recht. Und doch
wird dabei etwas Entscheidendes übersehen, daß es sich nämlich zunächst gar
nicht um ein wissenschaftliches Erkenntnisbedürfnis, sondern um ein emotio-
nales Anliegen handelt, um einen moralischen Impuls, aus dem Empfinden,
daß bei einem nur wissenschaftlich-technischen Umgang mit der Natur etwas
Entscheidendes vernachlässigt wird und auf der Strecke bleibt.

Es wird viel zu wenig beachtet, daß wir heute mitten in einem entscheidenden Bewußtseinswandel darinnenstehen: es erwacht ein starkes Erlebnis der
Verwandtschaft und gleichzeitig der Verantwortung gegenüber der (belebten)
Natur, wie es in dieser Art zumindest in der abendländischen Kultur noch nie
existierte. Es wäre ein Irrtum, dieses wachsende Bewußtsein rein utilitaristisch
erklären zu wollen, aus Überlebensangst oder aus der Sorge für die kommenden Generationen. Vor allem in der Jugend und in der jüngeren Erwachse-
nengeneration ist eine Haltung weit verbreitet, die sich am ehesten als eine
Verbindung von brüderlicher Anteilnahme und verletztem Gerechtigkeitsemp-
finden bezeichnen ließe – am populärsten sind denn auch Aktionen, die unter
großem persönlichen Einsatz keinen erkennbaren Nutzen für den Menschen,
sondern ausschließlich für die betreffenden Tiere, Pflanzen, Landschaften
bringen: die Vertreter von Greenpeace sind die modernen Helden; oder man
denke an den enormen Einsatz durch freiwillige jugendliche Helfer, mit dem
der Wanderfalke in Baden-Württemberg vor dem Aussterben gerettet wurde
(Schilling & Rockenbauch 1985): materiellen Nutzen hat niemand davon.

Auch der Einwand, es sei eine Minorität, die sich da lautstark und medien-
wirksam in Szene setzt, letztlich aber doch nicht viel und vor allem längerfristig
nichts erreichen wird, trägt nicht. Der öffentliche Widerhall zeigt das Gegenteil: einmal, daß hier offenbar ein latentes Einverständnis oder doch Sympa-
thien bei der Mehrheit vorliegen, zum anderen, daß die Minderheit keine
abgeschottete Sekte ist, sondern das allgemeine Bewußtsein infiltrieren kann
und mehr und mehr beeinflußt.

Dem Verfasser ist es eine immer wieder aufs neue bestätigte Erfahrung,
wenn er mit Schülern und Jugendlichen zusammenkommt, gleichgültig, ob in
Deutschland, anderen europäischen Ländern oder in Südamerika: das soziale
Engagement gerade vieler der Aktivsten, Bewußtesten und Ernsthaftesten
wendet sich heute der Natur zu. Was bis ans Ende der 60er Jahre ausschließlich
auf gesellschaftspolitische Probleme gerichtet war – man denke an die 68er-
Bewegung – ist heute in Umorientierung oder Erweiterung begriffen. Das
soziale Bewußtsein (oder Gewissen) gilt nicht mehr nur dem Mitmenschen,
sondern auch der Mitkreatur. Man sehe sich nur einmal die Mitgliederzahlen
und die altersmäßige Zusammensetzung der naturkundlich-naturwissenschaft-
lichen Vereine und Verbände an – es waren früher Altherrenklubs, heute

dominiert die Jugend, und es wird nicht mehr theoretisiert, sondern es geht um Aktionen. So, wie es in den vergangenen Jahrhunderten zunächst einigen wenigen, dann immer mehr Menschen unerträglich wurde, daß Bauern, Sklaven, Leibeigene, Arbeiter rechtlos waren und nach Belieben ausgebeutet werden konnten, so wird heute die Rechtlosigkeit einer Tier-, einer Pflanzenart, eines Ökosystems (z. B. des Regenwaldes) als unerträglich empfunden. Es könnte das der Anfang einer neuen sozialen Bewegung sein, die, ähnlich wie die Bewegungen der Vergangenheit, zumindest in den Industrieländern eine rechtliche Gleichstellung der ehemals Rechtlosen erreicht haben, eine „Gleichstellung" und die Rechtssicherheit der Natur erreicht.

Eine Folge des Bewußtseinswandels ist die Stärkung des Naturschutzimpulses. Hier stellt sich jedoch die Frage, ob der extreme, der rigorose Naturschutz (mit Betreteverbot) auf die Dauer fruchtbar ist. Er ist ja nur die Reaktion auf die Zerstörung, und gleichzeitig ihr Alibi: man teilt die Welt in zwei ungleiche Teile – in einen größeren, in dem drauflos zerstört wird, und in einen kleineren, in dem die natürlichen Reste erhalten werden. Das aber kann nur eine kurzfristige Lösung sein, heute erleben wir bereits ihr Scheitern: saurer Regen und andere Immissionen und Infiltrationen machen vor keinem Naturschutzschild halt.

Vor allem aber ist es wider unsere eigene Natur. Es ist ein zentrales Wesensmerkmal des Menschen, daß er seine Umwelt entsprechend seinen Bedürfnissen prägt und gestaltet (d. h. Natur in Kultur verwandelt), im Unterschied zum Tier, das (durch die Selektion) von seiner Umgebung geprägt wird. Separation als Alternative zur Konfrontation (von Mensch und Natur) dürfte auf Dauer nicht möglich sein, ist vielleicht sogar prinzipiell unmöglich – schon die Errichtung eines Naturschutzgebietes ist ein Eingriff in die Natur. Die Aufgabe, die sich stellt, und um die kein Weg herumführt, ist die Kooperation – daß sie prinzipiell möglich ist, haben wir oben angedeutet mit einem Blick auf die Vergangenheit. Aber auch die Gegenwart bietet genügend Beispiele – etwa im biologischen Landbau und einer ökologisch vernünftigen Forstwirtschaft. Sie vermögen nicht nur in einer volkswirtschaftlich durchaus vertretbaren Weise (vgl. Bechmann 1987) unsere eigenen Bedürfnisse zu decken, sondern geben auch einem breiten Spektrum von Wildarten Lebensräume (Kremer 1988).

Die zunehmende Popularität derartiger Maßnahmen läßt hoffen. Sie alleine werden allerdings nicht genügen, sondern müssen von weiteren Umstellungen in allen Lebensbereichen zugunsten umweltschonender Technologien begleitet sein. Wenn dazu vorläufig keine Bereitschaft vorliegt, müssen wohl Katastrophen nachhelfen.

Auf jeden Fall liegt hier eine zentrale erzieherische Aufgabe vor. Die Pädagogik muß sich in den Dienst dessen stellen, was wir oben als Bewußtseinswandel bezeichnet haben: der neuen emotional-affektiven Zuwendung des (jungen) Menschen zur Natur. Sie muß unterstützend und bestärkend wirken, befestigend – mehr noch: sie sollte auch zu Handlungen führen. Vor allem darf eine solche Erziehung keine fachspezifische Angelegenheit, etwa des Biologie-Unterrichtes oder gar eines extra dafür eingerichteten Faches sein, sondern sollte als eine Art Grundhaltung, als „Sauerteig" überall, in allen Fachbereichen auftauchen und alles durchziehen – wahrlich kein Problem, wenn es dem Lehrer ein Anliegen ist.

Zur Methodik der Waldorfschule

Ein Grundzug der anthroposophischen Pädagogik liegt darin, daß sie sich in ihrer Methodenwahl an der jeweiligen Entwicklungsstufe des kindlichen Bewußtseins orientiert. Sie fragt danach, welche Fähigkeiten sich auf einer bestimmten Altersstufe entfalten wollen und wie darauf pädagogisch zu antworten ist.

Das sei im folgenden am Beispiel der Grundschuljahre vorgeführt. Der Umgang mit dieser Entwicklungsstufe ist von besonderer Wichtigkeit, weil hier noch die größte Offenheit und Aufnahmebereitschaft vorliegt, und er ist deshalb auch ganz besonders verantwortungsvoll – Grund für seine Auswahl im Rahmen dieses Beitrages. Um diesen nicht über Gebühr auszudehnen, seien die Inhalte und die didaktischen Aufgaben der anschließenden Jahre, wenn überhaupt, dann nur kurz angedeutet. Daß das Angelegte in intensiver Weise durch die ganze Schulzeit hindurch fortgeführt wird, versteht sich von selbst.

Das sechs- bis achtjährige (und erst recht das jüngere) Kind hat ein völlig anderes Verhältnis zu seiner Umwelt und damit auch zur Natur als der Jugendliche und der Erwachsene. Es kennt noch keine tote Dinglichkeit, noch keine Objekte, nur Subjekte – alles wird als belebt und beseelt empfunden, gleichgültig, ob Mond oder Stein oder Baum. Rauscht die Tanne im Winde, so erzählt sie etwas, ebenso der Bach. Der Mond, der das Kind auf dem Spaziergang begleitet und am Himmel immer mitkommt, will eben einfach wissen, wo das Kind hingeht usw. Ein Kind, das eine Blume gepflückt hat, steckt noch ein paar Gräser vom gleichen Standort dazu, „damit sich die Blume nicht so allein fühlt". Diese und ähnliche Beispiele führt der Entwicklungspsychologe Piaget (1969) an, um daran den kindlichen Animismus aufzuzeigen (wobei er unter Animismus ein spontanes Erleben der Beseeltheit der Dinge durch das Kind versteht, und nicht ein Erklären auf Grund von Analogieschlüssen – wozu das Kind noch gar nicht in der Lage wäre).

Piaget weist darauf hin, wie dies kindliche Erleben dann allmählich abklingt und, nachdem zunächst alles als belebt (und beseelt) empfunden wird, in einer anschließenden Phase nur noch bewegte Dinge (z. B. der Baum im Wind) auf diese Weise erfahren werden, bis schließlich nur noch das als beseelt gilt, was sich selber bewegt, Tiere also und Menschen.

Das Kind im Grundschulalter macht also zunächst keinen Unterschied zwischen sich und anderem, alles ist so, wie es sich selbst empfindet. Und alles, was im Wahrnehmungsbereich des Kindes auftaucht, steht in einer selbstverständlichen Beziehung zu ihm selber, so, wie es umgekehrt mit allem verbunden ist – es ist, je nachdem, wie man will, „egozentrisch", oder in noch ungetrennter Verbundenheit mit der Welt, es ist noch nicht entfremdet. Auf dieser Entwicklungsstufe ist eine wissenschaftliche, objektive Naturkunde überhaupt nicht möglich, welche die Gegenstände der Natur in ihrer eigen-Art charakterisiert. Wird das Kind dennoch damit konfrontiert, so reagiert es bestenfalls verständnislos, bzw. wird zu früh aus seiner Einheit mit der Umwelt herausgerissen. Diese Einheit, dieses Urvertrauen sollte nicht zerstört, sondern befestigt werden – vom selbstverständlichen Recht des Kindes einmal ganz abgesehen, sich seiner Anlagen gemäß entfalten und entwickeln zu können, es selbst sein zu dürfen. Es wird dadurch nicht zur Wirklichkeitsfremdheit erzogen – wir sahen ja, daß diese Bewußtseinshaltung sich verändert und damit die Art, die Umwelt zu erleben. Was jedoch als Grundstimmung bleibt, gleichsam als Lebensgefühl, ist die Verbundenheit, das Vertrautsein – vorausgesetzt, es hat sich in der entscheidenden Entwicklungsphase herausbilden können. Daß das für die Menschen in der Umgebung des Kindes gilt, ist klar: die Verbundenheit bleibt auch dann, wenn sich allmählich ein kritischeres, distanziertes Verhältnis zu ihnen einstellt. Dasselbe trifft auch für sein Verhältnis zur Natur zu.

Wesentlich für diese Altersstufe ist, daß das Kind die Erscheinungen nicht in ihrem So-Sein dinglich erlebt, außerhalb seiner selbst, sondern innerseelisch. Es macht sich innere Bilder von ihnen, in denen die Bäume, Tiere, Gestirne wie Menschen fühlen und handeln. Das läßt sich am besten beobachten, wenn Kinder spielen – die Gegenstände, die sie dabei verwenden, sind ganz gleichgültig – es können Steine, Holzstücke, Tannenzapfen sein: für die Kinder sind es Gestalten der Erzählungen, die sie eben gehört haben, der Märchen, aber auch der Cowboygeschichten – daß die Prinzessin oder die böse Hexe „in Wirklichkeit" Kastanien oder Kieselsteine sind, gilt nur für die zuschauenden Erwachsenen.

Es hat also gar keinen Sinn, Sachkundeunterricht in einem Sinne zu treiben, daß die Kinder als erstes in äußerlicher Weise auf ihre Umgebung hingewiesen werden. Das kann man mit älteren Kindern, vom 10. Lebensjahr an, machen, dann, wenn das Interesse an der Welt, dem Fremden, Unbekannten erwacht. Vorher wird man die Kinder nur erreichen, wenn man die Erscheinungen „beseelt" und an die kindliche Fähigkeit appelliert, sich in diese Erscheinungen innerlich hineinzuleben, sich nachzuvollziehen und auszugestalten. Das heißt, man muß in einer lebendigen, phantasievollen und sehr bildhaften (d. h. beschreibend-ausmalenden, aber nicht begrifflich definierenden) Erzählung die Kinder mit den betreffenden Dingen vertraut machen, in einer Art, in der Tiere und Pflanzen durchaus wie Menschen handeln. Auf das „Wie" dieses Handelns kommt es allerdings entscheidend an. Anschließend daran wird man dann diese Objekte in der Wirklichkeit mit den Kindern aufsuchen: jetzt haben sie eine Beziehung dazu, es ist wie eine Wiederbegegnung mit etwas Altvertrautem. Am Beispiel einer Erzählung, die sich eine Lehrerin für ihre Kinder ausgedacht hatte, sei das erläutert, um dann anschließend auf seine Begründung hin befragt zu werden:

Es war einmal eine Königstocher, die liebte einen Prinzen. Eines Tages beschloß dieser, mit anderen Rittern zusammen in ein fremdes Land zu ziehen. Die Königstocher begleitete ihn noch ein Stück des Weges und blickte dann, eingehüllt in ihren blauen Mantel, von der Anhöhe hinunter zur Küste, wo die Schiffe Segel setzten und hinausfuhren.

Jeden Tag ging die Königstochter nun hinunter zur selben Stelle, blickte hinaus aufs Meer und wartete auf die Rückkehr ihres Liebsten. Allmählich kam eines der Schiffe nach dem anderen zurück, und mit der Zeit waren alle Ritter heimgekehrt, nur der Prinz fehlte noch. Unermüdlich aber ging die Königstochter Tag für Tag auf die Anhöhe und wartete auf die Rückkehr ihres Bräutigams. Der König, ihr Vater, wurde allmählich ungeduldig, und drang in sie, einen anderen zum Mann zu nehmen, da ihr Prinz nun sicher nicht mehr zurückkäme. Aber die Königstochter gab die Hoffnung nicht auf, obwohl sie allmählich immer blasser und verhärmter aussah und ihr schöner dunkelblauer Mantel ganz staubig geworden und von der Sonne hellblau gebleicht war.

Eines Tages nun, als sie wieder vergeblich gewartet hatte und müde ins Schloß zurückkehrte, wurde der König so zornig, daß er sie aus dem Schloß verstieß. Die Königstochter aber ging wie alle Tage zuvor zu ihrem gewohnten Ort und setzte sich an den Wegrand. Dort finden wir sie noch heute, und daher trägt sie auch ihren Namen: die Wegwarte.

In dieser Geschichte wird die Natur vermenschlicht – genauso, wie es die Erlebensweise des sechs-, des siebenjährigen Kindes verlangt. Es geht dabei, um es zu wiederholen, auf dieser Altersstufe noch gar nicht um Naturkunde, die Pflanze, die Wegwarte ist dabei gar nicht die Hauptsache (und doch geht es, wie wir sehen werden, nicht nur nebenbei auch um sie), sondern eine bestimmte moralisch-sittliche Kraft – um die Treue. Nicht etwa in einer platt vordergründigen Weise, die hier als Mißverständnis auftauchen könnte, etwa daß damit ein bestimmtes Frauenbild suggeriert werden sollte, das des dienenden Wartens; nein, sondern um die Treue als aktive innere Kraft, die sich nicht beirren läßt; Treue als Kraft, die dem anderen gerade dann gewahrt wird, wenn er sie am nötigsten braucht – wenn er sich selber untreu wird (im Bilde des Prinzen, der sich in der Ferne verliert).

Geschichten wie diese wollen die Kinder immer wieder hören. Sie bewundern und lieben die Königstocher und identifizieren sich mit ihr – und durch sie mit der moralischen Kraft der Treue, die sie repräsentiert. Moralerziehung also ist es, um was es sich hier handelt, und zwar auf dem Wege der Identifikation, in einer Weise, daß Sympathie, Zuneigung geweckt werden an Stelle des Zwanges zur Übernahme von Geboten, die stets abstrakt, ohne Erlebnisinhalte sind, keine Möglichkeiten zur Identifikation aus eigenem Antrieb bieten und stattdessen Unterwerfung verlangen.

Natürlich müssen nicht alle Motive so anspruchsvoll und hoch gegriffen sein – es kann sich auch um alltägliche Gegebenheiten handeln – stets aber um solche, die sowohl vorbildlich sind, wie dem Kinde die Gelegenheit geben, sich dafür zu erwärmen. König und Königstocher spielen trotzdem in der Welt des Kindes eine große Rolle nicht in einem äußeren Sinne, sondern als etwas, das dem natürlichen Verehrungsbedürfnis des Kindes entgegenkommt.

Übrigens kommt die reale Wegwarte dabei keineswegs zu kurz. Begegnen ihr die Kinder auf Ausflügen oder Spaziergängen, dann ist es ein freudiges Wiedersehen wie mit einem vertrauten Freund – die Beziehung ist da und verliert sich auch mit der Zeit nicht.

Aber ist das nicht eine Vermenschlichung der Natur, und führt diese nicht zu einem völlig falschen Bild, noch dazu einem, das später zu einem Zwiespalt führen muß, wenn das Kind, älter werdend, die „richtige" Naturbetrachtung kennenlernt? Die Antwort darauf lautet; nur dann, wenn man diesen Stil zu lange beibehält. Wie bereits betont, läßt das rein innerseelische Erleben der Außenwelt allmählich nach. Um das neunte Lebensjahr herum ist eine im allgemeinen deutlich wahrnehmbare Zäsur – die Dinge werden interessiert, neugierig, wie von außen betrachtet, und das intensive Fragen beginnt. Würde man in der vorher geübten Weise mit Geschichten fortfahren, würden die Kinder abhängen, ja sich darüber lustig machen. Die Inhalte der in den Jahren vorher gehörten Erzählungen versinken, werden vergessen, das Bewußtsein ist frei für eine andere Art von Welterfahrung. Was aber bleibt, ist die Grundhaltung, die Grundstimmung des Liebhabens, der Verbundenheit mit der

Wegwarte, vorausgesetzt, es ist auch im Anschluß an die Erzählung zu einer realen Begegnung mit ihr gekommen.

Man kann das auch noch von einer anderen Seite her ansehen. In der ersten Begegnung mit der Natur, wie sie in der Waldorfschule stattfindet, geschieht andeutungsweise, was Gegenwartsaufgabe sein muß: nicht die Vermenschlichung, sondern die *Durchmenschlichung* der Natur. Man mag sich darüber streiten, ob ethische Maßstäbe aus der Natur abzuleiten sind oder nicht; daß wir sie der Natur im Umgang mit ihr hinzuzufügen haben, wird niemand bezweifeln.

Versuche, die Naturferne der heutigen Kinder zu überwinden

Die vorausgegangene Darstellung betrifft sozusagen den Idealfall, und den gibt es in der Wirklichkeit nun einmal nicht. Viele Kinder sind, wenn sie in die Schule kommen, keineswegs bereit, sich auf die erwähnten Erzählungen einzulassen, da nicht wenige von Einflüssen aller Art so besetzt sind, daß sie zu ihrer Umwelt – mitmenschlichen wie natürlichen – gar kein ungestörtes Verhältnis mehr besitzen. Nicht selten führen diese Störungen zu ungezügelter Aggressivität gegenüber ihrer Umwelt, und damit auch gegenüber der Natur. Im folgenden sei aus dem Bericht einer Klassenlehrerin zitiert, die mit Geduld und Einfallsreichtum gerade auf dem skizzierten Weg bemerkenswerte Erfolge hatte (Schmitz 1989):

Zunächst war sie ratlos, was sie mit den Kindern machen sollte: „Jeden Morgen erlebte ich sie, wie sie sich aufgeregt und nervös, kreischend, blaß, fahrig, streitsüchtig und z. T. richtig brutal gebärdeten. Dazwischen standen oder saßen die stillen, auch manchmal ängstlichen, auf Schönes wartenden anderen Kinder, solche, die offenbar gern in die Schule kamen, weil es dort so vieles zu erleben gab." Da sie die Ursachen dieses Verhaltens in den oftmals langen Busfahrten der Kinder vermutete, beschloß sie, „zumal die Umgebung der Schule das auf ideale Weise anbot, jeden Morgen ein wenig mit den Kindern ins Freie zu gehen, damit die frische Luft und das Laufen und Herumspringen sie wieder zu sich brächte ... Nach einer Weile – ich hatte im Winter mit diesen täglichen Ausflügen begonnen, und mittlerweile war es längst Frühling – stellte ich erschrocken fest, welche Feindseligkeit bei vielen der Kinder Pflanzen und kleinem Getier gegenüber herrschte, eine Haltung, die man so beschreiben könnte: verjagen – zertreten – zerquetschen – zerreißen. Natürlich gab es daneben auch andere Verhaltensweisen, normal kindliche, aber das unerwartete Erlebnis dieses massiven Zerstörungsdranges war für mich zutiefst schockierend und in Frage stellend. Wie konnte ich dem nur entgegenwirken?

Hier kam mir nun der Hinweis Rudolf Steiners zu Hilfe, daß man Kindern dieses Alters gegenüber den ‚künstlerischen Sinn‘ in sich haben müsse, ‚... alles wirklich noch zu beleben. Der Lehrer muß beleben; der Lehrer muß die Pflanzen sprechen lassen, die Tiere moralisch handeln lassen; der Lehrer muß in der Lage sein, alles ins Märchen, in die Fabel, in die Legende zu verwandeln...‘ (Steiner 1921/22).

Also wurde ich im Unterricht zum Regentropfen oder zum Regenwurm, zum Vögelchen oder zum Schmetterling, zur Knospe am Baum, zum Grashalm, der im Wind zitterte usw. – im Klassenzimmer wohlgemerkt. Und wenn wir wieder einmal draußen waren, machten mich die Kinder auf all das aufmerksam! Ich bezog mich nie auf gemeinsame Erlebnisse beim Erzählen, aber ich erlebte bei einigen Kindern ein leises Erwachen den Erscheinungen der Natur gegenüber. Längst war das Spazierengehen nicht mehr nur die Bus-Erholpause, es war daraus die Gelegenheit geworden, die Kinder allmählich mit dem kleinen Stückchen Natur zu verbinden, in welches unsere Schule eingebettet ist.

Bald war es unser Weg, unser Bach, unser Baum und Park, es wurden unsere Eichhörnchen und unsere Amseln. Trocknete im Sommer der Bach aus, waren die Kinder traurig und verstört (,Wo ist denn unser Wasser geblieben?'), und sie drangen darauf, dem Bachbett sein Wasser wiederzugeben. Dazu gesellte sich der innere Drang, die Ursache der Austrocknung zu finden – und sie wurde dann auch gefunden. Im Sommer liebten sie es, barfuß in diesem Bach zu spielen, seine leisen Strömungen zu spüren. Manche Kinder saßen sinnend am Ufer und verfolgten die Wasserwirbel. Auf dem Rückweg spielten sie dann ,Wasserwirbel-Sein'.

In der ersten Pflanzenkunde-Epoche purzelten dann die Beiträge der Kinder nur so. Kaum wollte ich etwas entwickeln, wußten viele schon, worauf ich hinaus wollte mit meiner Erzählung. Es haben sich aus dem Erleben bis in die achte Klasse hinein viele gute Gespräche entwickelt, die dann auch Fragen zur Landwirtschaft einschlossen.

Gewiß galt das Geschilderte nicht für alle Kinder in gleichem Maße – manche blieben scheinbar uninteressiert –, nie mehr kam es jedoch später zu der zerstörerischen Haltung, wie sie am Anfang der Schulzeit dagewesen war.

Als ich zum zweiten Mal eine erste Klasse übernahm, begann ich wiederum damit, die Kinder nach draußen zu führen. Ich war jetzt vorbereitet auf das aggressive Verhalten der Kinder – und es war mindestens so ausgeprägt wie beim ersten Mal! Aber ich wußte, wo ich ansetzen konnte."

Mit Hilfe der Eltern suchte die Lehrerin nach einem Gelände, das sie mit der Klasse betreuen durfte. Es fand sich ein Waldstück mit Bach und ausgedehnten Farnwäldern. Beim ersten Besuch „tobten vornehmlich die Jungen wie besinnungslos durch den Wald, schrien, und warfen mit allem, was irgendwo herumlag..." Das änderte sich dann rasch, und „in der zweiten Klasse war dann auffallend, wie behutsam die Kinder mit Pflanzen und kleinen Tieren umgingen: brachte einer eine Kröte an, wurde er von den Mitschülern sofort angehalten, ja recht vorsichtig zu sein und sie am besten wieder freizulassen. Einen echten Feuersalamander entdeckten wir – unglaublich, gewaltiges Staunen, ganz leises Sprechen! – der Bach wurde gesäubert und sein Glucksen freudig erlebt, der Geruch der Walderde wurde genossen, Mäuse, Käfer, Spinnen – ja, auch die! – wurden liebevoll beobachtet. Die Rinde der Bäume wurde betastet und kommentiert und vieles, vieles mehr. Überraschend war auch, mit welcher Freude die Stimmungen, die kraftvollen oder zarten Farben von Morgen- und Abendhimmel wahrgenommen wurden, und daß immer mehr Kinder kamen und das Erlebte mitteilten, je nach Temperament auf unterschiedlichste Weise.

Die entscheidende Fundierung erhielten die ganzen Unternehmungen durch den besonderen Charakter, der dem Unterrichtsstoff der zweiten Klasse eignet. Die Erzählungen, die Pflanzen- und Tierlegenden, die Fabeln und Legenden – sie ließen in den Kindern die Gefühle der Zuneigung, der Ehrfurcht, ja der Frömmigkeit erwachen, die sich in diesem Alter entfalten wollen und die nun sehr stark auch der Natur entgegengebracht wurden."

Man beachte, wie die Lehrerin vorging – bevor sie mit den Kindern die Natur aufsuchte, erzählte sie ihnen davon, stimmte sie ein, und appellierte an die seelische Erlebnissphäre: sie stellte die Brücke her, über die eine Begegnung und Verbindung erfolgen konnte. Als sie das anfangs noch nicht tat, kam es zu keiner Begegnung, und die destruktive Aggressivität der Kinder war wohl der Ausdruck, daß sie ihre auf Aktivität, auf Aktion drängenden inneren Kräfte nicht sinnvoll führen konnten und zielblind abreagieren mußten. Die Fähigkeit der Lehrerin bestand darin, sie auf ein Ziel zu lenken, wo sie sich konstruktiv entfalten konnten.

Das Beispiel zeigt weiterhin, daß es, so wichtig dieses Element auch sein mag, nicht beim Erzählen bleiben darf, sondern in konkreten Umgang einmünden muß. Dazu kommt neben dem beschriebenen betreuenden Umgang mit der Natur die aktive Beschäftigung mit ihr. Das beginnt schon im Kindergarten mit kleinen Arbeiten im Gärtchen, das stets vorhanden ist. Eine Steigerung erfährt das in der dritten Klasse, in der gewisse „Urtätigkeiten" des Menschen praktisch geübt werden – es gibt eine Hausbau-Epoche (während der vielleicht ein Backofen für den Kindergarten gebaut wird) und vor allem eine Landbau-Epoche: ein kleiner Acker, sei es auf dem Schulgelände, sei es bei einem befreundeten Landwirt in der Nachbarschaft, wird gepflügt, eingesät, geeggt, und es wird über die Wochen hin das Wachsen des Getreides begleitet, schließlich wird geerntet, gedroschen, gemahlen, Brot gebacken. Dieses Tun hat, neben dem pflegenden Aspekt, die Wirkung, daß die Kinder lernen, komplexe Zusammenhänge zu erfassen, gerade auch solche, die sich über längere Zeiträume hin erstrecken: Intelligenzschulung am konkreten Objekt.

Wo sich die Möglichkeit bietet, wird das Unternehmen auf einen Bauernhof verlegt, den man regelmäßig aufsucht, und der die Möglichkeit bietet, mit den vielfältigen Tätigkeiten des Landwirtes vertraut zu werden, dem Umgang mit dem Boden, den Pflanzen, den Tieren.

Wieder könnte an dieser Stelle der Vorwurf gemacht werden, die Kinder würden solcherart zur Lebensfremdheit erzogen, es würde ihnen eine heile Welt vorgespielt, eine Bilderbuchwelt, die es längst nicht mehr gibt, ja, die es so nie gegeben habe.

Man kann aber auch mit guten Gründen ganz anders argumentieren: das Kind braucht diese heile Welt, es verlangt nach ihr, und es sollte die Möglichkeit haben, bevor es mit dem ganzen Ausmaß der heutigen Naturzerstörung und -ausbeutung konfrontiert wird, zu erleben, daß der Mensch auch zu echter Zusammenarbeit mit der Natur in der Lage ist, zu einer solchen, die für beide Teile fruchtbar ist. Wie sollte es sonst später den Mut und die Überzeugung aufbringen können, sich selber aktiv für eine Wende einzusetzen, wenn es diese Erfahrung nie gemacht hat! Gerade als Vorbereitung auf die Konfrontation mit der realen Situation, in der wir heute drinnenstehen, sind diese Erlebnisse besonders wichtig. Um so mehr, als die Kinder ja schon sehr früh mit diesen Dingen konfrontiert werden – Tschernobyl, die Sandoz-Katastrophe gelangten in viele Kinderzimmer. Situationen, in denen es dann sehr auf die Reaktion der Eltern ankommt: reagieren sie mit Panik, dann ziehen sie den Kindern den Boden unter den Füßen weg, sie zerstören das Urvertrauen des Kindes – nicht in irgendeine „Umwelt", die es für das Kind noch gar nicht gibt, sondern in die ihm nahestehenden Menschen. Setzen sie sich hingegen selber aktiv für den Umweltschutz ein, dann hat das Kind die Vorbilder, die es braucht und die sein eigenes späteres Handeln beeinflussen werden.

Die Auseinandersetzung mit den Zeitproblemen ist erst dann fällig, wenn die kritische Distanzierung von der Erwachsenenwelt einsetzt, mit der herannahenden Pubertät. Dann – aber auch erst dann – müssen diese Probleme in vollem Umfange in den verschiedensten Unterrichtsgebieten aufgegriffen werden, in Biologie, Chemie, Zeitgeschichte usw. Aber auch in dieser Zeit wird der pflegende Umgang mit der Natur weitergeführt, ja sogar noch ausgebaut – im Gartenbauunterricht etwa (einer Einrichtung, die es früher auch an den öffentlichen Schulen gab, und die inzwischen bedauerlicherweise so gut wie ausgestorben ist) und in forst- und landwirtschaftlichen Praktika der oberen Klassen. Aktivitäten, die hier nicht weiter dargestellt seien, sollte es in diesem Beitrag doch, wie erwähnt, vor allem um die Grundschuljahre gehen – diese entscheidende Phase, in der nicht nur die Fundamente gelegt, sondern auch die Weichen für die Zukunft gestellt werden.

Literatur

Bacon, F. (1620): Novum Organon. – Hg. v. M. Buhr. Philos. Studientexte, deutsche Akad. d. Wiss. Berlin 1962.
Bechmann, A. (1987): Landbau-Wende. – Frankfurt a. M.
Caminada, B. C. (1962): Die verzauberten Täler – Kulte und Bräuche im alten Rätien. – Olten u. Freiburg i. Br.
Dahl, J. (1982): Verteidigung des Federgeistchens. Über Ökologie und über Ökologie hinaus. – Scheidewege 12, H. 2.
Kremer, B. P. (1988): Lebensraum Dorf – Chancen für die Natur im ländlichen Siedlungsbereich. – Natur u. Museum 118, 225–239.
Piaget, J. (1969): Nachahmung, Spiel und Traum. – Stuttgart.
Schilling, F. & Rockenbauch, D. (1985): Der Wanderfalke in Baden-Württemberg – gerettet! – Beih. Veröff. Naturschutz Landschaftspflege Bad.-Württ. 46, Karlsruhe.
Schmitz, M. (1989): Die Naturferne der Stadtkinder. – Erziehungskunst 52, 91–96.
Steiner, R. (1921/22): Die gesunde Entwicklung des Leiblich-Physischen als Grundlage der freien Entfaltung des Seelisch-Geistigen (Vortragsnachschriften). – 10. Vortr. Dornach 1969 (Bibl.-Nr. 303).

Der Aufbau des Mathematikunterrichts in der Waldorfschule*

E. Schuberth

„Sie werden ja die Unterrichtsgegenstände nicht so zu verwenden haben, wie sie bisher verwendet worden sind. Sie werden sie gewissermaßen als Mittel zu verwenden haben, um die Seelen- und Körperkräfte des Menschen in der rechten Weise zur Entwicklung zu bringen. Daher wird es sich für Sie nicht handeln um die Überlieferung eines Wissensstoffes als solchen, sondern um die Handhabung dieses Wissensstoffes zur Entwicklung der menschlichen Fähigkeiten."

Mit diesen Sätzen umriß Rudolf Steiner 1919 die Aufgaben der künftigen Lehrer an der ersten Waldorfschule im Hinblick auf die methodisch-didaktische Gestaltung des Unterrichts.[1] Der Stoff soll *Werkzeug* zur Entwicklung des Kindes werden, und deshalb fragt der Waldorflehrer – wie manche modernen Didaktiker – nach den physiologischen, psychologischen und kulturell-spirituellen Gesichtspunkten eines Stoffgebietes, nach einer mit der Entwicklung des Kindes im Einklang stehenden Lehrplan- und Unterrichtsgestaltung.

Die Inhalte der Mathematik zeichnen sich durch ihre logische Strukturierbarkeit aus. In den verschiedenen Axiomensystemen ist beschrieben, welche Aussagen zur Grundlage von Beweisen gemacht werden. Nicht Gegenstand der Mathematik ist es, zu begründen, wie die psychologischen Prozesse mathematischer Begriffsbildungen und Entdeckungen verlaufen – auch wenn gerade darüber schöpferische Mathematiker gerne nachdenken und eine umfangreiche Literatur dazu vorliegt. Die logische Struktur setzt aber *Inhalte* voraus, deren Zusammenhang sie beschreibt. Gerade die *Entwicklung* der Fähigkeiten, mathematische Begriffe zu bilden und ihre logischen Beziehungen zu erfassen, muß den Pädagogen beschäftigen.

Die Frage nach dem Verhältnis des mathematischen Inhalts und seiner Logik, nach inhaltlichem und formalem Denken in der Mathematik hat immer wieder Mathematiker aus dem Umkreis der Waldorfschulen beschäftigt (Unger, Locher-Ernst, Schuberth). Dabei wurde vor allem herausgearbeitet, wie Mathematik sich nicht in formalen Strukturen erschöpft, sondern diese Strukturen in inhaltlichem Denken zunächst gefunden werden. Gegenüber einer nominalistischen Grundlagenauffassung wurde ein begriffsrealistisches Denken im Sinne der erkenntnistheoretischen Schriften Steiners[2] auch für die Mathematik vertreten.

---

* Nachdruck aus: S. Leber: Die Pädagogik der Waldorfschule und ihre Grundlagen, Darmstadt 1985. Mit freundl. Genehmigung des Verlages
1 R. Steiner: GA 294, 21.8.1919. (GA = Gesamtausgabe. Die nachf. Nummer bezeichnet die Bandnummer.)
2 R. Steiner: GA 2 und GA 4.

1. Menschenkundliche Grundlagen mathematischer Begriffe

Mathematische Begriffe werden häufig als „abstrakt" bezeichnet. Damit ist wenig ausgesagt, wenn nicht genauer charakterisiert wird, *wovon* abstrahiert wird. Zur Beantwortung dieser Frage kann der Blick auf ein spezielles Organ, das Auge, geworfen werden. Mit ihm führt der Mensch eine mindestens zweifache Sinnestätigkeit aus: Zum einen ist es der Träger des Farb- und Helligkeitswahrnehmens, zum anderen ist es ein Bewegungsorgan, dessen Tätigkeit vom Eigenbewegungssinn (kinästhetischer Sinn) wahrgenommen wird. Als Organ des Farbsinnes bietet es uns Farb- und Helligkeitsunterschiede. Erfassen wir eine *Form, so bewegen* wir uns an der Grenze zweier Farbflächen entlang. Diese Eigentätigkeit kommt in der Regel gegenüber dem Objekt nicht zum Bewußtsein, muß aber von uns aktiv vollzogen und koordiniert werden. Es handelt sich dabei um polare Sinnestätigkeiten: Dem Farbsinn erscheint die Oberfläche der Dinge in der Außenwelt, der Eigenbewegungssinn richtet sich auf die Bewegungen des eigenen Organismus relativ zu sich selbst.

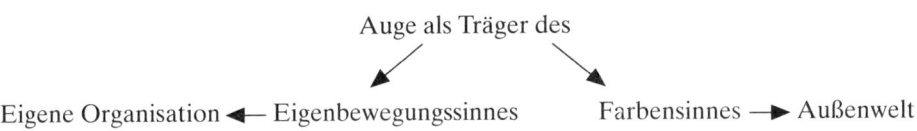

Auge als Träger des

Eigene Organisation ◄— Eigenbewegungssinnes   Farbensinnes ➤ Außenwelt

In der im Urteil vollzogenen Verbindung beider Sinnesbereiche entsteht die Vorstellung des geformten und farbigen Dinges.[3]

Daß Formen nicht „gesehen" werden, wird deutlich durch das Formerfassen von Blinden belegt. In diesem Fall muß der Farbeindruck durch Tasteindrücke ersetzt werden, oder es sind unmittelbar Leibesbewegungen (Führen der Hand und ähnliches durchzuführen). Farb- bzw. Tastsinn scheinen hier als „vorgespannte" Sinne, die für den körperorientierten Eigenbewegungssinn die Brücke zur Umwelt schlagen.

Die Geometrie hat es nun in ihren inhaltlichen Vorstellungen mit der *Bewegungskomponenten* im Wahrnehmungsakt zu tun. Kinder mit starker Farborientierung haben es daher häufig schwer, das Wesentliche der Form von der Farbvorstellung zu lösen.

Die zur mathematischen Begriffsbildung notwendige „Abstraktion" ist also zunächst auf das Abtrennen spezieller Sinnesqualitäten aus den komplexen Vorstellungsinhalten gerichtet, die der Bewegung des eigenen Organsimus zu verdanken sind. (Entsprechend kann der Maler Farbqualitäten von Formelementen durch seelische Aktivität ablösen.) Da der Bewegungsvollzug unabhängig von der sonstigen inhaltlichen Bestimmung der Dinge ist (Kreisform an Tassenrand, Rad, Vollmondscheibe usw.), gehen deren übrige Eigenschaften nicht in die Begriffsbildung ein.

Ähnlich liegt es beim Erfassen von Anzahlen. Dazu muß eine Menge von Objekten unter dem gleichen (evtl. sehr allgemeinen) Begriff erfaßt sein. Stehen beispielsweise auf einem Tisch fünf Tassen, so fassen wir sie zunächst willentlich durch unsere *Aufmerksamkeit* zusammen. Indem wir den Blick von einem Objekt auf das andere bewegen, erscheint die Gesamtheit als fünfmalige

---

3 Vgl. R. Steiner: GA 295. 1. Vortrag; GA 293. 8. Vortrag.

Wiederholung des Urteils: Dies ist eine Tasse. Dabei kommt es aber nicht auf die Begriffsbestimmung der Tasse, sondern auf den Vollzug des Urteils und die damit verbundene Bewegung an. Folglich tritt das Zeitelement notwendig hinzu. (Das sogenannte „simultane Zahlerfassen" beruht wesentlich auf einem innerlichen Betätigen des Bewegungssinnes oder auf dem Wiedererkennen bekannter geometrischer Anordnungen.) Die im Urteil innerlich erlebte Bewegung kann auf elementarer Stufe als *rhythmische Bewegung* erfaßt werden, in der sich gleiche oder ähnliche Abläufe wiederholen.

Im Gegensatz zum Formerfassen tritt bei der Zahlbestimmung der Urteilsprozeß, in dem ein Begriff auf eine Wahrnehmung hin individualisiert wird, in vielen Fällen deutlicher hinzu. Der Zahlbegriff selbst hat in bezug auf die Objekte jedoch zunächst nur formalen Charakter, da er den Handlungsverlauf des Auffassens, nicht den Inhalt des Objektes beschreibt.

Ein Gedankenexperiment kann das Gemeinte noch verdeutlichen: Nehmen wir an, wir stehen neben einem Fernrohr, durch welches ein anderer eine uns nicht sichtbare Anzahl von ihm getrennt erscheinenden Objekten anvisiert. Über den Inhalt seiner Wahrnehmungen können wir nichts sagen, wohl aber können wir aus den Bewegungen des Rohres auf die Anzahl der Objekte schließen. Sie ist ganz unabhängig von ihrem Inhalt. Zahlen werden also nicht aus Dingmengen „abstrahiert", sondern werden dem Bewußtsein zugänglich, wenn das Denken sich auf die Eigentätigkeit im Erfassen der Objekte richtet.

Im Erfassen von Form und Zahl leben wir primär nicht die Außenwelt, sondern die eigenen Tätigkeiten mit.

In der Entwicklung des Kindes gehen dieser Fähigkeit eine Reihe von Stufen voraus. Das Kind wird mit sehr unterschiedlich ausgebildeten Sinnesfähigkeiten geboren. Insbesondere der Gleichgewichts- und der Eigenbewegungssinn sind nicht so weit durchdifferenziert, daß es sich mit ausreichend koordinierten Bewegungen aus den Schwerewirkungen erheben könnte. In den für das Laienauge unbeholfenen Anstrengungen des Säuglings, das Fäustchen in den Mund zu stecken, die Händchen zusammenzuführen, zu krabbeln und schließlich stehen, gehen und sprechen zu können, liegt eine der bedeutendsten menschlichen Leistungen, die bis in die Gehirnbildung hinein die Konstitution als Grundlage des leiblichen, seelischen und geistigen Lebens bestimmt. Bis in das Sprechen und die Mimik hinein ergreift die Individualität im sozialen Kontakt zu den es umgebenden Menschen seinen Leib mit der Ausdifferenzierung des Gleichgewichts- und Eigenbewegungssinnes. Mangelnde Körperorientierung führt, wie Luria fand,[4] zu mathematischen Unfähigkeiten.

Um das dritte Lebensjahr beginnt das Kind deutlicher Geschicklichkeiten im Umgang mit der Außenwelt zu entwickeln. In Reigenspielen und ähnlichem (Kindereurythmie) werden Bewegungsabläufe seelisch durchdrungen, und so wird eine wichtige Voraussetzung für einen lebendigen Umgang mit Bewegungsvorstellungen geschaffen. Mit fünf bis sechs Jahren tritt ein erstes anschauungsbezogenes Reflektieren auf (Fragealter), das auch einfache Zahlbeziehungen gedanklich faßt. So hatte A. mit fünf Jahren irgenwoher gelernt: 2 und 2 ist 4. Sie lief stolz herum und erklärte: „Rechnen ist ganz einfach: 2 und 2 ist 4. Man braucht einfach zu sagen: 2 und 2 ist 4." Wenig später blieb sie

---

4 A. R. Luria: The Working Brain. London 1973.

eines Tages vor den Eltern stehen und hielt an jeder Hand Daumen und Zeigefinger hoch: „Schaut, es stimmt: 2 und 2 ist 4!" Nun trat ein zwar noch anschauungsgebundenes, aber doch deutlich Beziehungen erkennendes Denken hinzu, das innere Überzeugung gab.

Kranich[5] hat wesentliche Aspekte für die Entwicklung mathematischer Fähigkeiten in der frühen Kindheit ausgearbeitet. *Mathematische Erziehung im Vorschulalter bedeutet in erster Linie Differenzierung des Gleichgewichts- und Bewegungssinnes, Ausbildung der Fein- und Grobmotorik, der Bewegungskoordination und Körpergeographie.*

2. Die Schulreife

Piaget beschreibt die Entwicklung des Kindes um die Zeit der Schulreife als die Zeit, in der es fähig wird, Handlungen zu „verinnerlichen". Lindenberg stellt die Beziehungen zur anthroposophischen Menschenkunde dar.[6] Hier ist vor allem darauf aufmerksam zu machen, wie Sinnesvorstellungen nicht nur in Kontakt mit Wahrnehmungen oder sprachlichen Darstellungen gebildet werden, sondern das Kind nun aktiv in die Vorstellungswelt eingreift und damit Sinnestätigkeiten seelisch in dem Gedächtnis- und Vorstellungstableau auszuüben lernt. Die einsetzende „Abstraktionsfähigkeit" ist also ein allmähliches Ablösen von unmittelbaren Sinneseindrücken, die aus dem Leib oder der Umwelt aufgenommen werden. Dem „Verinnerlichen" von Tätigkeiten liegt menschenkundlich das Freiwerden der Bildekräfte im Kopfbereich zugrunde. Die vorher im organischen Aufbau gebundenen Bildekräfte lösen sich allmählich ab und werden dem bewußteren seelischen Leben zugänglich. Damit können auch Bewegungs- und Quantitätsvorstellungen, die vorher an ein körperliches, sinnliches Erleben geknüpft waren, innerlich angeschaut, und es kann mit ihnen umgegangen werden. Das Kind wird reif für eine neue Stufe mathematischer Erziehung.

3. Der Unterricht in den ersten drei Schuljahren

Vorbemerkung: In den Klassen 1 bis 8 liegt der Mathematikunterricht als Hauptunterrichtsfach ganz in der Hand des Klassenlehrers.

Während der Geometrieunterricht in den ersten Jahren noch weitgehend im künstlerisch gestalteten Formenzeichnen aufgehoben ist und darin der Bewegungssinn verfeinert und die Augen-Hand-Koordination geschult werden, wird das Kind bald an die Zahlen und Rechenoperationen herangeführt. Dabei sind die skizzierten logischen und Sinnesaspekte leitend.

Zunächst wird das Kind auf die *Einheit* hingewiesen, die ihm an möglichst lebensnahen Beispielen (eigene Person usw.) deutlich gemacht wird.[7] Dieser

---

5 Ernst-Michael Kranich: Pädagogische Projekte und ihre Folgen. Stuttgart 1969. Mathematische Früherziehung im Vorschulalter als psychologisch-pädagogisches Problem. In: Der schweizerische Kindergarten, 3/1970. Mathematik im Vorschulalter. In: Erziehungskunst 2/1975.

6 Christoph Lindenberg: Die Lebensbedingungen des Erziehens. Reinbek 1981.

7 R. Steiner: GA 311. Vgl. E. Schuberth: Die erste Rechenstunde. In: Erziehungskunst 4/1976.

Begriff entspricht etwa dem Cantorschen Mengenbegriff: „Eine Menge ist die Zusammenfassung von Dingen der Anschauung oder des Denkens zu einem Ganzen, wobei festzustehen hat, welche Dinge zu ihr gehören und welche nicht." Durch Differenzierung („Du hast zwei Hände") oder Teilung werden die verschiedenen Zahlen als Teile der Einheit entwickelt. Der Übergang zu äußerlich zusammengefaßten Dingen (Kastanien auf einem Haufen u. ä.) löst die Zahlbegriffe von Differenzierungen ab, die durch Lebensprozesse in einem Organismus hervorgerufen wurden.

In dieser durch Aufgliederung (Analyse) vorgenommenen Einführung der Zahlen werden *analytische* Denkformen in elementarer, aber grundlegender Weise geübt: Das Teil wird im Zusammenhang des Ganzen bestimmt. Das Gegenteil ist die *Synthese* des Ganzen aus Einzelteilen. Auf die weitreichenden Folgen für das spätere wissenschaftliche Denken und soziale Empfinden kann hier nur hingewiesen werden.[8]

In der Einführung der Rechenoperationen wird die Polarität von analytischem und synthetischem Denken weiter behandelt.

Neben der stärker begrifflich orientierten Einführung der Zahlbegriffe werden mit Zahlen verbundene rhythmische Übungen gepflegt. Indem das Kind Zahlenrhythmen stampft, klatscht oder sonstige Bewegungen mit ihnen (und dem Sprechen) ausführt, verbindet es sich in seinem Willen mit den Zahlen.

Damit wird auf die menschenkundliche Situation dieses Alters eingegangen: Die handlungs- und sinnesbezogene Entwicklungsstufe des ersten Jahrsiebents geht in ein selbständiges seelisches Innenleben über, das sich von Leibesprozessen allmählich unabhängig macht. Dementsprechend werden Übungsreihen aufgebaut. Beginnend mit Stampfen, Hüpfen u. ä. werden die Bewegungen immer mehr beruhigt, bis eventuell eine ganze Klasse fast unbeweglich Zahlen als Zeitgliederungen (Rhythmen) „vollzieht".

Es hat dann ein weiteres hinzuzutreten: Willensbetätigungen sind zu weiten Teilen wenig von Bewußtsein durchdrungen. Ein bloßes Stampfen oder rhythmisches Sprechen würde die Zahlen nicht genug in das Bewußtsein heben. Das aber ist eine der Aufgaben in diesem Lebensalter. Durch Rhythmenwechsel 1 2 <u>3</u>, 1 <u>2</u>, 1 2 <u>3</u>, . . ., Abwechseln von Einzelkindern mit Gruppen, bis zu willkürlich aufgerufenen Zahlen, die das Kind zu gehen hat,[9] wird die Einzelzahl bewußter ergriffen, ohne daß schon eine völlige Ablösung von der Leibeserfahrung eintritt.

Kleine phantasievolle Rechengeschichten, in denen Bewegungsvorstellungen angeregt werden[10] verinnerlichen die leiblichen Tätigkeiten und geben eine Grundlage für die schönsten elementaren zahlentheoretischen Betrachtungen schon im dritten Schuljahr (kleinstes, gemeinschaftliches Vielfaches als Zusammenklang von Zahlenrhythmen, Primzahlen usw.).

Diese und andere methodische Gestaltungen des Rechenunterrichts können im ersten Drittel der Klassenlehrerzeit (7. bis 9. Lebensjahr, 1. bis 3. Klasse) noch die Funktion einer *Konstitutionstherapie* haben. Einerseits wird den bewegungsmäßig nicht genügend durchgebildeten Kindern ein differenzierteres

---

8 R. Steiner: GA 305. 5. Vortrag; GA 310. 8. Vortrag.
9 Ders.: GA 295. 8. Besprechung.
10 E. Schuberth: Eine Rechengeschichte. In: Erziehungskunst 10/1981.

Ergreifen ihres Leibes (Feinmotorik, Körpergeographie usw.) ermöglicht, andererseits können früh intellektualisierte Kinder ihre u. U. anerzogene Abstraktionsneigung mit eigener Willens- und Gefühlstätigkeit seelisch durchdringen. Die oft – ähnlich wie in der Musik – sehr deutlichen Begabungsunterschiede für das Mathematische werden so in gemeinsamen Tätigkeiten füreinander fruchtbar. Leicht lassen sich fähigere Kinder als Hilfe für schwächere einsetzen, ohne das es nicht genügend viele Differenzierungsmöglichkeiten gäbe, das begabtere Kind zu fordern.

Aus der rhythmischen Arbeit werden die 1 × 1-Reihen entwickelt. In dem Erlernen dieser Reihen liegt eine wesentliche pädagogische Aufgabe für dieses Alter. Das seelisch verfügbar gewordene Gedächtnistableau („Geburt des Ätherleibes") muß vom Kind ergriffen werden, wenn sich nicht nur ein assoziierendes Vorstellungsleben bilden soll. Dabei ist darauf zu achten, daß die einfachen 1 + 1- und 1 × 1-Reihen nicht nur dem „rhythmischen Gedächtnis", sondern auch wirklich dem „Zeitgedächtnis" verfügbar sind. Wenn ein Kind z. B. nur aus dem Aufsagen der ganzen 6er-Reihe die Aufgabe: Wieviel ist 7 × 6? beantworten kann, ist die erforderliche Arbeit noch nicht geleistet. Wie es bereits beschrieben wurde, hilft hier ein sorgfältiger Übergang vom nur halb- oder unbewußten rhythmischen Sprechen zur willkürlich bestimmten Einzelfrage und weckt die gewünschte Rechenfähigkeit. Erfahrungen in der Förderarbeit mit rechenschwachen Kindern bestätigen den menschenkundlichen Ansatz, wonach das Rechnen ein verinnerlichtes Betätigen des Bewegungssinnes ist. Liegen nicht besondere psychologische Barrieren vor, so wird der Förderunterricht gerade diesen Teil des methodischen Aufbaus, der sich auf die Ausdifferenzierung des Bewegungssinnes und seine Verinnerlichung richtet, verstärken.

Achtet man auf die Verbindung des ersten Rechenunterrichts mit dem Bewegungssinn, wird einem bewußt, welche konstitutionelle Hilfestellung andere Fächer wie der Eurythmie-, Musik- und Handarbeitsunterricht dem Rechnen geben. Das Erlernen von Häkeln und Stricken, des Blockflötenspiels, der Rhythmen in der Eurythmie und anderes mehr bereiten viel stärker die leiblichen Voraussetzungen für die Mathematik vor, als es der Rechenunterricht selber leisten kann. Das Bewußtsein von diesen menschenkundlichen Beziehungen zwischen den Unterrichtsfächern wirkt sich für das soziale Verhältnis innerhalb eines Waldorfkollegiums stärker und tiefgehender aus als ein nur freundschaftlich-gemüthaftes Wohlwollen untereinander.

Ein Aspekt soll noch ergänzend genannt werden: wie oben gesagt wurde, ist der leiborientierte Eigenbewegungssinn vielfach durch einen „vorgespannten" Außen-Sinn zu stimulieren. Läßt man die Klasse an vielfältigen Sinneseindrükken (auditiv, optisch, taktil usw.) Anzahlen bestimmen, kann der unterschiedlichen schwerpunktmäßigen Orientierung der Kinder an verschiedenen Sinnen Rechnung getragen werden.

4. Die Einführung der Rechenoperationen

Im Unterricht der Waldorfschule werden die sogenannten vier Grundrechenarten nach Möglichkeit fast parallel bereits im ersten Schuljahr eingeführt: Dabei ist zunächst weniger auf eine formale Behandlung, die in den algebraischen Schreibweisen ihren Niederschlag findet, Wert gelegt, als auf eine Variation der Fragestellungen im Umgang mit den Zahlen. Während der Schreib-Lese-Unterricht wesentlich auf Kulturkonventionen ausgerichtet ist, deren Erlernen durch das Formenzeichnen und die bildhafte Einführung der Buchstaben belebt werden kann, vollzieht sich der Umgang mit den Zahlen in einer inneren Gesetzlichkeit, die wohl in den konventionellen Zeichen eine Beziehung zum Schreiben hat, darin aber nicht das Wesentliche besitzt. So steht das Rechnen zwischen dem auf Konventionelles ausgerichteten Schreib-Lese-Unterricht und dem ganz auf das hier und jetzt Gegebene der Sinneswahrnehmung gerichteten künstlerischen Unterricht.[11] Bedenkt man, wie das Rechnen aus der inneren Betätigung des Bewegungssinnes hervorgeht, wird diese zunächst überraschende Stellung der oft als „abstrakt" angesehenen Mathematik verständlich.

Die Einführung der Rechenoperationen greift logisch und methodisch das Vorgehen bei der Einführung der Zahlen auf: Ausgehend von der als Einheit (Menge) gefaßten Vielzahl von Dingen werden *analytische* Gliederungen der Einheit vorgenommen. Aus der Variation dieser Grundfigur gehen die einzelnen Rechenarten hervor, wobei es leichtfällt, die Fragen durch differenzierte seelische Nuancen zu tingieren (Temperamentrechnen).

Addieren: Anhand einer kleinen Darstellung oder Situationsschilderung zeigt der Lehrer das (additive) Aufgliedern einer Zahl. Ist die Zahl gut überschaubar, können die Kinder selbst rasch solche Zerlegungen angeben und eventuell mit Materialien oder den Fingern (Fingerschema!) darstellen: $5 = 2 + 3$ oder $5 = 1 + 4$ oder $5 = 2 + 1 + 2$ usw.

Im Gegensatz zur synthetischen Fragestellung: Wieviel ist $2 + 3$? handelt es sich dabei um *offene* Fragestellungen, die viele Antworten zulassen, ohne daß richtig oder falsch unentscheidbar würden. Scheinbar ganz unpräzise Fragestellungen können oft zu den anregendsten Gesprächen führen; z. B.: Was ist die schönste Zerlegung von 12? Antworten wie $12 = 6 + 6$, $12 = 3 + 4 + 5$, $12 = 2 + 4 + 6$, $12 = 1 + 2 + 3 + 3 + 2 + 1$ enthalten immer wieder Überraschungen für Mitschüler und Lehrer. Daß eine Frage viele richtige Antworten unter verschiedenen Gesichtspunkten zuläßt, ohne daß richtig und falsch nicht mehr beurteilbar würden, macht das Verfahren nicht gerade für die Multiple-choice-Methode praktikabel, ist aber für spätere Urteilsgewohnheiten von größter Bedeutung. Wird nicht ein Urteil über einen Sachverhalt im Leben um so sachgerechter werden, von je mehr Gesichtspunkten aus er beurteilt wird? Die freie Einnahme eines Aspektes und dessen bewußte Veränderung, ohne in willkürliche und unkontrollierte Meinungsäußerungen zu kommen, soll so in einfachster Form erübt werden. Dieser Freiraum belebt das Kind und hat seine Auswirkungen bis in seine moralischen und sozialen Empfindungen hinein. Darauf, daß dieses Gliedern einer Einheit eine besondere Beziehung zum phlegmatischen Temperament hat, kann hier nur hingewiesen werden. Indem die analytische Aufgliederung einer Zahl rückwärts wieder zusammengefügt wird: $2 + 4 + 6 = 12$, kommt nun auch das synthetische Addieren zur Behandlung, wobei ein cholerischer Willensimpuls in dem aktiven Zusammenfügen wirksam ist.

Subtrahieren: Beim Subtrahieren wird die Fragestellung z. B. in folgender

---

11 Vgl. R. Steiner: GA 295. 1. Vortrag.

Form variiert: Du hattest 12 Ringe, geblieben sind dir 5. Wie viele gingen verloren? Der Kern der Rechenbewegung ist: Es war ein Ganzes. Durch einen Verlust blieb ein Rest. Was ging verloren? (Melancholische Seelenstimmung.) Vom Ganzen und dem Rest wird auf den Subtrahenten geschlossen. Wieder wird im Anschluß daran die aktive Subtraktion ($12 - 5 = ?$) behandelt (Sanguiniker). Im logischen Aufbau der Rechenarten erscheinen diese Unterschiede als aktive und passive Umkehrungen der Addition.[12]

Multiplizieren: Unter der Zerlegung mancher Zahlen (der teilbaren) treten solche auf, bei denen alle Glieder identisch und $\neq 1$ sind. Damit tritt deutlicher eine neue Zahl hervor, die die gleichen Summanden zählt: $12 = 2 + 2 + 2 + 2 + 2 + 2 = 6 \times 2$. Während die 2 die Größe eines Teiles vom Ganzen bestimmt, zählt der Multiplikator, die 6, die gliedernden Akte selbst. Die Zahlbildung ist auf eine höhere Stufe gehoben.

Dem Kind wird also eine Anzahl von Dingen vorgelegt und eine passende Anzahl abgegliedert. Die Frage ist: Wie viele solche Gruppen lassen sich bilden, oder: wie oft ist die kleine Gruppe in der großen enthalten? (Sanguiniker.)

Die Vertauschung von Multiplikator und Mutliplikand verlangt beim inhaltlich vorstellenden Kind eine Umstrukturierung, die noch nicht durch eine formale Anwendung des Kommutativgesetzes ersetzt wird (Melancholiker).

Gewöhnlich würde diese Operation als Division bezeichnet werden. In der inneren Rechenbewegung des Kindes liegt jedoch in dem „Messen"[13] ein multiplikatives Aufbauen mit darinnen.

Dividieren: Die Frage: In welcher Zahl ist die 3 sechsmal enthalten? fragt nach dem Ganzen, dessen Gliederung gegeben ist. Die dabei vollzogene innere Bewegungsgeste ist nicht dieselbe wie bei der Frage: Wieviel ist 6×3? Die Betonung liegt hier auf dem vorangehenden Griff auf das Ganze, von dem aber nur die Gliederung gegeben ist (Choleriker). Angeschlossen wird daran die gewöhnliche Division, das Teilen (Phlegmatiker).

Materialien: Für einen Beobachter könnte der Mathematikunterricht der ersten Schuljahre unanschaulich und arm an Rechenmaterialien erscheinen. Die Ausdifferenzierung und das seelische Verfügbarmachen der leiborientierten Sinne bieten jedoch ein weites Feld aktiver Handlungen, denen gegenüber der Umgang mit Rechenstäbchen oder ähnlichem keinen Fortschritt bedeuten würde. Die starke äußere Veranschaulichung von Zahlverhältnissen und Operationen berücksichtigt häufig zu wenig die menschenkundlichen Grundlagen und Aufgaben des Unterrichts.

Der Einfluß verschiedener Grundlagenauffassungen in der Mathematik führt zu Weichenstellungen, die in sehr unterschiedliche Richtungen führen. Wird etwa die Rechenfähigkeit als Beherrschung von Operationsmustern verstanden, so erscheint es weitgehend gleichgültig, an welchem „Modell" ein solches Muster eingeübt wird. Ähnlich wirken auch Grundlagenauffassungen, die die Zahlen als Abstraktionen aus Objektmengen verstehen. Sie führen in der Praxis häufig zu einer starken Visualisierung des Rechnens, ohne die eigentlichen physiologischen und psychologischen Grundlagen der Mathematik zu berücksichtigen. Die Grundlagenauffassung der Mathematik ist von seiten

---

12 Vgl. Louis Locher-Ernst: Arithmetik und Algebra. Kreuzlingen u. Zürich 1945.
13 Ebd.

der Waldorfpädagogik durch menschenkundliche Gesichtspunkte (Sinneslehre, Entwicklung des Kindes) und eine realistische Anschauung des Denkens geprägt. Begriffe sind weder bloße Namen oder Zeichen (Nominalismus) noch Abstraktionen aus der Sinneswelt. Sie werden vom Denken intuitiv erfaßt und sprechen das Wesen der Erscheinungen aus (Begriffsrealismus).

5. Weitere Stufen im Aufbau des Mathematikunterrichts

Auf den Beginn des Mathematikunterrichts im zwölfklassigen Aufbau der Waldorfschule wurde relativ ausführlich eingegangen, weil sich an ihm der menschenkundliche und methodische Ansatz deutlich zeigen läßt. Der weitere Aufbau folgt in der Zeit zwischen beginnendem Zahnwechsel und Jugendalter (Klassenlehrerzeit, Klasse 1–8) den drei Hauptentwicklungsschritten, wobei der erste Abschnitt etwa die Klassen 1–3, der zweite die Klassen 4, 5 und der dritte die Klassen 6–8 umfaßt.

In den Klassen 1–3 wird nach Einführung der Zahlen und Grundrechenarten bis zum dritten Schuljahr in die üblichen schriftlichen Rechenverfahren und das Sachrechnen eingeführt. Die Acker- und Hausbau-Epochen im dritten Schuljahr können in einfacher Weise mit Sachaufgaben verbunden werden, die in realistischer Art das Gelernte mit der Umwelt verbinden. Die Fortsetzung der Beschäftigung mit den Zahlen als Rhythmen bringt einfachste zahlentheoretische Beziehungen zum Bewußtsein, die z.B. im Bruchrechnen (ggT, kgV) Anwendung finden.

a) Die Klassen 4 und 5

Im zehnten Lebensjahr findet in der Entwicklung des Kindes ein tiefgreifender Wandel statt, der vor allem zu einer seelischen Ablösung von der natürlichen und sozialen Umwelt führt. Damit ist ein verstärktes Selbstbewußtsein verbunden. Durch den Lehrplan wird in allen Fächern auf diesen Einschnitt Rücksicht genommen. So löst ein naturkundlicher Unterricht im vierten Schuljahr die bis dahin mehr in Form von Naturerzählungen gepflegte Naturbetrachtung ab. Im Mathematikunterricht führt die Bruchrechnung zu neuen Begriffsbildungen.

Die Einführung der Brüche im vierten Schuljahr kann in enger Parallele zur Einführung der Zahlen im ersten Schuljahr gestaltet werden. Wieder wird ein Ganzes aufgeteilt. Jetzt wird aber das Bewußtsein nicht auf die entstehende Anzahl von Teilen, sondern auf das Verhältnis des Einzelteiles zur ursprünglichen Einheit gelenkt.

Auf höherer Stufe wird also unter neuen Gesichtspunkten Ähnliches vollzogen wie im ersten Schuljahr. Damit wird in der inneren Bewegung eine Gedankenform aufgegriffen, die dem Selbsterlebnis des Kindes innerhalb seiner Umgebung entspricht. Geht es vorher mehr in einem seelischen Mitleben in der Umwelt auf, so fühlt es sich jetzt selbständiger und bezieht seine Erlebnisse auf sich als der ganzen übrigen Welt gegenüberstehend. Bis in die Lehrplangestaltung versucht so in der angedeuteten Weise die Waldorfpädagogik der Entwicklung des Kindes gerecht zu werden. Dabei kommt es nicht auf eine oberflächliche Festsetzung des Stoffes: Bruchrechnen im vierten und fünften Schuljahr an, sondern wiederum auf die differenzierte methodische Aufarbeitung der Möglichkeiten, die in einem Stoffgebiet liegen. Es kann also nicht ein beliebiges „Modell" der (nicht negativen) rationalen Zahlen herangezogen werden, sondern es wird der ursprüngliche Sinn der Begriffsbildungen, der vor aller Formalisierung entstand und keine eindeutige axiomatische Charakterisierung gestattet, aufzudecken sein. Darauf wird im Zusammenhang mit den negativen Zahlen nochmals eingegangen.

In der Behandlung der Rechenoperationen können die beiden Formen der Division (Messen und Teilen, Einteilen und Verteilen) herangezogen werden: Addieren und Subtrahieren von Brüchen schließen sich enger an den Bruch als Größe an, der durch Teilung entsteht, Dividieren und Mutliplizieren an den Bruch als Verhältnis.

Die rhythmische Arbeit mit den Zahlen wird bei der Behandlung der Rechenoperationen mit Brüchen in jetzt mehr gedanklicher Form nochmals aufzugreifen sein.

Die Dezimalbrüche werden vor allem als *praktische Konvention* behandelt, die beim Größenvergleich und der Anwendung der üblichen Rechenalgorithmen (schriftliches Addieren usw.) wesentliche Erleichterung bringt. Neben der Behandlung der Brüche werden die vorher durchgenommenen Gebiete ausgebaut und gefestigt.

b) Die Klassen 6 bis 8

Im zwölften Lebensjahr beginnt ein dritter Entwicklungsabschnitt des Kindes, der ein bewußteres Gedankenleben mit einer verstärkten Fähigkeit zur logischen Argumentation, zu Kausaldenken und anderem ermöglicht. Wieder wird versucht, in der ganzen Breite des Lehrplans auf die veränderten physischen und psychischen Bedingungen Rücksicht zu nehmen. Im Mathematikunterricht greift die Einführung der Algebra die neuen Fähigkeiten zu einem bewußteren Umgang mit Gedanken auf. An der Zinsrechnung wird im sechsten Schuljahr der Übergang von der Lösung von Einzelaufgaben zur Formulierung und Anwendung allgemeiner Gesetze vollzogen. Im siebten und achten Schuljahr wird dies in der erneuten Besprechung des Aufbaues der Rechenoperationen bis zu den höheren Rechenarten (Potenzieren, Radizieren und evtl. erstes Logarithmieren) fortgeführt. In den Darstellungen von E. Locher-Ernst[14] ist auf die Beziehungen dieser Operationen zum Menschen hingewiesen worden. Das Aufsteigen zu höheren Gebieten bedeutet unter solchen Gesichtspunkten nicht Abstraktion, sondern ein immer bewußteres Ergreifen des Wesenhaften, das sich in diesen verinnerlichten Betätigungen des Bewegungsmenschen ausspricht.

Die reine Algebra hat zum Gegenstand nicht mehr die Einzelzahlen und ihre Beziehungen, sondern die Operationen und deren Gesetze. Damit werden wiederum auf einer höheren Stufe die Rechenarten behandelt. Nun werden sie aber „rein", als innere Tätigkeiten betrachtet. Dies findet bis in die Behandlung der negativen Zahlen im siebten Schuljahr seinen Ausdruck. Es ist an

---

14 Mathematik als Vorschule zur Geisterkenntnis. Dornach 1973.

vielen, zum Teil sehr handgreiflichen Modellen möglich, das Operations-
schema der negativen Zahlen schon frühzeitig einzuführen. Da es aber hier
nicht auf die Konditionierung für ein solches Schema nach behavioristischer
Auffassung ankommt, wird auf eine frühere Einführung verzichtet und gewartet, bis die Entwicklung des Kindes die Gedankenprozesse inhaltlich erfassen
läßt.

Es wird – wie sonst im arithmetischen und algebraischen Unterricht – Wert
darauf gelegt, die neuen Begriffsbildungen nicht an einem geometrischen Modell, sondern aus den Rechenoperationen selbst zu entwickeln. So wird versucht, die negativen Zahlen als „überschießende" Subtraktion darzustellen: Es
soll mehr weggenommen werden, als vorhanden ist. Dies ist zunächst nur in
sozialen Prozessen (Schuldenmachen) real möglich, wobei ein Vertrauensver-
hältnis (Kreditwürdigkeit) Voraussetzung ist. Eine negative Zahl bestimmt ein
„aktives Nichts", ein „Weniger-als-Nichts". Wie auch sonst üblich, kommt
dabei der Unterschied von Vorzeichen und Operationssymbol deutlich zum
Ausdruck. Die so gebildeten Begriffe werden dann auf die verschiedensten
Situationen angewandt.

Der Rechenunterricht der Klassenlehrerzeit endet in der Regel mit der Behandlung der höheren Rechenarten und der Gleichungslehre. Dabei wird z. B.
bei der Behandlung des Radizierens trotz der geringen praktischen Bedeutung
Wert auf den klassischen Wurzelalgorithmus gelegt. Im genauen Verständnis
eines solchen Algorithmus liegt durch die vollzogenen Umformungen der Ope-
rationenfolgen für das Denken etwas tief Bildendes, das auch im Hinblick auf
den späteren Umgang mit Rechenanlagen von praktischem Wert ist.

6. Die Oberstufe

Mit dem Übergang in die neunte Klasse gelangt der Waldorfschüler in die
Oberstufe, wo auch der Epochenunterricht von Fachlehrern übernommen
wird. Naturgemäß ergeben sich vor dem Hintergrund eines Fachstudiums für
den Lehrer vielfältige Möglichkeiten der individuellen Ausprägung des Unterrichts. Man wird daher einen sehr unterschiedlichen Unterrichtsaufbau schon
bei Fachkollegen derselben Schule finden. Dies entspricht den Freiheiten und
Verantwortungen, die ein Waldorflehrer besitzt. Dabei beeinflussen allerdings
in den letzten Schuljahren auch die jeweils geltenden, von außen vorgegebenen
Abiturbedingungen die Stoffauswahl.

Der Lehrplan versteht sich in diesem Sinne als Anregung für die Stoffauswahl und methodische Gestaltung, wie es in vieler Hinsicht auch in der
Klassenlehrerzeit schon der Fall ist.

Es wurde oben darauf hingewiesen, daß mit etwa 12 Jahren eine neue Ur-
teilsfähigkeit erwacht. Sie reift aber erst in der Pubertät in intellektueller
Hinsicht aus. Dabei liegt gerade in der beginnenden Oberstufe ein starkes
Bedürfnis nach Realitätsbezug vor. Einige Beispiele seien herausgegriffen:

Fehlerrechnungen (Näherungsrechnungen) im neunten Schuljahr: Durch
Messen können grundsätzlich keine mathematisch genauen Maßzahlen gewonnen werden. Jedes Meßergebnis kann nur als zwischen gewissen Grenzen
liegend bestimmt werden, die vom Objekt, dem Meßgerät und dem Messenden
abhängen. Für die allgemeinen Urteilsgewohnheiten des Jugendlichen und

späteren Erwachsenen ist es gerade in der Zeit der Entwicklung einer selbständigen Urteilsfähigkeit von Bedeutung, daß „eingrenzende Urteile", Charakterisierungen im Gegensatz zu Urteilen mit definitorischem Charakter in der Realität die wichtigere Rolle spielen.

Geländeaufnahmen in der Feldmeßepoche (meist zehnte Klasse): Die Trigonometrie wird über die kartographische Erfassung eines Geländes (Talsperre, Anwesen eines Bauernhofes o. ä.) mit der Außenwelt verbunden. Hier sind die Korrektur durch die Erfahrung, die notwendige Sorgfalt in der Handhabung der Geräte und die Zusammenarbeit innerhalb einer relativ selbständig arbeitenden Gruppe und mit anderen Gruppen Erfahrungen, die den Lebensbedürfnissen dieses Alters entsprechen.

Algebra und Geometrie: Das starke Gewicht, das bis heute die Geometrie in den Waldorfschulen besitzt, hat gelegentlich zur Auffassung geführt, die Geometrie sei das dominierende Element in ihrem Mathematikunterricht, und es werde möglichst alles „geometrisiert", so wie sonst heute in der Regel die algebraischen Methoden vorherrschen. Dies entspricht nicht der Realität. Im vorangehenden wurde bereits darauf hingewiesen, daß arithmetische und algebraische Begriffe und ihre Beziehungen gerade *nicht* geometrisch eingeführt werden, da in den geometrischen Veranschaulichungen die höhere (allgemeinere) Natur der Algebra verdeckt und ihrem Wesen nicht entsprechend verkürzt würde. Die Geometrie wird ihrerseits möglichst synthetisch gepflegt.

Wenn dann in der analytischen Geometrie über das Koordinatensystem algebraische Ausdrücke und Kurven bzw. Flächen verbunden werden, wird nach Möglichkeit versucht, logisch unhaltbare Identifikationen von geometrischem Gebilde und Funktion zu vermeiden. Ein Ziel ist es, daß der Schüler einerseits einem algebraischen Ausdruck „ansieht", wie in einem (z. B. rechtwinklig kartesischen) Koordinatensystem die zugehörige Kurve oder Fläche aussieht, andererseits zu einer vorgegebenen Kurve oder Fläche wenigstens näherungsweise eine Funktion angeben kann.

Dieses sorgfältige Trennen und In-Beziehung-Setzen von Geometrie und Algebra widerspricht manchen Auffassungen, wie sie z. B. vom Senior der Mathematikdidaktik, Hans Freudenthal, vorgebracht wurden. Genaueres Durchdenken wird aber in diesem Ansatz seine Berechtigung finden.

Geschichte und Prinzipien des „Lehrplans" der Waldorfschule. Zur Lehrplankonstitution der Pädagogik Rudolf Steiners

Chr. Gögelein

I. Die Lehrplanfrage

Wenn Eltern, Lehrer und Schüler auf Schule schauten, so stand schon immer stark im Vordergrund, *was* dort gelernt wird, d. h. die Unterrichtsgegenstände, die Lerninhalte. Ein entscheidendes Licht kann auf jeden Schultyp fallen, wenn man nicht nur seine Lehr- und Lerninhalte aufzählt, sondern wenn der Frage nachgegangen wird, wer und aus welchem Grunde gerade diese Inhalte auswählt, wie sie untereinander und mit den gegenwärtigen Weltproblemen zusammenhängen und schließlich wie sie auf die Schüler und die erzieherische Aufgabe bezogen werden. Durch die Beantwortung dieser Frage, die ich zusammengefaßt „die Lehrplanfrage" nennen möchte, kann also der Kern der jeweiligen Schulform, nämlich die zugrunde liegende Auffassung von Bildung beleuchtet werden.

Auch für die Waldorfschulen ist es aus den verschiedensten Gründen notwendig, diesen Fragen weiter bewußt und forschend nachzugehen, um

– die tägliche Schulpraxis vor unselbständigen, dogmatischen Festlegungen auf „Angaben Rudolf Steiners", die nicht mehr selbständig durchdrungen werden (oder „man macht das so") einerseits, andererseits vor willkürlichen „Aktualisierungen" und „Situationsgerechtigkeit" zu schützen,
– die Eltern kompetent, verständlich und selbständig über die Arbeit der Schule und ihre Inhalte informieren zu können,
– Waldorflehrer auszubilden und angemessen auf ihre Aufgabe vorzubreiten, vor allem auch in neugegründeten Schulen,
– die Tätigkeit der Waldorfschule angemessen in die Gegenwart und den übrigen kulturellen Kontext, insbesondere den von Schule, Wissenschaft, Politik und Schulverwaltung und allgemeiner Öffentlichkeit stellen zu können.

Zu all diesem ist allein der Hinweis auf die „Stockmeyersammlung" (vgl. Abschnitt IV, 7) oder gar den Heydebrand-Lehrplan (vgl. Abschnitt IV, 6) nicht mehr ausreichend.

In den nachfolgenden Abschnitten soll deshalb nach einer knappen Charakterisierung möglicher Antwortrichtungen zur Lehrplanfrage und einer kurzen Lehrplangeschichte die Geschichte des Lehrplans der Waldorfschule skizziert werden und anschließend ein Aufriß von Prinzipien für die „Lehrplankonstitution" der Pädagogik Rudolf Steiners gegeben werden.

II. Charakteristische Anworten auf die Lehrplanfrage in der Vergangenheit

Direkt und oft auch indirekt und verhüllt wurden in der Vergangenheit und werden auch heute darauf die verschiedensten Antworten gegeben. Charakteristisch sind die im folgenden beschriebenen. Dabei kann das jeweils Berechtigte oder Unberechtigte noch offenbleiben; tatsächlich werden sich auch nirgends allein eine dieser Formen, sondern immer auch Mischformen ausprägen:

1. Alles richtet sich nach einem Leitbild, einem Bildungsideal, einem „Menschenbild" (vgl. E. Meinberg 1988), einem Komplex von Werten und Normen (vgl. dazu W. Klafki 2 1986, Seite 41 ff.). Da kann Moral, Konvention, Tradition eingehen. Spezielle Weltanschauungsschulen haben dort ihren Ort aber auch die „Emanzipationspädagogik" der späten 60er und frühen 70er Jahre.
2. Es wird Bildungswissen erworben, Bildungsgut des Kulturkreises, der Tradition, der Vergangenheit, des Abendlandes (vgl. dazu u. a. J. Dolch 1959 und W. Heldmann 1990).
3. Was fordert die Gesellschaft, der Staat, das Herrschaftssystem, aber auch das sogenannte „Leben"? Auch die individuelle Seite der „Chancengleichheit" (GEW u. a.), „Bildung ist Bürgerrecht" (R. Dahrendorf) ist dort noch indirekt verankert.
4. Das „Ewige Bild des wahren Menschen" (Heydebrand 1983, S. 12), alles wird abgeleitet aus Menschenkunde, aus Anthropologie. So formuliert ist manchem fraglich, ob 4.) nicht zu 1.) gehört.
5. Auf etwas anderer Ebene, die mehr den Entscheidungsprozeß zu 1.–4. betrifft: „gesellschaftlicher Konsens und Ausgleich von Interessen" (vgl. Weniger, Klafki 1986, S. 74 f.).
   (Zu dem ganzen Kontext siehe vor allem H. Blankertz 1970, J. Dolch 1959, O. Willmann 1957; ein kurzer Überblick bis zur gegenwärtigen Diskussion findet sich bei W. H. Peterßen, 1991.)

1. und vor allem 3. fordert eine Instrumentalisierung von Bildung und Erziehung heraus; wenn bestimmte Lernziele erreicht werden sollen, müssen diese „operationalisiert" werden, so daß überprüft werden kann, ob sie erreicht sind oder nicht.

Auf der anderen Seite muß jede Pädagogik sich die Frage gefallen lassen, wie die Übereinstimmung von Anspruch und Wirklichkeit sich zeigt. Auch der Lehrer selbst muß bei dem, was er tut und beabsichtigt, in der Lage sein, möglichst weitgehend Illusion von Wirklichkeit unterscheiden zu können.

Ferner wird man an die eine Pädagogik die Frage stellen, wie sie den gesellschaftlichen Notwendigkeiten und den Angaben des sozialen Zusammenlebens gerecht wird. Die andere Pädagogik wiederum muß ausweisen, wie sie die Individualität und Originalität des Schülers angemessen berücksichtigt und fördert.

III. Kurzer historischer Abriß der Lehrplanfrage

Ein kurzer historischer Rückblick soll die genannten Aspekte mehr im Zusammenhang deutlich machen.

Wo immer Unterricht im größeren Stile organisiert wurde, ging es darum, den „Zöglingen" bestimmte Kenntnisse, Fertigkeiten und Verhaltensweisen zu vermitteln. Dabei verfolgte der jeweilige Organisator bestimmte Ziele, die Auswahl und Umfang der Lehrinhalte bestimmten. So wurde Unterricht in größerem Stile in Europa zunächst vor allem von der Kirche nach der Reformation organisiert und diente einer christlich weltanschaulichen Erziehung. Im 18. und 19. Jahrhundert organisierten die Regierenden und später der Staat mehr und mehr Unterricht. Dabei waren die Inhalte eher bestimmt durch die Bedürfnisse der Staatsbürger, aber in Wirklichkeit die der jeweiligen Regierungen, wobei vielfach militärische Gesichtspunkte, aber auch ein funktionierendes Wirtschaftsleben bestimmend waren. Eben um diese Ziele des „Staatsbürgers" gegenüber den partikulären Interessen von kirchlichen, weltanschaulichen und gesellschaftlichen Gruppen zu sichern, wurde die staatliche Schulaufsicht eingerichtet. Dort lag und liegt die Entscheidungsgewalt über den Lehrplan, der damit zur Vorschrift und Anweisung für die Lehrenden wird. Diese Bezogenheit der Schule auf konkrete Zwecke schloß keineswegs deren Lebensfremdheit aus. So fördert eine Außen- und Fremdbestimmung der Lehrenden vielfach das Praktizieren lebensleerer Formen, wie z. B. ein äußerliches, formales Bilden mit Hilfe lateinischer Grammatik oder blutleerer Mathematik. Auch der große Strom des Schulwesens im 20. Jahrhundert ist bestimmt durch Inhalte, die durch die Industriegesellschaft hereinkommen, andererseits durch lebensfremde Relikte, die sich in einer staatlich verwalteten Schule halten.

In der gesamten skizzierten Schulgeschichte gab es aber immer Unter- und Nebenströmungen, die nicht nur eine Instrumentalisierung von Schule im Dienste äußerer Zwecke ablehnten, sondern auch andere Formen entwickelten und zum Teil praktizierten. Das war schon in der Antike das Ideal der platonischen Paideia im Gegenzug zu den Sophisten. Das waren um 1800 herum die Ideen und Bestrebungen, die mit dem Namen Herder, Goethe, Schiller, Jean Paul, Humboldt verbunden sind. Dort wurde auf den Menschen selbst geschaut als ein autonomes Wesen, das aber nicht einfach neben Natur, Geschichte und Gesellschaft steht. In unserem Jahrhundert sind eine solche Unterströmung die reformpädagogischen Bestrebungen, wobei allerdings auch immer die Gefahr der weltanschaulichen Instrumentalisierung durch Menschenbilder, Bildungsideale und -werte bestand.

Eine solche Unterströmung ist auch das exemplarische Lernen Martin Wagenscheins.

Die Diskussion der Stoffauswahl, der „Vertiefung" der 60er Jahre, versandete in der Sekundarstufen II-Reform, die ihrerseits durch das Numerus Clausus-Problem verzerrt und instrumentalisiert wurde. Auch diese Auswirkung des Berechtigungswesens ist besonders deutlicher Ausdruck der Instrumentalisierung der Schule durch äußere gesellschaftliche Zwecke, selbst wenn es anscheinend um Chancengleichheit geht.

Ein merkwürdiges Spannungsverhältnis bestand zwischen den Curriculumbestrebungen (S. Robinsohn 1967) und den lerntheoretischen Ansätzen einerseits, der „Emanzipationspädagogik" der späten 60er Jahre andererseits. Dabei wurde das Ideal, „emanzipatorisch", d. h. zu eigener Urteilskraft um Selbstbestimmung zu erziehen, von gesellschaftlich legitimierten Inhalten und lerntheoretischen Ansätzen überlagert, die die Schule zu einer technisch perfekten „Lernfabrik" machen sollte, deren Produkte, nämlich die chancengleich, an die Schüler vermittelten Lernergebnisse, objektiv gesteuert und überprüft werden konnten.

Als Unterströmung bleibt davon die „Freie Schule" und das Suchen nach „der guten Schule" der Erziehungswissenschaft (vgl. z. B. U. Steffens u. a., Erkundigungen zur Wirksamkeit und Qualität von Schule, 1987).

Gegenwärtig bricht die Frage nach den Inhalten der Schule und der Blick auf den Schüler selbst wieder verstärkt auf durch die Diskussion um die Verkürzung der Schulzeit (vgl. z. B. W. Heldmann 1990).

Es gibt aber auch einzelne bemerkenswerte Strömungen in der Diskussion staatlicher Lehrpläne. Ich möchte neben den Grundschulrichtlinien von Nordrhein-Westfalen die Überarbeitung der bayrischen Lehrpläne des Gymnasiums durch das Staatsinstitut für Schulpädagogik und Bildungsforschung (München) nennen. Der Leiter dieses Instituts, Erich Happ, stellt im Jahresbericht 1989 das Konzept vor. Nicht auf der inhaltlichen Ebene wird Neues gebracht, sondern in der Darstellung des Gesamtzusammenhangs von Bildung im Gymnasium als Ganzem in den einzelnen Altersstufen und vor allem im Blick auf den Schüler. Allerdings handelt es sich auch hier um einen „Plan", Richtlinie, die zwar ganz den Schüler meint, aber eben von außen den Lehrer steuert.

Das Aufleben der Bildungsdiskussion (vgl. Becker 1990, Berg 1990, Klemm 1985) in den letzten Jahren ist charakteristisch für das Empfinden des Ungenügens der an Abschlüssen orientierten Schule einerseits, der Offenheit der Erziehungswissenschaft für die Lehrplanproblematik andererseits.

IV. Zur Geschichte des „Lehrplans" der Waldorfschule

Werfen wir nun einen Blick auf das Vorgehen Rudolf Steiners beim Entwickeln der Lehr- und Lerninhalte der Waldorfschule. Wie sieht es mit der „Lehrplanhistorie" der Waldorfschule aus?

1. In den wenigen schriftlichen Quellen Steiners, wo vor den Gründungsgesprächen für die Waldorfschule 1919 von Gesichtspunkten für die Lehr- und Lerninhalte gesprochen wird, werden zwei Aspekte betont:
   – Die Festlegung der Inhalte tritt hinter der tätigen Individualität des Lehrers zurück.
   Vor allem sprach sich dieser Geist (Gautsch, Österreich 1888) darinnen aus, daß er auf die Reform des Lehrerstandes zu wenig, auf jene des Unterrichtsstoffes zuviel Sorgfalt verwendet. Ein bis in die geringsten Einzelheiten abgezirkelter Lehrplan, ein Verordnungswesen, das dem Lehrer jede einzelne seiner Handlungen bis ins Kleinste vorschreibt, ertötet den Unterricht. Man verordnet heute nicht nur, was man von jedem Unterrichtsstoffe zu nehmen hat, sondern auch wie man vorzugehen hat...
   Ein solches Vorgehen macht jede Entwicklung der Individualität unmöglich und doch hängt das Gedeihen des Unterrichtswesens einzig und allein von

der Pflege der Individualitäten der künftigen Lehrer ab. Dieser muß man Spielraum lassen, sich möglichst frei zu entfalten, dann werden sie am günstigsten wirken." (Steiner 1888 S. 123) Vor allem im Hinblick auf die höhere Schule formuliert Steiner: „Nicht an unsere ‚Wahrheiten' soll die Jugend glauben, sondern an unsere Persönlichkeit. Daß wir Suchende sind, sollen die Heranwachsenden merken. Und auf die Wege der Suchenden sollen wir sie bringen. Wie wir mit den Dingen uns abfinden, sagen wir unseren Nachkommen und überlassen es ihnen, wie ihnen dasselbe gelingt" (Steiner 1888, S. 234).

– Der Blick des Lehrers muß auf den Entwicklungsprozeß der Menschheit und des einzelnen gerichtet sein.

„Der künftige Lehrer muß zu zweierlei fähig sein: Studium der großen Entwicklungsprozesse der Menschheit und Beobachtung der individuellen Natur jedes Einzelmenschen. Nur mit diesen Verbindungen ausgestattet, wird er zu seiner wahren Erziehungsaufgabe befähigt sein: Eingliederung des Individuums in den richtig verstandenen Totalentwicklungsprozeß der Menschheit nach Maßgabe der in dem Ersteren liegenden besonderen Anlagen." (Steiner 1892, S. 624f.) Später wird dieser Gesichtspunkt geisteswissenschaftlich konkretisiert und ausgeführt in einem ersten Vortrag vom 3.3.1906 in Hamburg und anschließend an anderen Orten. All dies wird 1907 in der Abhandlung „Die Erziehung des Kindes vom Gesichtspunkt der Geisteswissenschaft" zusammengefaßt. „Aus dem Wesen des werdenden Menschen heraus werden sich wie von selbst die Gesichtspunkte für die Erziehung ergeben. Will man dieses Wesen des werdenden Menschen erkennen, so muß man ausgehen von einer Betrachtung der verborgenen Natur des Menschen überhaupt". (Steiner GA 34, S. 311) Entscheidend ist hier neben dem Inhalt auch die Methode, z.B. Bildhaftigkeit im 2. Jahrsiebt. (vgl. dazu E.M. Kranich in: Bohnsack, Kranich 1990, S. 125ff.)

2. Die nächste konkrete Äußerung zur Lehrplanfrage findet in dem Gespräch am 25.4.1919 (Steiner, Molt, Hahn, Stockmeyer) statt. In Stockmeyers Überlieferung:

„Den ersten skizzenhaften Lehrplan für die gerade von Emil Molt beschlossene Waldorfschule entwickelte Rudolf Steiner im engsten Kreise vor Emil Molt, Herbert Hahn und mir am 25. April 1919. Er empfahl, eine Schule im Sinne der ehemaligen österreichischen Unterrealschulen zu gründen, die bis zum vollendeten 16. Lebensjahr führte. Der Unterricht sollte in Deutsch bis zum Geschäftsaufsatz führen, in der Geschichte sollte nach einem Gesamtkurs der Geschichte die Heimatgeschichte durchgenommen werden, in der Geographie ebenso nach einem Gesamtkurs der Heimat Geographie, es sollten Sprachen, vor allem Englisch, betrieben werden, Mathematik und Physik mit besonderer Berücksichtigung der Mechanik, Naturgeschichte, Zeichnen, vor allem Malen, Gesang und Turnen. Er gab eine Übersicht über die Zahl der auf die einzelnen Fächer entfallenden wöchentlichen Stunden, aber noch ohne Hinweis auf die später eingeführte Einrichtung des sogenannten Epochenunterrichtes. Dann betonte er, das Lateinlernen sei lediglich ein Überbleibsel der Klosterschulen; wertvoller sei immerhin Griechisch. Das Gymnasium erzeuge Bildungsmumien und werde in der Zukunft zweifellos verschwinden. Viel wichtiger als Latein sei Mechanik" (Stockmeyer 1988, S. 13f.).

Dies klingt ganz inhaltlich und pragmatisch. Leitende Gesichtspunkte fehlen.

3. Kurz darauf spricht Steiner in den sogenannten „volkspädagogischen Vorträgen" vor Mitgliedern der Anthroposophischen Gesellschaft, wobei der Blick in die gegenwärtige Kultur gelenkt wird (vgl. auch Steiner, GA 31, S. 232 f. schon 1898). Zwei Passagen vom 11.5.1919 mögen illustrieren, wie dort das Erlernen von Kulturtechniken in den Dienst von Menschenbildung gestellt wird und wie auf die Anforderungen „des Lebens" und der Gegenwart geblickt wird. „Und so wird sich erweisen, wie man verwenden kann alles dasjenige, was konventionelle Menschenkultur ist. Sprachen, Lesen, Schreiben. Das kann man am besten verwenden in diesen Jahren, um gerade das Denken des werdenden Menschen auszubilden. Das Denken ist das Äußerlichste am Menschen, so sonderbar das heute klingt, und es muß gerade ausgebildet werden an dem, was uns in den sozialen Organismus hineinstellt."

„Nun wird in dieser Einheitsschule alles das drinnen sein, was für das Leben drinnen sein muß, und wenn es nicht drinnen wäre, würden wir in das soziale Unheil noch stärker hineinkommen, als wir jetzt drinnen sind. Lebenskunde muß aller Unterricht geben. Zu lehren wird sein auf der Altersstufe vom 15. bis 20. Jahre, aber in vernünftiger, ökonomisch vernünftiger, ökonomischer Weise, alles dasjenige, was sich auf die Behandlung des Ackerbaues, des Gewerbes, der Industrie, des Handels bezieht. Es wird kein Mensch durch dieses Lebensalter durchgehen dürfen, ohne daß er eine Ahnung bekommt von dem, was beim Ackerbau, im Handel, in der Industrie, im Gewerbe geschieht. Diese Dinge werden aufgebaut werden müssen als Disziplinen, die unendlich viel notwendiger sind als vieles Zeug, das jetzt den Unterricht dieser Lebensjahre ausfüllt.

Dann werden in diesem Lebensalter aufzutreten haben alle diejenigen Dinge, die ich jetzt nennen möchte Weltanschauungssache. Dazu wird gehören vor allen Dingen Geschichtliches, Geographisches, alles dasjenige, was sich auf Naturerkenntnis bezieht, aber immer mit Bezug auf den Menschen, so daß der Mensch den Menschen aus dem Weltall heraus kennenlernen wird."

In einem dann am 25.5.1919 folgenden Gespräch werden erneut Lehrinhalte mit deutlicher Gegenwartsbezogenheit skizziert, z. B.: „In der 8. Klasse: Die Gewerbe – Pflanzen Betreffendes – Meterologisches – Geographisches, geschichtliche Begriffe: Urchristliches, Nachchristliches, indische, persische, ägyptische, kaldäische, griechisch-römische Kultur – geometrische Begriffe aufgrund des Zeichnens – kaufmännische Rechnung, Einrichtung eines einfachen Buches – perspektivisches Zeichnen, langsam einzuführendes Buchstabenrechnen – Astronomisches bis zum Kopernikanischen System. Später: Sprachen abgrenzen – Technisches Zeichnen, Pläne, Karten – Mathematik bis zu den Gleichungen – Kegelschnitte – praktische Geometrie – Nivellieren – Baukunst – chemisch-technische Begriffe – geschäftlicher Stil – Elemente der Buchführung – Weltanschauungsunterricht – der Mensch leiblich, seelisch, geistig – Diskriptive – Unglücksfallhilfe" (Stockmeyer 1988 S. 15).

4. Nun folgt vom 21.8. bis 6.9.1919 das Gefüge der drei Stuttgarter Lehrer-kurse, durch welche die ersten Waldorflehrer unmittelbar vor der Schul-gründung in ihre Arbeit eingeführt werden.

In der „Allgemeinen Menschenkunde", gegliedert nach Seele, Geist, Leib und Fühlen, Denken, Wollen wird hier eine „Psychologie" entwickelt, in der von vornherein die Zusammenhänge zwischen Seele und Leib, Mensch und Welt (Kosmos) konstitutiv sind. Fast jeder der Vorträge endet mit Anre-gungen dazu, wie die anthropologischen Gedanken zu pädagogischer Praxis werden können.

Eigentliche „Lehrinhalte" werden dann in den jeden Tag anschließenden 14 Vorträgen „Erziehungskunst. Methodisch-Didaktisches" geschildert. Sie stehen in einem unmittelbaren inneren Zusammenhang, aber nicht in einem deduktiven, mit der „Allgemeinen Menschenkunde".

Der Gesichtspunkt, unter dem hier alles (bis zur Klasse 8) vorgetragen wird, ist 1. die Entwicklungsorientierung, 2. der Zusammenhang zwischen Welt-inhalt im weitesten Sinne und Mensch. Beispielhaft für die Art des begrün-denden Darstellens sei folgende Passage aufgeführt.

„Wenn wir ein Kind bis zum 9. Lebensjahr bekommen, haben wir die erste Periode des Volksschulunterrichts. Was werden wir dann da treiben? Wir werden den Ausgangspunkt nehmen vom Künstlerischen. Wir werden Mu-sik und Malerisch-Zeichnerisches mit dem Kinde treiben, wie wir es be-sprochen haben. Wir werden entstehen lassen aus dem Malerisch-Zeichne-rischen allmählich das Schreiben. Wir werden also aus den gezeichneten Formen die Schriftformen nach und nach entstehen lassen und werden dann übergehen zum Lesen.

Sehen Sie, es ist wichtig, daß Sie die Gründe für diesen Gang einsehen, daß Sie nicht zuerst mit dem Lesen beginnen und dann das Schreiben daran knüpfen, sondern daß Sie vom Schreiben zum Lesen übergehen. Das Schreiben ist gewissermaßen noch etwas Lebendigeres als das Lesen. Das Lesen, das vereinsamt den Menschen schon sehr und zieht ihn von der Welt ab. Im Schreiben ahmen wir noch Weltenformen nach, wenn wir aus dem Zeichnen heraus das Schreiben betreiben." (1.9.1919)

In den am Nachmittag folgenden „Seminarbesprechungen" wird, nach Dar-stellung der Temperamente, der Lehrer vor allem als Übender in Künstle-rischem (Sprachgestaltung) und im Erfinden konkreter Unterrichtsmetho-dik, z.B. Pflanzenkunde, angesprochen.

In den letzten drei „Seminarbesprechungen", die am Vormittag zum Zeit-punkt der allgemeinen Menschenkunde und des Methodisch-Didaktischen und am Nachmittag liegen, wird ein Durchgang durch die Lehr- und Lernin-halte der Klassen 1 bis 8 vollzogen. Deshalb sind sie als „Lehrplanvorträge" überliefert. Dieser Durchgang ist ungeheuer kunstvoll, weil er einerseits die Konvention der Fächer meidet und Bereiche ganz im Zusammenhang mit dem Menschen und seinem Leben sowie im Zusammenhang mit den ande-ren Bereichen darstellt, andererseits pragmatisch und frei übliche Fächer anklingen läßt. Durch all dieses klingt das vorher Besprochene durch. Es wird aber nicht deduziert.

Schaut man auf die Methode und die Inhalte, wie in diesem Kurs Rudolf Steiner mit den künftigen Lehrern arbeitet, so wird deutlich, in welch ak-tiver Weise der schöpferische Lehrer hier einbezogen wird. Das geschieht so, daß den Lehrern innerlich Anthroposophisches (Menschen- und Kulturverständnis) geboten und es geübt wird, die eigene Produktion durch Beispiele und Übungen angeregt werden, auch die eigene Begründungsfähigkeit, aber keine Pläne und auch keine fertigen Deduktionen gegeben werden. Dieses „Prinzip" scheint Steiner 1921 folgendermaßen zu formulieren. „Anthroposophie vereinigt die theoretische Weltbetrachtung mit der lebensvollen unmittelbaren Anschauung. Sie braucht nicht erst künstlich allgemeine Gesetze auf die einzelnen Erscheinungen des Lebens anzuwenden; sie bleibt vom Anfang an im vollen Leben stehen, in dem sie in demselben das allgemeine selbst als Leben schaut.

Dadurch ist sie auch praktische Menschenkunde. Sie weiß sich zu helfen, wenn sie diese oder jene Eigenschaft am heranwachsenden Menschen wahrnimmt. Sie kann sich eine Vorstellung davon machen, woraus eine solche Eigenschaft kommt und wohin sie weist. Und sie strebt nach einer solchen Erkenntnis des Menschen, daß die Erkenntnis zugleich die Geschicklichkeit gibt, eine solche Eigenschaft zu behandeln. Im Erkennen des Menschen wird dem Erkennenden das Eingehen auf die menschliche Eigenart vermittelt.

Man braucht die Anschauungen, zu denen Anthroposophie über den Menschen kommt, nur zu Ende zu führen, und sie werden wie von selbst zu Erziehungs- und Unterrichtskunst.

Eine abstrakte Erkenntnis des Menschen führt hinweg von derjenigen Menschenliebe, die eine Grundkraft alles Erziehens und Unterrichtens sein muß. Anthroposophische Anschauung vom Menschen muß mit jedem Vorrücken in der Menschenerkenntnis die Menschenliebe steigern" (Rudolf Steiner 1961, S. 278 f.).

5. Ein nächster Schritt ist dann das schrittweise in den 70 Konferenzen von 1919 bis 1924 anregende „Angeben" der Lehr- und Lerninhalte für die weiteren Klassen, wobei ebenfalls Begründung und Deduktion kaum auftreten. Beispielhaft sei aufgeführt:
(Davor wird von der Behandlung der Parzivalsage gesprochen) „Dann ist es gut, wenn man gleichzeitig das Geschichtliche derselben Zeit behandelt, aber für dieses Lebensalter durchaus Folgerungen zieht für die Gegenwart; an die Gegenwart anknüpft und den Kindern beibringt, welche Gestalten der jetzigen Geschichte ähnlich sind älteren Gestalten und namentlich, welche unähnlich sind und ähnlich sein sollten. In dieser Weise eine Art Urteilsfällung hineinbringen in die ganze Sache. Das muß berücksichtigt werden, damit das ganze 19. Jahrhundert für die Kinder im Aufbau aus früheren Jahrhunderten erwächst" (21.6.1922) (Steiner, 1975, S. 102).

6. In der weiterfolgenden Praxis sind dann die entscheidenden Orientierungen, die Zusammenfassungen, nach Altersstufen geordnet, ausgewählt von Caroline von Heydebrand. (Heydebrand 1983). Wesentliche Gesichtspunkte sind für sie: „Zu diesen Betrachtungen wurden die Lehrplanausführungen gleichsam als einzelne Beispiele gegeben; diese oder jene Gebiete sollte das Kind seiner Entwicklung nach in dieser oder jener Klasse kennenlernen. Solche Beispiele konnten die Lehrer in ihrer praktischen Arbeit an der Schule dann ausarbeiten, ergänzen und aus eigenen Erkenntnissen erweitern" (Heydebrand 1983 S. 11).
„Wir Erzieher aber können die Vorschriften auch des besten Lehrplanes nur

dann mit Nutzen befolgen, wenn wir uns selber zu einer Menschenerkenntnis durchringen, deren Frucht die Liebe ist, die Lehrer- und Kinderseele aneinander bindet. Dann werden aus Vorschriften Einsichten und aus Pflichten Liebestaten" (Heydebrand 1983, S. 15).

7. Schließlich entwickelt 1956 E. A. K. Stockmeyer nach dem Zweiten Weltkrieg seine Sammlung, die heute „Angaben Rudolf Steiners für den Waldorfschulunterricht" heißt.

Stockmeyer hat in dieser Sammlung, die in den Konferenzen und Vorträgen je aus konkretem Anlaß gegebenen verstreuten Anregungen und Angaben Rudolf Steiners zu den Lehr- und Lerninhalten geordnet und auf 400 Seiten zusammengestellt. Es werden meist wörtlich Rudolf Steiners Texte zitiert, die eingeleitet und z. T. erläuternd verbunden sind. Durch die Stellenangaben kann der jeweilige Zusammenhang und konkrete Anlaß aufgesucht werden. Nach einer einleitenden Darstellung der Lehrplanentwicklungsstufe, Zielen und Sorgen und zum Stundenplan, ist die Sammlung nach Unterrichtsgebieten geordnet. Auf den letzten 25 Seiten findet sich eine Übersicht nach Altersstufen. Diese Sammlung ist heute ein zentrales Arbeitsmittel der Waldorflehrer.

V. Prinzipien des „Lehrplans" der Waldorfschule

Überschaut man die im vorigen Abschnitt IV skizzierte „Waldorflehrplangeschichte", so wird rasch deutlich, daß hier keine der hisher gegebenen Antworten (Abschnitte II, 1–5) auf die Frage nach den Quellen und Prinzipien des „Lehrplans" zutreffen.

Worauf aber gründet sich dann das alles? Was sind die entscheidenden Gesichtspunkte und Quellen? Was sind die Prinzipien?

Ich schildere zunächst nacheinander kurz vier solcher „Prinzipien". Alles kommt dann auf deren Zusammenspiel an.

1. Das Wesen des werdenden Menschen muß studiert werden, allgemeine Menschenerkenntnis nach Leib, Seele und Geist, den Stufen der Entwicklung des Einzelmenschen und der Menschheit muß große Aufmerksamkeit gelten. Es zeigt sich dabei, daß die Bemühung um das Menschenverständnis ständig ein Bemühen um das gesamte Weltverständnis herausfordert, weil überall die Welt in den Menschen hereinragt und in ihm erscheint und wirkt. Aus diesen Erkenntnissen ergeben sich dann entscheidende Gesichtspunkte für die Auswahl, Anordnung und methodische Behandlung der verschiedensten Inhalte in den einzelnen Lebensaltersstufen. Dieses Prinzip nenne ich „Menschen- und Entwicklungsorientierung".

2. Die Welt, die den Menschen umgibt, im Raum, aber auch in der Zeit (Geschichte), Natur, Kultur, „Leben", Technik, soziale Welt, geistig-göttliche Welt – ihr Verständnis ist für den Menschen bedeutsam. Je tiefer das Verständnis dabei dringt, um so weniger isoliert erscheinen die „Weltinhalte" untereinander und vor allem vom Menschen. Es kann so Nähe und Verbindung und damit Verantwortlichkeit entstehen. Dieses Prinzip nenne ich „Welt- Leben- Kultur-Orientierung".

3. Entscheidend für das, was und wie es im Unterricht geschieht, ist das erkennende, schöpferische, verstehende und belebende Umgehcn des Leh-

rers mit Menschen- und Welterkenntnis. Dafür muß er frei von Vorschriften und frei zu diesem Beleben sein. Wie beim Essen täglich Aufnehmen, Verdauen, Aufbauen nötig ist, so ist der Lehrer in seiner Vorbereitung ein ständig Aufnehmender, Verdauender, Belebender. Eine Art meditativer Umgang mit Menschen- und Weltkunde und seiner konkreten Klassensituation ist entscheidend sowie künstlerisches Üben. Dadurch erwirbt er sich Kräfte, die sich in den jeweiligen Unterrichtssituationen aktualisieren. Dieses Prinzip nenne ich „Erkenntnis- und Übungsorientierung".

4. Schließlich kommt es darauf an, daß der Lehrer im Unterricht selbst die Kinder in ihrer je konkreten und individuellen Situation ihrem Entwicklungsstand, ihren Problemen usw. wahrnimmt, daß er auf die Kinder eingeht und doch nicht bloß reagiert, daß er wie ein Künstler tätig ist, der auch tätig, wahrnehmend gestaltet. Dieses Prinzip nenne ich „Kind- und Situationsorientierung".

Die Menschenorientierung (1) und die Weltorientierung (2) geschieht auf allgemeine Weise unabhängig vom Unterricht durch Forschung und Erkenntnis einzelner. Sie wird in Büchern niedergelegt. So enthalten die Vorträge „Allgemeine Menschenkunde" von R. Steiner solche Forschungsergebnisse zu 1., die inhaltlichen Anregungen Steiners in der Stockmeyersammlung sind Beispiele für 2. Schon auf dieser Ebene der Bücher zeigt sich – und das ist wesentlich –, daß Menschenkunde (1) und Weltkunde (2) nicht unabhängig sind. Die Art ihrer Verbindung habe ich (vgl. Gögelein 1990) an einem Beispiel ausgeführt. Allgemein könnte man sagen: Im Menschen findet sich die Welt, in den Inhalten der Welt der Mensch. Diese Ebene der Bücher könnte man mit einer Vokabel „Theorie" nennen, wenn damit lediglich das von mir Beschriebene verstanden wird.

Die Erkenntnisorientierung (3) und die Kindorientierung (4) geschehen auf individuelle Weise in der inneren und wahrnehmenden Tätigkeit des Lehrers, bezogen auf ganz bestimmte Inhalte, ganz bestimmte Kinder in ganz bestimmten Situationen und Zusammenhängen. (3) geschieht als Vorbereitung vor dem Unterricht, (4) im Vollzug des Unterrichts. Auch auf dieser Ebene der Tätigkeit ist Vorbereitung (3) und ausübende Tätigkeit (4) innerlich verbunden. In der Vorbereitung stehen die konkreten Individualitäten der Kinder vor den Augen des Lehrers. Er verbindet sich damit, ohne daß daraus unmittelbar Unterrichtsinhalt folgt. Es bilden sich dadurch Fähigkeiten der Wahrnehmung und für Einfälle. Umgekehrt wird der Unterricht aus den Kräften und Fähigkeiten, die sich vorbereitend gebildet haben, gestaltet. Auch hier fließen nicht direkt Inhalte und Strukturen der Vorbereitung in den Unterricht ein, sondern indirekt als Fähigkeiten, auch als Phantasietätigkeit.

Diese Ebene der Tätigkeiten könnte man mit einer Vokabel „Praxis" nennen, wenn damit lediglich das von mir Beschriebene verstanden wird.

Man sieht nun sofort, wie auch die Ebene der Theorie (1) und (2) mit der Ebene der Praxis (3) und (4) auf indirekte Weise verbunden ist: die Ebene der Menschen- und Weltorientierung liefert Material und Anregung für die Ebene der Erkenntnis- und Kindorientierung. Durch Studium, Übung und Meditation wird sie im Lehrer zum Leben erweckt und führt im Augenblick im Unterricht zu konkreten Handlungen und Gestaltungen. Auch diesen ganzen Zusammenhang habe ich an einem Beispiel (vgl. Gögelein 1990) dargestellt und dort das ganze als die Beschreibung einer „künstlerischen Tätigkeit" aufgefaßt und so den Begriff „Erziehungskunst" präzisiert. Sie vermittelt ein allgemeines (Ebene 1 und 2) mit einem individuellen (Ebene 3 und 4), ohne daß das Individuelle unter die Knechtschaft des Allgemeinen gerät und ohne daß Individuelles in Beliebigkeit versinkt und von allem anderen abgekoppelt wird.

Alle diese geschilderten Verbindungen und Wechselwirkungen erfordern zu ihrer genaueren Begründung die Berücksichtigung der spirituellen Seite alles Wirklichen. Das ist allerdings nicht mit spirituellen „Lehrplaninhalten" zu verwechseln (vgl. dazu Gögelein, 1990).

Überschaut man nun das Gefüge dieser vier zusammenwirkenden Prinzipien, so wird deutlich, daß der Begriff „Lehrplan" oder auch „Richtlinien", wie er üblicherweise gebraucht wird, hierauf nicht mehr anwendbar ist. Nicht um einen Plan oder gar um ein Curriculum handelt es sich hier, die, wie gut auch immer begründet und legitimiert, dann von dem Lehrer mit situativer Anpassung bei aller Freiheit „in die Wirklichkeit umgesetzt" werden. Statt dessen liegen hier Prinzipien für die Gewinnung von Lehr- und Lerninhalten vor, gemäß denen – überspitzt ausgedrückt – jeder Lehrer in der Stunde den „Lehrplan" schafft. Erst danach könnte er als Plan geschrieben werden, als Historie des Unterrichts. Aus der Vorschrift wird eine Nachschrift. All dies schließt selbstverständlich nicht aus, daß sich jedes Kollegium über gewisse Inhalte des Unterrichtes verständigt und abspricht.

Zusammenfassend möchte ich nun sagen:
Die Lehr- und Lerninhalte der Waldorfschule werden gemäß den vier zusammenwirkenden Prinzipien

1. Menschen- und Entwicklungsorientierung
2. Welt- und Kulturorientierung
3. Erkenntnis- und Übungsorientierung
4. Kind- und Situationsorientierung

für jede Stunde „hervorgebracht". Danach trifft für die Beantwortung der Fragen: woher kommen die Lehrinhalte der Waldorfschule („Lehrplanfrage") keine der Antworten 1–5 in Abschnitt II zu. Ferner ist es nicht mehr möglich, im üblichen Sinne von einem „Plan" zu sprechen.

Schaut man also auf die Inhalte des Lehrens und Lernens in der Waldorfschule, so wird man nicht überragend viel anderes, als woanders auch finden, schon gar nicht „das ganze Andere" der Waldorfschule. Wohl sind auch manche Inhalte gute Einfälle, wie etwa „Dampfmaschine und Telefon" für die Physik der 9. Klasse oder die „Landbauepoche" in der 3. Klasse. Aber all dies könnte überall unterrichtet werden. Das Besondere der Waldorfschule liegt nicht in den Inhalten, sondern darin, wie und aus welchen Gesichtspunkten „Lehrplan" entsteht und mit welchen Gefühlen der Waldorflehrer lebt.

Das sollte im Vorangehenden beschrieben werden.

Berg, Hans Christoph: Nun sag, wie hast du's mit der Bildung. In: F. Bohnsack, E. M. Kranich 1990, S. 406 ff.

Becker, Gerold (Hrsg.): Was sollen Kinder in der Schule lernen? Erziehung heute für die Welt von morgen. Eine Dokumentation der bildungspolitischen Foren der hessischen SPD am 3. und 17. Februar im Wiesbadener Landtag.

Blankertz, Herwig: Theorien und Modelle der Didaktik, München, ³1970

Bohnsack, Fritz; Kranich, Ernst-Michael (Hrsg:) Erziehungswissenschaft und Waldorfpädagogik. Der Beginn eines notwendigen Dialogs. Weinheim und Basel 1990.

Dolch, Josef: Lehrplan des Abendlandes. Ratingen 1959

Gögelein, Christoph: Was sind bestimmende Grundlagen der Waldorfpädagogik und aus welchen Quellen schöpft sie? In: F. Bohnsack, E. M. Kranich 1990, S. 185 ff.

Happ, Ernst: Ein neuer Lehrplan für das Gymnasium. In: Jahresbericht 1989 des Staatsinstituts für Schulpädagogik und Bildungsforschung in München, S. 7 ff.

Heldmann, Werner: Kultureller und gesellschaftlicher Auftrag von Schule. Bildungstheoretische Studie zum Schulkonzept „Die soziale Leistungsschule" des Philologenverbandes NRW. Krefeld 1990

Heydebrand, Caroline von: Vom Lehrplan der Freien Waldorfschulen. Stuttgart ⁷1983

Klafki, Wolfgang: Normen und Ziele der Erziehung in: Funk-Kolleg Erziehungswissenschaft, hrsg. von W. Klafki, G. M. Rückriem, W. Wolf, R. Freudenstein, H.-K. Beckmann, K.-Ch. Lingelbach, G. Iben., I. Diederich, Band 2, Frankfurt a. M. 1986, S. 13 ff.

Klafki, Wolfgang: Der Begriff der Didaktik und der Satz vom Primat der Didaktik (im engeren Sinne) im Verhältnis zur Methodik. In: Funk-Kolleg, Erziehungswissenschaft Band 2, Frankfurt a. M. 1986, S. 55 ff.

Klemm, Klaus u. a.: Bildung für das Jahr 2000. Reinbek 1985

Meinberg, Eckhard: Das Menschenbild der modernen Erziehungswissenschaft. Darmstadt 1988

Peterßen, Wilhelm H.: Didaktik und Curriculum/Lehrplan. In: Pädagogik. Handbuch für Studium und Praxis, hrsg. von Leo Roth, München 1991, S. 658 ff.

Robinsohn, Saul B.: Bildungsreform als Revision des Curriculum. Neuwied 1967

Steffens, Ulrich und Tino Bagel (Hrsg.), Erkundigungen zur Wirksamkeit und Qualität von Schule. Hessisches Institut für Bildungsplanung und Schulentwicklung (HIBS) u. a., Wiesbaden – Konstanz 1987

Steiner, Rudolf: Das deutsche Unterrichtswesen (in Österreich) und Herr von Gautsch. 1888. In: Gesammelte Aufsätze zur Kultur- und Zeitgeschichte 1887–1901, GA 31, Dornach 1960, S. 121 ff.

Steiner, Rudolf: Dr. Reinold Biese „Grundzüge moderner Humanitätsbildung" 1892. In: Gesammelte Aufsätze. GA 31, Dornach 1966, S. 623 ff.

Steiner, Rudolf: Unzeitgemäßes zur Gymnasialreform. 1898. In: Gesammelte Aufsätze. GA 31, Dornach 1966, S. 232 ff.

Steiner, Rudolf: Hochschule und öffentliches Leben. 1898. In: Gesammelte Aufsätze. GA 31, Dornach 1966, S. 301 ff.

Steiner Rudolf. Vortrag vom 3. 3. 1906 in Hamburg (unveröffentlicht)

Steiner, Rudolf: Die Erziehung des Kindes vom Gesichtspunkt der Geisteswissenschaft. 1907. In: Grundlegende Aufsätze... 1903–1908. GA 34, Dornach 1960, S. 309 ff.

Steiner, Rudolf: 1. Vortrag über Volkspädagogik am 11. 5. 1919 in Stuttgart. In: Geisteswissenschaftliche Behandlung sozialer und pädagogischer Fragen. GA 192, Dornach 1964, S. 81 ff.

Steiner, Rudolf: Allgemeine Menschenkunde als Grundlage der Pädagogik. 4 Vorträge in Stuttgart 21.8.–5.9.1919. GA 293, Dornach ⁸1980

Steiner, Rudolf: Erziehungskunst. Methodisch Didaktisches. 14 Vorträge in Stuttgart 21.8.–5.9.1919, GA 294, Dornach ⁵1974

Steiner, Rudolf: Erziehungskunst. Seminarbesprechungen und Lehrplanvorträge. 21.8.–6.9.1919. GA 295, Dornach ⁴1984

Steiner Rudolf: Konferenzen mit den Lehrern der Freien Waldorfschule in Stuttgart, Band 2, GA 300b, Dornach 1975

Steiner, Rudolf: Anthroposophie, Erziehung, Schule. In: Der Goetheanumgedanke... Gesammelte Aufsätze... 1921–1925, GA 36, Dornach ¹1961, S. 278ff.

Stockmeyer,E.A.Karl. Angaben Rudolf Steiners für den Waldorf-Schulunterricht. Eine Quellensammlung für die Arbeit der Lehrerkollegien. Als Manuskript vervielfältigt für die Lehrer an Freien Waldorfschulen, herausgegeben von der Pädagogischen Forschungsstelle beim Bund der Freien Waldorfschulen, Stuttgart 1988

Willmann, Otto: Didaktik als Bildungslehre. Freiburg ¹(1957)

Lektüre-Vorschläge

(Wir haben uns jeweils auf ca. zehn Titel beschränkt)

...zur Montessori-Pädagogik

Becker-Textor, Ingeborg: Was in Kindern alles steckt, Freiburg: Herder 1997

Eichelberger, Harald: Handbuch zur Montessori-Didaktik, Innsbruck: Studien Verlag 1997

Esser, Barbara und Wilde, Christiane: Montessori-Schule. Zu Grundlagen und pädagogischer Praxis, Reinbek: rororo 1989

Grundgedanken der Montessori-Pädagogik. Aus Maria Montessoris Schrifttum und Wirkkreis. Zusammengestellt von Paul Oswald und Günter Schulz-Benesch, Freiburg: Herder 1992

Montessori, Maria: Kinder sind anders, München: dtv/Klett-Cotta 1993

Montessori, Maria: Grundlagen meiner Pädagogik und weitere Aufsätze zur Anthropologie und Didaktik, hrsg. von Michael Berthold, Heidelberg: Quelle und Meyer 1996

Raapke, Hans-Dietrich: Montessori heute. Eine moderne Pädagogik für Familie, Kindergarten und Schule, Reinbek: rororo 1999

Schenker, Ingeborg: Montessori-Projekte. Projektarbeit mit Kindern auf der Grundlage der Montessori Pädagogik, München: Prögel 1997

Seitz, Marielle/Hallwachs, Ursula: Montessori oder Waldorf? München: Kösel 1996

Stein, Barbara: Theorie und Praxis der Montessori-Grundschule, Freiburg: Herder 1998

...zur Freinet-Pädagogik

Baillet, Dietlinde: Freinet – praktisch, Weinheim: Beltz 1983

Dietrich, Ingrid (Hrsg.): Handbuch der Freinet-Pädagogik. Eine praxisbezogene Einführung, Weinheim: Beltz 1995

Freinet, Célestin: Die moderne französische Schule, Paderborn: Schöningh 1979[2]

Freinet, Célestin: Praxis der Freinet-Pädagogik. Übers. und bearbeitet v. Hans Jörg, Paderborn: Schöning 1981

Freinet, Célestin: Pädagogische Werke. 1. Teil. Dt. Ausg. und Übers. von Hans Jörg unter Mitw. von Herwig Zillgen, Paderborn: Schöning 1998

Freinetpädagogik. Eine Zusammenstellung von Beiträgen aus 18 Jahre(-n) „Fragen und Versuche", Bremen: Pädagogik-Kooperative 1994

Hagstedt, Herbert (Hrsg.): Freinet-Pädagogik heute. Beiträge zum Internationalen Célestin-Freinet-Symposion in Kassel, Weinheim: Deutscher Studien Verlag 1997

Hering, Jochen/Hövel, Walter (Hrsg.): Immer noch der Zeit voraus. Kindheit, Schule und Gesellschaft aus dem Blickwinkel der Freinet-Pädagogik, Bremen: Pädagogik-Kooperative 1996

Jörg, Hans: Schüler drucken ihre Fibel selbst. Einführung in die Schuldruckerei. Freinet-Pädagogik im Erstlese- und Schreibunterricht in Theorie und Praxis, Wolfsburg: Immen Verlag 1991

Klein, Lothar/Vogt Herbert: Freinetpädagogik in Kindertageseinrichtungen, Freiburg: Herder 1998

Laun, Roland: Freinet – 50 Jahre danach, Heidelberg: bvb-edition schmidt-herb und mehlig 1983[2]

Politische Ziele der Freinet-Pädagogik. Hrsg. und übers. von Ingrid Dietrich. Weinheim: Beltz 1982, vergriffen, als Reprint beim Beltz-Verlag erhältlich

...zur Waldorf-Pädagogik

Als Einführung:

Kiersch, Johannes: Die Waldorfpädagogik. Eine Einführung in die Pädagogik Rudolf Steiners. Stuttgart: Verlag Freies Geistesleben 1997
Leber, Stefan: Anthroposophie und Waldorfpädagogik in den Kulturen der Welt. Stuttgart: Verlag Freies Geistesleben 1998
Lindenberg, Christoph: Waldorfschulen: angstfrei lernen, selbstbewußt handeln. Hamburg: rororo 1975

Grundlagen:

Leber, Stefan: Die Menschenkunde der Waldorfpädagogik. Anthropologische Grundlagen der Erziehung der Kinder und Jugendlichen. Stuttgart: Verlag Freies Geistesleben 1993
Schad, Wolfgang: Erziehung ist Kunst. Hamburg: Fischer 1994[3]
Steiner, Rudolf: Allgemeine Menschenkunde als Grundlage der Pädagogik (1919) Dornach: Rudolf Steiner Verlag 1998
Ders.: Elemente der Erziehungskunst. Menschenkundliche Grundlagen der Waldorfpädagogik. Stuttgart: Verlag Freies Geistesleben 1994

Unterrichtskonzeptionen:

Baravalle, Hermann v.: Rechenunterricht u. Waldorfschulplan, Stuttgart: Verlag Freies Geistesleben 1984
Carlgren, Franz/Klingborg, Arne (Hrsg.): Erziehung zur Freiheit. Leipzig: Forum Verlag 1996[8]
Dühnfort, Erika/Kranich, Ernst-Michael: Der Anfangsunterricht im Schreiben und Lesen. Stuttgart: Verlag Freies Geistesleben 1996[5]
Jüngeman, Margit/Weitmann, Fritz: Der künstlerische Unterricht in der Waldorfschule, Stuttgart: Verlag Freies Geistesleben 1993[4]

Die Autoren der Beiträge

Paul Le Bohec, geb. 1921; Staatsexamen für das Höhere Lehramt; 30 Jahre lang Grundschullehrer; Dozent für Psycho-Pädagogik am Institut Universitaire de Technologie in Rennes (Ausbildung von Gruppenleitern im soziokulturellen Bereich).

Zahlreiche Veröffentlichungen zur Freinet-Pädagogik, insbesondere zur „natürlichen Lern-Methode" („méthode naturelle") und zum Freien Ausdruck in den Sprachen und in der Musik, aber auch in der Mathematik, z.B. zusammen mit Michèle Le Guillou: Les dessins de Patrick. Effets thérapeutiques de l'expression libre. Belgien: Castermann 1980 (demnächst in deutsch als „Patricks Zeichnungen").

Beate Brocke, geb. 1960; 1980–1985 Studium (Germanistik/Sachunterricht) für die Primarstufe an der GH Duisburg (Schwerpunkt: Spracherwerbstheorien und Freinetpädagogik). 1986–1988 Referendariat an einer freinetorientierten Grundschule in Düsseldorf, 1988–1989 Arbeit als Gastlehrerin an dänischen Volksschulen (Projektarbeit in den Klassen 7–10). Seit 1989 Lehrerin in Berlin-Schöneberg an der Brandenburg Schule. Klassenlehrerin seit Beginn des 1. Schuljahres (jetzt 3. Klasse).

Hans Elsner, geb. 1923. Studium der Pädagogik 1948–50 bei Helene Helming und Mario Montessori. Nach sechsjähriger Leitung einer Landschule 1956 Beginn mit dem Aufbau und der Leitung der Montessori-Schule in Köln. Unterrichtsauftrag an der Universität Köln, Lehrauftrag an der KFH Köln, Leiter von Montessori-Diplomlehrgängen.
Veröffentlichungen:
Eine Schule ohne Klingel, Stuttgart 1977
Jeder hat das Recht, er selbst zu sein, Freiburg 1980
Verschiedene Aufsätze in päd. Zeitschriften.

Marie-Claude Flügge-Dutilly, geb. 1948; studierte Romanistik und Erziehungswissenschaft. Sie ist seit 1978 Lehrerin an einer Berliner Oberschule; der jetzige Schwerpunkt ihrer Arbeit liegt bei der Ausbildung von ErzieherInnen. Seit 1980 Mitarbeit in der Freinet-Bewegung.
Veröffentlichungen: Aufsätze zur Kritik der Lehrerausbildung sowie ‚Und sie bewegen sich doch – Lehrer nach dem Ende der pädagogischen Euphorie', Berlin 1983.

Hartmut Glänzel, geb. 1943. Studium in Mathematik, Physik und Soziologie an der Uni Tübingen und der FU Berlin.
Diplommathematiker, Studienrat (Math./Physik)
Langjährige Unterrichtstätigkeit an Gymnasien in Berlin Neukölln, seit 1987 Mitarbeiter beim Jugendbildungsprojekt „Stadt-als-Schule", zur Zeit Mitarbeit im Planungsteam für die Umwandlung dieses Projektes in eine Versuchsschule.
Seit etwa 10 Jahren intensive Mitarbeit in der Pädagogik-Kooperative (Verein bundesdeutscher Freinet-Pädagogen) u.a. durch Vorstandstätigkeit, Mitarbeit bei der Materialerstellung, Autorentätigkeit in der Freinet-Zeitung, Durchführung von Freinet-Seminaren.

Diverse Veröffentlichungen in Pädagogischen Zeitschriften u. a. in Päd-extra, Westermanns Pädagogischen Beiträgen, Geographie heute, Soznat.
Mitarbeit bei der Schulgründung der „Freien Comenius-Schule Darmstadt"

Margarete, Glänzel-Zlabinger geb. 1946; Lehramtsstudium an den Pädagogischen Hochschulen in Freiburg und Berlin
Grundschullehrerin mit langjähriger Unterrichtstätigkeit an verschiedenen Grundschulen in Berlin-Neukölln,
praktiziert seit über 15 Jahren an der Freinet-Pädagogik orientierten Unterricht, vornehmlich in 1. bis 3. Klassen. Seit etwa 10 Jahren intensive Mitarbeit in der Pädagogik-Kooperative (Verein bundesdeutscher Freinet-Pädagogen) u. a. durch Mitarbeit in der Redaktionsgruppe der Freinet-Zeitung „Fragen und Versuche" und Veröffentlichung entsprechender Artikel, Erstellung von Freinet-Materialien, Mitwirkung bei Freinet-Treffen, Durchführung von Seminaren.
Mitarbeit bei der Schulgründung der „Freien Comenius-Schule Darmstadt".

Christoph Gögelein, geb. 1938; gest. 15.10.1994. Studium der Physik, Mathematik und Philosophie in Tübingen, Berlin und Hamburg, Dipl.-Physiker, 1. und 2. Staatsexamen für das Lehramt am Gymnasium, Promotion im Fach Philosophie. Wissenschaftliche Tätigkeiten an der Bundesanstalt für Materialprüfung (BAM) in Berlin, am Philosophischen Seminar der Universität Hamburg und am Max-Planck-Institut zur Erforschung der Lebensbedingungen der wissenschaftlich-technischen Welt Starnberg (Leitung: C. F. v. Weizsäcker und J. Habermas). Seit 1971 Waldorflehrer in Bochum, seit 1988 daneben Mitarbeiter an der Anthroposophischen Akademie für Gegenwartsfragen, Bochum.
Veröffentlichungen: Zu Goethes Begriff von Wissenschaft auf dem Wege der Methodik seiner Farbstudien, München 1972.
Verschiedene Aufsätze in Sammelbänden.

Achim Hellmich, Dipl.-Päd., geb. 1942. Studium in Berlin, Ausbildung als Lehrer und Sozialpädagoge, mehrjährige Tätigkeit in der Schule. Wissenschaftl. Assistent an der Pädagogischen Hochschule Berlin. Seit 1980 Lehrtätigkeit als Akademischer Rat am FB Erziehungs- und Unterrichtswissenschaften der TU Berlin. Veröffentlichungen zur Sozialpädagogik, Vorschulerziehung, Kinder- und Jugendliteratur und zur Waldorfpädagogik.

Hans Jörg, geb. 1923. Leiter verschiedener Volksschulen und zugleich – nach dem Kriege – Gründer von Sport-, Musik- und Gesangvereinen. Ab 1952 zusätzlich Studium der Fächer Pädagogik, Psychologie, Romanistik, Geschichte und Philosophie an der Universität Mainz. 1956 Realschullehrerexamen. 1959 Promotion über „die Entwicklung des Volksschulwesens im heutigen Kreis Kreuznach bis 1800"; 1962 Dozent, ab 1965 Professor für Schulpädagogik und Allgemeine Didaktik an der Pädagogischen Hochschule Saarbrücken. Zahlreiche Bücher und sonstige Veröffentlichungen insbesondere auch zur Reformpädagogik Célestin Freinets.

Bruno Schonig, Dr. phil., geb. 1937. von 1965 bis 1972 wiss. Bibliotheksangestellter am Päd. Zentrum Berlin, von 1972 bis 1980 Professor für Historische Pädagogik an der PH Berlin, von 1980 bis 1990 an der TU Berlin (FB Erziehungs- und Unterrichtswissenschaften). Seit 1990 päd. Schriftsteller. – Veröffentlichungen zur Geschichte der Reformpädagogik, der Arbeiterkindheit und des LehrerInnen-Berufs; Kindergeschichten.

Ernst Schuberth, geb. 1939. Studium der Mathematik, Physik, Philosophie und Pädagogik. 1970 Promotion bei O. F. Bollnow. 1968–1974 Lehrer an der Rudolf Steiner-

Schule München. 1974 bis 1987 ordentlicher Professor für Mathematik und ihre Didaktik an der Päd. Hochschule Westfalen-Lippe bzw. Universität Bielefeld. 1978 Gründung der Freien Hochschule für anthroposophische Pädagogik, Mannheim. Veröffentlichungen: Erziehung in einer Computergesellschaft, Stuttgart 1990. Zahlreiche weitere Veröffentlichungen zur Mathematik/Waldorfpädagogik.

Günter Schulz-Benesch, Dr. phil., Prof. em. Universität Münster, geb. 1925. 1946–1948 Lehrerstudium in Essen, 1948–1955 erste Montessori-Schulversuche nach dem Kriege in Düsseldorf, Studium der Pädagogik, Geschichte, Kirchengeschichte, Philosophie und Psychologie in Bonn und Münster. 1960 Doktor phil. und Dozent in Münster (Schulpädagogik und Allgemeine Didaktik), 1965 o. Prof. in Hamm, 1970 o. Prof. in Münster.
Publikationen über Schul- und Unterrichtsstil, Lehrerbildung, Montessori-Pädagogik (u. a. Der Streit um Montessori, Freiburg 1961; Zum Stil katholischer Schule, München 1964; Montessori, Wege der Forschung, Darmstadt 1970; Montessori, Erträge der Forschung, Darmstadt 1980; 1966 – Gegenwart Herausgeber der Schriften Montessoris in deutscher Sprache [Freiburg/Herder; zus. m. P. Oswald])

Andreas Suchantke, geb. 1933. Studium der Zoologie und Botanik. Von 1963 bis 1982 Lehrer für Naturwissenschaften und Geographie an der Rudolf Steiner-Schule Zürich. Seither in der Lehrerbildung an Waldorfseminaren in Deutschland (Mannheim und Witten), Gastdozenturen in Brasilien, Südafrika, Schweden, Moskau. Forschungsaufenthalte mit ökologisch-landschaftskundlichen Zielsetzungen in verschiedenen Kontinenten, vor allem in Südamerika, Afrika, Vorderasien, Sibirien. Zeitschriftenaufsätze und Buchpublikationen, vor allem zu ökologischen Themen, insbesondere über das Problemfeld Mensch – Natur.

Peter Teigeler, geb. 1936. Studium an der FU Berlin: Dipl.-Psychologe 1962, Erste Staatsprüfung für das Amt des Studienrats in Latein und Griechisch 1965, Promotion „über die Beziehung zwischen dem Lernen von Sätzen und ihrer syntaktischen Struktur" 1971. Professor für Psychologie an der Pädagogischen Hochschule Berlin 1972–80, an der Technischen Universität Berlin seit 1980.
Veröffentlichungen zur Sprachpsychologie und Verständlichkeits-Forschung sowie zur Psychologie der Freinet-Pädagogik.

Helga Voß-Rauter, geb. 1938. Studium der Erziehungswissenschaften und der Psychologie von 1957–1962, der Sonderpädagogik 1968–1970 an der Universität Hamburg. Lehrtätigkeit an Regelschulen. Seit 1975 Schulleitung in den Montessori-Schulen für Behinderte und Nichtbehinderte der Aktion Sonnenschein, Hilfe für das mehrfach behinderte Kind e. V. im Kinderzentrum München.

Eva Wasmuth, geb. 1960; 1980–1985 Studium für das Lehramt für die Primarstufe, 1985–1987 Referendariat an einer Grundschule in Paderborn, seit 1988 Lehrerin an einer Berliner Grundschule.

Hans-Gerhard Wyneken, geb. 1941. Studium der Chemie und Biologie in München und Köln. Ab 1971 Waldorflehrer in Bochum-Langendreer, seit 1972 in der Freien Waldorfschule in Essen. Von 1983 an Lehrtätigkeit im Institut für Waldorfpädagogik im Bereich der Anthropologie und Pädagogik. Kurse am Seminar für Waldorfpädagogik in Berlin seit 1989. Leiter des Zentrums für Waldorfpädagogik in Bukarest, Rumänien, seit 1991.
Veröffentlichungen:
Wesen und Unwesen des Nationalismus, in A. Suchantke (Hrsg.): Heimatlosigkeit. Verlag Urachhaus, Stuttgart 1991.

Schlußwort

Wir müssen wohl unverbesserliche Optimisten sein,
um an die Veränderung der Schule zu glauben;

wir müssen wohl überzeugte Idealisten sein, um anzunehmen,
die Schule könne zum Lebensglück der Kinder beitragen;

und wir müssen wohl tatkräftige Realisten sein,
um beides auf den Weg zu bringen:

Optimismus, Idealismus, Realismus...
verändern die Schule.

Beziehung und Interaktion

Reinhold Miller (Hrsg.)
Schule selbst gestalten

Band 1: Beziehung und Interaktion
(Beltz Pädagogischer Service)
2. Aufl. 1998. 136 Seiten. Ordner.
ISBN 3-407-62325-9

Die umfassenden und vielfältigen
inner- und außerschulischen Veränderungen erfordern erweiterte bzw.
neue Angebote für Lehrerinnen und
Lehrer zur zeitgemäßen Gestaltung
von Schule und Unterricht. Die kom-
mentierten Kopiervorlagen sind dafür
als Arbeitshilfen gedacht.
Inhalt: Gestaltpädagogik; Neurolingu
-istisches Programmieren (NLP);
Nonverbale Kommunikation; Organi-
sations- und Schulentwicklung;
Psychodrama-Pädagogik; Schulinterne
Lehrerfortbildung (SCHILF); Super-
vision; Themenzentrierte Interaktion;
Transaktionsanalyse (TA); Verbale
Kommunikation

Reinhold Miller (Hrsg.)
Schwellendidaktik

99 Vertretungsstunden ohne
Vorbereitung für die Sekundarstufe I
(Beltz Praxis)
1999. 142 Seiten. Broschiert.
ISBN 3-407-62384-4
Welche Lehrerin, welcher Lehrer kennt
das nicht: Kaum hat man am Morgen
das Schulgebäude betreten, da heißt
es schon: Könnten Sie nicht bitte in
Klasse X unterrichten; Kolleg/in Y fällt
heute aus...
Die Unterrichtsvorbereitung auf die –
teils bekannte, teils unbekannte –
Klasse geschieht häufig wirklich erst
dann, wenn man die Schwelle des
betreffenden Klassenzimmers betritt.
Die Autorinnen und Autoren kennen
diese Situation aus eigener Erfahrung
und bieten deshalb »99 Vertretungsstunden ohne Vorbereitung« an, und
zwar in sechs Bereichen für die Sekundarstufe I: Überfachliches Lernen;
Soziales Lernen; Das Lernen lernen;
Fachliches Lernen Deutsch; Mathematik; Biologie/Erdkunde/Geschichte.

Reinhold Miller
Beziehungsdidaktik

(Beltz Pädagogik)
3., neu ausgestattete Auflage 1999.
204 Seiten. Broschiert.
ISBN 3-407-25217-X
Unterricht ist ein ganzheitliches Geschehen, das nicht nur auf der Sach-
ebene realisiert werden kann. Eine
Beziehungsdidaktik ist keine bloße
Ergänzung zur bisher vorherrschenden
Allgemein- und Fachdidaktik, sondern
eine ebenbürtige Partnerin in Schule
und Unterricht.«

Beltz Verlag · Postfach 100154 · 69441 Weinheim

B0316